21世纪会计系列规划教材·致用型

首批国家级一流本科专业建设点

会计学

Accounting

（第三版）

顾远 洪昌文 主编

向崇学 刘素珍 副主编

东北财经大学出版社
Dongbei University of Finance & Economics Press

大连

图书在版编目（CIP）数据

会计学 / 顾远，洪昌文主编．—3版．—大连：东北财经大学出版社，2024.2

（21世纪会计系列规划教材·致用型）

ISBN 978-7-5654-5079-2

Ⅰ．会…　Ⅱ．①顾…②洪…　Ⅲ．会计学-高等学校-教材　Ⅳ．F230

中国国家版本馆CIP数据核字（2024）第255952号

东北财经大学出版社出版

（大连市黑石礁尖山街217号　邮政编码　116025）

网　　址：http://www.dufep.cn

读者信箱：dufep@dufe.edu.cn

大连雪莲彩印有限公司印刷　　东北财经大学出版社发行

幅面尺寸：185mm×260mm　　字数：560千字　　印张：23.75

2024年2月第3版　　2024年2月第1次印刷

责任编辑：王　莹　周　慧　章北蓓　　责任校对：一　心

封面设计：张智波　　版式设计：原　皓

定价：58.00元

教学支持　售后服务　联系电话：（0411）84710309

如有印装质量问题，请联系营销部：（0411）84710711

第三版前言

安徽工业大学会计学专业是教育部公布的2019年度首批国家级一流本科专业建设点。《会计学》是学校重点建设的会计系列教材之一，2010年首次出版发行，2019年推出第二版，多次印刷，得到全国多所高等院校的老师、同学以及其他读者的认可，产生了良好的社会影响。教材获学校教学成果奖三次和东北财经大学出版社优秀教材奖一次，并获安徽省规划教材立项建设。随着数字经济时代的到来，以大数据、人工智能、移动互联、云计算、物联网和区块链为代表的新技术的广泛应用，正深刻影响着会计行业的发展，给会计理论研究和实务工作带来了新的挑战。会计职能需要实现从传统的算账、记账、核账、报账向价值管理、资本运营、战略决策辅助等职能持续转型升级，并进一步推动实现对内、对外职能的拓展，以助力提升宏观治理能力和微观管理水平。会计作为通用的商业语言，广泛应用于社会经济生活中。经济越发展，会计越重要，但会计必须在新的环境中进行变革融合。为了适应高等会计教育教学面临的新形势，更好地服务广大读者，我们决定在第二版的基础上修订再版。

本次修订具有以下几方面的特点：

1. 体现了课程思政的新要求。培养什么人、怎样培养人、为谁培养人是教育的根本问题。教材是人才培养的重要途径，教材建设必须体现出新时代的新要求。为深入学习贯彻党的二十大精神，推进习近平新时代中国特色社会主义思想进教材、进课堂、进头脑，此次本教材的修订再版结合会计学科知识特点在各章内容中以“课程思政”的形式增加了思政教育元素（包括党的二十大报告相关内容）。

2. 明确以下两方面的认识：一是会计学课程是针对高校经管类非会计专业学生的一门学科必修课，其教学目的不是训练这些学生在毕业时成为一名专业会计人员，而在于培养他们成为一名经济管理者（会计信息的使用者而不是生产者）应具备的会计素养，帮助其了解会计的基本内涵，学会运用会计的思维方式，明晰经济活动与会计活动的关系，了解会计信息背后的经济含义和管理价值。为此，教材内容应淡化会计核算，注重对业务和资金运动的分析，体现业财融合。二是对于管理者来说，更重要的是理解和运用会计信息。本教材仍然主要按财务会计和管理会计两大知识体系来构建内容，财务会计部分注重会计职业判断的特征，强调财务会计信息正负两方面效应；管理会计部分则紧跟管理会计的最新发展，从企业实际需要出发，强调管理会计工具方法的运用以及会计职能向企业内部管理需求的拓展。

3. 内容有所取舍，体系结构更加优化。具体做法是：（1）在全书仍分为三篇的前提下，对第一篇“导论与原理”中的第一章“导论”做了较大幅度的修改，突出了企业与会计信息系统的关系以及会计学科和会计职业；在第四章“会计循环与会计核算组织形式”中新增加了“第六节 财产清查”。(2) 在第二篇“财务会计基础”中的第六章“非流动资产”部分增加了长期投资概述和债权投资的内容，使非流动资产的内容更加完整，也更符合新会计准则的要求；第八章“所有者权益”和第九章“收入、费用和利润”各节的安排也做了适当优化；基于教学实践，删除了第十章中的第七节“财务报表分析”，增加了财务报告信息披露要求的知识点。(3) 对第三篇“成本与管理会计基础”中的章节安排做了较大调整，在将本篇内容整体分为两章（第十一章“成本会计基础”和第十二章“管理会计基础”）的基础上，考虑到教学的实际需要，删除了原书中的第十四章“其他管理会计专题”，在第十二章“管理会计基础”部分增加了“第一节 管理会计指引与要素”，将原书中第十二章“决策性管理会计”和第十三章“执行性管理会计”分别作为修订后教材第十二章中的第二节和第三节。

4. 在内容的表现形式上以多样化的方式呈现，并在一定程度上体现了立体化。各章除了主体内容外，还包括学习目标、小资料、小思考、相关链接、知识拓展、课程思政、本章小结、主要概念和术语、复习思考题、练习题等模块，其中一些内容设计以二维码的形式呈现。这样的处理使得教材更便于学生对相关课程内容的学习与理解，也便于教师讲解、引导，做到易学易教。

此外，我们还针对近几年我国企业会计准则、国家税收政策的新变化以及分行业成本核算制度和管理会计应用指引的最新变化等对教材中的相关内容进行了修改调整，力求使本教材的内容更新，并与会计改革实践同步。同时，修订过程中还对发现的原书中的一些错误一并做了修改。

本书本次修订由安徽工业大学顾远副教授和洪昌文副教授担任主编，负责全书写作大纲的拟定和编写的组织工作，并对全书进行总纂；由向崇学副教授、刘素珍副教授担任副主编。各章的具体修订编写分工如下：顾远副教授编写第一、五、十一章、第十二章第一节；洪昌文副教授编写第四、八章；向崇学副教授编写第六、九章；刘素珍副教授编写第十章；刘英副教授编写第二、七章；徐阳老师编写第十二章第二节；陈华伟老师编写第十二章第三节；赵娟老师编写第三章。

本书适用于经济管理类非会计学专业本科生教学，也可供企业经济管理人员以及会计人员培训和自学之用。本书修订过程中得到了东北财经大学出版社的大力支持，在此表示衷心感谢！

由于作者水平有限，加之时间仓促，书中疏漏或不足之处在所难免，欢迎广大读者和同行批评指正，以便今后进一步完善和修订。

作 者

2023年12月

目　　录

第一篇　导论与原理

第二篇 财务会计基础

第三篇　成本与管理会计基础

第一篇

导论与原理

第一章

导　论

学习目标

通过本章的学习，应了解国内外会计产生与发展的历史，懂得学史明理、树立文化自信；掌握并理解会计的内涵、各种职能以及会计信息系统在企业中的地位和作用；知晓会计学科体系、会计职业领域以及对职业胜任能力与职业道德的要求，自觉提高职业能力并树立良好的职业道德，做到诚实守信、知行合一；了解会计规范及其制定机构，拓宽国际视野。

第一节　会计的产生和发展

生产活动是人类赖以生存和发展的基础，也是人类最基本的实践活动。人类要生存和发展，首先必须取得衣、食、住、行等生活所需的物质资料，而在物质资料的生产过程中，一方面会创造物质财富，取得一定的劳动成果；另一方面要投入和消耗人力、物力和财力，发生各种劳动耗费。因此，人类在生产活动中自然会力求以尽可能少的劳动耗费，取得尽可能多的劳动成果，以提高生产活动的经济效益。为了达到这一目的，在对劳动成果和劳动耗费进行比较的过程中，人们就必须采用一定的方法、通过一定的方式对生产过程中的劳动消耗和劳动成果进行记录、计量、计算、分析和比较，这种原始的记录、计量和计算行为中蕴含着会计思想和会计行为的萌芽。一般认为，会计的产生始于人类社会的早期生产①，随着社会生产的不断发展和管理要求的不断提高，会计得以不断发展、丰富和完善。马克思曾指出，会计最初只是“生产职能的附带部分”，也就是人们在“生产时间之外附带地把收支、日期等记载下来”，只有当社会生产力发展到一定水平，特别是当商品经济有了一定的发展以后，会计才“从生产职能中分离出来，成为特殊的、专门委托的当事人的独立的职能”②。

会计从产生发展至今，经历了一个由低级到高级、从简单到复杂、从不完善到逐渐完善的发展过程。会计的内涵在其漫长的发展过程中，随着社会经济的发展而不断地丰富和

① 据考证，人类的原始计量、记录行为产生于10万~30万年前的旧石器时代的中、晚期，“结绳记事”“垒石计数”“刻竹为书”等就是原始社会人类祖先最早期的会计行为。

② 马克思.资本论（第二卷）[M].北京：人民出版社，1975：151.

深化。

一、我国会计产生与发展概况

在我国，会计具有悠久的历史。据史料记载，早在我国西周（公元前1100年—公元前770年）时期就出现了“会计”一词，《周礼》中多处提到会计，清代焦循在《孟子正义》一书中将其解释为“零星算之为计，总合算之为会”。当时还出现了主管王朝会计的官职——“司会”，为计官之长，进行“月计岁会”；“逆群吏之治而听其会计”，意思是说，司会接受朝廷和地方百官的会计文书而进行考核。秦汉时期，官方的税负记录中开始使用“入”“出”作为记账符号，并创立了用于登记经济活动的账簿，采用的“上计簿”则相当于现代会计中的财务会计报告。

唐宋时期，我国进入封建社会的鼎盛时期，社会经济高度发达，以官厅会计为代表的会计核算技术有了很大的发展，出现了“四柱结算法”（也称“四柱清册”）。宋朝把财政收支分为“元管”“新收”“已支”“现在”四个部分，来计算财产的增减变化情况，这一方法到元代传入民间。明初把它概括为“四柱式”一词，即“四柱清册”。所谓四柱，是指“旧管”（即“元管”）、“新收”、“开除”（即“已支”）、“实在”（即“现在”），其相互关系是：“旧管+新收-开除=实在”，相当于现代会计术语中的“期初结存+本期收入-本期支出=期末余额”。利用这一平衡公式，既可检查日常记账的正确性，全面、系统、综合地反映经济活动的全貌，又可进行分期结算。这是我国会计发展史上的一项杰出贡献，它比欧洲公开介绍这一公式要早500多年，为我国簿记的收付记账法的产生奠定了理论基础。

到了明末清初，商业和手工业趋向繁荣。随之出现了以四柱为基础的“龙门账”，用来计算盈亏。它把全部账目划分为“进”（各项收入）、“缴”（各项支出）、“存”（各项资产）、“该”（资本及各项负债）四大类，运用“进 - 缴 = 存 - 该”的平衡公式，计算盈亏，分别编制“进缴表”和“存该表”。在两表上计算得出的盈亏数应当相等，称为“合龙门”，以此钩稽全部账目的正误。清代，商品货币经济进一步发展，逐渐产生了资本主义经济关系萌芽，又产生了“天地合账”，在这种方法下，一切账项，无论是现金出纳、商品购销，还是内外往来等，都要在账簿上记录两笔，既登记“来账”，又登记“去账”，以反映同一账项的来龙去脉。账簿采用垂直书写，直行分上下两格，上格记收，称为天，下格记付，称为地，上下两格所记数额必须相等，即所谓天地合。当时不但能运用各种账册，而且能编制初具规模的报表，同时用货币为综合计量单位进行核算。这些都显示了我国历史上传统中式簿记的特色。

随着鸦片战争的开始，帝国主义列强入侵中国，使得我国逐步沦为半殖民地半封建社会，西方的复式簿记也随之传入我国并得到运用。20世纪初，我国学者蔡锡勇编写了《连环账谱》，谢琳、孟森合编了《银行簿记学》，正式将西方会计学的借贷记账法引入我国，从而拉开了我国学习引进西式簿记的序幕。

中华人民共和国成立初期，基于有计划地进行大规模社会主义经济建设的需要，主要是借鉴苏联的经验，先后制定出多种统一的会计制度，强化了对会计工作的组织和指导。党的十一届三中全会后，我国实行对外改革开放政策，会计工作受到前所未有的重视，1985年1月颁布的《会计法》成为我国第一部会计大法，并于1993年和2017年进行过两次修正。为适应市场经济的发展和扩大对外开放的需要，我国充分借鉴国外先进经验和管理方法，对原有财务会计制度进行进一步改革，财政部于1992年11月颁布了《企业会计准则》和《企业财务通则》，并于1993年7月1日起实施。这是我国会计史上的一次革命，奠定了我国会计国际化的基石。同年，财政部颁布了13个行业的企业会计制度，1998年颁布了股份有限公司会计制度。为了进一步规范企业会计核算工作，提高会计信息质量，财政部于2000年12月29日颁布了统一的《企业会计制度》，于2001年1月1日起暂在股份有限公司范围内执行，继而逐步推广。2004年4月27日，财政部又颁布了《小企业会计制度》，自2005年1月1日起在小企业范围内执行。《小企业会计准则》于2011年10月18日由中华人民共和国财政部以财会17号印发，该《准则》分总则、资产、负债、所有者权益、收入、费用、利润及利润分配、外币业务、财务报表、附则10章90条，自2013年1月1日起施行，同时财政部2004年发布的《小企业会计制度》予以废止。

为了适应WTO规则的要求，加强中国会计国际协同，财政部于2006年2月15日发布了新的《企业会计准则》，自2007年1月1日起执行，它由1项基本准则和38项具体准则组成。新会计准则的颁布实施，标志着我国会计与国际会计进一步趋同，这是我国会计规范体系建设的一个里程碑式事件。2010年4月，财政部公布了《中国企业会计准则与国际财务报告准则持续趋同路线图》，积极推进我国会计准则持续国际趋同，为建立全球统一的高质量会计准则做出了贡献。此后，在2014年和2017年，财政部又先后发布了新制定和修订的若干项企业会计准则，这项工作至今仍在持续中。至此，我国由1项基本准则和40多项具体准则以及相关应用指南所构成的企业会计准则体系已基本建成，从而实现了与国际财务报告准则的实质性趋同，有效发挥了会计作为国际通用商业语言的功能，为新时代我国市场经济和资本市场的健康发展发挥了重要作用。

二、国外会计产生与发展概况

在国外，会计的历史也很悠久。早在规模很小的印度原始公社时期就已出现独立记账员，负责登记农业账目，登记和记录与此相关的一切事项。古希腊、古罗马也有会计记录的史料记载。在奴隶社会和封建社会时期，由于商品经济不发达，当时的会计主要是政府部门用来记录、计算和考核钱物出纳等财政收支的。

13至15世纪，地中海沿岸某些城市的商业和手工业兴旺发达，经济繁荣，出现了借贷业务，从而产生了科学的复式记账方法。1494年，意大利数学家卢卡·帕乔利（Luca Pacioli）将当时出现在意大利商贸比较发达的威尼斯、热那亚等沿海城市的借贷记账法进行总结，在其专著《算术、几何、比及比例概要》（又称《数学大全》）中用了一章的篇幅，以“计算记录要论”为题，对借贷记账法进行了详细介绍并加以概括，这是复式记账法形成的标志，为复式簿记在全世界流传奠定了基础。德国诗人歌德将复式记账称为“人类智慧的绝妙创造之一”。所以，人们一般把1494年以前的会计称为古代会计，而把1494年以后的会计称为近代会计。卢卡·帕乔利被称为“会计学之父”，该著作的问世和复式记账法的产生，是会计发展史上的第一个里程碑。

1581年，威尼斯“会计学院”建立，表明会计作为一门学科在学校里传播。18世纪，英国发生产业革命，生产力水平迅速提升，公司组织出现，企业所有权与经营权相分离，各种经济纠纷大量存在，因此，核查经理人员履职情况，审查企业偿债能力就显得很有必要。1854年，英国爱丁堡会计师协会的成立，表明会计在社会经济生活中起到一个公证的作用，从此，便正式出现了以查账为职业的特许或注册会计师。再加上这一时期各国税法、商法、公司法等的陆续颁布和完善，也促进了会计的发展，簿记逐渐成长为会计，成本计算、会计报表分析和审计等新的内容相继出台。一般认为，会计师协会的成立，是会计发展史上的第二个里程碑。

19世纪50年代到20世纪，其间爆发了第一次世界大战，战后美国经济实力得到迅猛提升。各种新的管理理论不断出现，促进了生产力的发展和企业组织形式的改变，会计也得到了进一步的发展。成本会计、会计报表分析成为会计的重要组成部分。特别是进入20世纪以来，科学技术日新月异，生产力迅猛发展，跨国公司不断涌现，企业规模日趋庞大，致使企业竞争更加激烈，利润下降，再加上通货膨胀、银根紧缩、筹资不畅，给企业经营管理带来严重困难。为了解决这些问题，企业管理层不得不重视经济预测和决策工作，同时对会计提出了更高的要求，于是形成了专门为企业内部加强管理、提高经济效益的管理会计体系，并于1952年世界会计学会年会上正式通过“管理会计”这一名词，从此，会计一分为二，即侧重于为企业外部利益相关者提供信息的财务会计和侧重于为企业内部经营管理服务的管理会计。管理会计的形成和发展，极大地丰富了会计学的内容，扩充了会计的传统职能，标志着现代会计科学进入了一个充满活力的崭新阶段。一般认为，管理会计的产生，是会计发展史上的第三个里程碑。

20世纪50年代以后，信息论、控制论、系统论、现代数学、行为科学等新理论逐渐被引入会计，丰富了会计学的内容，特别是计算机技术被引入会计领域，使会计信息的搜集、分类、处理、反馈等操作程序实现了自动化和电算化，大大增强了会计信息生成的功能。会计发展到现在，在“大、智、移、云、区、物”新技术环境下，会计信息的处理方式已逐渐实现智能化，如财务共享、财务机器人正在替代传统的会计方法，会计理论也在不断创新和发展。

人类文明不断进步，社会经济活动不断变革，生产力不断提高，会计的内容和方法等也得到了较大发展，逐步由简单的计量与记录行为发展成为主要以货币单位综合地反映和监督经济活动过程的一种经济管理工作，并在参与单位经营管理决策、提高资源配置效率、促进经济健康发展方面发挥积极作用。

在当今数字经济时代，数据是管理的基础，管理离不开信息，而会计是为管理提供信息的，会计服务于经济和管理，会计的决策支持作用在数字经济发展过程中日益增强；会计的公司治理、社会治理和国家治理功能使会计在经济发展中越来越重要。这是永恒的，因此，会计永远不会消亡，但必须适应环境的变化，不断创新与发展。

【课程思政1-1】

学史明理——会计发展史的启示

习近平总书记在《求是》杂志（2021年7月1日，第13期）发表的重要文章《学史明理、学史增信、学史崇德、学史力行》中强调，在党史学习教育中要做到学史明理、学史增信、学史崇德、学史力行，做到学党史、悟思想、办实事、开新局。文章指出，明理是增信、崇德、力行的前提。要从党的辉煌成就、艰辛历程、历史经验、优良传统中深刻领悟中国共产党为什么能、马克思主义为什么行、中国特色社会主义为什么好等道理。要深刻领悟坚持中国共产党领导的历史必然性，坚定对党的领导的自信。培根也曾说过，读史使人明智。

同样道理，通过对国内外会计发展史的回顾，我们认识到，会计是随着人类社会生产活动的发展和经济管理的需要而产生、发展并不断完善起来的；会计是人类社会生产活动发展到一定阶段的产物；会计的发展受其所处的社会经济、技术、政治、文化、法律等客观环境的影响；经济越发展，会计越重要。这一认识有助于我们理解在当今数字经济时代会计所面临的机遇、挑战以及变革要求，增强对会计本质的认识，把握其发展规律，从而能更好地从事会计实践工作和理论研究。

第二节　会计的含义与职能

一、会计的含义

（一）学术界关于会计含义的观点综述

尽管会计从产生至今已有几千年的历史，但是，对于“什么是会计，即会计的含义是什么”这一基本问题，古今中外却始终没有一个明确、统一的说法。我国会计学术界也争论了几十年，至今仍众说不一，无法定论。究其原因，关键在于人们对会计本质有不同的认识与看法，进而出现了不同的会计含义表述观点。为了便于更好地理解会计的本质，把握会计的含义，现将会计学术界关于会计含义的几种主要观点综述如下：

1. 艺术论

20世纪初，美国会计职业界普遍认为会计是一门艺术，其主要论据是会计政策选择充满主观判断，净利润可以被操纵。故会计如同一门艺术，可以随心所欲对会计信息指标加以调节。我国会计学术界在中华人民共和国成立初期也曾有此主张。

2. 工具论

在20世纪80年代以前，我国会计学术界认为会计是企业的一个工具，认为会计被动地为企业提供生产经营活动的相关信息，在企业管理中处于从属地位，企业需要会计做什么，提供什么信息，会计就必须服从，不得违背。

3. 信息系统论

该观点认为，会计的本质是一个经济信息系统，而会计信息系统是指在企业或其他组织范围内，旨在反映和控制企业或组织的各种经济活动，由若干具有内在联系的程序、方法和技术所组成，由会计人员加以管理，用以处理经济数据、提供财务信息和其他相关经济信息的有机整体。

美国会计学家A. C. 利特尔顿于1953年出版了《会计理论结构》，在这部专著中，作者指出，“会计是一种特殊门类的信息服务”，“会计的显著目的在于对一家企业的经济活动提供某种有意义的信息”。可以说，A. C. 利特尔顿是国外提出会计信息系统论的第一人。

20世纪60年代以后，全球范围内，信息论、系统论、控制论等理论得到空前发展，美国会计理论界及职业界逐步倾向于将会计的本质定义为会计信息系统。20世纪70年代后，持该观点的人越来越多，出版的相关专著、教材更是相当普遍。

我国最早接受会计信息系统论的会计学家是余绪缨教授，他于1980年在《要从发展的观点看会计学的科学属性》一文中首次提出了这一观点。1983年，葛家澍、唐予华教授又提出“会计是为提高企业和各单位的经济效益，加强经济管理而建立的一个以提供财务信息为主的经济信息系统”，从此，会计信息系统论在我国会计理论界一直占有重要地位。

4. 管理活动论

该观点认为，无论从理论上还是从实践上看，会计都不仅仅是管理经济的工具，它本身就具有管理的职能，是一项经济管理工作，是全面反映和监督企事业单位资本（资金）运动的一种管理活动。

在西方国家，将会计作为一种管理活动的观点早已出现。如“古典管理理论”学派的代表人物法约尔就将会计列为经营的六种职能活动之一；美国人卢瑟·古利克则将会计管理列为管理功能之一；20世纪60年代后期，出现了“管理经济会计学派”，该学派也认为，进行经济活动分析和建立管理会计制度就是管理活动。

在我国，杨纪琬、阎达五教授于1980年在中国会计学会成立大会上作了“开展我国会计理论研究的几点意见——兼论会计学的科学属性”的专题报告，首次提出了会计管理活动论，他们认为，会计是一项经济管理工作，是一种管理活动。同样，该观点在我国会计理论界也一直占有重要地位。

5. 会计控制论

持这种观点的人以杨时展、伍中信教授为代表，认为会计的本质是一种以认定受托责任为目的并对会计计量结果有控制作用的控制系统。

（二）会计的本质：我们的观点

在我国，自20世纪80年代以来，会计学术界尽管有多种看法，但主要是“会计信息系统论”与“会计管理活动论”两大主流观点之争，目前依然如此。

我们认为，讨论会计的本质，首先应明确“会计”是指什么，是指“会计学”，还是指“会计工作”，或是“会计方法”。其实，会计学术界有不同观点，这是站在不同的角度对会计的不同认识。会计信息系统论和会计管理活动论这两种观点并没有冲突和矛盾，而是可以相互融合、相互协调的。会计信息系统论将会计视为一种方法进行论证，而会计管理活动论则将会计视为一种工作、一种管理活动来加以论证，两者的出发点不同，得出的结论就不一致。并且，随着相关领域理论的不断进步，人们对会计的看法也在不断变化，比如可以把会计看成一种契约活动、一种产权制度、一种交易行为、一种受托责任、一种博弈过程等，不一而足。正是通过从不同角度、不同前提出发来审视会计的本质，才更有助于认清会计的本质。我们认为，从本质上看，会计是一种基于信息处理的管理活动，其他的认识都是在此基础上的延伸和发展。

如果把会计定义为一种提供信息的管理活动，则这种活动无疑具有强烈的社会性，即：关系到社会经济利益分配的公平效率性，关系到社会经济秩序的稳定和谐性，因此，会计就要协调各方面的利益需求，最终在各利益主体之间做出最优的权衡决策，满足不同利益主体的要求。一旦会计具备了其活动的社会价值和社会意义，则一套旨在激励与约束其行为的规范体系的建立便成了必然和必要的选择。正是因为会计所具有的技术性和社会性的双重性质，才决定了会计的科学管理属性，使它成为一门经济管理科学。

我们有理由认为，会计是经济管理的重要组成部分，是以提供经济信息、提高经济效益为目的的一种管理活动。为此，可以将会计的含义表述为：会计是以货币为主要计量单位，采用一系列专门程序和方法，对企事业单位或其他经济组织的经济活动进行连续、系统、全面的核算和监督，以提供经济信息、反映受托责任履行情况、提高经济效益为主要目的的一种经济管理活动，也是一项重要的经济管理工作。本教材对信息系统论和管理活动论这两种观点并未做实质性区分。

二、会计的职能

（一）会计的基本职能

会计的职能是指会计在经济管理工作中所具有的功能，即会计是用来做什么的。研究会计职能，对于深入理解会计的含义，准确揭示和把握会计目标具有重要意义。会计的职能有很多项，但其基本职能只有两项，即核算和监督。马克思在《资本论》中指出："过程越是按社会的规模进行……作为对过程进行控制和观念总结的簿记就越是必要……"可见，马克思在当时就将会计的基本职能归纳为反映（观念总结）和监督（控制）。从现代会计发展过程来看，会计在经济管理工作中已逐步构建了两大工作系统，即会计信息系统和会计控制系统，前者主要对经济过程中的经济事项进行核算反映，以提供必要的会计信息，后者主要通过对经济活动及事项进行监督控制，以保证会计信息质量的真实、完整、准确。

1. 会计的反映职能

会计的反映职能是会计的首要职能，是整个会计管理工作的基础，它是指按公认会计准则的要求，以货币为主要计量单位，通过一定的程序和方法，对经济活动进行确认、计量、记录、报告，全面、系统、及时、准确地将一个会计主体所发生的会计事项表现出来，即提供真实、正确、可靠的会计信息，以达到揭示会计事项本质，满足经济管理工作需要之目的。会计反映职能具有以下几个显著特点：

（1）会计反映主要是以货币为主要计量单位来进行的

由于经济活动错综复杂，人们不可能简单地对不同类型的经济业务进行计量、汇总，必须通过专门的会计核算方法进行加工处理，才能从数量方面反映经济活动的全貌。计量尺度主要有三种，即实物量度（如件、台、千克等）、劳动量度（如工时、工日等）和货币量度（如元、千元、万元等）。前两种计量尺度只能提供个别数据资料，而不能对不同类型的经济业务进行综合反映。货币是商品的一般等价物，具有价值尺度、流通手段、储藏手段和支付手段的特点，是衡量一般商品价值的共同尺度。若用货币作为计量手段，则能以价值形式综合反映经济活动的过程和结果。

会计对各单位经济活动进行反映时，主要是从数量方面而不是质量方面进行的。比如，企业对固定资产进行反映时，只记录其数量、成本、折旧等数量变化，而不反映其技术水平、运行状况等。会计在反映各单位经济活动时主要使用货币尺度，而实物尺度、劳动尺度及其他文字说明等都处于从属地位。所以，会计反映是以货币为主要计量单位，同时以实物量度和劳动量度等非货币量度为辅助量度进行的。

（2）会计反映的主要是过去已经发生的经济活动

会计核算的基本工作就是对已经发生的经济活动进行如实反映，说明其真相，因此，只有在每项经济业务发生或完成以后，才能取得该项经济业务完成的书面凭证，这种凭证具有可验证性，据此记录账簿，才能保证会计所提供的信息真实可靠。而这必须是在经济业务已经发生或完成之后，至少在传统会计上是这样的。尽管随着市场经济的发展，市场竞争日趋激烈，经济活动日趋复杂，经营管理需要加强预见性，伴随着管理会计产生的预测职能，其核算范围可能扩大至未来的经济活动，但从编制会计报表，对外提供会计信息等方面来看，会计反映的仍然是过去已经发生或完成的经济事项。

（3）会计反映具有完整性、连续性和系统性

会计作为一项管理活动，它贯穿于经济活动的全过程。因此，会计对经济活动的反映也应当是完整、连续和系统的。完整性是指对所有的经济业务都要进行计量、记录、报告，不得有任何遗漏，也不得有任意取舍；连续性是指对所有经济业务的记录都是连续的，逐笔、逐日、逐月、逐年按时间先后顺序进行反映，不得有任何中断；系统性是指必须采用科学的方法对会计信息进行加工处理，最后提供系统化的数据资料，以揭示客观经济活动的规律。

会计的反映职能在客观上体现为通过会计信息系统对会计信息进行优化，而这一过程又具体体现为记账、算账和报账三个阶段。它们既服务于国家的宏观管理部门，又服务于会计主体的外部投资者和内部经营管理者，充分体现了管理的思想。

2. 会计的监督职能

会计监督是会计的另一基本职能，它是指会计按一定的目的和要求，利用会计信息系统所提供的信息，对会计主体的经济活动进行审查、控制和指导，使之按规定的要求运行，达到预期的目标，以保证会计目标的顺利实现。会计监督职能具有以下特点：

（1）会计监督具有强制性和严肃性。会计监督是依据国家的财经法规和财经纪律来进行的，《会计法》不仅赋予了会计机构和会计人员实行监督的权利，而且规定了监督者的法律责任，放弃监督，听之任之，情节严重的，给予行政处分，给公共财产造成重大损失，构成犯罪的，依法追究刑事责任。因此，会计监督是以国家的财经法规和财经纪律为准绳的，具有强制性和严肃性。

（2）会计监督具有完整性。会计监督不仅体现在已经发生或已经完成的业务方面，而且体现在业务发生过程中及尚未发生之前，包括事前监督、事中监督和事后监督。事前监督是指在经济活动开始前进行的监督，是利用事前核算资料，对未来经济活动进行的指导审查。事中监督是指在日常会计工作中，随时审查所发生的经济业务，一旦发现问题，及时提出建议或改进意见，促使有关部门或人员采取措施予以纠正。事后监督是指对已经发生的经济活动，按事先制定的目标、标准和要求，利用会计反映取得的资料，进行考核、分析和评价，并为制定下期计划、预算提供资料，以预测今后经济活动的发展趋势。

（3）会计监督具有连续性。只要社会再生产过程不间断，会计反映就要不断地进行下去，而在这整个过程中，始终离不开会计监督。各个会计主体每发生一笔经济业务，都要通过会计进行反映，在反映的同时，要审查它们是否符合法律、制度、规定和计划。会计反映具有连续性，会计监督也就具有连续性。

任何企事业单位在会计行为实施以前，会计的反映职能就已发挥作用，同时，会计工作的结束又离不开会计监督。可以说，会计监督既是起点，又是终点，它通过会计信息系统与会计控制系统的有机结合，充分突出了会计在企事业单位经营管理中的能动作用，体现了“会计管理活动论”的基本思想。

3. 反映职能与监督职能的关系

会计的反映职能与监督职能之间有着密切的关系。一般来说，反映职能是监督职能的基础，没有反映职能提供的信息，就不可能进行会计监督，因为如果没有会计反映提供可靠、完整的会计资料，会计监督就没有客观依据，也就无法进行会计监督；而会计监督职能又是会计反映职能的保证，没有会计监督职能进行控制，提供有力的保证，就不可能提供真实可靠的会计信息，也就不能发挥会计管理的能动作用，会计反映也就失去了存在的必要。所以说，会计的反映职能和监督职能是紧密联系、密不可分、相辅相成的，两者是一个辩证的统一体。两者之间的关系可用图 1-1 表示。

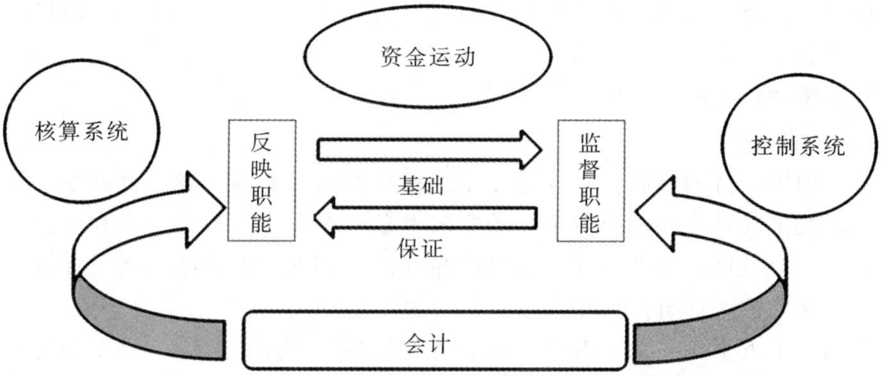

图1-1　会计基本职能关系图

（二）会计职能的扩展

随着社会经济的发展，科学技术日新月异，社会经济关系日趋复杂，竞争更加激烈，各种管理理论不断出现并丰富完善。经济越发展，会计越重要，所以，会计所固有的反映与监督两大基本职能就显得不能适应社会经济发展的需要，致使会计新的职能不断涌现。目前，在我国会计学术界，有关会计职能的提法有多种，从两大基本职能到三职能、六职能直至九职能说。但比较流行的提法还是六职能说，即认为会计具有"反映经济情况、监督经济活动、控制经济过程、分析经济效果、预测经济前景、参与经济决策"①等六项职能，而且这六项职能也是紧密结合、相辅相成的。其中，两项基本职能是四项扩展职能的基础，而四项扩展职能又是两项基本职能的延伸和提高，它充分体现了管理活动论的基本思想。

第三节　企业与会计信息系统

世界上绝大部分工作都是通过组织（为实现一个或多个目标而一起工作的人组成的团体）来完成的。组织有不同的分类标准，如果按照营利性这一标准来划分，大致可以分为两类：一类是以赚取利润为目标的营利性组织或称之为企业，如工厂、商场、饭店、宾馆、银行、保险公司、证券公司、租赁公司、典当行、会计师事务所、律师事务所、咨询公司等；另一类是不以营利为目的但要收取一定费用或完全不收取费用的组织，这类组织有其他目标，如政府治理、提供社会服务、公共产品等，各类学校、医院、政府机关、图

① 陈国辉. 会计理论研究［M］. 大连：东北财经大学出版社，2001：46.

书馆、慈善机构、宗教机构等就属于这类组织，这一类组织统称为行政或事业单位，或政府与非营利组织。会计就是为这些组织服务的，为第一类组织服务的会计称为企业会计，为第二类组织服务的会计称为政府与非营利组织会计。在工作中，组织要运用各种资源，如劳动力、原材料、各种服务、房屋以及机器设备，而获得这些资源需要资金支持，或者说使用资源要付出成本。

为了有效地工作，组织中的成员，需要知道有关资源的数量、筹资方式和资源使用结果等方面的信息，而组织以外的利益相关者也需要利用这些相关信息对组织活动进行判断。从这个角度看，会计是一个提供这些信息的系统。社会生活中绝大部分组织是以营利为目的的企业，其经营活动与政府与非营利组织相比，也更复杂，因此，现代会计主要是针对企业的经济活动来开展研究的。

一、企业的性质与组织形式

（一）企业的性质

企业作为国民经济的细胞，不仅是市场经济活动的主要参与者，社会生产和流通的直接承担者，还是推动社会经济技术进步的主要力量。企业作为从事生产和经营活动的经济组织，是人类社会发展的智慧结晶，也是商品经济发展的必然产物。人类社会发展源远流长，但真正意义上的企业自产生至今仅有二三百年的历史。

早在十四、十五世纪，采矿和纺织行业等就出现了企业的萌芽。手工作坊的生产使资本家有可能脱离劳动而直接从事生产管理，组织简单的劳动协作，从而创造出比个体劳动总和更高的生产力。最早出现的是个人或个体业主制企业，也即独资企业，企业的资本归个人所有，个人同时是企业的管理人员。生产规模的扩大，对资本的需求相应增大，于是出现了能够积聚较多资本的合伙企业，但合伙企业由于需要维持合伙关系而同样受到限制。独资企业和合伙企业是自然人企业，出资人要承担无限责任，这极大地制约了企业的发展。在此客观背景下，一种能够广泛吸收社会闲散资金，并不受投资人个人因素影响的企业组织便应运而生了，这就是公司组织。我们通常讲，要建立现代企业制度，就是指建立公司制企业制度。

古典经济学认为，企业是追求利润最大化的理性经济人。理性经济人，是指按照自身利益最大化原则，能够以自己的行为做出利己选择的经济实体，即按照利润最大化原则，利用分工、生产、协调管理等技术将土地、资本、劳动力等生产要素结合起来，以谋取更大的产出。西方经济学交易费用学派认为，企业是源于节约市场费用而生产的，因而企业本质上是市场价格机制的替代物，认为“市场的运行是有成本的，通过形成一个组织，并允许某个权威（如企业家）来支配资源，就能节约某些市场运行成本”，即企业和市场是可以相互替代的资源配置机制。詹森（Jensen）和麦克林（Meckling）在1976年对企业又做了新的定义，认为企业作为一种组织，只是一个法律虚构体，是“一系列契约的联结”。

1984年，《中国企业管理百科全书》将企业定义为“从事生产、流通等经济活动，为满足社会需要并获取盈利，进行自主经营、实行独立经济核算、具有法人资格的基本经济单位”。这一概念反映了企业所具有的两个方面的特征：一是营利性，即企业是一个经济组织，从事各种经济活动，根据自身的投入和产出进行经济核算，以营利为目的，对其自身的盈亏负责，同时承担一定的社会责任；二是独立性，即企业是一个独立的商品（服务）生产者（提供者）或经营者，是进行独立核算的经济实体。

【课程思政1-2】

家国情怀——企业的社会责任

企业的社会责任是指企业在经营发展过程中应当履行的社会职责和义务，主要包括安全生产、产品质量（含服务）、环境保护、资源节约、促进就业、员工权益保护等。企业至少应当关注在履行社会责任方面的下列风险：（1）安全生产措施不到位，责任不落实，可能导致企业发生安全事故；（2）产品质量低劣，侵害消费者利益，可能导致企业巨额赔偿、形象受损，甚至破产；（3）环境保护投入不足，资源耗费大，造成环境污染或资源枯竭，可能导致企业巨额赔偿、缺乏发展后劲，甚至停业；（4）促进就业和员工权益保护不够，可能导致员工积极性受挫，影响企业发展和社会稳定。企业应当重视履行社会责任，切实做到经济效益与社会效益、短期利益与长远利益、自身发展与社会发展相互协调，实现企业与员工、企业与社会、企业与环境的健康和谐发展。

你认为，企业应当如何处理其营利性和履行社会责任之间的关系？

（二）企业的组织形式

我国企业曾有国有企业、集体企业、私有企业以及混合所有制企业等几种类型。国际上通行的是按企业资产经营的法律责任来分类。按企业组织形式的不同，企业组织可划分为两类，即非公司制企业组织和公司制企业组织。非公司制企业组织又可进一步分为个人独资企业和合伙企业；公司制企业组织又可分为有限责任公司和股份有限公司等。

1. 非公司制企业组织

（1）个人独资企业。个人独资企业是由一个自然人投资，财产为投资人个人所有，投资人以其个人财产对企业债务承担无限责任的经营实体。在这类企业中，出资者对企业的全部财产及经营收益享有所有权，同时对企业的全部债务单独承担无限清偿责任。因此，企业的所有权与经营权是统一的，独资企业不具有法人资格。该组织形式的主要优点是企业内部结构简单，经营制约因素较少，业主可以充分发挥主观积极性，经营灵活，企业筹建、转向、解散等均很方便，并且不需要缴纳企业所得税。缺点是筹集资金比较困难，从而限制了企业的规模和发展，一旦经营失败，业主将承担无限清偿责任，严重者会导致其彻底破产。一般来说，这类企业生产经营规模比较小，资金来源有限，抵御各种经营风险和承担经济损失的能力不强。

（2）合伙企业。合伙企业是由各合伙人订立合伙协议，共同出资，合伙经营，共享收益，共担风险，并对合伙债务承担无限连带责任的经营实体。通常，合伙人是两个或两个以上的自然人、法人和其他组织。该类企业的最大特点是，合伙人对企业债务承担连带责任，一旦发生债务，债权人可以向任何一个合伙人请求清偿全部债务。企业的事务通常由合伙人共同决定，然后委托一个或部分合伙人去执行。该类企业由于吸收了其他私人的投资，为扩大企业生产经营规模创造了一定的条件，因而是一种比个人独资企业先进的企业组织形式。但是，合伙企业也有很大的局限性，主要是权力分散，决策缓慢，筹资也比较困难，并且由于合伙企业不具有法人资格，以及合伙人对企业的债务要承担无限责任，其风险也比较大。

我国《个人独资企业法》和《合伙企业法》对这两类企业进行了详细规定。

【小资料1-1】

特殊普通合伙企业

法律是对现实社会的规制和反映。特殊普通合伙企业在责任承担上与普通合伙企业有别，在国外被称为“有限责任合伙”（Limited Liability Partnership，LLP）企业。在特殊普通合伙企业中，一个合伙人或数个合伙人在执业活动中因故意或者重大过失造成合伙企业债务的，应当承担无限责任或者无限连带责任，其他合伙人则仅以其在合伙企业中的财产份额为限承担责任。这与普通合伙企业是不同的，在普通合伙企业中，合伙人即使是基于故意或者重大过失而给合伙企业造成债务，在对外责任的承担上依然是由全体合伙人承担无限连带责任，尽管对内其他合伙人可以追索有过错的合伙人；而在特殊普通合伙企业中，出现由于个别合伙人的故意或者重大过失而导致的合伙企业债务时，没有过错的其他合伙人只以其份额承担对外责任，当其他合伙人的份额不足以赔偿时，债权人只能追索有过错的合伙人。当然，若特殊普通合伙企业的合伙人并非因为故意或者重大过失而导致合伙企业债务的，此种情形下与普通合伙企业一样，应当由全体合伙人承担无限连带责任。

特殊普通合伙企业形式仅适用于以专门知识和技能（如法律知识与技能、医学和医疗知识与技能、会计知识与技能等）为客户提供有偿服务的机构，这是因为这些专门知识和技能通常只为少数的、受过专门知识教育与培训的人才所掌握，而在向客户提供专业服务时，个人的知识、技能、职业道德、经验等往往起着决定性的作用，与合伙企业本身的财产状况、声誉、经营管理方式等都没有直接的和必然的联系，合伙人个人的独立性极强。

2. 公司制企业组织

公司制企业是当今社会的主要企业组织形式，它是适应社会生产力的发展，在独资企业和合伙企业的基础上，伴随着资本集中的过程而发展起来的一种现代企业制度组织形式。公司是依据一定的法律程序申请登记设立，并以营利为目的的具有法人资格的经济组织。

公司有自己独立的财产，独立地承担经济责任，同时享有相应的民事权利。公司具有法人资格，这是区别于非法人企业（如独资企业和合伙企业）的一个重要标志。法人是具有民事权利能力和民事行为能力，依法独立享有民事权利和承担民事义务的组织。因此，公司必须具有独立的法人财产，享有法人财产权，自主经营、自负盈亏，它可以不依赖其股东而独立享有权利和承担义务，各股东按协议、章程提供财产，并由各股东推选管理人员管理企业财产。公司以其全部财产对公司的债务承担责任。

《中华人民共和国公司法》（2023年12月29日十四届全国人民代表大会常务委员会第七次会议修订，以下简称《公司法》）规定：“公司是指依照本法在中华人民共和国境内设立的有限责任公司和股份有限公司。”可见，公司是以责任形式设立的，而不是以所有制或行政隶属关系来设立的；公司包含多种经济成分，容纳多种来源的投资，不同的所有者都可以采用公司形式。

（1）有限责任公司。有限责任公司是指由一定数量（50个以下）的股东共同出资组成，股东以其所认缴的出资额为限对公司债务承担有限责任的公司。有限责任公司的股东不限于自然人，也可以是法人和政府。有限责任公司对公司的资本不分为等额股份，不对外公开募集股份，不能发行股票；股东以其出资比例，享受公司权利，承担公司义务；公司股东以其出资额承担有限责任，并享受相应的权益。公司股份的转让有严格的限制，如需转让，应在其他股东同意的条件下方可进行。

【小资料 1-2】

一人有限责任公司和国有独资公司

我国《公司法》规定，一人有限责任公司是指只有一个自然人股东或者一个法人股东的有限责任公司。一个自然人只能投资设立一个一人有限责任公司，该一人有限责任公司不能投资设立新的一人有限责任公司。一人有限责任公司应当在公司登记中注明自然人独资或者法人独资，并在公司营业执照中载明。一人有限责任公司不设股东会。一人有限责任公司的股东不能证明公司财产独立于股东自己的财产，应当对公司债务承担连带责任。

国有独资公司，是指国家单独出资、由国务院或者地方人民政府授权本级人民政府国有资产监督管理机构履行出资人职责的有限责任公司。国有独资公司不设股东会，由国有资产监督管理机构行使股东会职权。国有资产监督管理机构可以授权公司董事会行使股东会的部分职权，决定公司的重大事项，但公司的合并、分立、解散、增加或者减少注册资本和发行公司债券，必须由国有资产监督管理机构决定。国有独资公司设董事会，董事会成员中应当有公司职工代表。董事会成员由国有资产监督管理机构委派；但是，董事会成员中的职工代表由公司职工代表大会选举产生。董事长、副董事长由国有资产监督管理机构从董事会成员中指定。国有独资公司设经理，由董事会聘任或者解聘，经国有资产监督管理机构同意，董事会成员可以兼任经理。

（2）股份有限公司。股份有限公司是指由一定人数的股东出资设立，全部资本由等额股份组成，并通过发行股票筹集资本，股东以其所认购的股份为限对公司承担责任的公司企业。我国现行《公司法》规定，股份有限公司的设立可以采取发起设立或者募集设立的方式。发起设立是指由发起人认购公司应发行的全部股份而设立公司；募集设立是指由发起人认购公司应发行股份的一部分（一般不得少于公司股份总数的百分之三十五），其余股份向社会公开募集或者向特定对象募集而设立公司。《公司法》还规定，设立股份有限公司应当有一人以上二百人以下的发起人。股份有限公司与有限责任公司的重要区别是，公司的资本总额平分为金额相等的股份，并通过公开发行股票方式向社会筹集资金；同时，公司的股份可以依法自由转让，股票可以在社会上公开交易、转让，但不能退股。因此，股份有限公司具有筹资便利、风险分散、资本具有充分的流动性等优点。股份有限公司彻底实现了所有权与经营权相分离，为保护投资人利益，公司的财务报告要定期对外公开。

【小资料 1-3】

上市公司

我国《公司法》所称上市公司（The Listed Company），是指其股票在证券交易所上市交易的股份有限公司。非上市公司是指其股票没有上市和没有在证券交易所交易的股份有限公司。上市，即首次公开募股（Initial Public Offering，IPO），是指企业通过证券交易所首次公开向投资者增发股票，以期募集用于企业发展的资金的过程。当大量投资者认购新股时，需要以抽签形式分配股票，又称抽新股，认购的投资者期望可以用高于认购价的价格售出。根据《证券法》与《公司法》的有关规定，股份有限公司上市有严格的程序。上市是指股票可以进入证券交易所进行交易，每个证券交易所均制定各自的股票上市要求，股票在上市和开始挂牌交易之前必须符合这些要求。股票上市要求通常包括以下几方面的内容：公众持股量、股东数目及至少公布若干年的财务报表等，不同的证券交易所也有个别不同的要求。例如，我国上海证券交易所规定首次公开发行股票并上市的有关条件和要求就包括：主体资格、公司治理、独立性、同业竞争、关联方交易、财务要求、股本及公众持股、其他要求等多方面内容。

【相关链接1-1】

《民法典》中法人的分类

《中华人民共和国民法典》（2020年5月28日第十三届全国人民代表大会第三次会议通过，自2021年1月1日起施行）第三章“法人”中规定：法人是具有民事权利能力和民事行为能力，依法独立享有民事权利和承担民事义务的组织；法人以其全部财产独立承担民事责任。法人分为营利法人、非营利法人和特别法人三类。以取得利润并分配给股东等出资人为目的成立的法人，为营利法人；营利法人包括有限责任公司、股份有限公司和其他企业法人等。为公益目的或者其他非营利目的成立，不向出资人、设立人或者会员分配所取得利润的法人，为非营利法人；非营利法人包括事业单位、社会团体、基金会、社会服务机构等。机关法人、农村集体经济组织法人、城镇农村的合作经济组织法人、基层群众性自治组织法人，为特别法人。此外，第一百零二条规定，非法人组织是不具有法人资格，但是能够依法以自己的名义从事民事活动的组织；非法人组织包括个人独资企业、合伙企业、不具有法人资格的专业服务机构等。

二、企业的治理结构

现代企业制度是与公司制企业紧密相连的。随着工商业的发展，公司规模不断扩大，经营环境日益复杂，竞争更加激烈。由大股东亲自担任高层经营管理人员，直接参与企业生产经营管理已越来越不适应经济发展的需要，加上大股东已无足够的能力与精力去控制企业的生产经营，因而，兴起了经理人市场，促使了“所有权与经营权相分离”。为适应两权分离而建立起来的公司治理结构是现代企业制度的主要标志之一。公司制的形成与发展为现代企业制度的建立创造了有利条件。

现代企业制度要求权责分明，其权利与责任的主体主要是所有者与经营者，这就涉及公司治理结构问题。公司治理结构，是指为实现资源配置的有效性，所有者（股东）对公司的经营管理和绩效进行监督、激励、控制和协调的一整套制度安排，它反映了决定公司发展方向和业绩的各参与方之间的关系。由于各国法律制度、市场发展状况、文化背景等差异很大，因而各国的公司治理结构也存在着较大的差别，主要有美国模式、日本模式、欧洲模式等。典型的公司治理结构是由所有者、董事会和执行经理层等形成的一定的相互关系框架。根据国际惯例，规模较大的公司，其内部治理结构通常由股东会、董事会、经理层和监事会组成，它们依据法律赋予的权利、责任、利益相互分工，并相互制衡。根据我国现行的《公司法》，我国有限责任公司和股份有限公司的治理结构包括四个组成部分：股东会、董事会、高级经理人员和监事会。

（一）股东会

股东作为公司的出资者，可以是自然人也可以是法人，他们按出资额享有资产收益权、重大决策权和选举管理者的权利，并按出资额比例对公司债务承担有限责任。股东会由全体股东组成。股东会是公司的最高权力机构，一般由董事会召集，董事长主持，主要依法行使以下职权：（1）选举和更换董事、监事，决定有关董事、监事的报酬事项；

（2）审议批准董事会的报告；（3）审议批准监事会的报告；（4）审议批准公司的利润分配方案和弥补亏损方案；（5）对公司增加或者减少注册资本做出决议；（6）对发行公司债券做出决议；（7）对公司合并、分立、解散、清算或者变更公司形式做出决议；（8）修改公司章程；（9）公司章程规定的其他职权。

（二）董事会

股东会要定期召开以决定重大问题，股东需要推选出最能代表自身利益并有能力治理好公司的个人组成一个执行机构，对股东会负责，这就是董事会。董事会代表全体股东的利益，制订公司的重大决策方案，并交股东会审批。董事会会议由董事长召集和主持。董事会主要行使下列职权：①召集股东会会议，并向股东会报告工作，执行股东会的决议；②决定公司的经营计划和投资方案；③制订公司的利润分配方案和弥补亏损方案；④制订公司增加或者减少注册资本以及发行公司债券的方案；⑤制订公司合并、分立、解散或者变更公司形式的方案；⑥决定公司内部管理机构的设置，制定公司的基本管理制度；⑦决定聘任或者解聘公司经理及其报酬事项，并根据经理的提名决定聘任或者解聘公司副经理、财务负责人及其报酬事项等。

（三）高级经理人员

公司的执行机构由高级经理人员组成，经理由董事会聘任或者解聘，负责处理公司日常的经营管理事务。经理人员作为董事会的代理人，对董事会负责并拥有管理权和代理权。经理列席董事会会议，主要行使下列职权：①主持公司的生产经营管理工作，组织实施董事会决议；②组织实施公司年度经营计划和投资方案；③拟订公司内部管理机构设置方案和公司的基本管理制度；④制定公司的具体规章；⑤提请聘任或者解聘公司副经理、财务负责人；⑥决定聘任或者解聘除应由董事会决定聘任或者解聘以外的负责管理人员；⑦董事会授予的其他职权。

（四）监事会

监事会是公司内部的监督机构。我国现行《公司法》规定，规模较大的有限责任公司和股份有限公司设立监事会，其成员不得少于三人；股东人数较少或者规模较小的有限责任公司，可以设一至二名监事，不设监事会。监事会应当包括股东代表和适当比例的公司职工代表，其中职工代表的比例不得低于三分之一，具体比例由公司章程规定。监事会中的职工代表由公司职工通过职工代表大会、职工大会或者其他形式民主选举产生。董事、高级管理人员不得兼任监事。监事会、不设监事会的公司的监事行使下列职权：①检查公司财务；②对董事、高级管理人员执行公司职务的行为进行监督，对违反法律、行政法规、公司章程或者股东会决议的董事、高级管理人员提出罢免的建议；③当董事、高级管理人员的行为损害公司的利益时，要求董事、高级管理人员予以纠正；④提议召开临时股东会会议，在董事会不履行相关法律规定的召集和主持股东会会议职责时召集和主持股东会会议；⑤向股东会会议提出提案；⑥依照相关法律的规定，对董事、高级管理人员提起诉讼等。

三、企业的主要经济活动

企业不同的组织形式和治理结构影响着企业的经营目标，而不同的经营目标又影响着企业经营活动的内容和形式，但不管怎样，不同企业的主要经济活动的内容基本是一致的，即包括筹资活动、投资活动和经营活动。

（一）筹资活动

筹资是企业根据生产经营、对外投资、调整资本结构的需要，通过资本市场，运用不同方式筹集资金的一种财务活动。它是企业生产经营活动正常进行和获取利润的前提条件，是企业重要的财务活动之一，也是会计管理工作所要反映的主要内容之一。

企业筹集资金的方式主要有自有资金的筹集和借入资金的筹集，不同方式筹集的资金对企业的影响是不同的。企业应当选择适合于自身条件的方式筹集资金，以降低筹资风险和资金成本，实现企业利润最大化。自有资金，也就是企业的资本金，又称注册资本金，它可以通过吸收直接投资、发行股票等方式筹集；借入资金，是企业为弥补自有资金不足而向金融机构、债权人借入的资金。

（二）投资活动

企业筹集资金的目的是进行投资活动，投资活动包括对内投资和对外投资。对内投资包括购建固定资产、无形资产等；对外投资是指企业为通过分配来增加财富，或为谋求其他利益，而将资产让渡给其他单位所获得的另一项资产，具体可以分为长期股权投资及金融资产投资（债券投资、股票投资、基金投资等证券投资）两大类。

（三）经营活动

企业筹集的资金到位后，各个部门都要按照决策所确定的计划，根据市场变化的具体情况，具体实施企业资源的利用转化，也就是企业的具体生产经营过程。这一过程大致包括研究与开发、采购、生产、市场营销与售后服务、人力资源管理、利润形成与分配等阶段。

四、企业的会计信息系统

（一）会计信息系统的必要性和特征

如前文所述，会计是提供决策所需信息的一种经济管理活动。无论是企业的所有者、债权人、管理人员、政府监管机构还是其他企业外部的利益相关者，都需要利用会计所提供的企业经营活动信息来进行相关的决策。会计过程产生会计信息，决策者将这些会计信息用于制定经济决策和采取专门的行动，这些决策和行动又会引起企业经济活动的循环。因此，会计将决策制定和经济活动以及决策的结果联系在一起。图1-2描述了经济活动是怎样进入会计过程的。

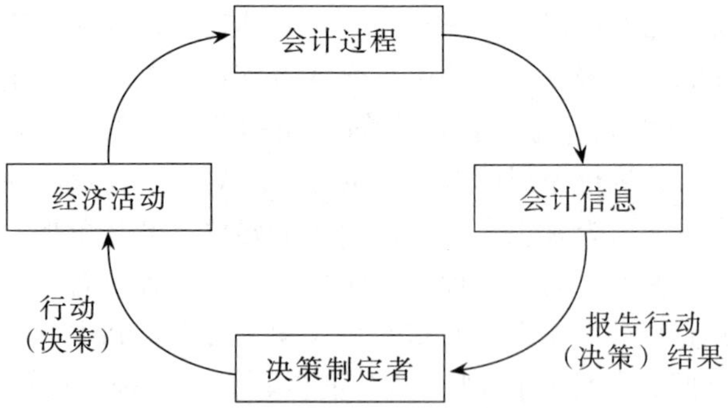

图1-2 经济活动进入会计过程循环图

如何及时准确地获取信息、传递信息并做出正确的决策，以引导企业经营活动实现企业目标，对企业的生存发展至关重要。这就需要在企业内部建立一个会计信息系统。会计信息系统是指在企业或其他组织范围内，旨在反映和控制企业或组织的各种经济活动，由若干具有内在联系的程序、方法和技术所组成，由会计人员加以管理，用以处理经济数据、提供财务信息和其他相关经济信息的有机整体。

会计信息系统主要具有以下特征：(1) 全面性。会计信息系统自始至终贯穿于企业的管理活动之中，监督和控制整个企业的生产经营活动，综合全面地反映企业财务状况、经营成果和现金流量。(2) 复杂性。会计信息系统全面反映企业生产经营活动的功能决定了它复杂的结构，在信息的处理和传递过程中，对信息可靠性、及时性、相关性的要求，导致了系统内外部结构的复杂性。(3) 准确性。会计信息系统不仅要正确可靠，而且信息处理必须遵循会计准则，符合企业会计制度的要求，并且严格按规定执行。

(二) 会计信息系统与企业管理系统

会计信息系统在企业管理系统中具有举足轻重的作用，企业管理系统是一个能够覆盖企业的全部业务，处理和传递最新的信息，为各级管理部门及时提供业务信息和决策信息的人机系统。在这个系统中，会计信息系统与其他子系统间进行数据交换，汇总处理其他子系统信息，为其内外部信息使用者提供预测和决策所需的信息。

从公司治理的角度分析，企业管理机制主要包括两个方面：一是内部监控机制；二是外部监控机制。内部监控机制主要是由股东、董事会、监事会对企业的经营者进行监督和控制的机制。一般情况下，企业内部控制是内部监控机制的主要构成内容，股东、董事会、监事会可以利用会计信息对管理者进行约束和激励，也可以保证会计信息系统向股东、董事会、监事会以及外界提供及时准确的会计信息。企业的外部监控机制主要是通过资本市场、产品市场以及经理人市场的不同作用来实现的。这些市场有效发挥作用的前提就是要获取企业经营成果、财务状况、现金流量等方面的信息，这就必须通过会计信息系统。因此，企业治理结构中内外部发挥作用主要取决于企业的会计信息系统。

由此可见，会计既是企业的一个信息系统，也是一个管理控制系统。图1-3勾勒了一家大型公司的会计系统组织结构。

(三) 财务会计信息系统与管理会计信息系统

把会计看作信息系统，是强调会计提供的信息、信息的使用者以及这些信息所提供的对财务决策的支持。图1-4描述了这种关系。

会计信息系统按会计信息使用者的不同，可以分为财务会计信息系统和管理会计信息系统两大类。

财务会计信息系统是以企业外部信息使用者为目标，通过一系列的确认、计量、记录和报告程序，为投资者、债权人、政府部门、供应商、客户以及其他各方面的外部信息使用者提供有关企业财务状况、经营成果和现金流量的信息，是各方面据以进行经济决策和宏观经济管理的依据，也是考核管理层经济责任履行情况，加强经济管理、提高经济效益的保证。财务会计又称外部会计。财务会计信息也被用于管理和所得税纳税申报，事实上，财务会计信息被用于如此多的不同目的，以至于它常被称作“通用目的”[①]会计信息。

---

① 不同的使用者可能有不同的信息需要，如果需要向不同的使用者提供不同的财务信息及其报告，其成本将非常高昂。因此，围绕通用目的制定会计准则、编制财务报告仍然是满足使用者需要最为有效的方式。

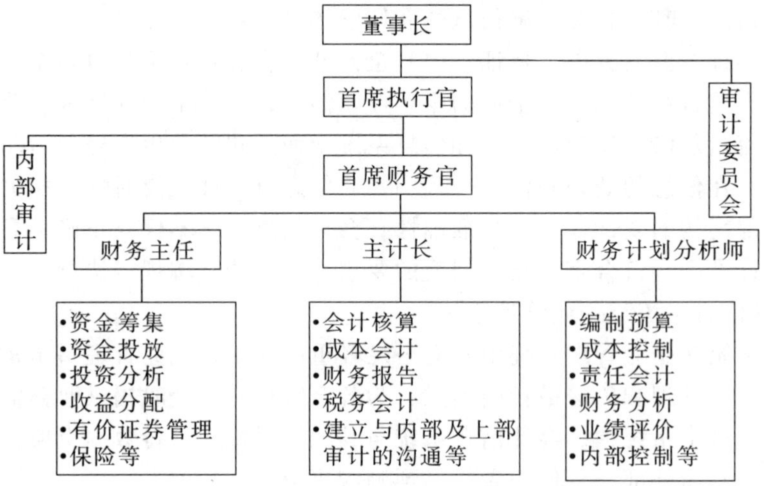

图1-3 大型公司会计系统组织结构图

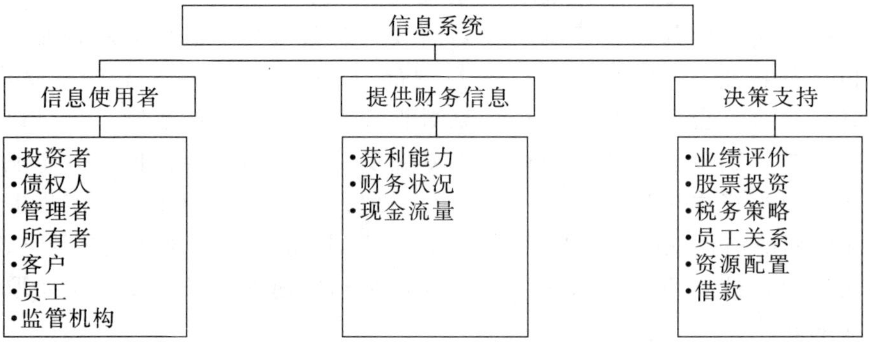

图1-4 会计信息、使用者与决策支持

【小案例 1-1】

宁德时代新能源科技股份有限公司（股票简称：宁德时代；股票代码：300750；公司网址：www.catl.com）2020年年度报告显示，该公司的主要会计数据和财务指标见表1-1。

表1-1 主要会计数据和财务指标

项目	2020年	2019年	2020年比2019年增减	2018年
营业收入（元）	50 319 487 697.20	45 788 020 642.41	9.90%	29 611 265 434.22
归属于上市公司股东的净利润（元）	5 583 338 710.38	4 560 307 432.71	22.43%	3 387 035 207.64
归属于上市公司股东的扣除非经常性损益的净利润（元）	4 264 694 375.97	3 915 220 693.63	8.93%	3 128 314 783.38
经营活动产生的现金流量净额（元）	18 429 902 631.96	13 471 954 556.80	36.80%	11 316 265 700.53
基本每股收益（元/股）	2.4942	2.0937	19.13%	1.6412
稀释每股收益（元/股）	2.4848	2.0887	18.96%	1.6407
加权平均净资产收益率	11.27%	12.78%	-1.51%	11.75%
项目	2020年年末	2019年年末	2020年年末比2019年年末增减	2018年年末
资产总额（元）	156 618 426 940.59	101 351 976 711.32	54.53%	73 883 704 016.51
归属于上市公司股东的净资产（元）	64 207 299 366.58	38 134 983 894.48	68.37%	32 938 280 895.31

【小思考1-1】

假设你有个朋友想开办一家企业并需要筹措一笔资金，以便租借场地、购买企业运营所需的资产（如送货卡车、展示装置）、支付员工在公司开办和客户付款前的工资。你的财务状况很好，因而同意借给朋友100 000元。但你并不打算做一个长期投资者或这家企业的共同所有者，而是想帮助朋友开办这家公司并同时赚取借款的资金报酬。再进一步假设，你同意朋友使用你的100 000元资金一年，而你若不贷此款给朋友，你可在另一项投资中赚取8%的报酬。你将如何评估这笔贷款的风险？需要哪些信息？

管理会计信息系统以企业内部信息使用者为目标，向其提供信息，以现代企业经营活动及其价值运动为对象，通过对财务会计以及其他信息进行重新加工和整理，实现对经济过程的预测、决策、规划、控制、绩效考核与评价等，以达到强化企业内部经营管理、实现最佳经济效益的目的。管理会计又称内部会计。

以上两大会计信息系统的关系如图1-5所示。

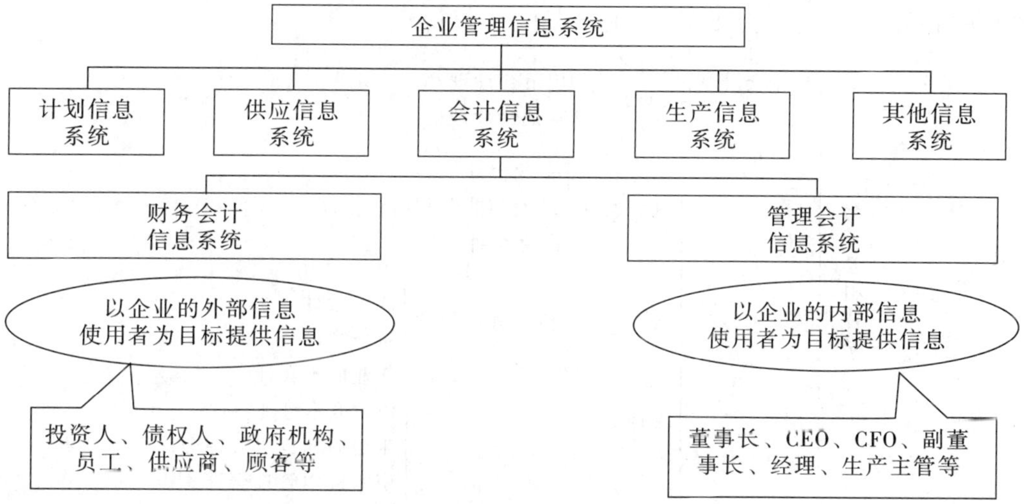

图1-5　会计信息系统示意图

【拓展阅读1-1】

作为一门语言的会计

由于被广泛用于描述各种类型的企业活动，会计有时被称为商业语言。学习会计就像学习一门新语言一样，而且我们经常会遇到一些术语和概念，它们在会计中的用法几乎不同于它们在日常非会计语言中的用法，这就使会计语言变得错综复杂起来。但会计还不等同于一门全新的外国语言，学习它更像是一个美国人在学习英式英语，稍不留神，美国人就辨别不出某些词在英式英语与美式英语中的细微差别。

学习会计就像学习一门新语言也体现在它的一些规则是确定的，而另一些规则是不确定的。一项既定的事件应该怎样报告，会计师们各执己见，就像语法专家对句子结构、标点和词句选择众说纷纭一样。但是，正如文学中有许多用法显然是病句一样，会计上也有很多处理方法难以令人满意。因此，人们应该理解会计是有局限性的。最后需要指出的是，语言是随着社会需求的变化而发展演进的，会计也是一样。本书介绍的各种规则是目前正在使用的，但是可以预见，为了满足组织及其成员不断变化的需求，以及会计所处环境变化的影响，有些规则可能需要加以修正。

第四节　会计学科体系与会计职业

一、会计学科体系

了解会计产生、发展的历史，理解现代会计的内涵，这为我们认识现代会计的学科体系提供了基础。会计学是人们对会计实践进行科学总结而形成的知识体系。尽管会计实践出现得较早，但是会计学的出现却相对较晚。1494年，意大利数学家卢卡·帕乔利的著作《算术、几何、比及比例概要》的问世标志着近代会计的开端，也通常被认为是会计学产生的标志。

随着现代经济和会计实践的不断发展，会计所面临的环境也越来越复杂，相应地，对会计学的研究也在不断地发展和完善，会计学分化出许多分支，每一分支都形成了一门独立的学科。这些学科相互促进、相互补充，形成了一个完整的会计学科体系，其内容大致如图1-6所示。

- 会计学科体系
  - 理论会计学
    - 会计史
    - 会计理论
      - 规范会计理论
      - 实证会计理论
  - 应用会计学
    - 财务会计
      - 企业会计
      - 政府与非营利组织会计
      - 国际会计
    - 管理会计
      - 传统管理会计
        - 成本会计
        - 责任会计
      - 现代管理会计
        - 作业成本会计
        - 质量成本管理会计
        - 生命周期成本管理会计
        - 资本成本管理会计
        - 增值会计
        - 战略管理会计
        - 环境管理会计
        - 人力资源管理会计
        - 国际管理会计
        - ⋮
    - 审计
      - 国家审计
      - 单位内部审计
      - 注册会计师审计

图1-6　会计学科体系示意图

需要说明的是，会计学是管理学的一个分支。会计学研究的对象是全部会计工作，既包括会计理论研究工作，也包括会计实践工作；既包括宏观主体会计，也包括微观主体会计。如果按照会计学研究的内容划分，其分支大体包括基础会计学、财务会计学（中级财务会计学和高级财务会计学）、管理会计学（含成本会计学）、会计理论、会计史等。在当今数字经济时代，大数据、人工智能、移动互联网、云计算、物联网、区块链等新一代信息技术的快速发展和广泛应用对会计行业和会计教育产生了深远影响，对其也提出了新的挑战和变革要求，同时促进了会计理论的发展，为会计理论革新提供了技术支持。会计的发展趋势是从手工会计到电算化会计再到信息化会计，当前正在向智能化会计发展。因此，会计学科体系也必将进行融合与重构。

【小思考1-2】

将会计学提升为一级学科的提案

2020年的两会开幕之际，全国政协常委、财政部会计标准战略委员会委员、中国税务学会副会长张连起带来了关于将会计学提升为一级学科的提案。理由如下：第一，会计的本质功能决定了其在国家经济社会发展和国家治理现代化中的特殊地位和重要作用。第二，全球经济一体化和我国更高水平的对外开放使得会计在争夺话语权和影响力中的作用更加凸显。第三，大数据背景下会计信息质量在很大程度上决定了整个社会的数据质量和数据治理水平。有鉴于此，为适应推进治理体系和治理能力现代化的需要，将会计学提升为一级学科，有利于促进会计学科现代化发展，有利于加强对国际化会计人才的培养，有利于不断满足新时代对数字化社会的需求，以更好地服务决胜脱贫攻坚、决战全面小康，为全面建成社会主义现代化强国做出积极贡献。

无独有偶，在2019年的两会期间，全国人大代表胡少先提出了关于将会计学提升为一级学科的建议。他认为，会计是以货币计量一个实体经济工作的经过和结果，既是一个经济信息计量系统，又是一项经济管理活动。经济越发展，会计越重要。在我国现行的教育体系中，会计学是"管理学学科门类"之中"一级学科工商管理"之下的二级学科，与"企业管理""旅游管理""技术经济及管理"等学科并列。这不仅缺乏科学性，更是降低了会计的地位，影响会计社会功能和作用的发挥。他还分析了会计学划在"二级学科"的六大弊端：一是不符合学科的科学设置；二是不符合会计学的真正地位；三是不符合国际惯例；四是不符合数字化社会需求；五是不利于会计学科的发展与转型；六是不利于广大会计人的培养管理。

请问你怎么看待这个问题？

二、会计职业

（一）会计职业领域

虽然人们对职业没有一个唯一认可的定义，但所有的职业都有一个复杂并不断演进的知识体系，并且从业者必须运用他们的职业判断来解决许多问题和困难。会计涉及企业界的复杂性和变动性、财务报告的要求、管理人员对越来越复杂的业务信息的需求以及税法的规定等，而且在企业复杂的经营活动中需要会计师运用职业判断的场景大量存在，更为重要的是，会计在很多方面对公众利益产生影响，因为社会在分配经济资源时常常把会计信息作为决策依据。因此，会计工作需要专业人员来完成，并且他们还要承担起社会责任，坚守职业道德，避免提供虚假的、具有误导性的信息。会计职业或就业机会主要分布在以下四个领域：

1. 企业会计

在大多数企业中，会计人员组成了庞大的职能部门，基本上是除了生产和销售活动以外的最大部门。企业会计主要是向企业内部和外部提供决策支持的信息，具体又分为财务会计和管理会计，但实际工作中，很多企业并没有严格区分财务会计岗位（人员）和管理会计岗位（人员），而是将两者结合在一起。

大型企业会计系统的最高负责人称为首席财务官（CFO）或总会计师，接受首席执行官（CEO）的直接领导，是企业治理结构中高级管理层的一部分。在一家企业中，虽然会计是由专业人员执行的一项参谋职能，但是产生会计信息的最终责任在于管理层。也正是因为管理层要对会计负责，所以在企业高级管理人员的职责划分上，首席财务官要负责满足其他管理人员对会计信息的需求，并遵循财务报告和税务会计的要求。为履行这些职责，就要聘请管理会计、财务会计和税务会计等方面的专业人员来设计、安装与运行会计信息系统，以生成所要求的财务报告、管理报告以及纳税申报表等。

企业会计的职责非常广泛，因此产生了很多专业领域，如战略管理、预算管理、营运管理、成本管理、投融资管理、绩效管理、风险管理以及内部审计等。企业的会计职业（尤其是管理会计）常常通向高级管理层职务。

2. 政府与非营利组织会计

一个社会中，政府和非营利组织如各级政府机关、各类学校、医院、图书馆、慈善机构等占有相当大的比重，这类组织也使用会计信息分配资源、控制运行，因此也需要相当多的会计专业人员在这些部门从事会计工作。

政府会计是会计体系的重要分支，运用会计专门方法，对政府及其组成主体（包括政府所属的行政事业单位等）的财务状况、运行情况、现金流量、预算执行等情况进行全面核算、监督和报告。自2019年1月1日起，我国政府会计准则制度在全国各级各类行政事业单位全面施行，适用于各级政府、各部门、各单位。各部门、各单位是指与本级政府财政部门直接或者间接发生预算拨款关系的国家机关、军队、政党组织、社会团体、事业单位和其他单位。军队、已纳入企业财务管理体系的单位和执行《民间非营利组织会计制度》的社会团体除外。

我国的政府会计由预算会计和财务会计构成。预算会计是指以收付实现制为基础对政府会计主体预算执行过程中发生的全部收入和全部支出进行会计核算，主要反映和监督预算收支执行情况的会计。财务会计是指以权责发生制为基础对政府会计主体发生的各项经济业务或者事项进行会计核算，主要反映和监督政府会计主体财务状况、运行情况和现金流量等的会计。政府会计主体应当编制决算报告和财务报告，两者有各自的目标和使用者。

非营利组织会计是核算、反映和控制非营利组织经济活动的专业会计。与以营利为目的的企业相比，非营利组织提供的服务和产品具有公共品和准公共品的特点，即所提供的服务和产品具有很强的正外部性，其生产成本与收益不对称，导致这些组织的生产成本不能完全得到补偿。因此，这些组织除了收取一定的费用外，政府还通过减免税收、提供补助，或通过其他渠道（如捐赠）使其获得资助，从而使这些组织既能向社会提供具有福利性质的产品或服务，又能长期存在下去。非营利组织的类型主要有：教育、文化、科学研究机构；健康和福利组织，如医院、疗养院、福利院、儿童保护组织、红十字会、社会救济机构等；慈善机构，如基金会等。在我国，非营利组织分为公立（国有）和民间两大类，公立的非营利组织一般称为事业单位。政府会计改革后，目前我国政府和行政、事业单位执行的都是政府会计准则制度，民间非营利组织执行《民间非营利组织会计制度》。

3. 公共会计

与上述两种会计职业领域都是为一家企业或一个组织工作的情况不同，会计师事务所

（或会计公司）是向许多客户和社会公众提供会计服务的，因此我们把会计师事务所从事的相关会计工作称为公共会计。会计师事务所向客户提供的服务主要包括两类：一类是鉴证服务，即审计服务，提供审计服务的会计人员称为审计师或注册会计师；另一类是非鉴证服务，包括管理咨询服务、税务服务、会计和记账服务、其他咨询服务等。从发展来看，提供管理咨询服务的领域已大大超出了税务筹划和会计事务，注册会计师可以就各类问题向企业的管理人员提供建议，如上市咨询、兼并重组、生产过程以及新产品开发等，因为几乎每项决策都需要财务方面的知识。

按规定，所有上市公司和许多其他组织的财务报告都要由独立的会计师事务所审计，因而有一些会计师事务所规模非常大，在全世界范围内拥有成千上万的员工和数以百计的办公场所，年收入高达几十亿美元。另外一种情况是，在国外发达经济体也有成千上万的注册会计师作为个人执业①。由于在会计师事务所从事审计工作，要求审计人员具有很高的执业能力和独立性，因此必须取得执业资格，通过注册会计师考试后才能执业，执业许可证通常是由国家颁发的，这些审计人员被称为注册会计师（Certified Public Accountant，CPA）。有很多注册会计师从公共会计领域转移到了企业中的管理职务，一些资深的注册会计师直接进入公司的高级管理层，担任财务负责人、首席财务官甚至首席执行官等要职。

4. 会计教育

会计教育也是会计职业的重要领域，会计教育工作提供的就业机会有：教学、研究、咨询以及自由发展个人技能。会计教育者在很多方面对会计职业做出了贡献，如有效的教学、发表重要的研究成果、鼓励和带动优秀的学生从事会计工作等。有些会计师也会选择从事会计教育工作。

【相关链接1-2】

作者观点——作为人生上升阶梯的会计

很多职业会计师离开会计岗位后担任企业或单位的管理或监督要职。会计背景对这些职位至关重要，因为高层管理人员要不断处理以会计语言和概念界定及表述的问题。公共会计经验对于职业会计师的能力提升尤其重要，因为公共会计师有特殊的机会从内部观察许多不同的企业，这使得他们特别适合其他组织的高层管理职务。虽然有些使用本书的学生不是会计专业的，但是学习会计对你仍然很重要。不管是职业岗位还是个人生活的方方面面，你都需要理解会计概念。金融系学生如果想在投资银行、咨询公司等就职，同样需要懂得会计概念。美国大型公司大约50%的首席财务官都有会计背景。管理系学生的最终目标是经营一家公司或一个公司分部，也只有懂得会计才能运用、控制和评价某一业务单元的业绩。市场营销专业的学生通常从事销售工作，所以理解会计上的收入确认原则和成本的构成必不可少。会计是商业语言，不懂会计信息去运作企业，就像是不懂竞技规则的人参加体育比赛，结果可想而知。

此外，会计知识对你个人生活的很多方面也都有帮助。会计概念对于日常决策（如个人预算、上大学和退休计划、租赁或购买决策、贷款条件评价及投资机会评估等）不可或缺。会计技能有助于你制定更好的经济决策，并使你受益终身。

---

①　《中华人民共和国注册会计师法》第一章第三条规定，会计师事务所是依法设立并承办注册会计师业务的机构。注册会计师执行业务，应当加入会计师事务所。

（二）会计职业人员的胜任能力

1. 胜任能力的重要性

无论哪一种会计职业，一个共同的特点是，职业人员需要熟悉企业的经营情况，管理和控制企业的资金和财产的运行，为管理层提供决策支持。提供信息并用于管理决策支持并不是一项能完全由计算机或者是经过训练的文书人员完成的机械化工作。对于所有公认职业（包括医学、法律和会计）而言，一个共同的特点是需要胜任的实务人员运用大量的职业判断并遵循严格的道德标准来解决问题。某一职业实务遇到的问题常常非常复杂，而且有其特定的环境，很多情况下，他人的利益还会直接受职业人员工作的影响。

会计人员在编制财务报表提供会计信息用于决策支持的过程中，遇到的实务问题往往非常复杂，这对其胜任能力、职业判断和道德行为提出了很高的要求。比如，某些复杂业务在某个时点实际发生，是否有必要把它们包括在给投资者和债权人的财务报表中？企业对持续很长时间的业务应当在什么时点进行会计处理（如建造大型设施的长期合同）？哪些问题构成了财务报表的合理使用者预期信息的充分披露？公司的财务问题在何时足以引起对公司在可预见的未来能否持续经营的疑问？这一信息应何时传递给财务报表使用者？管理人员改善财务报表（即“报表粉饰”）的做法何时越过了不当的界限，使得财务报表实际上对投资者和债权人产生了误导？判断总会有错误的可能。判断中的一些失误是由财务信息编制者或使用该信息的决策制定者的粗心或经验不足导致的；还有一些错误的发生是由于未来事项的不确定性，最终结果与编制信息的预期并不相同而导致的。要使公众信任会计职业人员的判断，这些会计人员首先必须表明他们具有胜任能力。

2. 胜任能力的不同要求

政府颁布的相关法律法规以及行业协会或会计职业组织对相关会计职业人员的胜任能力提出了要求。不同会计职业人员、不同岗位的会计人员有不同的要求。

在我国，《中华人民共和国会计法》（以下简称《会计法》）第三十九条规定：“会计人员应当遵守职业道德，提高业务素质。对会计人员的教育和培训工作应当加强。”财政部《会计人员管理办法》（自2019年1月1日起施行）第三条规定：“会计人员从事会计工作，应当符合下列要求：（一）遵守《中华人民共和国会计法》和国家统一的会计制度等法律法规；（二）具备良好的职业道德；（三）按照国家有关规定参加继续教育；（四）具备从事会计工作所需要的专业能力。”第四条规定：“会计人员具有会计类专业知识，基本掌握会计基础知识和业务技能，能够独立处理基本会计业务，表明具备从事会计工作所需要的专业能力。单位应当根据国家有关法律法规和本办法有关规定，判断会计人员是否具备从事会计工作所需要的专业能力。”

财政部《会计基础工作规范》（2019年修订）第十四条规定：“会计人员应当具备必要的专业知识和专业技能，熟悉国家有关法律、法规、规章和国家统一会计制度，遵守职业道德。会计人员应当按照国家有关规定参加会计业务的培训。”第七条规定：“会计机构负责人、会计主管人员应当具备下列基本条件：（一）坚持原则，廉洁奉公；（二）具备会计师以上专业技术职务资格或者从事会计工作不少于三年；（三）熟悉国家财经法律、法规、规章和方针、政策，掌握本行业业务管理的有关知识；（四）有较强的组织能力；（五）身体状况能够适应本职工作的要求。”

对于注册会计师而言，其职业胜任能力有更高的要求。《中华人民共和国注册会计师法》（以下简称《注册会计师法》）第二章“考试和注册”中做出了相关规定，例如，国家实行注册会计师全国统一考试制度；注册会计师全国统一考试办法，由国务院财政部门制定，由中国注册会计师协会组织实施；具有高等专科以上学校毕业的学历、或者具有会计或者相关专业中级以上技术职称的中国公民，可以申请参加注册会计师全国统一考试；具有会计或者相关专业高级技术职称的人员，可以免予部分科目的考试；参加注册会计师全国统一考试成绩合格，并从事审计业务工作二年以上的，可以向省、自治区、直辖市注册会计师协会申请注册；准予注册的申请人，由注册会计师协会发给国务院财政部门统一制定的注册会计师证书等。

此外，国务院颁布的《总会计师条例》第十六条规定：“总会计师[①]必须具备下列条件：（一）坚持社会主义方向，积极为社会主义建设和改革开放服务；（二）坚持原则，廉洁奉公；（三）取得会计师任职资格后，主管一个单位或者单位内一个重要方面的财务会计工作时间不少于3年；（四）有较高的理论政策水平，熟悉国家财经法律、法规、方针、政策和制度，掌握现代化管理的有关知识；（五）具备本行业的基本业务知识，熟悉行业情况，有较强的组织领导能力；（六）身体健康，能胜任本职工作。”

在美国，会计职业界和各州政府都采取了措施确保CPA具有技术胜任能力。CPA由各州颁发执照，与各州向医生和律师颁发执照的方式大体相同。要求CPA必须具有良好的品质、受过会计专业的大学教育、通过严格的考试，而且有会计经验。此外，大多数州还要求所有的CPA在从业过程中每年至少花40小时接受后续职业教育。管理会计师并不要求像CPA一样取得执照，但他们可自愿获得管理会计师认证（CMA）或内部审计师认证（CIA）以证明其专业胜任能力。这些证书由IMA（美国管理会计师协会）和IIA（国际内部审计师协会）颁发，分别代表在管理会计和内部审计领域的胜任能力。CMA和CIA的要求与CPA类似。

当前，我国经济正处在加快新旧动能转换、转向高质量发展的重要阶段，正值中国企业深度融入全球产业链之际，处在建设经济强国和人才资源强国的战略机遇期，也是高端会计人才助推我国参与国际竞争的关键时机，而国际化高端会计人才的短缺已成为阻碍国内企业“走出去”的绊脚石。共建“一带一路”倡议的实施、发起创办亚洲基础设施建设投资银行、《区域全面经济伙伴关系协定》（RCEP）签署、“构建国内国际双循环相互促进的新发展格局”等全方位外交布局与战略部署对我国高端会计人才培养工作提出了新要求，迫切需要一批善于管理、精于业务、熟悉国际规则和国际惯例，具有国际视野和战略思维的高素质国际化会计领军人才，进一步推动我国会计行业的对外交流合作与相互促进。所以，会计将大有作为。

【相关链接1-3】

国际化高端会计人才培养工程

为贯彻落实国家人才强国战略，不断增强我国在国际会计领域的话语权和影响力，着力培养一批符合我国会计工作国际交流与合作需要的国际化高端会计人才，财政部于2018年制定印发了《国际化高端会计人才培养工程实施方案》（财会〔2018〕12号），启动了国

① 总会计师不是会计资格，而是单位行政领导成员，协助单位主要行政领导人工作，直接对单位主要行政领导人负责。凡设置总会计师的单位，在单位行政领导成员中，不设与总会计师职权重叠的副职。全民所有制大、中型企业设置总会计师；事业单位和业务主管部门根据需要，经批准可以设置总会计师。

际化高端会计人才选拔培养工作。方案规定，入选国际化高端会计人才培养对象须经正式申报、选拔笔试、选拔面试、审定人选、公示和公布等环节。报名者须有中国国籍，年龄一般不超过45周岁，在企业或会计师事务所任职，具有一定的会计专业功底和企业会计准则实务经验，能够熟练运用英语进行专业讨论和交流。在中央管理企业（含中央管理金融企业）、省国资委管理企业、上市公司、其他企业工作的，应为担任分管财务工作的企业负责人、财务部门负责人及副职；在会计师事务所工作的，应为企业会计准则方面的技术骨干（高级经理及以上）。在财政部《会计改革与发展"十四五"规划纲要》（征求意见稿）中提出"十四五"时期我国将培养国际化高端会计人才数量为150人。

【课程思政1-3】

与时俱进、勤奋学习——努力提升未来作为合格会计职业人的胜任能力

对于青年学子而言，在当今时代，学好会计已经不是传统意义上掌握基本记账方法、熟悉会计准则就可以了。从技术的角度看，"大智移云物区"等新技术时代的到来对会计领域的人才培养产生了深远影响，传统会计专业人员的工作将越来越多地被计算机和人工智能取代，普通核算型的工作人员将逐渐减少，会计工作的价值、内容、场景、工具发生了深刻变化。从国家发展战略看，《中华人民共和国国民经济和社会发展第十四个五年规划和2035年远景目标纲要》中明确提出"坚持实施更大范围、更宽领域、更深层次对外开放，依托我国超大规模市场优势，促进国际合作，实现互利共赢，推动共建'一带一路'行稳致远，推动构建人类命运共同体"。可以预见，将来会有越来越多的企业走向国际化，业务国际化的趋势必将给会计人员带来巨大挑战。从产业和企业发展看，产业数字化和数字产业化成为一种趋势，出现了很多新业态、新模式，企业数字化转型加快，这使得企业组织及其控制方式发生了重大变化。以前企业的控制方式靠资金、股权等，而如今的一些网络平台企业，资金已不是主要的控制方式，出现了数据、影响力、业务往来等新的控制方式。未来的企业一定是混合控制型的，是资金控制、股份控制、数字控制、战略合作、业务上下游关系、往来关系等共同形成的一种综合化新型控制方式。

以上三个方面会计环境的变化，对会计职业和会计专业人员的胜任能力提出了新的、更高的要求。会计职业的地位或将取决于会计人员的知识结构和能力结构是否适应数字经济和企业数字化、智能化转型与管理的需要。新形势下，会计专业人员的能力体系要求做到懂业务、懂数据、懂分析、懂工具、懂设计，还要懂人文、懂经济、懂管理、懂法务、精财会。

为此，青年学子应努力从以下五个方面来培养和提升自己未来作为合格会计职业人的胜任能力：一是理论分析能力。现实世界遇到解决不了的问题时，往往要回到厚重的理论基础。二是数据处理能力。大数据具有数据量大、数据类型繁多、非结构化和商业价值高等特点，大数据包括企业财务数据、同行业财务数据、非财务数据（比如音频数据、视频数据、文字数据等），这就需要学会在复杂环境下处理数据的方法。三是知识整合能力。学习不能只是一门课、一门课地学，不能把知识割裂开来，要学会把众多知识整合在一起来解决问题。四是合作协调能力，如团队合作以及跨文化的协调合作能力。五是自主学习能力。授人以鱼不如授人以渔，在大数据环境下，学习资源层出不穷、知识获取网络易得，课堂教学制约性较大。因此，学生具备自主学习能力就显得十分重要，它能够帮助学生自主探索会计学知识，有效地提升会计综合技能，真正成长为大数据环境下的适配型会计人才。

总之，随着信息技术的不断创新和发展，大数据与会计学知识将会迎来更加深入的融合。对于青年学子来说，必须正视大数据对会计学发展的影响，积极了解大数据时代会计的变化，学好大数据下的会计知识，不断提升自身能力，与时俱进，以便更好地适应时代发展需要，早日成长为独当一面的专业会计人才。

（三）会计职业道德

1. 会计职业道德的含义

会计职业道德是在会计职业活动中应遵循的、体现会计职业特征的、调整会计职业关系的行为准则和规范。作为对会计法规重要补充的会计职业道德，不仅是规范会计行为的基础，也是实现会计目标的保证，更是会计人员提高素质的内在要求。会计职业道德是人们对会计职业行为的客观要求，具有广泛的社会性。从受托责任观出发，会计目标决定了会计所应承担的社会责任，尤其是随着企业产权制度改革的不断深化，会计不仅要为政府机构等提供符合质量要求的会计信息，而且将为投资者、债权人及社会公众服务。对于会计职业人员而言，职业道德与胜任能力同等重要。

2. 会计职业道德规范的不同要求

会计职业道德规范是会计职业道德的基本内容，是财经法规和制度所不能代替的。不同类型的会计职业人员，会计工作内容不同，职业道德规范也有所差异。《会计法》要求会计人员应当遵守职业道德。《会计基础工作规范》第二章第二节“会计人员职业道德”中，对会计人员的职业道德做出了较为详细的规定，主要包括：

第十七条　会计人员在会计工作中应当遵守职业道德，树立良好的职业品质、严谨的工作作风，严守工作纪律，努力提高工作效率和工作质量。

第十八条　会计人员应当热爱本职工作，努力钻研业务，使自己的知识和技能适应所从事工作的要求。

第十九条　会计人员应当熟悉财经法律、法规、规章和国家统一会计制度，并结合会计工作进行广泛宣传。

第二十条　会计人员应当按照会计法律、法规和国家统一会计制度规定的程序和要求进行会计工作，保证所提供的会计信息合法、真实、准确、及时、完整。

第二十一条　会计人员办理会计事务应当实事求是、客观公正。

第二十二条　会计人员应当熟悉本单位的生产经营和业务管理情况，运用掌握的会计信息和会计方法，为改善单位内部管理、提高经济效益服务。

第二十三条　会计人员应当保守本单位的商业秘密。除法律规定和单位领导人同意外，不能私自向外界提供或者泄露单位的会计信息。

注册会计师职业道德要求的程度更高，在《注册会计师法》和《中国注册会计师职业道德基本准则》中都有专门的规定。《注册会计师法》第十八条规定：注册会计师与委托人有利害关系的，应当回避；委托人有权要求其回避。第十九条规定：注册会计师对在执行业务中知悉的商业秘密，负有保密义务。《中国注册会计师职业道德基本准则》对注册会计师的职业道德进行了全面系统的规范，包括一般原则、专业胜任能力与技术规范，对客户的责任、对同行的责任、其他责任等。其中，一般原则包括“注册会计师应当恪守独立、客观、公正的原则”和“注册会计师执行审计或其他鉴证业务，应当保持形式上和实质上的独立”等。

职业道德规范与法律不同，不属于强制性的规定，一般都是由行业协会或职业组织来制定并对会员实施约束，主要强调自律。在美国，AICPA（美国注册会计师协会）制定职业行为规范，以表明会计职业界确认的对公众、客户和同行的责任。AICPA职业行为规范中的原则之一是CPA为公众利益服务，公众利益就是会计职业所服务的个人、团体和机构的集体利益；其他原则还强调了诚信、客观、独立性以及履行职责时保持应有谨慎的重要性。IMA的道德规范则包括胜任能力、保密性、正直和信誉等。由此可见，无论哪个会计职业，归纳起来，职业道德的基本规范一般都包括胜任、廉洁、保密、独立、客观、公正等。

第五节　会计规范及其制定机构：国际视角

一、会计规范的定义与组成

会计规范是指人们在从事与会计有关的活动时所应遵循的约束性或指导性的行为准则。从会计规范的形成看，可以分为两大类：一类是法律标准，即国家制定的相关法律制度；另一类是制度标准，包括会计准则、会计惯例等，是由权威人士或专业机构在自发形成的惯例基础上经过归纳、提炼、抽象及引申后形成的。

二、会计规范的基本特征

1. 普遍性

会计规范作为指导会计工作的行为准则，是得到多数人认可的。无论这种认可是约定俗成的，还是惯例性的，普遍性都是会计规范赖以存在的基础，否则，规范就无从谈起。

2. 约束性

会计规范提出了评价会计行为的明确标准，对于违反规范的行为，根据情节施以相应的法律、行政制裁或道德谴责。

3. 地域性

会计学作为管理学科，属于社会科学的范畴。因此，会计规范不可避免地带有民族特色或国家特征，会计规范中的法律规范表现尤为突出。这里谈会计规范的地域性，并不排斥国际会计规范的共性；相反，随着会计这门国际经济语言的发展，会计规范的地域性特点将越来越不明显。

4. 发展性

众所周知，会计首先表现为一种服务于经济活动的信息反映系统，会计不断随着经济的发展而发展，因此，会计规范也必须随着所处的环境和时代的发展变化进行相应的调整。

三、会计规范的组成

1. 法律规范

会计法规，是指由国家制定或认可，并由国家强制实施的有关会计工作的法律、条例、规则和制度的总称。就内容来说，会计法规可以分为两部分：一部分是国家为管理会计工作而专门制定的法律、法规、制度；另一部分不是直接针对会计工作和会计行为，而是针对企事业单位的经济活动制定的有关法规。

2. 准则规范

会计准则是处理会计对象的标准，是进行会计工作的具体规范，是评价会计工作质量的准绳。我国会计准则是财政部以政府法规的形式颁布的，具有相当的强制性，是会计规范体系中至关重要的一环，是联结法律规范和其他规范的纽带。

3. 会计制度规范

会计制度是进行会计工作所应遵循的规则、方法及程序的总称。会计制度一直是会计实务中非常具体的、操作性极强的会计规范。会计制度一方面可以确保会计实务界的环境适应力；另一方面会计制度的存在在很大程度上弥补了准则的不足。

4. 单位内部会计制度规范

单位内部会计制度规范是指导单位会计工作的规定、章程、制度的总称，是其他会计规范的具体化。主要内容包括：单位内部的财务会计规章制度；会计人员的权利、职责、职称、任免、待遇、素质要求等；会计工作的考核、达标、规划及档案管理；会计机构的责任和任务。

5. 会计职业道德规范

会计职业道德规范是根据会计职业的特点提出的，要求会计人员在会计活动中应普遍遵循的职业道德要求，它贯穿于整个会计规范体系之中。

四、会计规范体系的制定：国际视角

会计体系受到政治、经济等外部环境影响，因此不同的国家（国际组织）会计规范体系也不同。

1. 国际会计准则理事会的会计规范体系[①]

国际会计准则理事会（International Accounting Standards Board，IASB）是制定及批准国际财务报告准则的一个独立私营机构，在国际财务报告准则基金会的监督下运作。国际会计准则理事会于2001年成立，取代了先前的国际会计准则委员会（IASC）。IASB发布的国际财务报告准则体系主要包括：《财务报告概念框架》[②]（Conceptual Framework for Financial Reporting，CFFR）、国际财务报告准则（IFRS）、国际财务报告准则解释（IFRIC）以及2001年改组前由IASC发布的现行有效的国际会计准则（IAS）和国际会计准则解释（SIC）等。

目前，全球已有160多个国家或地区要求或允许采用国际财务报告准则，我国也是国际会计准则理事会的会员。

2. 美国会计规范体系

美国是采用案例法的国家，所以会计准则体系是以“公认会计原则”（GAAP）的形式表现的。由美国财务会计准则委员会（Financial Accounting Standards Board，FASB）制

① 在2021年11月举行的第26届联合国气候变化大会上，国际财务报告准则基金会宣布成立了国际可持续准则理事会（ISSB），旨在制定与国际财务报告准则（International Financial Reporting Standards，IFRS）相协同的可持续发展报告准则。2023年6月20日，ISSB在北京成立了办公室；2023年6月26日，ISSB发布了两项相关可持续性准则，分别为《国际财务报告可持续披露准则第1号——可持续相关财务信息披露一般要求》（IFRS S1）和《国际财务报告可持续披露准则第2号——气候相关披露》（IFRS S2），自2024年1月1日开始的年度期间生效，标志着可持续信息披露从以自愿披露为主向强制披露要求的重大转变。

② 2018年3月29日，IASB发布了全面修订后的《财务报告概念框架》。概念框架一般被认为不属于会计准则本身，它是用来指导、评估会计准则制定的，而且在缺乏具体适用于某种交易、其他事项或事件的准则或解释公告时，概念框架有一定的规范作用。因此，概念框架属于这里所说的会计规范。

定的美国公认会计原则包括数百条准则及其他权威规定（如财务会计准则说明书、财务会计概念说明书）。

在会计法律方面没有专门的会计法，影响较大的主要有《证券法》和《证券交易法》。由证券交易委员会（Securities and Exchange Commission，SEC）负责制定法律。

美国会计职业道德建设由财务经理人协会（FEI）、美国注册会计师协会（AICPA）等民间组织负责。它们制定的一些准则（如AICPA职业道德规范、立场说明书、证交所规则）对美国职业道德的建设起了很大的作用。

3. 英国会计规范体系

在英国会计规范体系中，《公司法》是会计制度的主要法律依据。该法重点强调“真实与公允”的会计理念，并且对资产负债表、利润表、财务会计报表附注、董事长报告的内容和形式有详细的规定。

英国会计准则是会计职业团体在法律框架内制定的，它客观上起着对法律的补充作用，尽管法律本身没有这种要求。英国的会计准则制定机构是会计准则委员会（Accounting Standards Board，ASB）。ASB自成立以来，共发布了19项财务报告准则、《较小型企业财务报告标准》、一个会计概念框架草案和一系列准则草案及讨论文章。ASB制定的准则得到了《公司法》的支持。

英国对会计职业道德的规定主要源于两方面：一是《公司法》对会计的规范和要求；二是英国会计职业团体对会计职业道德的有关规定。长期以来，英国的会计职业团体一直致力于会计职业道德的建设，由ACCA与CIM等六个团体组成了CCAB专门负责职业道德建设。英国对职业道德的要求是真实公允、客观公正、职业能力和保密性。英国管理会计师协会的职业道德要求与美国类似，包括能力、保密、客观和公正。“真实与公允”是英国会计人员的底线，而且随着欧盟第4号指令的出台，“真实与公允”原则亦被成员国纳入法律，从而也成为对这些国家会计人员具有约束力的道德规范内容。

4. 法国会计规范体系

法国实行的是计划资本主义市场经济，这种状况使得法国政府在会计规范中起主导作用，由国家会计委员会负责会计工作。法国的会计规范都采用法律条文的形式，如《商法》和《公司法》中对会计的有关规定。1983年4月通过的《商法修正案》是法国历史上第一部完整的会计法律。该法案适用于所有从事商业活动的实体。

法国政府还制定了各项条例，包括上述法律的实施细则。这些条例的发布形式有两种：一种是以法案形式发布的；另一种是以政令形式发布的。在经济财政部颁布的有关会计规范中最著名的是会计总方案。会计总方案在运用上是非常灵活的，主要体现在以下两个方面：一是根据企业的规模大小来确定适用范围（扩展方案用于上市公司，标准方案用于大中型企业，缩略方案用于小型企业）；二是考虑了行业差异，制订一些具体的专业会计方案。总而言之，法国的会计总方案实际上是企业组织会计工作的全面性规范和依据，它不仅包括企业财务会计方面的原则和规则，而且还涉及成本和管理会计方面的要求和规范。

法国的会计职业道德规范建设也是在国家会计委员会指导下进行的。法国有两个会计职业团体：法国注册会计师协会和国家法定审计师协会。它们在会计职业道德的建设方面也做出了卓越的贡献。

5. 澳大利亚会计规范体系

澳大利亚是一个幅员辽阔的联邦制国家，政治上受英国影响，经济上以私有企业占绝对优势。历史上，澳大利亚曾是英国的殖民国家，很长一段时间在英联邦的统治之下，直到1986年，澳大利亚才正式脱离英国，所以在会计上澳大利亚深受英国会计的影响。澳大利亚是一个后起的发达资本主义国家，实行市场经济，属于净资本输入国，而美国是澳大利亚最大的投资来源国，也是澳大利亚海外投资的最大场所，所以在澳大利亚脱离英联邦之后，会计的发展也逐渐倾向美国模式。

《公司法》是澳大利亚会计方面的最高法律。《公司法》对会计管理仅进行原则性的规定，其有关会计管理的内容主要体现在《公司法》第3章第6节和《公司法实施细则》第5条中。《公司法》确定的会计原则，所有公司都必须执行，具有法律约束力。

澳大利亚全国性的会计职业团体有澳大利亚特许会计师协会（ICAA）和澳大利亚会计师联合会（ASA）。1966年，在两个团体的联合倡导下，建立了“澳大利亚会计研究基金会”（AARF），负责拟订和公布会计准则，共发布了18项澳大利亚会计准则。澳大利亚的公司实体，既要执行《公司法》有关会计的规定，又要执行澳大利亚会计准则委员会（AASB）颁发的会计准则，如果是上市公司，还要执行股票交易所发布的上市公司会计规则。

五、中外会计规范比较

1. 会计法律的比较

美国的证券法、商法等法律由各州制定，对会计核算要求比较粗略。澳大利亚是通过公司法对公司进行跨级管理的。在英国会计法规体系中，《公司法》是会计制度的主要法律依据，对资产负债表、利润表、财务会计报告附注、董事长报告的内容和形式有详细的规定。我国的会计法注重会计人员的行为，对于会计处理只有粗略的描述，实质上没有对会计工作起统领作用。

2. 各国会计准则的比较

美国的会计准则比较详细。英国会计准则是会计职业团体在法律框架内制定的，客观上起着对法律的补充作用。中国与澳大利亚则向着国际会计准则过渡，所以笔者认为中国应借鉴澳大利亚的会计准则体系。

3. 我国企业会计准则的国际趋同

我国企业会计准则经过十多年的快速发展，已经实现了与国际财务报告准则的实质性趋同，进而实现等效。2010年，财政部发布了《中国企业会计准则与国际财务报告准则持续趋同路线图》，坚持采取“趋同互动”的原则立场，承诺支持IASB建立全球统一的高质量会计准则并积极推进中国会计准则持续国际趋同，明确了中国企业会计准则与国际财务报告准则持续趋同的时间表和主要任务。目前，我国的企业会计准则与国际财务报告准则的差异已经非常小，并且实现了与欧盟、英国、瑞士和中国香港地区会计准则的等效。在IASB的现有治理结构中都有中国的席位和代表，我国已经深入参与到了国际财务报告准则的制定中。

我们认为，在我国会计准则的制定和建设中应该始终将我国经济主体的利益视为首要考虑因素，结合我国的实际情况，充分发挥我国在国际会计准则理事会准则制定中的影响力，建立和发展既符合我国国情又与国际准则趋同等效的会计准则体系。

本章小结

会计从产生发展至今，经历了一个由低级到高级、从简单到复杂、从不完善到逐渐完善的发展过程。会计是随着人类社会生产活动发展和经济管理的需要而产生、发展并不断完善起来的，会计的发展受其所处的社会经济、技术、政治、文化、法律等客观环境的影响。会计是以货币为主要计量单位，采用一系列专门程序和方法，对企事业单位或其他经济组织的经济活动进行连续、系统、全面的核算和监督，以提供经济信息、反映受托责任履行情况、提高经济效益为主要目的的一种经济管理活动，也是一项重要的经济管理工作。会计的基本职能是反映和监督，拓展的职能主要有控制经济过程、分析经济效果、预测经济前景、参与经济决策等。经济越发展，会计越重要。会计永远不会消亡，但必须适应环境的变化，不断创新与发展。

企业是营利组织，但同样要承担社会责任。会计既是企业的一个信息系统，实际上也是一个管理控制系统。会计信息系统按会计信息使用者的不同，可以分为财务会计信息系统和管理会计信息系统两大类。企业开展管理工作需要会计信息系统提供信息，会计信息系统在企业管理系统中具有举足轻重的作用，可为内外部信息使用者提供预测和决策所需的信息。企业治理结构在内外部发挥作用主要取决于企业的会计信息系统。

会计学是管理学的一个分支，按照会计学研究的内容划分，其分支大体包括基础会计学、财务会计学（中级财务会计学和高级财务会计学）、管理会计学（含成本会计学）、会计理论、会计史等。会计学科体系随着大数据时代的到来以及“大智移云物区”新技术的推动将不断地融合、重构。会计职业主要分布在企业、政府与非营利组织、会计师事务所和会计教育四个领域。会计职业道德是在会计职业活动中应遵循的、体现会计职业特征的、调整会计职业关系的行为准则和规范。对于会计职业人员而言，职业道德与胜任能力同等重要。职业道德的基本规范一般都包括胜任、廉洁、保密、独立、客观、公正等。

会计规范是指人们在从事与会计有关的活动时所应遵循的约束性或指导性的行为准则，具有普遍性、约束性、地域性、发展性的特征。会计规范包括法律规范、准则规范、会计制度规范、单位内部会计制度规范以及会计职业道德规范等。会计体系受到政治、经济等外部环境影响，不同国家（国际组织）会计规范体系也不尽相同，但从世界范围内看，会计准则发展的趋势是国际趋同。

主要概念和术语

四柱清册　复式簿记　会计的本质　会计职能　会计核算　会计监督　企业的性质　企业的社会责任　企业组织形式　企业治理结构　会计信息系统　财务会计信息系统　管理会计信息系统　会计学科体系　会计职业　公共会计　政府与非营利组织会计　会计职业胜任能力　会计职业道德　会计规范　会计准则　国际会计准则理事会　国际财务报告准则　国际可持续准则

复习思考题

1.从国内外两个视角看，会计是如何产生与发展的？从中你悟到了会计怎样的“道”？
2.什么是会计？学术界关于会计的含义有哪些主要观点？

3.什么是会计的职能？会计的基本职能是什么？会计的扩展职能有哪些？

4.企业的性质如何？企业的组织形式有哪些类型？什么是企业的治理结构？

5.什么是企业的会计信息系统？有何必要性？会计信息系统可分为哪两类？

6.会计学科体系是怎样的？

7.会计职业的领域主要分布在哪些方面？

8.会计职业人员为什么需要较高的胜任能力？需要具备哪些能力？

9.什么是会计职业道德？为什么会计职业人员需要具备良好的职业道德？

10.什么是会计规范？有何特征？国际会计准则的制定机构是谁？

第二章

会计的若干基本概念

学习目标

通过本章的学习，应理解会计目标、会计假设、会计基础的内涵；熟悉会计信息的相关质量要求；理解会计对象、会计要素和会计等式的含义并能熟练运用；培养学生诚实守信、脚踏实地、遵纪守法的会计职业精神。

第一节　会计目标、假设与基础

会计目标与会计基本假设都是会计理论，是会计理论范畴内至关重要的两个核心概念。会计目标回答的是为什么要做会计工作、会计报告应满足哪些方面的要求。目标的问题是整个会计理论和实务的起点，很多问题的分析与讨论最终都应回到目标上来。会计基本假设是企业会计确认、计量和报告的前提，是对会计核算所处时间、空间环境等所进行的合理设定。

一、会计目标

会计作为一个以提供财务信息为主的经济信息系统，与其他任何人造的系统一样，都必须以一定的目标作为系统运行的基本导向和最终归宿。

（一）会计目标的内容

1. 会计信息的使用者

立足于目前的特定会计环境，会计信息使用者需要考虑契约因素、法律制度与会计准则的要求以及企业自愿披露等因素。契约因素是指企业与有关利益集团发生日常的经济业务（包括借款、购买商品等）时应该遵从契约中的相关规定，向这些相关利益集团提供其所需要的会计信息。例如，企业为了向银行借入一笔长期借款，就必须应银行的相关要求，提供本企业的财务报表以及本企业的偿债能力、营运能力等信息，事后还必须遵从契约的有关规定保持一定的流动比率、建立偿债基金并在财务报表中进行披露等。法律制度与会计准则的要求是指企业遵循这些法律和会计准则的有关规定，定期向指定的会计信息使用者提供会计信息。例如，《中华人民共和国公司法》（以下简称《公司法》）要求企业必须在规定的期限内将财务报告递交给各个股东等。自愿披露是指公司在经营情况出现重大变动时自愿向会计信息使用者披露相关信息，或将好消息（good news）及时传递给使用者以增强他们对公司管理层经营能力的信心，或将不利的消息传递给会计信息使用者，以便他们及时了解情况，进行相关的决策。

我们可以将会计信息使用者划分为如下几类：

（1）国家宏观管理部门，如统计、财政、税务部门等。其需要获得会计信息以进行宏观调控。

（2）处于企业外部、不直接参与企业经营管理的投资者和债权人（包括目前的与潜在的）。他们需要利用会计信息来评估管理层履行受托责任的情况并进行有关的决策。

（3）企业的管理层。其需要通过会计信息来了解企业的经营管理情况，以便进行恰当的预测、决策、计划与控制，最终达到改善企业经营管理需要的目的。

（4）企业的相关利益者（尽管有时只是一种间接的利益关系），如本企业的职工、客户、供应商及有关的社会福利部门等。他们需要利用会计信息来了解企业的发展前景、信用状况以及企业履行社会责任的情况。

2. 会计信息使用者需要什么样的会计信息

各种会计信息使用者所需会计信息的侧重点是不同的，甚至在每一类会计信息内部各种不同的会计信息需求者之间也存在着显著的差异。比如，国家宏观管理部门需要的是有利于对企业进行宏观管理的会计信息，而各个宏观管理部门所需要的信息侧重点也不同：税务部门关注企业对应交税费的核算与缴纳情况的信息；财政部门关注企业国有资产保值、增值的会计信息。债权人关注的是有关企业偿债能力的会计信息，如流动资产与流动负债之间的比例增减变化、资产与负债之间是否保持一个恰当的比率等。投资者关注企业的盈利能力和企业未来有利的现金净流量等，但有些股东也关注企业的长远发展趋势，也有些股东只关注企业对利润的支付情况等。管理层关注企业的整体情况，以便从经营者的角度对企业进行把握，更好地进行经营管理。此外，社会有关部门则关注企业是否履行了其应该承担的社会责任，如在治理环境污染、保持可持续发展方面做了什么样的工作，对职工生活的关心程度等。

尽管会计信息使用者对会计信息的侧重点不同，但以下方面的企业会计信息则是它们共同关注的，那就是：

（1）关于一家企业特定时点的财务状况的信息；

（2）关于一家企业特定会计期间的经营成果的信息；

（3）关于一家企业现金流入、流出的时间及概率分布的信息以及一家企业特定会计期间现金净流量的信息。

从这个意义上来讲，财务会计提供的会计信息只是一种通用意义上的信息，一般体现在基本的财务报表（即资产负债表、利润表、现金流量表、所有者权益变动表及其附注）之中，但这些财务报表对于使用者具有不同程度的相关性。

至于各个会计信息使用者的特殊需要，则必须通过对基本的财务报表进行有针对性的分析来满足。

3. 会计如何提供这些信息

财务会计要通过一系列程序（如确认、计量、记录和报告四个基本程序）与专门的方法（如设置账户、复式记账、填制凭证、登记账簿、货币计价、成本计算、财产清查和编制会计报表等基本的会计核算方法）来提供这些会计信息。这些是以后章节需要详细阐述的。

（二）会计目标的提出

会计目标的确定是一个动态的、发展的过程。在会计发展的早期，会计信息的提供主要是基于一种契约约束，欧洲中世纪的庄园会计、中国古代的官厅会计的发展等都证明了这一点。首先，从历史上看，自从企业能够独立进行经营并被赋予“法人”地位以后，企业的所有权和经营权便逐渐开始分离，作为企业资源提供的一方的所有者与作为经营的一方的管理层就构成了一种经济上的委托与受托关系。当然，这也需要以两个集团之间的契约为纽带，在这个意义上，现代企业可认为是一种以委托代理契约为纽带的契约关系的网络。随着所有权和经营权的日益分离，作为资源提供一方的所有者与债权人就要求企业的管理层必须定期提供财务报表以便于他们定期了解企业的财务状况、经营成果和现金流动情况，评估企业管理层对受托责任的履行情况，并在此基础上做出有关的投资与信贷决策。其次，企业组织形式的复杂化和资本市场的发展造就了企业股东与债权人的日益分散和投资者数目的日益增多。这些投资者与债权人不仅包括现在的投资者与债权人，而且包括潜在的投资者与债权人。潜在的投资者与债权人主要是利用企业财务会计提供的会计信息进行相关的决策，因此，财务会计目标又进一步增加了“提供决策有用信息”的含义。

会计目标的研究一直是会计理论界的一个热点问题。西方会计界（以美国为代表）主要是从20世纪60年代开始探讨会计目标的。70年代后，美国会计界关于会计目标的研究形成了两个主要流派：受托责任观和决策有用观。美国财务会计准则委员会（FASB）的SFAC No.1是决策有用观的全面阐释者，至此，决策有用观就被各国会计准则制定机构奉为“圭臬”。FASB指出：“编制财务报告应为现在和潜在的投资者、债权人以及其他信息使用者提供有用的信息，以便他们做出合理的投资、信贷及类似的决策。”FASB同时阐述了什么样的信息具有决策有用性，即“有助于预测现金流入、流出的金额、时间及其不确定性的信息”[①]。1999年，英国的会计准则委员会（ASB）在“Statements of Principles for Financial Reporting” 中提出了财务报告的目标为：“财务报告的目标是提供关于报告主体的财务业绩和财务状况的信息，从而有助于各种使用者评价报告主体管理层的受托责任以及制定相关的经济决策，有助于使用者评价报告主体产生现金的能力（含时间及确定程度）以及评价报告主体的财务适应性（adaptability）。”ASB提出的会计目标具有如下一些特点：[②]（1）ASB提出的会计目标将决策有用观和受托责任观进行了融合，将两者的思想联合进行表述。（2）ASB提出的会计目标中，认为最具决策有用性的信息除了与现金流动相关的信息之外，还包括财务适应性，即报告主体采取有效措施，改变现金流量的时间和金额，从而适应未曾预期的需要和机会的能力（Par.1.19）。（3）ASB提出的会计目标将信息使用者统一看待，并不像FASB提出的会计目标那样，对投资者格外侧重。究其原因，可能与美国、英国的公司治理机制有关——英国更多地推崇“利益相关者”的公司治理模式，认为企业不仅是股东的，将企业的利益相关者同等看待；而美国一直较为奉行“股权导向”的公司治理模式。《国际会计准则编报财务报表的框架》认为，财务报告的目标为“提供在经济决策中有助于一系列使用者的关于企业财务状况、经营成果和财务状况

① FASB. Objective of financial reporting by business enterprises［S］. SFAC No.1, 1978.
② ASB. Statement of principles for financial reporting［M］. London: CCH Publishing, 1999.

变动的信息。财务报表还反映企业管理层对交付给他们的资源的经管成果或受托责任。使用者之所以评估企业管理层的经管情况，是为了能够做出经济决策”（第12、14段）。与ASB提出的会计目标相仿，国际会计准则理事会（IASB）的提法等于同时承认了财务报表的“决策有用性”和“受托责任性”。更进一步，IASB还含蓄地指出，“决策有用观”和“受托责任观”其实相互包容，认为评价受托责任往往意味着决策有用——撤换或续聘管理层。

我国企业会计基本准则明确了财务报告（会计）的目标，主要包括以下两个方面[①]：

1. 向财务报告使用者提供对决策有用的信息（决策有用观）

企业编制财务报告的目的主要是满足财务报告使用者的信息需要，因此，向财务报告使用者提供对决策有用的信息成为财务报告的目的。比如，财务报告应当如实反映企业所拥有或者控制的经济资源；对经济资源的要求权和经济资源及其要求权的变化情况；如实反映企业的各项收入、费用、利得和损失的金额及其变动情况；如实反映企业各项经营活动、投资活动和筹资活动等所形成的现金流入和现金流出的情况等，以有助于现在的或者潜在的投资者、债权人以及其他使用者正确、合理地评价企业的资产质量、偿债能力、盈余能力和营运效率等。如果企业在财务报告中提供的会计信息与使用者的决策无关，没有使用价值，那么财务报告就失去了其编制的意义。

2. 反映企业管理层受托责任的履行情况（受托责任观）

在现代公司制下，企业所有权和经营权相分离，企业管理层是受委托人之托经营管理企业及其各项资产，负有受托责任，即企业管理层所经营管理的各项资产基本上均为投资者投入的资本（或者留存收益作为再投资）或者向债权人借入的资金所形成的，企业管理层有责任妥善保管并合理、有效地使用这些资产。因此，财务报告应当反映企业管理层受托责任的履行情况，以有助于评价企业的经营管理责任以及资源使用的有效性。

二、会计假设

会计假设也称会计核算的基本前提，是指会计人员面对变化不定的社会经济环境，根据对客观的正常情况或趋势的合乎情理的判断，而形成的一系列不需要证明就可以接受的合理推论。会计假设是由财务会计的政治、经济、社会环境所决定的，作为财务会计存在和运作（收集、加工处理、报送会计信息）所需依据的基础概念，会计假设一般由会计主体、持续经营、会计分期、货币计量等组成。[②]

（一）会计主体

会计主体是指企业会计确认、计量和报告的空间范围。为了向财务报告使用者反映企业的财务状况、经营成果和现金流量，提供对其决策有用的信息，会计核算和财务报告的编制应当集中反映特定对象的活动，并将其与其他经济实体区别开来，才能实现财务报告的目标。

在会计主体假设下，企业应当对其发生的交易或者事项进行会计确认、计量和报告，

---

① 2018年3月，国际会计准则理事会（IASB）发布了修订后的《财务报告概念框架》，新框架将通用目的财务报告的目标定位为“通用目的财务报告的目标是提供有关报告主体的、对现有和潜在的投资者、债权人以及其他信贷者做出有关向主体提供资源决策有用的财务信息”。新框架相比于原框架，在财务报告目标方面发生了诸多变化：一是引入“通用目的财务报告”的概念；二是明确通用目的财务报告的使用者为现有的和潜在的投资者、债权人以及其他信贷者这些基本使用者（primary users）；三是明确通用目的财务报告满足的基本使用者的决策主要是资源配置决策（resource allocation decisions）。

② 美国财务会计准则委员会所属会计研究部第1号报告提出了另外两个重要假设：暂时性假设和市场价格假设。国际会计准则理事会则只专门讨论权责发生制和持续经营假设，未涉及其他的会计假设。

反映企业所从事的各项生产经营活动，明确界定会计主体是开展会计确认、计量和报告工作的重要前提。

首先，明确会计主体，才能划定会计所要处理的各项交易或事项的范围。在会计工作中，只有那些影响企业经济利益的各项交易或事项才能加以确认、计量和报告，那些不影响企业经济利益的各项交易或事项则不能加以确认、计量和报告。会计工作中通常所讲的资产、负债的确认，收入的实现，费用的发生等，都是针对特定会计主体而言的。

其次，明确会计主体，才能将会计主体的交易或者事项与会计主体所有者的交易或者事项以及其他会计主体的交易或者事项区分开来。例如，企业所有者的经济交易或者事项是属于企业所有者主体所发生的，不应纳入企业会计核算的范围。但是企业所有者投入到企业的资本或者企业向所有者分配的利润，则属于企业主体所发生的交易或者事项，应当纳入企业会计核算的范围。

会计主体不同于法律主体。一般来说，法律主体必然是一个会计主体。例如，一家企业作为一个法律主体，应当建立财务会计系统，独立反映其财务状况、经营成果和现金流量。但是，会计主体不一定是法律主体。例如，在企业集团的情况下，一个母公司拥有若干子公司，母子公司虽然是不同的法律主体但是母公司对子公司拥有控制权，为了全面反映企业集团的财务状况、经营成果和现金流量，就有必要将企业集团作为一个会计主体，编制合并财务报表。

（二）持续经营

持续经营是指在可以预见的将来，企业将会按当前的规模和状态继续经营下去，不会停业，也不会大规模削减业务。

在持续经营假设下，会计确认、计量和报告应当以企业持续、正常的生产经营活动为前提。明确这一基本假设，就意味着会计主体将按照既定用途使用资产，按照既定的合约条件清偿债务，会计人员就可以在此基础上选择会计政策和估计方法。只有设定企业是持续经营的，才能进行正常的会计处理。采用历史成本计价、在历史成本的基础上进一步采用计提折旧的方法等，都是基于企业是持续经营的。

当企业的持续经营出现问题时，要启用财务会计的另外一个系统，即破产清算会计。破产清算会计是单独的会计核算办法。破产清算时应确立一个评估日，应重新评估所有资产、负债的价值，按照清偿的顺序清偿员工工资、债权人本金利息、归还所有者、欠政府部门的税金等。在中级会计实务等建立在持续经营假设下的会计，是不考虑破产清算特有的业务的。在财务报告附注中，要求说明企业的财务报告是否遵循持续经营假设，如果持续经营有问题，应该在财务报表附注中充分说明。

（三）会计分期

会计分期是指将一家企业持续经营的生产经营活动划分为一个个连续的、长短相同的期间。会计分期的目的在于通过会计期间的划分，将持续经营的生产经营活动划分成连续、相等的期间，据以结算盈亏，按期编报财务报告，从而及时向财务报告使用者提供有关企业财务状况、经营成果和现金流量的信息。

在会计分期假设下，企业应当划分会计期间，分期结算账目和编制财务报告。会计期间通常分为年度[①]和中期。中期是指短于一个完整的会计年度的报告期间，包括半年度、季度和月份。

根据持续经营假设，一家企业将按当前的规模和状态持续经营下去。但是，无论是企业的生产经营决策还是投资者、债权人等的决策都需要及时的信息，都需要将企业持续的生产经营活动划分为一个个连续的、长短相同的期间，分期确认、计量和报告企业的财务状况、经营成果和现金流量。明确会计分期假设意义重大。有了会计分期，才产生了当期与以前期间、以后期间的差别，才使不同类型的会计主体有了记账的基准，进而出现了折旧、摊销等会计处理方法。

（四）货币计量

货币计量是指会计主体在财务会计确认、计量和报告时以货币计量反映会计主体的生产经营活动。

在会计的确认、计量和报告过程中之所以选择货币为基础进行计量，是因为货币本身的属性。货币是商品的一般等价物，是衡量一般商品价值的共同尺度。其他计量单位，如重量、长度、容积、台、件等，只能从一个侧面反映企业的生产经营情况，无法在量上进行汇总和比较，不便于会计计量和经营管理。只有选择货币尺度进行计量才能充分反映企业的生产经营情况，所以，基本准则规定，会计确认、计量和报告选择货币作为计量单位。

三、会计基础

企业的资源流动会引起相应的现金流动，但由于存在会计分期，现金实际的收付期间和资源流动的发生期间往往不一致。这样，在确认资产、负债、收入、费用时，就可能出现两种交易记录的选择基础：收付实现制和权责发生制。[②]记录企业交易最简单的做法是在发生现金收付时进行记录，这便是收付实现制会计。收付实现制又称现收现付制，是以款项是否实际收到或付出作为确定本期收入和费用的标准，即，凡是本期实际收到的款项，不论其是否属于本期实现的收入，都作为本期的收入处理；凡是本期付出的款项，不论其是否属于本期负担的费用，都作为本期的费用处理。反之，凡本期没有实际收到款项和付出款项，即使应归属本期，也不作为本期收入和费用处理。而另一种交易记录方法则是权责发生制会计，即按照交易的权利享有或责任承担作为收入或费用的发生时间，而不管其现金是否收付。权责发生制，亦称应收应付制，在权责发生制下，凡是属于本期实现的收入和发生的费用，不论款项是否实际收到或实际付出，都应作为本期的收入和费用入账；凡是不属于本期的收入和费用，即使款项在本期收到或付出，也不作为本期的收入和费用处理。由于它不考虑款项的收付，而以收入和费用是否归属本期为准，所以称之为应计制。

《企业会计准则——基本准则》第九条规定，企业应当以权责发生制[③]为基础进行会计确认、计量和报告，即应依据权责关系，而不是现金的收付来确认收入和费用归属的期

---

① 会计年度主要有以下几种类型：(1) 历年制。1月1日—12月31日，如中国、德国。(2) 4月制。4月1日—次年3月31日，如英国、日本。(3) 7月制。7月1日—次年6月30日，如瑞典、澳大利亚。(4) 10月制。10月1日—次年9月30日，如美国、泰国等。

② 还有一种称为现金流动制，它是从盘存制思想出发，只确认和处理期初和期末净资产的现金流量，在报告企业效益时以现实发生的或预期可能发生的现金流入或现金流出为标准，以反映企业实际承担的风险与报酬，并且比照盘存的方法确定资产净值，利润就是前后两期净资产价值的变动额。

③ 国际会计准则是将权责发生制作为会计假设的，我国将权责发生制作为会计基础。

间。权责发生制建立在会计分期假设的基础上。行政单位的会计基础是收付实现制，即以现金的收付为依据确认收入费用。事业单位要区分两类活动：一类是事业单位的经营活动，以权责发生制作为会计基础；另一类是事业活动，以收付实现制作为会计基础。

为了进一步说明收付实现制和权责发生制的区别，下面以列表的方式，通过现实中常见的几个例子来分析比较这两种会计基础。详见表2-1。

表2-1 **权责发生制与收付实现制的比较**

情形	举例	收付实现制	权责发生制
第一种	1月份一次收讫上半年出租房屋的租金	全部作为1月份的收入	1月份的租金收入为总收入的1/6；其余部分对于1月份来说是预收收入
第二种	1月份把含本月在内的未来1年的办公设备租赁费一次付讫	全部作为1月份的费用	1月份的租赁费仅为整笔支出的1/12；其余部分对于1月份来说是预付费用
第三种	与客户签订销售合同，分别在1月份、2月份、3月份销售3批产品，货款于3月份一次结清	全部作为3月份的收入	分别作为1月份、2月份、3月份的收入；1月份、2月份应收而未收的收入为应计收入
第四种	1月份向银行借入为期4个月的借款，利息到期（即4月份）一次偿还	支付的利息全部作为4月份的费用	支付的利息分别作为1月份、2月份、3月份、4月份的费用；1月份、2月份、3月份应付而未付的利息费用为应计费用
第五种	本期内收到的款项就是本期应获得的收入，本期内支付的款项就是本期应负担的费用，此种情形下，按权责发生制和收付实现制确认收入和费用的结果是完全相同的		

可见，与收付实现制相比，在权责发生制下必须考虑预收、预付和应收、应付。由于企业日常的账簿记录不能完全地反映本期的收入和费用，需要在会计期末对账簿记录进行调整，使未收到款项的应计收入和未付出款项的应付费用，以及收到款项而不完全属于本期的收入和付出款项而不完全属于本期的费用，归属于相应的会计期间，以便正确地计算本期的经营成果。采用权责发生制核算比较复杂，但符合收入与费用配比以及可比性的要求。

【课程思政2-1】

瑞幸咖啡怎么了？

瑞幸咖啡曾是中国最大的连锁咖啡品牌。瑞幸咖啡以“从咖啡开始，让瑞幸成为人们日常生活的一部分”为愿景，通过充分利用移动互联网和大数据技术的新零售模式，与各领域顶级供应商深度合作，致力为客户提供高品质、高性价比、高便利性的产品。2019年5月17日，瑞幸咖啡在美成功上市，一举刷新全球最快IPO纪录。

2020年1月31日，浑水公司在其官方信息发布渠道上公开了一则匿名人士对瑞幸咖啡的做空报告。该报告称对瑞幸咖啡2019年年报中虚报营业收入的情况进行了细致的分析，并指出瑞幸咖啡的商业模式存在根本问题。这直接导致当天瑞幸咖啡的股票价格下挫10.7%。2020年4月2日，瑞幸咖啡宣布成立委员会对2019年年报中存在的问题进行调查，自曝22亿元财务造假，4月7日暂停股票交易，5月15日纳斯达克上市资格审查部门书面通知，决定对瑞幸咖啡实行摘牌。

从创立到IPO，仅花了17个月，从上市到跌落神坛却不到一年。一个仅靠打折咖啡、卖优惠券吸引价格敏感客户的咖啡企业，如何能够在不断开新店、雇佣新人的高成本模式中获得持久利润？随着投入不断增加，融资也不能够弥补亏损，财务造假也难以维持其光鲜亮丽的外表。

企业运营依靠的不仅是模式创新，最重要的是产品水平。瑞幸咖啡倡导的商业模式是以技术为驱动，数据为核心，与客户建立密切联系，但在其主打产品咖啡的研发上却没有实现真正突破。做企业如做人，企业的造假映照出的是做人的问题，老实做人，踏实做事，才可能有成功的未来。

第二节　会计信息质量要求

会计信息质量要求是对企业财务报告中所提供会计信息质量的基本要求，是使财务报告中所提供会计信息对投资者等使用者决策有用所应具备的基本特征。根据基本准则的规定，会计信息质量要求包括可靠性、相关性、可理解性、可比性、实质重于形式、重要性、谨慎性和及时性等①。其中，可靠性、相关性、可理解性和可比性是会计信息的首要质量要求，是企业财务报告中所提供会计信息应具备的基本质量特征。

实质重于形式、重要性、谨慎性和及时性是会计信息的次级质量要求，是对可靠性、相关性、可理解性和可比性等首要质量要求的补充和完善，尤其是在对某些特殊交易或者事项进行处理时，需要根据这些质量要求来把握其会计处理原则。

一、可靠性

可靠性要求企业应当以实际发生的交易或者事项为依据进行确认、计量和报告，如实反映符合确认和计量要求的各项会计要素及其他相关信息，保证会计信息真实可靠、内容完整。

二、相关性

相关性要求企业提供的会计信息应当与财务报告使用者的经济决策需要相关，有助于财务报告使用者对企业过去、现在或者未来的情况做出评价或者预测。提供的事项是过去的，决策是面向未来的，过去与未来需要有一个衔接，即提供的会计信息与财务报告使用者的经济决策相关。将可靠性、相关性信息质量要求与财务报告目标结合，两者的关系为：决策相关目标对会计信息质量的要求是相关性；受托责任目标对会计信息质量的要求是可靠性。

可靠性、相关性是整个会计信息质量要求中最重要的两个要求，是由财务报告的目标引申出来的。这两个要求在一般情况下是统一的，能够一致达成，也有存在矛盾的情况，这需要会计准则在理论和实务上做出取舍。比如，会计准则一直坚持历史成本，因为历史成本是客观的、不偏不倚的，但历史成本往往与决策不相关，尤其在当今社会，资产是公允的，决策者需要更多当前的、公允价值的信息。可以这样理解，除历史成本计量属性

---

① IASB发布的新《财务报告概念框架》对有用的财务信息应当具备哪些质量特征做了进一步明确和规范，并建立了有用财务信息质量特征的层次结构。新概念框架认为，有用的财务信息应当具备相关性（relevance）和如实反映（faithful representation）两个基本的质量特征，在此基础上，新《财务报告概念框架》提出了可比性、可验证性、及时性和可理解性四个提升性质量特征。新《财务报告概念框架》还认为有用的财务信息需要考虑成本制约（cost constraint）因素。

外，还存在公允价值、现值等其他计量属性，计量属性的设置源自相关性的要求。

三、可理解性

可理解性要求企业提供的会计信息不能模糊不清、不能晦涩难懂，应当清晰明了，便于财务报告使用者理解和使用。

可理解性实际上是当今会计面临的重大问题，怎样将专业的会计信息提供给社会大众、非财会人员，使之对其决策有用，会计信息的可理解性显得尤为重要。因此，在财务报告中不仅仅包括表内信息，还包括大量的附注，即用非会计语言来批注、传递会计信息。会计报告应尽量通俗易懂、清晰明了地汇报专业问题，应将汇报重点放在会计核算方法对利润有影响、决策者所关注的指标上。

四、可比性

可比性要求企业提供的会计信息应当具有可比性，具体包括下列要求：

（1）纵向比较，同一企业不同时期的会计信息要具有可比性。同一企业对于不同时期发生的相同或者相似的交易或者事项，应当采用一致的会计政策，不得随意变更，如果随意变更，会导致不同期间的会计信息不可比。但如果符合会计准则的要求，也可以变更。会计政策变更在《企业会计准则第28号——会计政策、会计估计变更和差错更正》有具体讲解，在符合两个条件时可以变更，即法律、行政法规或者国家统一的会计制度等要求变更，会计政策变更能够提供更可靠、更相关的会计信息。

（2）横向比较，不同企业同一时期的会计信息要具有可比性。不同企业发生的相同或者相似的交易或者事项应当采用规定的会计政策，确保会计信息口径一致、相互可比，即对于相同或者相似的交易或者事项，不同企业应当采用一致的会计政策，以使不同企业按照一致的确认、计量和报告基础提供有关会计信息。

五、实质重于形式

实质重于形式要求企业应当按照交易或者事项的经济实质进行会计确认、计量和报告，不应仅以交易或者事项的法律形式为依据。如果企业仅仅以交易或者事项的法律形式为依据进行会计确认、计量和报告，那么就容易导致会计信息失真，无法如实反映经济现实和实际情况。

实质重于形式不代表法律形式不重要，在保证实质的同时也不能忽略法律形式。这里的意思是，若某项交易的实质在法律形式上得不到准确的反映，会计人员应有自己的判断，应看到业务的实质、反映业务的实质。

大多数情况下，经济业务的法律形式反映了经济实质。但有些情况下，经济实质与法律形式不同，我们应该以经济实质为标准进行会计核算。

六、重要性

重要性要求企业提供的会计信息应当反映与企业财务状况、经营成果和现金流量有关的所有重要交易或者事项，要求将所有重要的交易或事项进行完整、全面的计量、报告。其包括两层含义：一是不具有重要性的交易或事项，不需要遵循会计准则核算，甚至不需要核算；二是对于金额较大、性质重要的项目应进行更为详细的披露。

对重要性的应用需要依赖职业判断，企业应当根据其所处环境和实际情况，从项目的性质和金额大小两方面来判断其重要性，实质上应对所有的事项和交易对照会计准则做全面的理解，并且不能片面地强调金额的大小就是衡量重要性的依据。

七、谨慎性

谨慎性要求企业对（不确定）交易或者事项进行会计确认、计量和报告时应当保持应有的谨慎，不应高估资产或者收益、低估负债或者费用。

不应高估资产或者收益、低估负债或者费用的前提是不确定性，对于已经确定的事项应如实反映，不能打着谨慎性的旗号进行财务舞弊。但是，谨慎性的应用并不允许企业设置秘密准备，如果企业故意低估资产或者收益，或者故意高估负债或者费用，将不符合会计信息的可靠性和相关性要求，会损害会计信息质量，扭曲企业实际的财务状况和经营成果，从而对使用者的决策产生误导，这是会计准则所不允许的。

八、及时性

及时性要求企业对于已经发生的交易或者事项应当及时进行确认、计量和报告，不得提前或者延后。但只要符合会计准则的要求、符合监管部门的要求、符合交易所规定的披露时间的要求，就没有提前或延后，就符合及时性的要求。比如，我国上市公司的年报在下年4月30日前报出，这就符合会计准则的要求。在会计确认、计量和报告过程中贯彻及时性：一是要求及时收集会计信息，即在经济交易或者事项发生后，及时收集整理各种原始单据或者凭证；二是要求及时处理会计信息，即按照会计准则的规定，及时对经济交易或者事项进行确认或者计量，并编制财务报告；三是要求及时传递会计信息，即按照国家规定的有关时限，及时地将编制的财务报告传递给财务报告使用者，便于其及时使用和决策。

【课程思政2-2】

高质量发展与高质量会计信息

党的二十大报告明确指出：高质量发展是全面建设社会主义现代化国家的首要任务。

高质量发展离不开高质量会计信息。高质量且高透明的会计信息在缓解企业与投资者之间的信息不对称时具有重大优势，这不仅可以维护投资者利益，更有利于企业的长期发展。由此可见，缓解市场中的信息不对称程度是会计信息的重要功能，其质量决定着社会资源的配置效率和资本市场的有效程度。

第三节　会计对象、会计要素与会计等式

一、会计对象

（一）会计对象的一般含义

会计对象是指会计所核算和监督的内容，即会计工作的客体。由于会计需要以货币为主要计量单位，对一定会计主体的经济活动进行核算和监督，因而会计并不能核算和监督社会再生产过程中的所有经济活动，而只能核算和监督社会再生产过程中能够用货币表现的各项经济活动，即凡是特定主体能够以货币表现的经济活动，都是会计核算和监督的内容，也就是会计对象。以货币表现的经济活动通常又称为价值运动或资金运动。由于单位的组织形式和经济活动的内容不同，所以不同单位的会计对象均有不同的特点。

（二）企业会计的对象

由于会计服务的主体（如企业、事业、行政单位等）所进行的经济活动的具体内容

和性质不同，会计对象的具体内容往往有较大的差异。典型的现代会计是企业会计，企业会计的对象就是企业的资金运动。但即使都是企业，工业、农业、商业、交通运输业、建筑业和金融业等不同行业的企业，其资金运动也均有各自的特点，会计对象的具体内容也不尽相同，其中最具代表性的是工业企业。下面以工业企业为例说明企业会计的对象。

工业企业是从事工业产品生产和销售的营利性经济组织，其再生产过程是以生产过程为中心的供应、生产和销售过程的统一。为了从事生产经营活动，企业必须拥有一定数量的资金，用于建造厂房、购买机器设备、购买原材料、支付职工工资、支付经营管理过程中各种必要的开支等，生产出的产品经过销售后，收回的货款还要补偿生产经营过程中垫付的资金、偿还有关债务、上缴税金等。在生产经营过程中，资金的存在形态不断地发生变化，构成了企业的资金运动。只要企业的生产经营活动不停止，生产经营过程不中断，其资金就始终处于运动之中。企业的资金运动随着生产经营活动的进行贯穿于企业再生产过程的各个方面。企业的资金运动包括资金的投入、资金的循环与周转（即资金的运用）和资金的退出三个基本环节，既有一定时期内的显著运动状态（表现为收入、费用、利润等），又有一定日期的相对静止状态（表现为资产与负债及所有者权益的恒等关系）。

1.资金的投入。资金的投入包括企业所有者投入的资金和债权人投入的资金两部分，前者属于企业所有者权益，后者属于企业债权人权益（即企业的负债）。投入企业的资金一部分构成流动资产（如货币资金、原材料等），另一部分构成非流动资产（如厂房、机器设备等）。资金的投入是企业资金运动的起点。

2.资金的循环与周转。企业将资金运用于生产经营过程，就形成了资金的循环与周转。它又分为供应过程、生产过程、销售过程三个阶段。

（1）供应过程。它是生产的准备过程。在这个阶段，为了保证生产的正常进行，企业需要用货币资金购买并储备原材料等劳动对象，要发生材料购买费、运输费、装卸费等材料采购成本，与供应单位发生货款的结算关系。同时，随着采购活动的进行，企业的资金从货币资金形态转化为储备资金形态。

（2）生产过程。它既是产品的制造过程，又是资产的耗费过程。在这个阶段，劳动者借助于劳动手段将劳动对象加工成特定的产品，企业要发生原材料等劳动对象的消耗、劳动力的消耗和固定资产等劳动手段的消耗等，构成了产品的使用价值与价值的统一体。同时，随着劳动对象的消耗，资金从储备资金形态转化为生产资金形态；随着劳动力的消耗，企业向劳动者支付工资、奖金等劳动报酬，资金从货币资金形态转化为生产资金形态；随着固定资产等劳动手段的消耗，固定资产和其他劳动手段的价值通过折旧或摊销的形式部分地转化为生产资金形态。当产品制成后，资金又从生产资金形态转化为成品资金形态。

（3）销售过程。它是产品价值的实现过程。在这个阶段，企业将生产的产品销售出去，取得销售收入，要发生货款结算等业务活动，资金从成品资金形态转化为货币资金形态。

由此可见，随着生产经营活动的进行，企业的资金从货币资金形态开始，依次经过供应过程、生产过程和销售过程三个阶段，分别表现为储备资金、生产资金、成品资金等不同的存在形态，最后又回到货币资金形态，这种运动过程称为资金的循环。资金周而复始地不断循环，称为资金周转。

3.资金的退出。企业在生产经营过程中，为社会创造了一部分新价值，因此，企业收回的货币资金一般要大于投入的资金，这部分增加额就是企业的利润。企业实现的利润，按规定应以税费的形式上缴一部分给国家，还要按照有关合同或协议偿还各项债务，另外，还要按照企业章程或董事会决议向投资者分配股利或利润。这样，企业收回的货币资金中，用于缴纳税费、偿还债务和向投资者分配股利或利润的这部分资金就退出了企业的资金循环与周转，剩余的资金则留在企业，继续用于企业的再生产过程。上述资金运动的三部分内容构成了开放式的运动形式，是相互支撑、相互制约的统一体。没有资金的投入，就不会有资金的循环与周转；没有资金的循环与周转，就不会有债务的偿还、税费的上缴和利润的分配等；没有这类资金的退出，就不会有新一轮资金的投入，也就不会有企业的进一步发展。

总之，上述能够用货币表现的经济活动，就是企业会计所要核算和监督的内容，是企业会计对象的一般表述。

二、会计要素

会计要素是对会计对象所做的最基本的分类，是会计对象的具体化，是会计核算和监督的具体内容。将会计核算和监督的内容划分为会计要素的目的是：便于核算和分门别类地为企业外部信息使用者、企业内部管理者提供有用的经济信息。

我国《企业会计准则——基本准则》参照国际惯例，将会计核算和监督的内容划分为两大类会计要素：一类是反映财务状况的要素，也就是资产负债表的要素，包括资产、负债、所有者权益三要素；另一类是反映经营成果的要素，也就是利润表的要素，包括收入、费用和利润三要素。会计要素共分为六要素。[①]

（一）反映财务状况的要素

从企业资金静态运动的角度看，人们主要关注资金存在（占用）状态和来源渠道两个方面，资金的存在（占用）状态形成了“资产”要素，而资金的两个来源渠道（债权人和投资人）则分别形成“负债”“所有者权益”两个会计要素。由于这三个会计要素主要用来规范资产负债表的信息编制和报送，因而也称为资产负债表要素（静态要素）。[②]

1.资产。资产是指企业过去的交易或者事项形成的、企业拥有或者控制的、预期会给企业带来经济利益的资源。[③]

根据资产的定义，资产具有以下几个方面的特征：

（1）企业过去的交易或者事项包括购买、生产、建造行为或其他交易或者事项。预期在未来发生的交易或者事项不形成资产。

（2）由企业拥有或者控制是指企业享有某项资源的所有权，或者虽然不享有某项资源

---

① 在国际财务报告准则中，涉及资产、负债、权益、收益和费用五个要素，并分别做了定义。国际会计准则理事会（IASB）2018年3月发布的新《财务报告概念框架》主要针对资产和负债的定义进行了改进。

② 会计对象与会计要素在此有了联结，会计对象是会计要素形成的根源。另外要注意的是，在考虑人力资源作为资产纳入会计核算体系时，此时的资产负债表要素的外延就会有一定的变化，资产涵盖物质资产和人力资产，所有者权益涵盖物质资本所有者与人力资本所有者。鉴于人力资源纳入会计核算还有一定的困难，因此在本书中没有考虑这一特殊问题。

③ 在历史和现实中，资产的定义方式曾经出现过不同的观点，包括经济利益观、经济资源观、经济资源+经济利益观及成本观等，目前比较通用的是经济资源+经济利益观。IASB发布的新《财务报告概念框架》改进了资产定义，明确资产是经济资源，并进一步通过单独定义经济资源的方式将资产的实质界定为有潜力产生经济利益的权利；删去了原定义有关“未来经济利益预期流入”的要求。这是资产定义的两个突出变化。

的所有权，但该资源能被企业所控制。

（3）预期会给企业带来经济利益是指直接或者间接导致现金和现金等价物流入企业的潜力。

符合资产定义的资源，在同时满足以下条件时，确认为资产：

（1）与该资源有关的经济利益很可能（概率在50%以上）流入企业；

（2）该资源的成本或者价值能够可靠地计量。

符合资产定义和资产确认条件的项目，应当列入资产负债表；符合资产定义，但不符合资产确认条件的项目，不应当列入资产负债表。例如，某企业是一家咨询服务企业，人力资源丰富，而且这些人力资源都很可能为企业带来经济利益，但是人力资源的成本或者价值往往无法可靠地计量，因此，在现行会计系统中，人力资源通常不确认为企业的一项资产。

为了正确反映企业的财务状况，通常将企业的全部资产按其流动性分为流动资产和非流动资产。根据《企业会计准则第30号——财务报表列报》的规定，当资产满足下列条件之一时，应当归类为流动资产：一是预计在一个正常营业周期中变现、出售或耗用；二是主要为交易目的而持有；三是预计在资产负债表日起一年内（含一年，下同）变现；四是在资产负债表日起一年内，交换其他资产或清偿负债的能力不受限制的现金或现金等价物。流动资产主要包括货币资金、交易性金融资产、应收票据、应收账款、预付款项、其他应收款、存货等。非流动资产是流动资产以外的资产，主要包括债权投资、长期应收款、长期股权投资、投资性房地产、固定资产、在建工程、无形资产、开发支出、长期待摊费用等。长期股权投资是指投资方对被投资方能够实施控制或具有重大影响的权益性投资，以及对其合营企业的权益性投资。固定资产是指符合下列特征的有形资产：一是为生产商品、提供劳务、出租或经营管理而持有的；二是使用寿命超过一个会计年度。无形资产是指企业拥有或者控制的没有实物形态的可辨认非货币性资产，如专利权、非专利技术、商标权、著作权、土地使用权、特许权等。

2.负债。负债是指企业过去的交易或者事项形成的、预期会导致经济利益流出企业的现时义务①。

根据负债的定义，负债具有以下几个方面的特征：

（1）负债是由企业过去的交易或者事项形成的；

（2）负债的清偿预期会导致经济利益流出企业；

（3）负债是企业承担的现时义务。义务分为现时义务和潜在义务。现时义务是指企业在现行条件下已承担的义务，可分为法定义务和推定义务（如产品质量保证费用）；而潜在义务是有可能要发生的义务，但不确定。

将一项义务确认为负债，需要符合负债的定义，并同时满足以下两个条件：

（1）与该义务有关的经济利益很可能流出企业；

（2）未来流出的经济利益能够可靠地计量。

符合负债定义和负债确认条件的项目，应当列入资产负债表；符合负债定义，但不符

---

① 2018年，IASB发布的新《财务报告概念框架》改进了负债定义，一是明确负债的实质是转移经济资源的义务，而不是经济利益的最终流出；二是新的负债定义通过对义务的界定引入了“没有实际能力可予避免”的新的负债标准；三是新的负债定义删去了原负债定义中有关“预期会导致含有经济利益的资源流出”的要求。

合负债确认条件的项目，不应当列入资产负债表。

为了正确反映企业的财务状况，通常将企业的全部负债按其流动性分为流动负债和非流动负债。负债满足下列条件之一时，应当归类为流动负债：一是预计在一个正常营业周期中清偿；二是主要为交易目的而持有；三是在资产负债表日起一年内到期应予以清偿；四是企业无权自主地将清偿推迟至资产负债表日后一年以上。流动负债主要包括短期借款、交易性金融负债、应付票据、应付账款、预收款项、应付职工薪酬、应交税费、其他应付款等。非流动负债是指流动负债以外的负债，主要包括长期借款、应付债券和长期应付款等。

3.所有者权益。所有者权益是指企业资产扣除负债后，由所有者享有的剩余权益。

所有者权益的特征如下：

（1）所有者权益不用偿还。除非发生减资、清算，否则所有者权益不用偿还，可作为长期性资金在企业内周转使用。

（2）所有者权益滞后于债权人权益。负债有规定的偿还期，到期时必须由企业无条件地偿还。所有者的权益在法律上排在债权人的要求权之后，由出资者所拥有的只能是资产总额减去负债总额后的剩余权益，即净资产。因此，企业清算时，负债往往优先被清偿，而所有者权益只有在清偿所有的负债之后才返还给所有者。

（3）所有者权益能够分享企业实现的利润，而负债则不能参与企业利润的分配，只能按照预先约定的条件取得利息收入。

所有者权益金额的确定也主要取决于资产和负债的计量，所有者权益项目应当列入资产负债表。我国并没有对所有者权益制定专门的准则。

所有者权益是指所有者在企业资产中享有的经济利益，其金额为资产减去负债后的余额。所有者权益的来源包括所有者投入的资本、其他权益工具、资本公积、其他综合收益和留存收益等。

（1）所有者投入的资本。所有者投入的资本是指企业实际收到的各投资者以现金、实物资产、无形资产等形式投入企业的资本总额，即实收资本或股本。

（2）其他权益工具。其他权益工具是指企业发行的除普通股以外的归类为权益工具的各种金融工具，如企业发行的分类为权益工具的优先股等。

（3）资本公积。资本公积是指企业收到的投资者超出其在企业注册资本（或股本）中所占份额的投资，以及直接计入所有者权益的利得和损失。资本公积包括资本溢价（或股本溢价）和其他资本公积，其中，资本溢价（或股本溢价）是企业收到投资者的超出其在企业注册资本（或股本）中所占份额的投资，形成资本溢价（或股本溢价）的原因有溢价发行股票、投资者超额缴入资本等；其他资本公积是指除资本溢价（或股本溢价）以外所形成的资本公积，包括以权益结算的股份支付及采用权益法核算的长期股权投资涉及的业务。利得是指由企业非日常活动形成的、会导致所有者权益增加的、与所有者投入资本无关的经济利益的流入；损失是指由企业非日常活动发生的、会导致所有者权益减少的、与向所有者分配利润无关的经济利益的流出。

（4）其他综合收益。其他综合收益是指企业根据其他会计准则的规定未在当期损益中确认的各项利得和损失，包括以后会计期间不能重分类进损益的其他综合收益和以后会计期间满足规定条件时将重分类进损益的其他综合收益两类。例如，以公允价值计量且其变动计入其他综合收益的金融资产公允价值变动、权益法下按照被投资单位实现其他综合收益以及持股比例计算应享有或分摊的金额、存货或自用房地产转换为采用公允价值模式计量的投资性房地产时公允价值大于账面价值的差额等。

（5）留存收益。留存收益是指企业历年实现的净利润留存于企业的部分，主要包括计提的盈余公积和未分配利润。盈余公积是企业按照规定从税后利润（净利润）中提取的各种积累资金。未分配利润是企业留待以后年度进行分配的结存利润。

负债与所有者权益的区别为：负债与所有者权益同属于权益，负债是债权人的权益，而所有者权益是所有者对企业净资产的权益。从是否需要偿还来看，负债是企业承担的现时义务，履行该义务预期会导致经济利益流出企业；而所有者权益在一般情况下企业不需要归还。从是否支付费用来看，使用负债所形成的资金通常需要企业支付费用，如支付借款利息等；使用所有者权益所形成的资金不需要支付费用。从是否优先清偿来看，在企业清算时，债权人有优先被清偿的权利；清偿债权人的负债后剩余的部分再分配给投资人。从是否参与分配来看，债权人一般不能参与企业的利润分配，投资人可以参与企业的利润分配。

（二）反映经营成果的要素

企业资金运动从动态的角度看，无非包括筹资、投资和收益分配等主要过程，经历从货币资金、采购资金、生产资金、产品资金、销售资金再回到货币资金的不断循环往复并不断增值的过程，这一过程既有资金耗费又有资金收回并且增值，资金的耗费形成了“费用”要素，而资金的收回形成了“收入”要素，资金增值则形成了“利润”要素。由于这三个要素主要用来规范利润表的信息编制和报送，因而也称为利润表要素（动态要素）。

1.收入。收入是指企业在日常活动中形成的、会导致所有者权益增加的、与所有者投入资本无关的经济利益的总流入。

根据收入的定义，收入具有以下几个方面的特征：

（1）收入应当是企业在日常活动中形成的。

（2）收入应当会导致经济利益的流入，该流入不包括所有者投入的资本。

（3）收入应当最终会导致所有者权益的增加。[①]收入最终会导致所有者权益的增加，但是，导致所有者权益增加的并不都是收入，如投资者投入的资本。

我国2017年修订的《企业会计准则第14号——收入》规定，企业应当在履行了合同中的履约义务，即在客户取得相关商品的控制权时确认收入。取得商品控制权包括能力、主导商品的使用、能够获得几乎全部的经济利益三个要素。企业确认收入的方式应当反映其向客户转让商品或提供服务的模式，收入的金额应当反映企业因转让这些商品或服务而预期有权收取的对价金额。具体来说，收入的确认和计量应当采用五步法模型（详见本教材第九章内容）。符合收入定义和收入确认条件的项目应当列入利润表。

收入按交易的性质可分为转让商品收入和提供劳务收入；按在经营业务中所占比重可以分为主营业务收入和其他业务收入。

---

① 收入会导致所有者权益增加，体现的是“资产负债观”理念，侧重于资产负债表信息。而在2006年企业会计准则颁布之前，我国会计改革一直围绕“收入费用观”展开，侧重于利润表信息，致使一些企业管理层操纵利润，损害所有者权益。

2.费用。费用是指企业在日常活动中发生的、会导致所有者权益减少的、与向所有者分配利润无关的经济利益的总流出。

根据费用的定义，费用具有以下几个方面的特征：

（1）费用应当是企业在日常活动中发生的；

（2）费用应当最终导致所有者权益的减少；

（3）费用应当导致经济利益的流出，该流出不包括向所有者分配的利润。

费用的确认至少应当符合以下条件：

（1）与费用相关的经济利益应当很可能流出企业；

（2）经济利益流出企业的结果会导致资产的减少或者负债的增加；

（3）经济利益的流出额能够可靠地计量。

符合费用定义和费用确认条件的项目，应当列入利润表。

工业企业一定时期的费用由产品生产成本和期间费用两部分构成。

（1）产品生产成本

产品生产成本是指计入产品成本的费用，亦称产品制造成本（或生产成本）。计入产品成本的费用按其与产品的关系，又可分为直接费用和间接费用。

① 直接费用是指直接为生产产品或提供劳务而发生的各项费用。它包括直接材料费、直接人工费和其他直接费用。

② 间接费用是指间接为生产产品或提供劳务而发生的各项费用。它包括间接材料费、间接人工费以及其他间接费用。间接费用也称制造费用。

（2）期间费用

不计入产品成本的费用一般按期间归集，故也称期间费用。它包括管理费用、财务费用和销售费用。这些费用直接计入当期损益。

① 管理费用是指企业行政管理部门为组织和管理生产经营活动而发生的各项费用。

② 财务费用是指企业为筹集生产经营所需资金等理财活动所发生的各项费用。

③ 销售费用是指企业在销售过程中所发生的各项费用。

3.利润。利润是指企业在一定会计期间的经营成果。利润包括收入减去费用后的净额、直接计入当期利润的利得和损失等。其中，收入减去费用后的净额反映的是企业日常活动的业绩，直接计入当期利润的利得和损失反映的是企业非日常活动的业绩（如营业外收入、营业外支出）。直接计入当期利润的利得和损失是指应当计入当期损益、最终会引起所有者权益发生增减变动的、与所有者投入资本或者向所有者分配利润无关的利得或者损失，主要是指营业外收入和营业外支出。

利润反映的是收入减去费用、利得减去损失后的净额，因此，利润的确认主要依赖于收入和费用以及利得和损失的确认，其金额的确定也主要取决于收入、费用、利得、损失金额的计量。利润项目应当列入利润表。

三、会计等式

会计等式是指运用数学方程的原理来描述会计对象的具体内容，即会计要素之间相互关系的一种表达式。它分为静态会计等式、动态会计等式和扩展会计等式。

（一）静态会计等式

静态会计等式如下：

资产=权益

权益一般由两部分构成：一部分权益是由债权人提供的，如应付账款、应付票据、应付债券等属于债权人权益，又称“负债”。负债在未偿付之前，是企业资金的一种来源。另一部分权益是投资人投入的，称为所有者权益。它是企业资金的主要来源。因此，会计等式又可表示如下：

资产=债权人权益+所有者权益=负债+所有者权益

这个会计等式是设置账户、复式记账和编制会计报表的基本依据。

（二）动态会计等式

动态会计等式如下：

收入-费用=利润

上式是从某个会计期间考察企业的最终经营成果所存在的恒等关系，我们称之为动态会计等式。它表明，从动态考察，某一期间的利润乃是已实现的营业收入减去费用的差额。利润在未分配前属于所有者权益。

（三）扩展会计等式

会计要素之间存在着如下恒等关系：

资产=负债+所有者权益+（收入-费用）

这一等式表明，企业的收入会引起资产的增加和所有者权益的增加，而费用的发生会引起资产的减少和所有者权益的减少，收入和费用相抵后的净额应由企业所有者承担，体现为所有者权益的变化，同时，也说明了会计主体的财务状况与经营成果之间的相互联系。

发生收入和费用变动的经济业务，引起会计等式中各个会计要素的增减变动不会破坏会计等式的平衡。扩展会计等式还可以变形如下：

资产+费用=负债+所有者权益+收入

第四节　会计基本程序

会计是一个以提供财务信息为主的经济信息系统。作为一个系统，由数据转化为信息并向外传递，主要通过初次确认、记录、计量、报告（在报表中再确认和在表外披露）等若干元素组成，它们共同形成系统运行的内部加工程序。在理论上，这几个程序也是基本概念，但它们又具有可操作性，含有一系列可供操作的原则与步骤。把上述财务会计的基本程序概括起来就是：确认、记录、计量和报告（包括确认与披露）。

一、会计确认

（一）会计确认的含义

会计确认又称“会计核算对象的确认”或“会计要素的确认”，这一会计术语最早是由美国学者提出的。美国财务会计准则委员会在1984年12月发表的《企业财务报表项目的确认和计量》中提出：“确认是将某一项目作为一项资产、负债、营业收入、费用等之类正式地记入或列入某一个体财务报表的过程，包括同时用文字或数字描述某一项目，其金额包括在报表总计之中。对于一笔资产或负债，确认不仅要记录该项目的取得或发生，还要记录其后发生的变动，包括从财务报表中予以消除的变动。”这里所讲的会计报表项目实际是具体的会计要素和会计科目的反映。换句话说，我们所讨论的确认是会计对象即单位会计经济业务事项的确认，是指对单位发生的经济业务事项按一定的标准进行分析和判断，确定其对企业财务状况、经营成果和现金流量的影响，并确认其归属于哪类会计要素的过程。

（二）会计确认的标准①

1. 符合会计要素的定义。将某一经济业务事项确认为资产，或确认为负债，或确认为所有者权益，该业务事项必须分别符合资产、负债和所有者权益的定义。同样，将某一经济业务事项确认为收入，或确认为费用，或确认为利润，该业务事项必须分别符合收入、费用和利润要素的定义。

2. 可计量性。对某一经济业务事项进行确认，该业务事项应具有一个相关的可计量属性，足以可靠地予以计量。

3. 相关性。对某一经济业务事项确认产生的有关信息应满足会计报表使用者的需求，为会计信息使用者的决策提供重要的依据。

4. 可靠性。对某一经济业务事项确认产生的信息是真实的、可核实的、无偏向的。

5. 确定性。这表明经济业务事项应已确实发生，否则不能进行会计确认。

6. 合规性。这表明发生的经济业务事项必须是符合法规的。对单位发生的所有经济业务事项应该用我国现行的法律、行政法规和国家统一的会计制度来衡量。对于符合的，才能给予确认并进行会计处理；反之，则不能给予确认。

（三）会计确认的基础

会计确认基础是指确定一定会计期间的收入与费用，从而确定损益的标准。企业单位在一定会计期间为进行生产经营而发生的费用和收入，可能在本期已经付出、收到货币资金，也可能在本期尚未付出、收到货币资金，同时，本期发生的费用可能与本期收入的取得有关，也可能与本期收入的取得无关。对于诸如此类的经济业务应如何处理，要以所采用的会计确认基础为依据。

会计确认基础主要有应计基础和现金收付基础两种，前者又称为权责发生制和应收应付制，后者又称为收付实现制或现收现付制。由于权责发生制能科学、合理地计算本期的损益，我国《企业会计准则》和《企业会计制度》都规定，企业会计核算应当以权责发生制为基础。

（四）会计确认的步骤

广义的会计确认包括初始确认和再确认两个步骤。其中，初始确认也称初次确认，也就是狭义的会计确认，它决定了哪些数据应当进入会计核算系统进行核算与反映。具体而言，即对企业生产经营活动中产生的大量原始数据按照一定的标准进行辨认，确定它是否属于交易或会计事项，并通过填制和审核会计凭证的方法，登记到相关的账簿中。

再确认又称第二次确认，是对账户所反映的企业生产经营活动情况的数据资料按照一

---

①　确认（初始确认与再确认）是会计理论中的一个重要问题，它是指把一个经济事项或交易正式作为会计要素予以认可的一种会计过程，包括对应否进入、进入何种要素以及何时进入等会计事项或交易性质方面的认定。从各国会计准则的规定看，会计确认一般需要具备四个标准：可定义性、可计量性、相关性和可靠性。IASB发布的新《财务报告概念框架》对确认标准做了较大幅度的修改，不再保留原框架的两条确认标准，而是按照原则导向，建立了新的确认原则和标准，主要是“相关性”和“如实反映”两个标准。

定的标准进行辨认，以确认它是否属于反映企业财务状况、经营成果和现金流量的信息并被编制到财务会计报表中。所以，严格地讲，再确认应属于会计报告的内容，在后面会计报告部分还将讨论。

（五）会计确认的意义

会计确认是会计核算的基础，是会计核算诸多环节中最重要的一个环节。因为单位发生的经济事项如果定性错了，其后续会计核算环节得出的都是错误的结论和信息。因此，在实际工作中，会计机构和会计人员应依据国家统一的会计核算制度的规定，正确分析和判断单位发生的各种经济业务事项，把好确认关。同时，应正确理解与把握会计确认对象的定义，明确会计确认的基础、范围与内容，划清与确认对象易混的内容的界限，从而保证确认的科学性与准确性。此外，划清会计确认的限制也是会计确认工作中应予以关注的。

二、会计记录

会计记录又称“会计核算对象的记录”或“会计要素的记录”，是根据确认和计量的结果，按照复式记账的要求，在账簿中对会计业务事项全面、系统地加以登记。

会计记录是会计核算的第三步，这一步是会计确认和计量的具体体现，它反映每笔经济业务事项是如何入账的。会计记录的目的是按照国家统一的会计制度的规定，将经济业务事项具体记录在凭证、账簿等会计资料中。

会计要素的确认和计量只是解决了企业发生的经济业务事项能否、何时及如何进入会计核算系统中的问题，而会计确认和计量的结果必须以适当的方式在会计核算系统中加以记录、核算，形成全面、综合、连续、系统的会计核算数据资料，并通过会计再确认的程序，将这些数据资料编入企业的财务报表中，形成有助于使用者做出决策的会计信息。所以，在对企业发生的经济业务事项进行会计确认和计量后，必须将这些经济业务事项在账户中进行记录、核算。

三、会计计量

（一）会计计量的含义

会计计量又称“会计核算对象的计量”或“会计要素的计量”，是指入账的会计业务事项应按什么样的金额予以记录和报告。具体地讲，会计计量是用货币或其他量度单位从数量角度计算、衡量、描述企业各项经济业务发生的过程和结果。广义的会计确认包含会计计量。美国财务会计准则委员会在其发表的《企业财务报表项目的确认和计量》中并未单独论述会计计量。

会计计量是会计处理的第二步，它用货币量来表示每笔经济业务事项，以确定有关经济业务的影响程度，如资产、负债、所有者权益、收入、费用、利润各自增加了多少，减少了多少。会计计量的目的是解决经济业务事项用什么计量属性来计量。

（二）会计计量的要求

为了科学地进行会计计量，必须做到客观性、有效性和经济性。

1. 会计计量的客观性是指会计计量的对象、方法和结果都能进行验证，其客观可信度较高。

2. 会计计量的有效性是指会计计量对象的确立具有目的性，计量的结果具有有用性，不是为计量而计量，而是为满足管理上的某种需要而计量。

3. 会计计量的经济性是指会计计量所费与计量的效用的关系，不能单方面看会计计量是否有用，以及作用大小，还必须把所费与效用结合起来分析。

（三）会计计量的属性

会计计量的属性又称会计计量方法或会计计量的基础，主要有历史成本、重置成本、可变现净值、现值和公允价值等①。

为了确保会计信息的真实、完整，必须选择最为真实、可靠的计量方法。因此，一般都以历史成本作为主要的计量方法，这是因为历史成本是交易双方所认同的价格，人为估计等主观因素程度较低，其真实性、可验证性在所有计量方法中最高。我国资产计量的基础最重要的就是历史成本。

（四）会计计量单位

在经济活动中有三种计量单位，即实物量度、货币量度和劳动量度。在会计核算中，会计计量以货币量度为主要计量单位，有时也使用实物量度和劳动量度作为辅助计量单位。

1. 货币量度。货币量度是以货币为计量单位对财产进行的计量。货币量度具有综合性的特点，它可以排除各种财产在使用价值方面的差异，统一以价值量为表现形式。由于采用货币计价具有统一、合理、实用、简化等优点，因此我国会计法律和会计制度都明确规定，会计核算采用货币量度。

2. 实物量度。实物量度是以实物为计量单位对财产进行的计量。实物计量单位有千克、件、辆、台等。每个会计主体在进行会计核算时，既要明确其所拥有的财产的价值量，又要掌握相应的实物量。比如，对于存货的核算，就要对其进行价值量和实物量的双重记录。

3. 劳动量度。劳动量度是以劳动时间为计量单位所进行的计量，它可以反映劳动效率的高低。从活劳动的角度看，劳动量度可以表示平均单位产品所需耗费的劳动时间或单位时间所能生产出的产品数量。从物化劳动的角度看，劳动量度可以表示生产单位产品所需设备运转时间或平均单位时间某设备所能生产出产品的数量。因此，劳动量度可以作为成本控制、成本分析的一个基本指标。

以上所述的会计计量属性和会计计量单位是会计计量必须运用的“货币计价”方法的主要内容。此外，会计计量常运用的另一种会计核算方法是“成本计算”，该方法采用权责发生制、配比、历史成本和划分收益性支出与资本性支出等原则来计算成本，确保会计计量的客观、准确。

（五）会计计量的基本内容

在会计核算过程中，会计计量的范围涉及企业生产经营的各个阶段和每一个环节，资产、负债、所有者权益、收入、费用、利润等会计要素是会计计量的基本内容。

在会计六要素的计量中，资产的计量是最为首要的、最为基本的，这就决定了资产计量在会计计量中居于核心地位。因此，科学、合理地解决好资产的计量问题，有助于对其他五要素的合理、有效计量。资产计量所取得的结果及其特性是计量其他五要素的基础，并对其他五要素的计量结果产生重大影响。

一般企业的各项资产在取得时应按照实际成本计量。其后，各项资产如果发生减值，

---

① IASB新《财务报告概念框架》在财务报表要素计量方面进行了较为系统的梳理，用了较大篇幅构建了新的计量基础体系、明确了不同计量基础旨在提供的信息以及选择不同计量基础时应当考虑的要素，对原框架做了重大改进。主要包括以下方面：构建了新的计量基础体系，将计量基础分为历史成本计量基础和现行价值计量基础两大类；明确了选择不同计量基础应当考虑的因素主要是相关性和如实反映，以使所提供的信息对使用者有用。

应当按照国家统一的会计制度的规定计提相应的减值准备。除法律、行政法规和国家统一的会计制度另有规定者外，企业一律不得自行调整其账面价值。

四、会计报告

会计报告又称“会计核算对象的报告”或“会计要素的报告”，是指根据账簿记录以及其他有关资料，编制财务会计报告，提供有关信息。

会计报告是会计核算的最后一步，具体来讲，它是指对已记录的每笔经济业务事项进行归纳汇总，形成的书面报告，即会计报告是在会计确认、会计计量、会计记录的基础上，对凭证、账簿等会计资料进行进一步的归纳整理，通过会计报表、会计报表附注和财务情况说明书等方式将财务会计信息提供给会计信息使用者。

五、会计核算基本程序与相关方法

综上所述，会计确认、计量、记录和报告是会计核算的四个基本环节，组成了会计核算的基本程序，它们相互独立，又相互联系，并有相应的会计核算办法支撑。其中，会计确认是对经济业务事项进行定性，主要解决某项经济业务“是不是”“算不算”“是什么”“算什么”的问题，一般借助于“填制和审核凭证”等方法来完成。会计计量是对经济业务事项进行定量，主要解决某项经济业务“用什么量反映”“反映多大”“反映多少”的问题，一般借助于“货币计价”（包括计量属性和计量单位的选择等）、“成本计算”等方法来完成。会计记录主要是解决某项会计事项“如何入账”“如何登记”的问题，一般借助于“设置会计科目和账户”“复式记账”“登记账簿”等方法来完成。会计报告主要是解决某项会计事项“是否列表”“怎样列表”的问题，一般借助于“财产清查”“期末计价”“编制会计报表”等方法来完成。

第五节　会计核算方法

一、会计核算的主要方法

（一）设置账户

设置账户是对会计核算的具体内容进行分类核算和监督的一种专门方法。由于会计对象的具体内容是复杂多样的，要对其进行系统的核算和经常性的监督，就必须对经济业务进行科学的分类，以便分门别类地、连续地记录，据以取得多种不同性质、符合经营管理需要的信息和指标。

（二）复式记账

复式记账是指对所发生的每项经济业务，以相等的金额，同时在两个或两个以上相互联系的账户中进行登记的一种记账方法。采用复式记账方法，可以全面反映每一笔经济业务的来龙去脉，而且可以防止差错和便于检查账簿记录的正确性和完整性，是一种比较科学的记账方法。

（三）填制和审核凭证

会计凭证是记录经济业务，明确经济责任，作为记账依据的书面证明。正确填制和审核会计凭证，是核算和监督经济活动财务收支的基础，是做好会计工作的前提。

（四）登记会计账簿

登记会计账簿简称记账，是以审核无误的会计凭证为依据在账簿中分类、连续、完整地记录各项经济业务，以便为经济管理提供完整、系统的会计核算资料。账簿记录是重要的会计资料，是进行会计分析、会计检查的重要依据。

（五）成本计算

成本计算是按照一定对象归集和分配生产经营过程中发生的各种费用，以便确定各该对象的总成本和单位成本的一种专门方法。产品成本是综合反映企业生产经营活动的一项重要指标，正确地进行成本计算，可以考核生产经营过程的费用支出水平，也是确定企业盈亏和制定产品价格的基础，并为企业进行经营决策提供重要数据。

（六）财产清查

财产清查是指通过盘点实物、核对账目，以查明各项财产物资实有数额的一种专门方法。通过财产清查，可以提高会计记录的正确性，保证账实相符，还可以查明各项财产物资的保管和使用情况以及各种结算款项的执行情况，以便对积压或损毁的物资和逾期未收到的款项及时采取措施进行清理和加强对财产物资的管理。

（七）编制会计报表

编制会计报表是以特定表格的形式，定期并总括地反映企业、行政事业单位的经济活动情况和结果的一种专门方法。会计报表主要以账簿中的记录为依据，经过一定形式的加工整理而产生一套完整的核算指标，作为考核、分析财务计划和预算执行情况以及编制下期财务计划和预算的重要依据。

二、会计核算方法之间的关系

会计核算的七种方法虽各有特定的含义和作用，但并不是独立的，而是相互联系、相互依存、彼此制约的。它们构成了一个完整的方法体系，在会计核算中，应正确地运用这些方法。一般在经济业务发生后，按规定的手续填制和审核凭证，并应用复式记账法在有关账簿中进行登记；期末还要对生产经营过程中发生的费用进行成本计算和财产清查，在账证、账账、账实相符的基础上，根据账簿记录编制会计报表。

会计核算工作程序如图 2-1 所示。

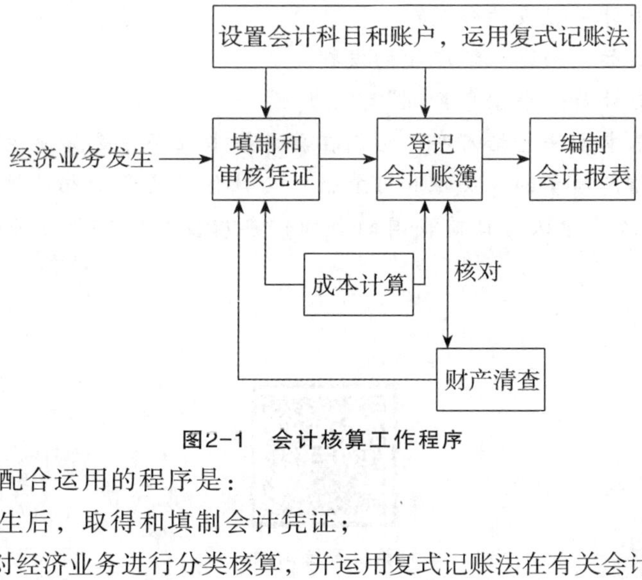

图2-1　会计核算工作程序

这些方法相互配合运用的程序是：

1. 经济业务发生后，取得和填制会计凭证；

2. 按会计科目对经济业务进行分类核算，并运用复式记账法在有关会计账簿中进行登记；

3. 对生产经营过程中的各种费用进行成本计算；

4. 对账簿记录通过财产清查加以核实，保证账实相符；

5. 期末，根据账簿记录资料和其他资料，实行必要的加工计算，编制会计报表。

本章小结

财务会计目标是财务会计信息系统运行的基本导向和最终归宿，主要有两种观点——决策有用观和受托责任观。会计假设，也称会计核算的基本前提，主要包括会计主体、持续经营、会计分期和货币计量。权责发生制是会计核算的基础。会计信息质量要求包括可靠性、相关性、可理解性、可比性、实质重于形式、重要性、谨慎性和及时性等方面。会计对象是特定主体能够以货币表现的经济活动，会计要素是对会计对象的具体分类，是会计对象的具体化，包括资产、负债、所有者权益、收入、费用和利润等六个要素。会计核算工作基本程序包括会计确认、会计计量、会计记录和会计报告。会计核算的主要方法包括设置账户、复式记账、填制与审核会计凭证、登记会计账簿、成本计算、财产清查、编制会计报表等七种，各种方法之间相互联系，构成一个完整的方法体系。

主要概念和术语

会计目标　会计假设　会计基础　会计对象　会计要素　会计等式　会计确认　会计计量　会计记录　会计报告　会计信息质量

复习思考题

1. 简述会计目标的意义及重要性。如何确定会计目标，特别是如何结合中国的现实情况确定会计目标?

2. 什么叫会计要素？各个要素的含义是什么？它们之间有什么联系？

3. 如何理解权责发生制与收付实现制的异同?

4. 如何理解货币计量假设的含义？

5. 结合我国的实际，论述会计职能的发挥。

6. 如何理解“会计是一个信息系统”?

7. 会计核算的基本方法包括哪些？它们在会计基本程序中是如何运用的?

8. 什么是会计信息质量的相关性和可靠性？会计信息质量的相关性和可靠性能否达到和谐的统一？为什么？你认为目前我国的会计信息质量应侧重于相关性还是侧重于可靠性？为什么？

练习题

第二章练习题

第三章

账户与复式记账

学习目标

通过本章的学习，应明确设置会计科目与账户是会计的核算方法之一，正确地设置会计科目和账户是满足企业经营管理、完成会计核算任务的基础；重点理解借贷记账法原理；掌握总分类账户和明细分类账户的关系；能够运用借贷记账法的原理编制简单的会计分录；熟悉借贷记账法下的各类账户结构。

第一节　会计科目与账户

设置会计科目与账户是会计核算的专门方法之一，正确地设置会计科目和账户是满足企业经营管理、完成会计核算任务的基础。

一、会计科目

（一）设置会计科目的意义

设置会计科目，是根据会计对象的具体内容和经济管理的要求，事先规定分类核算的项目或标志的一种专门的方法。会计作为信息系统，是要把企业不断发生的经济业务通过会计这样一种机制经过加工、处理，把原始的经济信息转换成对投资者决策有用的会计信息，经过会计的确认、计量、记录和报告的循环活动，原始混杂的信息可以变成清晰有用的决策信息。但是要提供对决策有用的会计信息，必须使提供的会计信息详略得当，而不能过于笼统，否则这样的信息不但不能成为有用的信息，还会导致决策失误。

在前面章节已经提到，会计具体对象是资产、负债、所有者权益、收入、费用和利润，但是这样的分类还是过于笼统，不够详细。比如，就资产来说，企业的资产有多种类型，如库存现金、银行存款、原材料、库存商品、长期股权投资、固定资产、无形资产等。企业发生的经济业务也是多种多样的，从会计的角度来说，它们最终都会影响会计要素的增减变化。比如，企业用银行存款去购买材料，就会引起银行存款减少、原材料增加，通过对资产的分类，我们可以知道哪些类型的资产发生变化，是增多还是减少，哪些资产没有发生增减变化。但是如果只用一个资产来总括反映企业的资产变化，我们就不知道企业资产的具体变动情况。就购买材料这一例子来说，提供给我们的信息是：该企业只是内部资产之间发生了增减变动，而资产总额没有变动，从资产这一总括角度看，我们并不了解企业的资产究竟发生了怎样的变化，但是从银行存款和原材料这样两类次级资产类别我们可以清晰地看出，资产内部一增一减，即银行存款减少了，而原材料增加了。在这种情形下，得到的会计信息要比没有分类的情况下详细有用得多。

同时，就会计要素的性质来说，进行分类核算也是必要的，通过设置会计科目可以把会计对象中具有相同内容的归为一类，凡是具备这种特性的经济业务，都应该在这个会计科目下面核算。比如，所有者权益要素下的实收资本和利润分配就是两个性质不同的科目，一般来说，所有者向企业投入的资本都是通过“实收资本”这一科目核算的；而企业在正常的生产经营过程中通过生产销售活动赚取的利润是通过“利润分配”这个科目来核算的。这两者有着本质的区别，实收资本是投资者的本钱，而利润分配是其赚取的利润，这样就可以保证投资者通过分配收回本钱和获取利润。

（二）设置会计科目的原则

设置会计科目是为了满足经营管理的要求，在遵循分类管理的前提下，按类别来核算企业发生的经济业务，从而把企业的经济信息通过会计这一机制转换成会计信息。会计科目设置和主要账务处理要依据企业会计准则中确认和计量的规定制定，涵盖了各类企业的交易或者事项。具体来说，设置会计科目应该遵循以下一些原则：

1. 设置会计科目必须遵守相关规章制度

我国对企业的会计实行的是全国统一管理，表现在财政部制定了全国统一适用的企业会计准则和会计制度，因此，各个企业都应该在遵守全国统一的会计规章制度的前提下，结合自身的实际情况来设置会计科目。财政部在《企业会计准则——应用指南》中已经列示了企业需用的会计科目，企业应该参照这一规定来设置满足自身经营需要的会计科目，不得违规任意设置。这样做可以满足可比性原则，使得同类企业具有可比性，也有利于所有者参照判断企业的经营业绩。

2. 设置会计科目必须结合企业自身的特点

虽然前面提到，企业在设置会计科目时应该遵循国家颁布的财会规章制度的规定，但是这不是说企业应该盲目遵循，而应该结合企业自身的特点来设置会计科目。企业在不违反会计准则中确认、计量和报告规定的前提下，可以根据本单位的实际情况自行增设、分拆、合并会计科目。企业不存在的交易或者事项，可不设置相关会计科目。对于明细科目，企业可以比照《企业会计准则——应用指南》附录中的规定自行设置。比如说生产性的工业企业，这一类型的企业属于制造产品的行业，为了核算自己在生产产品过程中发生的生产费用，可以设置“生产成本”“制造费用”等科目。但是商品流通企业并不发生生产活动，只发生购销活动，因此就不需要设置“生产成本”“制造费用”等科目。

3. 设置会计科目的名称应该简单明了

企业在遵循国家统一的会计制度，根据自身的业务特点设置会计科目时，应该使设置的会计科目的名称简单明了，让人一看就懂。这样不但有利于自身的会计业务处理，也易于被外界接受。为了编制会计凭证、登记账簿、查阅账目、实行会计电算化，还应在对会计科目进行分类的基础上，为每个会计科目编一个固定的号码，这些号码称为会计科目编码，简称科目编码。科目编码能清楚地表示会计科目所属的类别，及其在类别中的位置。通常在会计制度中以会计科目表的形式对会计科目的编号、类别和名称加以规范。

4. 设置会计科目应该保持一定的稳定性

企业设置的会计科目应该有相对的稳定性，不能朝令夕改，遵循会计准则所要求的一致性，即使需要改变，也应该在会计规章的要求下，或者变更会计科目可以更好地反映企业的情况，才进行改动。

财政部在《企业会计准则——应用指南》中设置的一般企业常用的会计科目见表 3-1。

表3-1　**会计科目表**

编号	会计科目	编号	会计科目
一、资产类			
1001	库存现金	1482	持有待售资产减值准备
1002	银行存款	1501	债权投资
1012	其他货币资金	1502	债权投资减值准备
1101	交易性金融资产	1503	其他债权投资
1121	应收票据	1511	长期股权投资
1122	应收账款	1512	长期股权投资减值准备
1123	预付账款	1521	投资性房地产
1131	应收股利	1531	长期应收款
1132	应收利息	1532	未实现融资收益
1221	其他应收款	1601	固定资产
1231	坏账准备	1602	累计折旧
1321	受托代销商品	1603	固定资产减值准备
1401	材料采购	1604	在建工程
1402	在途物资	1605	工程物资
1403	原材料	1606	固定资产清理
1404	材料成本差异	1611	未担保余值
1405	库存商品	1621	生产性生物资产
1406	发出商品	1631	油气资产
1407	商品进销差价	1701	无形资产
1408	委托加工物资	1702	累计摊销
1411	周转材料	1703	无形资产减值准备
1421	消耗性生物资产	1711	商誉
1461	融资租赁资产	1801	长期待摊费用
1471	存货跌价准备	1811	递延所得税资产
1473	合同资产	1901	待处理财产损溢
1481	持有待售资产		

续表

编号	会计科目	编号	会计科目
二、负债类			
2001	短期借款	2241	其他应付款
2101	交易性金融负债	2401	递延收益
2201	应付票据	2501	长期借款
2202	应付账款	2502	应付债券
2203	预收账款	2701	长期应付款
2205	合同负债	2702	未确认融资费用
2211	应付职工薪酬	2711	专项应付款
2221	应交税费	2801	预计负债
2231	应付利息	2901	递延所得税负债
2232	应付股利		
三、共同类			
3001	清算资金往来	3201	套期工具
3101	衍生工具	3202	被套期项目
四、所有者权益类			
4001	实收资本	4103	本年利润
4002	资本公积	4104	利润分配
4003	其他综合收益	4201	库存股
4101	盈余公积		
五、成本类			
5001	生产成本	5201	劳务成本
5101	制造费用		
六、损益类			
6001	主营业务收入	6601	销售费用
6051	其他业务收入	6602	管理费用
6101	公允价值变动损益	6603	财务费用
6111	投资收益	6701	资产减值损失
6301	营业外收入	6711	营业外支出
6401	主营业务成本	6801	所得税费用
6402	其他业务成本	6901	以前年度损益调整
6403	税金及附加		

二、账户

（一）设置账户的意义

会计科目是对会计对象的组成内容进行科学分类而规定的名称。对会计对象划分类别并规定名称是必要的，但要全面、系统地记录和反映各项经济业务所引起的资产变动情况，还必须在分类的基础上借助于具体的格式，这就是开设和运用账户。账户是根据会计科目开设的，具有一定的格式和结构，用于分类反映会计要素增减变动及其结果的一种工具。设置会计科目只是为企业进行会计核算提供了一个名称标志，却不能进行具体的核算登记，要对企业发生的经济业务进行登记就必须借助会计账户，会计账户才能使企业分类、连续、系统地登记经济业务于书面资料等相应的载体上。

会计科目与账户是两个既联系又区别的两个概念。它们的联系在于：会计科目是设置账户的依据，是账户的名称，账户是会计科目的具体应用，会计科目所反映的经济内容就是账户所要登记的内容。它们的区别在于：会计科目只是账户的名称，没有具体的结构；而账户除了名称之外还具有一定的结构，可以连续、系统地记录和反映会计要素的增减变化及其结果。由于账户按照会计科目命名，两者名称完全一致，所以在会计实务中，会计科目与账户往往互相通用，不严格加以区分。

（二）账户的基本结构

账户作为记录和反映经济业务活动的一种形式，其基本功能是对各项经济业务所引起的企业资产、负债、所有者权益、成本、损益的变动数额进行分门别类和有条不紊地归集、汇总。要使账户发挥其功能，不仅要确定其名称和进行分类，还要使其具备相应的结构。所有经济业务的发生所引起的企业资产、负债、所有者权益等的变动，从数量上看，不外乎“增加”和“减少”两种情况。因此，账户可以分成左右两方，一方登记增加额，一方登记减少额。账户的基本结构如下所示：

左方	账户名称	右方

以上所示的账户在中文里被称为“丁”字形账户，而在英文里被称为“T”形账户。采取“丁”字形账户是为了教学方便，它是简化的账户结构。实际工作中采用的账户见表3-2。

表3-2　账户名称

年		凭证号数	摘要	借方	贷方	借或贷	余额
月	日						

从表3-2可以看出，实际中使用的账户除了包括借贷两方和账户名称以外，还包括以下一些内容：

（1）日期和摘要（记录经济业务的日期和概括说明经济业务的内容）；

（2）增加和减少的金额及余额（记录金额）；

（3）凭证号数（账户记录的依据）。

在借贷记账法下，为了记账的方便，将账户的左方定为“借方”，将账户的右方定为

“贷方”。账户借贷两方主要登记的内容为期初余额、本期增加发生额、本期减少发生额以及期末余额。本期增加发生额和本期减少发生额是指在一定的会计期间内，在账户借贷两方登记的增加金额和减少金额的合计数。期末，本期的期初余额与本期增加数之和减去本期减少数就是账户的期末余额，用公式表示就是：

期初余额+本期增加发生额-本期减少发生额=期末余额

对于一个特定的账户来说，本期增加发生额和本期减少发生额是登记不同方向的，不可能在同一方登记。也就是说，一方登记增加数，另一方只能登记减少数。而一个账户的借贷两方具体哪方登记增加数或是减少数，取决于账户的性质。

第二节　复式记账及借贷记账法原理

一、记账方法概述

记账方法是指使用特定的记账符号，按照一定的规则，在账户中登记各种经济业务的技术方法。一般来说，一种记账方法主要包括以下一些要素：账户设置的方法、记账符号、记录方法、记账规则、对账方法和平衡方式。

记账方法按记录经济业务的方式不同，分为单式记账法和复式记账法，复式记账法按其技术特点又可以分为借贷记账法、增减记账法和收付记账法。借贷记账法是当前国际通用的记账方法。

二、借贷记账法

借贷记账法是以借贷为记账符号，以“有借必有贷，借贷必相等”为记账规则，对每一项经济业务在两个或两个以上的账户中，以借贷相等的金额全面、相互联系地进行记录的一种复式记账方法。

借贷记账法起源于13世纪到14世纪资本主义萌芽时期的意大利，并流行于沿海城市，到15世纪已逐步发展成为一种比较完备的复式记账法。

借贷记账法以“借”和“贷”为记账符号，表现在账户中就是，账户的左边是借方，账户的右边是贷方。它所体现的意义就是，当一笔经济业务发生时，通过“借”和“贷”来表现某一要素是增加还是减少，即记账方向。

“借”和“贷”最初与债权债务有关。对于借进的款项，记在贷主的名下，表示自身的债务增加；对于贷出的款项，记在借主的名下，表示自身的债权增加。但是随着商品经济的发展，“借”和“贷”不仅用来记录货币资金和债权债务业务，也包括发生的损益与资本业务，这样“借”和“贷”就逐渐演变成了纯粹的记账符号，失去了其原有的特定含义了。在借贷记账法下，账户结构为：“借方”登记资产类、费用类账户的增加数，负债和所有者权益类账户的减少数以及收入类账户的贷方合计转销数；“贷方”登记负债和所有者权益类账户的增加数、利润类账户的增加数、收入类账户的增加数、资产类账户的减少数以及费用类账户的借方合计转销数。

借贷记账法的记账规则可概括为“有借必有贷，借贷必相等”，在账户中登记任何一笔经济业务都必须满足这个规则。“有借必有贷”是指一笔业务登记在一个账户的借方，必然同时要登记在另一个账户的贷方，这是所有复式记账法的要求所在。“借贷必相等”是指登记在借方的金额一定等于登记在贷方的金额，这是会计等式的要求所在。企业发生的经济业务，从会计的角度来看，就是引起会计要素的增减变动，但是不论怎么变化，都不会影响会计等式的平衡关系，因而登记在借方的金额必然与登记在贷方的金额相等。

在实际中运用借贷记账法时，可以按照下面的步骤来分析：

第一步，分析经济业务的内容，即分析经济业务影响的会计要素，进而确定具体是哪个账户。

第二步，在确定会计要素和账户之后，要确定该经济业务的影响性质，即是增加还是减少，从而判断是记入相应账户的借方还是贷方。

下面举例说明借贷记账法的具体运用。

【例3-1】2×23年1月20日，南方公司收到所有者投入资本200万元，款项已经存入银行。

分析：这笔经济业务既涉及资产类要素，又涉及所有者权益类要素，具体涉及"银行存款"和"实收资本"账户；收到的资本存入银行导致银行存款增加，资产增加应该记入借方，即记入"银行存款"账户借方，同时所有者的求偿权也增加，所有者权益增加记入贷方，即记入"实收资本"账户贷方，具体登记如下所示：

借	银行存款 贷
2 000 000	

借	实收资本 贷
	2 000 000

【例3-2】2×23年2月10日，南方公司以银行存款偿还已经到期的长期借款60万元。

分析：这笔经济业务既涉及资产类要素，又涉及负债类要素，具体涉及"银行存款"和"长期借款"账户；还款导致银行存款减少，资产减少应该记入贷方，即记入"银行存款"账户贷方，同时负债也减少，负债减少记入借方，即记入"长期借款"账户借方，具体登记如下所示：

借	银行存款 贷
	600 000

借	长期借款 贷
600 000	

【例3-3】2×23年3月20日，南方公司以银行存款购买12万元原材料。

分析：这笔经济业务只涉及资产类要素，是资产内部要素的一增一减，具体涉及"银行存款"和"原材料"账户；付出款项导致银行存款减少，资产减少应该记入贷方，即记入"银行存款"账户贷方，同时购买材料导致原材料增加，资产增加记入借方，即记入"原材料"账户借方，具体登记如下所示：

借	银行存款	贷
		120 000

借	原材料	贷
120 000		

【例3-4】2×23年3月31日，南方公司因不能偿还前欠货款68.5万元，经与供货商协商转为对本公司的投资。

分析：这笔经济业务只涉及权益类要素，即一项负债减少，一项所有者权益增加，具体涉及“应付账款”和“实收资本”账户；注销货款导致应付货款减少，负债减少应该记入借方，即记入“应付账款”账户借方，同时债权人变成所有者，所有者权益增加，所有者权益增加记入贷方，即记入“实收资本”账户贷方，具体登记如下所示：

借	应付账款	贷
685 000		

借	实收资本	贷
		685 000

【例3-5】2×23年4月2日，南方公司向东方公司销售一批商品，取得收入50万元，货款已经存入银行。

分析：这笔经济业务既涉及资产类要素，又涉及收入类要素，具体涉及“银行存款”和“主营业务收入”账户；取得货款导致银行存款增加，资产增加应该记入借方，即记入“银行存款”账户借方，同时收入也增加，收入类要素增加记入贷方，即记入“主营业务收入”账户贷方，具体登记如下所示：

借	银行存款	贷
500 000		

借	主营业务收入	贷
		500 000

【例3-6】承【例3-5】，2×23年4月2日，南方公司结转销售产品的成本，该批产品成本380 000元。

分析：这笔经济业务既涉及资产类要素，又涉及成本类要素，具体涉及“库存商品”和“主营业务成本”账户；销售实现使得成本增加，成本增加应该记入借方，即记入“主营业务成本”账户借方，同时商品出售给购货方使得库存商品减少，资产类要素减少记入贷方，即记入“库存商品”账户贷方，具体登记如下所示：

借	主营业务成本	贷
380 000		

库存商品

借	贷
	380 000

【例3-7】2×23年4月15日，南方公司以现金购买办公文具用品，共计2 000元。

分析：这笔经济业务既涉及资产类要素，又涉及费用类要素，具体涉及“库存现金”和“管理费用”账户；付出现金使得库存现金减少，资产减少应该记入贷方，即记入“库存现金”账户贷方，同时管理费用增加，费用类要素增加记入借方，即记入“管理费用”账户借方，具体登记如下所示：

管理费用

借	贷
2 000	

库存现金

借	贷
	2 000

【例3-8】2×23年5月20日，南方公司购买原材料一批，货款为150 000元，已用银行存款支付50 000元，还有100 000元未付。

分析：这笔业务比较复杂，既涉及资产类要素，又涉及负债类要素，但不是简单的一增一减关系。从资产类要素来说，资产要素一增一减，从负债要素来说，还有剩余款项未支付，负债增加，具体涉及“原材料”、“银行存款”和“应付账款”三个账户；购买材料使得原材料增加，资产增加应该记入借方，即记入“原材料”账户借方，同时支付部分货款使得银行存款减少，资产类要素减少记入贷方，即记入“银行存款”账户贷方；另外还有一部分货款没有支付，负债增加，负债类要素增加记入贷方，即记入“应付账款”账户贷方，具体登记如下所示：

原材料

借	贷
150 000	

银行存款

借	贷
	50 000

应付账款

借	贷
	100 000

从以上所举的例子可以看出，记录经济业务都应该遵循借贷记账法的规则，即“有借必有贷，借贷必相等”，无论该业务涉及一借一贷、一借多贷、多借一贷还是多借多贷。

在采用借贷记账法记录经济业务时，就记录某一具体业务来说，各个账户之间存在应借应贷的对应关系。这种账户所具有的应借、应贷的相互关系，我们称之为账户的对应关系。具有应借应贷关系的账户，我们称之为对应账户。例如【例3-1】中，“银行存款”和“实收资本”这两个账户就具有对应关系，因此“银行存款”和“实收资本”就是对应账户。从这种账户之间的对应关系我们就可以知道经济业务的内容，这笔记录反映了“银行存款”账户增加200万元，同时“实收资本”账户也增加了200万元，说明这是投资者向企业投入了资本。通过账户之间的对应关系，我们就可以判断出经济业务的来龙去脉和性质，这也是复式记账法的特点所在。

在上一节讨论借贷记账法规则时，直接将发生的经济业务登记在账户中。但在实际中，在登记账户之前要先编制会计分录，再登记账户，也就是编制记账凭证。

会计分录是表明某项经济业务的应借、应贷账户名称和金额的记录。一笔会计分录包括三个要素：记账符号、账户名称和金额。

会计分录按其涉及经济业务的复杂程度分为简单会计分录和复杂会计分录。简单会计分录是指一笔业务只登记在一个账户的借方和另一个账户的贷方的会计分录；而复杂会计分录则是除简单会计分录之外的所有类型的会计分录，包括一借多贷、多借一贷和多借多贷的会计分录。

在编写会计分录时，应注意：

第一，一般来说，会计分录应该是上借下贷；

第二，下边的贷方应该比上边的借方向右退一格或两格。

现在可以将前面所举的例子用会计分录来列示：

（1）借：银行存款	2 000 000	
贷：实收资本		2 000 000
（2）借：长期借款	600 000	
贷：银行存款		600 000
（3）借：原材料	120 000	
贷：银行存款		120 000
（4）借：应付账款	685 000	
贷：实收资本		685 000
（5）借：银行存款	500 000	
贷：主营业务收入		500 000
（6）借：主营业务成本	380 000	
贷：库存商品		380 000
（7）借：管理费用	2 000	
贷：库存现金		2 000
（8）借：原材料	150 000	
贷：银行存款		50 000
应付账款		100 000

以上的会计分录中，第（1）~（7）笔业务是简单会计分录，而第（8）笔业务是复杂会计分录。

【课程思政3-1】

会计原理中的“真”“善”“美”

在西方文明源头，会计的基本定位是“公”！不论是亚里士多德的“公共财物”，还是帕乔利的“上帝”，抑或汉密尔顿“实现个人利益与整体利益完全一致”的经济国策，这些精神都决定了西方会计制度与工作的基本面，或者说，恰当地回答了西方意义上理想的会计到底是什么（杨雄胜，2021）。

德国诗人歌德将复式记账称为“人类智慧的绝妙创造之一”，社会经济学家维纳·肖伯特曾说过，复式记账法的诞生，其意义可以与伽利略和牛顿的发现齐名。我们认为，会计的记账方法原理中体现了对“真”“善”“美”的追求。“真”：会计本质是反映经济真实，要弄清业务发生的来龙去脉，体现对真理的追求；“善”：从产权关系角度，会计要保护产权和利益相关者的利益，维护社会公众利益，做到公开、公平、公正；“美”：借贷记账法所遵循的“有借必有贷，借贷必相等”规则，充分体现了会计所追求的秩序美与平衡美，并可以进一步理解为和谐美。因此，会计从业者，应以“公”为出发点，以“真”“善”“美”为落脚点，秉承“客观公正、诚实守信、爱岗敬业、服务社会”的职业道德。

三、试算平衡

试算平衡是根据会计等式的平衡关系，按照记账规则的要求，通过汇总计算和比较，以检查各类账户记录是否正确、完整的验证方法。

采用借贷记账法，由于任何经济业务都是按照“有借必有贷，借贷必相等”的记账规则记入各有关账户，所以，不仅每一笔会计分录借贷发生额相等，而且当一定会计期间内的全部经济业务都记入各相关账户后，所有账户的借方发生额合计数必然等于贷方发生额合计数。同时，期末结账后，全部账户借方余额合计数也必然等于贷方余额合计数。因此，通过所有账户借贷两方本期发生额和期末余额的试算平衡，可以检查账户记录的正确性。

借贷记账法的试算平衡有发生额平衡法和余额平衡法两种。

1. 发生额平衡法

发生额平衡法是以全部账户的借贷双方发生额为依据来检查账户记录正确性的方法。其计算公式为：

所有账户借方发生额合计数=所有账户贷方发生额合计数

2. 余额平衡法

余额平衡法是以账户余额为依据来检查账户记录正确性的方法。其计算公式为：

全部账户期初借方余额合计=全部账户期初贷方余额合计

全部账户期末借方余额合计=全部账户期末贷方余额合计

在实际工作中，试算平衡一般是在月末结出各个账户的本月发生额和月末余额后，通过编制总分类账户本期发生额试算平衡表和总分类账户余额试算平衡表来进行的，见表3-3和表3-4。

表3-3 **总分类账户本期发生额试算平衡表**

年 月 日 单位：元

会计科目（账户名称）	借方发生额	贷方发生额
合计		

表3-4 **总分类账户余额试算平衡表**

年 月 日 单位：元

会计科目（账户名称）	借方余额	贷方余额
合计		

第三节　总分类账户和明细分类账户

一、总分类账户和明细分类账户的概念

企业在经营管理过程中，不但要提供总括核算资料，还要根据具体情况提供明细资料，这样反映在会计上，企业就应该根据具体情况，既要开设总分类账户，又要开设明细分类账户。

总分类账户是指根据总分类科目设置的，用于对会计要素具体内容进行分类核算的账户，又称“总账账户”和“一级账户”，总分类账户只以货币为度量单位，所提供的是综合资料。总分类账户是编制资产负债表和利润表的主要依据。

明细分类账户是根据实际经营情况的需要，在总分类账户下开设的次级账户，又称“明细账户”，明细分类账户不但以货币为度量单位，还可以采用实物为度量单位，如吨、千克等，所提供的是明细资料。明细分类账户是编制相关明细报表的主要依据。

企业进行会计核算必须开设总分类账户，但是否开设明细分类账户不能一概而论，而应根据企业的具体情况和信息需求人的要求而定。比如，“库存现金”账户一般不需要开设明细分类账户。而像债权债务这样的核算内容较多的账户，一般都需要开设二级明细分类账户，比如在“应收账款”账户下设置“应收账款——甲公司”和“应收账款——乙公司”等账户，分别核算各个具体债务人的债务情况；而像“原材料”这样核算较复杂的账户，为了进一步的信息需要还可以在二级账户下再开设三级账户，如“原材料——主要材料——甲材料”账户。三级账户和二级账户一样都是明细分类账户，只不过它比二级账户提供了更具体、更详细的核算资料。

二、总分类账户和明细分类账户的关系

总分类账户与明细分类账户是控制与被控制、统驭与从属的关系，总分类账户控制、统驭明细分类账户，而明细分类账户处于被控制、从属的地位。总分类账户与明细分类账户之间既相互联系又相互区别，具体来说，总分类账户与明细分类账户反映的内容一致。二者反映的都是同一内容，只是详细程度不同而已。例如，“应收账款”总账和其明细账“应收账款——甲公司”，二者都用来核算应收的债权，只不过二级账户的反映更具体，具体到哪个单位而已，而二者登记的依据是一样的。总分类账户和明细分类账户都是依据同一原始凭证入账的。

总分类账户与明细分类账户所提供的资料的详细程度不一样。总分类账户只能以货币为度量单位，主要提供总括的资料；而明细分类账户不但以货币为度量单位，根据需要还可以采用实物量和劳动量单位为度量单位，主要提供更为详细的资料。

三、总分类账户和明细分类账户的平行登记

根据总分类账户与其所属的明细分类账户之间的关系，在会计核算中，为了便于进行账户记录的核对，保证核算资料的完整性和正确性，对于那些既要进行总分类核算，又要进行明细分类核算的经济业务应该采用平行登记方法。

平行登记是指在经济业务发生之后，根据会计凭证，一方面要登记相关的总分类账户，另一方面要同时登记该总分类账户所属的明细分类账户。具体来说如下：

1. 同时（登记的会计期间要一致），即在一笔业务发生之后，要将其登记在相应的

总分类账户及其所属明细分类账户的同一会计期间，而不能将这二者登记在不同的会计期间，虽然具体的登记时间不一样。这里要注意同一会计期间和具体登记时间的区别。

2. 同向（登记的方向要一致），即登记总分类账户和明细分类账户的方向应该相同，如果一笔业务登记在某一总分类账户的借方，那么也应该登记在该总分类账户所属明细分类账户的借方；如果一笔业务登记在某一总分类账户的贷方，那么也应该登记在该总分类账户所属明细分类账户的贷方。

3. 等额（登记的金额要一致），即登记总分类账户的金额应该与登记明细分类账户的金额相等。如果总分类账户有多个明细分类账户，那么登记总分类账户的金额应该与所有明细分类账户金额的合计数相等。

通过平行登记，总分类账户与明细分类账户的金额形成钩稽关系，在会计实务中，可以根据这种钩稽关系来检查总分类账户与明细分类账户记录的完整性和正确性，具体做法是：月末编制“明细分类账户本期发生额及余额表”，与有关总分类账户的记录相核对。

下面以“原材料”和“应付账款”账户为例，说明总分类账户与明细分类账户平行登记的方法。

【例3-9】2×23年7月1日，南方公司的“原材料”账户和“应付账款”账户余额如下：

（1）“原材料”总分类账户借方余额为8 500元，其中明细分类账户见表3-5。

表3-5 **“原材料”明细分类账户**

原材料名称	计量单位	数量	单价（元/千克）	金额（元）
A材料	千克	1 000	2.50	2 500
B材料	千克	3 000	2.00	6 000

（2）“应付账款”总分类账户贷方余额为4 000元，其中明细分类账户见表3-6。

表3-6 **“应付账款” 明细分类账户**

供应单位名称	金额（元）
甲公司	2 200
乙公司	1 800

（3）该公司2×23年7月份发生如下经济业务：

① 7月4日，生产车间领用A材料1 000千克，单位成本2.50元，领用B材料1 500千克，单位成本2.00元；

② 7月10日，向甲公司购买A材料1 800千克，单价2.50元，共计4 500元，款项未付；

③ 7月20日，向乙公司购买B材料1 200千克，单价2.00元，共计2 400元，款项未付；

④ 用银行存款偿还前欠的货款，共计4 000元，其中偿还甲公司2 200元，乙公司1 800元。

接下来，对这些业务采用平行登记方法登记的做法如下：

第一步，开设“原材料”和“应付账款”总分类账户及明细分类账户，并登记期初余额，见表3-5和表3-6。

第二步，根据本月发生的经济业务，编制相关会计分录。

①借：生产成本　　5 500
　贷：原材料——A材料　　2 500
　　　　　　——B材料　　3 000
②借：原材料——A材料　　4 500
　贷：应付账款——甲公司　　4 500
③借：原材料——B材料　　2 400
　贷：应付账款——乙公司　　2 400
④借：应付账款——甲公司　　2 200
　　　　　　——乙公司　　1 800
　贷：银行存款　　4 000

第三步，登记“原材料”和“应付账款”总分类账户以及所属的明细分类账户，并结账，如图3-1和图3-2所示。

借　　原材料　　贷

期初余额	8 500		
	②4 500		①5 500
	③2 400		
发生额	6 900	发生额	5 500
期末余额	9 900		

借　　原材料——A材料　　贷

期初余额	2 500		
	②4 500		①2 500
发生额	4 500	发生额	2 500
期末余额	4 500		

借　　原材料——B材料　　贷

期初余额	6 000		
	③2 400		①3 000
发生额	2 400	发生额	3 000
期末余额	5 400		

图3-1　“原材料”总分类账户及明细分类账户

借	应付账款		贷
		期初余额	4 000
			②4 500
	④4 000		③2 400
发生额	4 000	发生额	6 900
		期末余额	6 900

借	应付账款——甲公司		贷
		期初余额	2 200
	④2 200		②4 500
发生额	2 200	发生额	4 500
		期末余额	4 500

借	应付账款——乙公司		贷
		期初余额	1 800
	④1 800		③2 400
发生额	1 800	发生额	2 400
		期末余额	2 400

图3-2　“应付账款”总分类账户及明细分类账户

第四步，编制相关总分类账和明细分类账试算平衡表，检查总分类账和明细分类账登记是否存在错误，见表3-7和表3-8。

表3-7　**“原材料”总分类账户以及明细分类账户试算平衡表**

2×23年7月　　单位：元

账户金额	原材料	原材料	
		A材料	B材料
期初余额	8 500	2 500	6 000
本期借方发生额	6 900	4 500	2 400
本期贷方发生额	5 500	2 500	3 000
期末余额	9 900	4 500	5 400

表3-8　**“应付账款”总分类账户以及明细分类账户试算平衡表**

2×23年7月　　单位：元

账户金额	应付账款	应付账款	
		甲公司	乙公司
期初余额	4 000	2 200	1 800
本期借方发生额	4 000	2 200	1 800
本期贷方发生额	6 900	4 500	2 400
期末余额	6 900	4 500	2 400

从表3-7和表3-8可以看出，在采用平行登记法登记入账之后，总分类账户和明细分类账户之间具有以下两个等式所表明的关系，即：

总分类账户本期发生额=所属明细分类账户本期发生额合计数

总分类账户期末余额=所属明细分类账户期末余额合计数

本章小结

设置会计科目与账户是会计的专门核算方法之一，正确地设置会计科目和账户是满足企业经营管理、完成会计核算任务的基础。

会计科目是对会计要素的具体内容进行分类核算的项目，而账户是根据会计科目开设的，具有一定的格式和结构，用于分类反映会计要素增减变动及其结果的一种工具，二者之间既有联系又有区别。

复式记账法是从单式记账法发展起来的一种比较完善的记账方法，是指对每一项经济业务都要在两个或两个以上的账户中相互联系地进行记录的一种记账方法。

借贷记账法是以“借”“贷”作为记账符号，以“有借必有贷、借贷必相等”为记账规则，对每项经济业务都在两个或两个以上有关账户中相互联系地进行记录的一种复式记账方法。

总分类账户是指根据总分类科目设置的。明细分类账户是根据实际经营情况的需要，在总分类账户下开设的次级账户，又称“明细账户”。总分类账户与明细分类账户之间存在平行登记的关系。

主要概念和术语

会计科目　账户　复式记账　借贷记账法　会计分录　总分类账户　明细分类账户

复习思考题

1.什么是会计科目？它和账户有何关系？

2.为什么说复式记账法是一种科学的记账方法？

3.简述借贷记账法的原理。

4.简述会计分录的要点。

5.什么是平行登记法？为什么要平行登记？

练习题

第三章练习题

第四章

会计循环与会计核算组织形式

学习目标

通过本章的学习，应了解会计循环的基本步骤和制造业企业的基本业务活动；掌握会计凭证的填制、审核方法，以及账簿的登记方法和错账的更正方法；了解账项调整的含义和意义，掌握对账的内容和期末结账的方法；了解会计核算组织形式及主要财务报表的概念与基本结构。应采用系统观念来学习和理解会计循环和会计核算组织形式的相关内容。

【课程思政4-1】

会计信息的生成系统就是会计处理过程，而循环往复的会计处理过程，称为会计循环。会计信息是支持企业决策与管理的重要依据，也是社会经济有效运行的重要基础，会计信息质量是会计工作的生命，而真实性是对会计信息质量最基本的要求，社会经济的有效运行要求会计信息能够与它所反映的客观事实相符。我国目前经济运行中存在的一些严重的问题如国有资产流失、证券市场发育不良、社会交易费用高昂、企业筹资困难等很大程度上都与企业会计信息失真有关。

当前会计信息失真现象仍然屡见不鲜，产生这种现象既有会计处理过程本身具有一定复杂性特点的原因，但更主要的还是归因于会计从业者思想素养以及专业技能水平。因此，会计信息质量的提高，不仅需要会计人员专业技能的提升，更重要的还需要对会计人员进行思想素养的引导，促进其会计职业道德素养的发展与进步。

第一节　会计循环概述

一、会计循环的定义

在一个持续经营的会计主体中，就某一个会计期间而言，从会计事项发生至财务报表编制完成的一系列会计处理程序始于期初，终于期末，并循环往复、周而复始地进行，称为会计循环（accounting cycle）。不同的会计主体，即使其会计核算的内容千差万别，但其不同期间会计处理的基本程序（会计循环）并无本质上的区别。

二、会计循环的基本步骤

1. 取得或填制原始凭证并分析经济业务。这是每个会计循环的起点。

2. 根据审核无误的原始凭证，填制记账凭证（编制会计分录）。

3. 按经济业务发生时间的先后顺序，根据收、付款凭证及其所附的原始凭证登记日记账。

4. 按经济业务所涉及的会计账户，根据记账凭证及其所附的原始凭证登记总分类账和明细分类账。

5. 根据总分类账和明细分类账编制试算平衡表，进行试算平衡，以检查账簿记录的正确性。

6. 根据权责发生制的要求，期末要对部分账项进行调整，编制调整分录并过账，如期末折旧费的计提等。

7. 结账，即结清收入、费用类账户，计算出当期利润，结出资产、负债和所有者权益类账户余额，并转入下期。

8. 编制财务报表。会计期末，企业应根据账簿资料编制出反映企业财务状况、经营成果和现金流量等的各种报表，如资产负债表、利润表和现金流量表等。它是会计循环的最后一个步骤。

第二节　企业的业务分析：以制造业企业为例

企业作为以营利为目的的经济组织，主要从事经济活动，向其他单位或个人提供其所需要的产品或服务。不同规模和不同组织类型的企业不仅需要自然资源、人力资源，还需要一定的资本。作为一种重要的企业组织类型，现代企业制度下的产品制造业企业不仅要将原始的材料转化为可以销售给单位或个人消费者的商品，而且要在市场经济的竞争中不断谋求发展，实现资本的保值增值。产品制造业企业的生产经营活动过程是以产品生产和销售为主要经济活动的生产准备、产品生产和产品销售过程的统一。为了独立地进行生产经营活动，企业必须拥有一定数量的资金，并在生产经营过程中有效地运用这些资金，而这些经营资金又都是从一定的来源渠道取得的。产品制造业企业的整个生产经营活动过程依次经过供应、生产和销售三个阶段，其生产经营资金随着生产经营活动的不断进行，从货币资金形态开始，依次转化为储备资金、生产资金、产品资金和货币资金，形成资金的循环与周转。因此，产品制造业企业的经济业务比其他企业要复杂一些，相应地其会计核算比较全面，从而更有利于阐述借贷记账法的具体运用。

产品制造业企业的主要经济业务流程如下：资金筹集→生产准备（生产供应）→产品生产→产品销售→财务成果的形成与分配。

一、资金筹集业务

资金的筹集是现代企业生存、发展的一个重要的前提条件。企业要进行生产经营活动必须拥有足够的财物支持。根据会计等式“资产=负债+所有者权益”可知，筹资的渠道可分为两大类：一是投资者投入的资本及其增值，形成投资者的权益，属于企业的永久性资本。该部分业务可以称为权益资金筹集业务。二是债权人提供的资金，形成债权人的权益。该部分业务可以称为负债资金筹集业务。债权人将资金借给企业，进而对企业资产有了要求权，形成企业的负债；投资者将资金投入企业，进而对企业资产有了要求权，形成企业的所有者权益或股东权益。虽然债权人的要求权和投资者的要求权在会计上均称为权益，但两者的会计核算存在较大的差异。为了反映和监督资金筹集业务，在会计核算上常设的账户有“实收资本”“资本公积”“短期借款”“财务费用”“长期借款”等。

二、生产供应业务

资金筹集是资金运动的起点。企业筹集到的资金首先进入供应过程。供应过程是企业产品生产的前期准备过程。在这个过程中，发生的经济业务主要有购置固定资产业务和外购原材料业务等，即企业用货币资金购买机器设备等劳动资料形成固定资产，购买原材料等劳动对象形成储备资金，为生产产品做好物资上的准备。此时，资金由货币资金形态分别转化为固定资金形态和储备资金形态。生产供应业务的核算内容包括固定资产的购置和原材料的采购，具体包括支付购买的价款和税款、发生采购费用、计算采购成本、材料验收入库结转成本等。设置的主要账户有“固定资产”“在建工程”“材料采购”“应付账款”“应交税费”“原材料”等。

三、产品生产业务

企业为生产产品做好了各项准备后，便进入产品生产过程。生产过程是制造业企业经营过程的核心环节。在生产过程中，劳动者借助劳动资料对劳动对象进行加工，生产出各种适合社会需要的产品。生产过程既是产品的加工制造过程，又是物化劳动和活劳动的耗费过程，即费用、成本的发生过程。从实物流转过程来看，原材料等劳动对象通过加工形成在产品。随着生产过程的不断进行，在产品终究要转化为产成品。从价值形态转化来看，为生产产品耗费材料形成材料费用，耗费活劳动形成工资及福利等人工费用，使用厂房、机器设备等劳动资料形成折旧费用等。生产过程中发生的这些生产费用总和构成产品的生产成本（亦称制造成本），即产品在生产过程中必然发生各种材料费用、人工费用及制造费用等。随着各项费用的发生，其资金形态从固定资金、储备资金和一部分货币资金形态转化为生产资金形态。随着生产过程的不断进行，在产品完工并验收入库之后，生产资金形态又转化为成品资金形态。因此，产品生产业务的核算内容包括生产费用的发生、归集和分配，以及完工产品生产成本的计算和结转等。设置的主要账户有“生产成本”“制造费用”等。

四、产品销售业务

企业生产产品的目的是对外销售并获取利润。销售过程是产品价值的实现过程。当企业将自己生产的产品对外销售时：一方面将自己的产品销售给购买者；另一方面要办理结算，向购买者收取货款。在销售过程中，企业通过销售产品并按照销售价格与购买单位办理各种款项的结算，收回货款，从而使得资金从成品资金形态转化成货币资金形态，回到了资金运动的起点状态，完成了一次资金的循环。另外，销售过程中还要发生各种诸如包装、广告等销售费用，计算并缴纳各种销售税金，结转销售成本。这些都属于产品销售业务的核算内容。设置的主要账户有“主营业务收入”“主营业务成本”“销售费用”“税金及附加”等。

五、财务成果的形成与分配业务

将企业一定时期内取得的收入与发生的费用支出相抵即可计算出当期的财务成果。如果收大于支，则为盈利，应按照有关规定进行分配；反之，如果收小于支，则为亏损，应按照有关规定予以弥补。企业将其所获得的各项收入遵循配比原则抵偿了各项成本、费用之后的差额，形成企业的所得，即利润。企业实现的利润，一部分要以所得税费用的形式上缴国家，形成国家的财政收入，另一部分（即税后利润）要按照规定的程序在各有关方面进行合理的分配。通过利润分配，一部分资金退出企业，另一部分资金则以盈余公积等形式重新投入企业的生产经营过程，继续参加企业的资金循环和周转。为了反映和监督利润的形成和分配，会计核算上设置的主要账户有“本年利润”“利润分配”“盈余公积”“应付利润”等。

第三节　会计凭证与账簿

一、会计凭证的含义及种类

会计凭证（accounting document）是记录经济业务发生和完成情况的书面证明，也是登记账簿的依据。

任何单位在处理任何经济业务时都必须由执行和完成该项经济业务的有关人员从单位外部取得或者自行填制有关凭证，以书面形式记录和证明所发生经济业务的性质、内容、数量、金额等，并在凭证上签名并盖章，以对经济业务的合法性和凭证的真实性、完整性负责。任何会计凭证都必须经过有关人员的严格审核并确认无误后，才能作为记账的依据。填制和审核凭证是会计核算的专门方法之一。

会计凭证多种多样，可以按照不同的标志进行分类。实务中主要按照会计凭证的用途和填制程序分类，分为原始凭证和记账凭证。

原始凭证（source document）又称原始单据，是在经济业务发生或完成时取得或填制的，用以记录或证明经济业务的发生或完成情况的原始凭据，是进行会计核算的原始资料。

记账凭证（entry document）是会计人员根据审核后的原始凭证，按照经济业务的内容加以归类，并据以确定会计分录后所填制的会计凭证，是登记账簿的直接依据。记账凭证记载的是会计信息。从原始凭证到记账凭证是经济信息转换成会计信息的过程，是一种质的飞跃。

记账凭证与原始凭证虽然同属于会计凭证，但是两者存在以下区别：①原始凭证是由经办人员填制的，而记账凭证一律由会计人员填制；②原始凭证是根据发生或完成的经济业务填制的，而记账凭证是根据审核后的原始凭证填制的；③原始凭证仅用以记录、证明经济业务已经发生或完成，而记账凭证要依据会计科目，对已经发生或完成的经济业务进行归类、整理；④原始凭证是填制记账凭证的依据，记账凭证是登记账簿的依据。

二、原始凭证的填制与审核

（一）原始凭证的基本内容

在实际工作中，由于经济业务的种类和内容不同、经营管理的要求不同，原始凭证的内容和格式也千差万别，但是无论何种原始凭证，都必须做到所载明的经济业务清晰、经济责任明确。原始凭证一般应具备以下基本内容：

1. 原始凭证的名称：表明原始凭证所记录业务内容的种类，反映原始凭证的用途，如“入库单”“出库单”等。

2. 填制原始凭证的日期：填制原始凭证的实际日期。

3. 填制凭证单位或填制人姓名：表明填制主体。

4. 经办人员的签章：以明确责任。

5. 接受凭证单位的名称：俗称抬头。

6. 经济业务内容：主要表明经济业务的项目、名称以及有关的附注说明。

7. 数量、单价和金额：主要表明经济业务的计量。这是原始凭证的核心。

在实际工作中，除了上述基本内容以外，各企业可以根据具体的管理要求和特殊业务的需要增加必要的内容。

对于不同单位经常发生的共同性经济业务，有关部门可以制定统一的凭证格式。例如，中国人民银行统一制定的“银行转账结算凭证”表明了结算双方单位的名称、账号等内容。

（二）原始凭证的种类

1.原始凭证按其取得的来源不同，可以分为外来原始凭证和自制原始凭证。

（1）外来原始凭证，是指在经济业务发生或完成时，从外部单位取得的原始凭证，如购买货物或劳务时取得的“增值税专用发票”“普通发票”，见表4-1和表4-2。

表4-1　**增值税专用发票**

湖南省增值税专用发票　　　　№0088210

（全国统一发票监制章　湖南　国家税务总局监制）　发票联

43000322011　　　　开票日期：2×22年10月4日

购买方	名　　称：大洋股份公司 纳税人识别号：340000084003254722 地 址、电 话：光明路12号 开户行及账号：光明路分理处 3622421899			密码区	（略）		
货物或应税劳务、服务名称	规格型号	单位	数　量	单　价	金　额	税率	税　额
甲产品	Ⅱ-40	台	100	80.00	8 000.00	13%	1 040.00
合　计					￥8 000.00		￥1 040.00
价税合计（大写）	⊗零拾零万玖仟零佰肆拾零元整				（小写）￥9 040.00		
销售方	名　　称：远大公司 纳税人识别号：340000083001789244 地 址、电 话：大庆路3号 82697853 开户行及账号：大庆路分理处 364113567			备注	（远大公司　340000083001789244　发票专用章）		

第三联　发票联　购买方记账凭证

收款人：李强　　复核：王刚　　开票人：张明　　销售方（章）

表4-2 普通发票

服务业发票 №.004561

发票联

客户名称：黄河股份公司 2×22年10月4日

服务项目	单位	数量	单价	金额							备注
				万	千	百	十	元	角	分	
会议室租用费						5	0	0	0	0	
合计金额（大写）	人民币伍佰元整				¥	5	0	0	0	0	
开票单位				开户银行		中山路分理处					
				账号		321-497					

开票人（章）：张美 收款人（章）：王强

（2）自制原始凭证，是指由本单位内部经办经济业务的部门和人员，在办理经济业务时所填制的凭证，如“领料单”等，见表4-3。

表4-3 领料单

领料部门：生产车间 领料编号：002145

领料用途：用于生产A产品 2×22年10月17日 发出仓库：第一仓库

编号	类别	名称	规格	单位	数量		金额	
					请领	实领	单价	总额
A1		甲材料		千克	100	100	8.00	800.00
A2		乙材料		千克	300	300	4.00	1 200.00
A3		丙材料		千克	200	200	6.00	1 200.00
备注							合计	¥3 200.00

发料人：张平 审批人：李大龙 领料人：黄河 记账：张中华

2.原始凭证按照填制手续及内容不同，分为一次凭证、累计凭证和汇总凭证。

（1）一次凭证，是指一次填制完成、只记录一笔经济业务的原始凭证，如“发票”“收据”“入库单”等。这类原始凭证一经填制不能重复使用，是一次性有效凭证。

（2）累计凭证，是指在一定时期内多次记录发生的同类型经济业务的原始凭证。对于经常重复发生的某种经济业务，使用累计凭证可以简化核算手续，包括制证、记账和汇总手续，如“限额领料单”等。

（3）汇总凭证，是指对一定时期内反映经济业务内容相同的若干张原始凭证，按照一定标准综合填制的原始凭证，如“工资汇总表”“发出材料汇总表”等。其作用是简化编制记账凭证及登记账簿的手续。

3. 原始凭证按照格式不同，分为通用凭证和专用凭证。

（1）通用凭证，是指由有关部门统一印制、在一定范围内使用的具有统一格式和使用方法的原始凭证。通用凭证的使用范围因制作部门的不同而不同，可以是某一地区、某一行业内通用，也可以是全国通用。例如，某省市印制的“发货票”“收据”等可在该省市通用，由中国人民银行制作的“银行转账结算凭证”可在全国通用等。

（2）专用凭证，是指由单位自行印制、仅在本单位内部使用的原始凭证，如“领料单”“差旅费报销单”“折旧计算表”“工资费用分配表”等。

（三）原始凭证的填制要求

1. 符合真实性原则。原始凭证上所载明的经济业务的内容必须是根据实际发生的经济业务而填列的，不能任意捏造。

2. 填制内容完整。原始凭证的各项内容必须详尽地填写齐全，不得有遗漏。需要注意的是，日期要按照填制原始凭证的实际日期填写；名称要齐全，不能使用简称；品名或用途要填写明确，不能含糊不清。

3. 手续要完备。从外单位取得的原始凭证必须有填制单位的公章；相应地，对外开出的原始凭证，必须加盖本单位的公章。从个人处取得的原始凭证，必须有填制人员的签名和盖章。购买实物的原始凭证，必须有验收证明。自制的原始凭证，必须有经办单位的领导人或者单位领导人指定的人员的签名或者盖章。支付款项的原始凭证，必须有收款单位和收款人的收款证明，不能仅以支付有关凭证代替。发生销货退回时，除填制退货发票外，还必须有退货验收证明；退款时，必须取得对方的收款收据或者汇款银行的凭证，不得以退货发票代替收据。职工公出的借款凭据，必须附在记账凭证之后。

4. 书写格式要规范。阿拉伯数字应当一个一个地写，不得连笔写。阿拉伯数字金额前面应当书写货币币种符号或者货币名称简写及币种符号。币种符号与阿拉伯数字金额之间不得留有空白。凡阿拉伯数字前写有币种符号的，数字后面不再写货币单位。

5. 编号连续。一式几联的发票和收据必须用双面复写纸（发票和收据本身具备复写纸功能的除外）套写，并连续编号。作废时应当加盖“作废”戳记，连同存根一起保存，不得撕毁。

6. 不得涂改、刮擦、挖补。为了保证原始凭证记录的实际情况，对原始凭证不得涂改、刮擦、挖补。如果发现原始凭证有错误的，应当由开出单位重开或者更正，并在更正处加盖开出单位的公章。

7. 填制要及时。各种凭证都应当在经济业务发生时及时填写，并不得提前或滞后。

（四）原始凭证的审核

只有经过审核无误的原始凭证才能进入会计系统，作为填制记账凭证的依据。为了正确地反映并监督企业发生的各项经济业务，会计部门的相关人员必须严格审核传递来的各项原始凭证，以确保各项会计核算资料的真实、合法、完整、正确。

三、记账凭证的填制与审核

根据原始凭证填制记账凭证，第一次实现了从经济信息向会计信息的过渡。原始凭证只是把可以进入会计系统的数据收集起来，但是它能否真正进入会计系统还得经过会计确认。这就是通过编制记账凭证来完成会计循环中的第一次确认。

（一）记账凭证的基本内容

在实际工作中，由于经济业务的种类和内容不同以及经营管理的要求不同，记账凭证的内容和格式也千差万别。为了满足记账的基本要求，记账凭证一般应具备以下基本内容：

1. 记账凭证的名称：表明记账凭证的类型，如“收款凭证”“付款凭证”“转账凭证”等。

2. 填制记账凭证的日期：按实际编制记账凭证的日期填写。

3. 记账凭证的编号：一笔业务需要编制两张以上记账凭证的，可以采用分数编号法编号。

4. 经济业务的摘要：列示经济业务的内容和类型。

5. 会计科目。

6. 金额。

7. 记账标记。

8. 所附原始凭证张数。

9. 填制凭证人员、稽核人员、记账人员、会计机构负责人（会计主管人员）签名或盖章。收付款凭证还涉及出纳签章。

（二）记账凭证的种类

1. 记账凭证按照其反映的经济业务是否与货币资金有关，可以分为收款凭证、付款凭证和转账凭证。

2. 记账凭证按照填制方式不同，可以分为复式记账凭证、单式记账凭证和汇总记账凭证。

（三）记账凭证的填制要求

1.凭证摘要简明扼要。记账凭证的摘要栏应用简明扼要的语言来概述经济业务的内容和特点。这主要是为了方便以后查阅凭证和账簿。

2.会计科目运用准确。发生经济业务时，必须按照会计制度的规定使用正确的会计科目来核算相应的经济业务。

3.填写内容完整。记账凭证的各项内容必须填写齐全，不得有遗漏。

4.连续编号。对记账凭证编号是为了分清会计处理的先后顺序，便于记账凭证与账簿的核对，确保记账凭证完整无缺。记账凭证的编号方法多种多样，各单位应根据具体情况采用适当的编号方法。一笔经济业务需要填制两张或者两张以上记账凭证的，可以采用分数编号方法，如$1\frac{1}{3}$、$1\frac{2}{3}$、$1\frac{3}{3}$。前面的整数为经济业务的总顺序号，后面的分数为该项经济业务的分号——分母表示该项经济业务的记账凭证张数，分子表示该项经济业务的顺序号。

5.编制记账凭证必须附有原始凭证。记账凭证可以根据每一张原始凭证填制，或者根据若干张同类原始凭证汇总填制，也可以根据原始凭证汇总表填制，但不得将不同内容和类别的原始凭证汇总填制在一张记账凭证上。

除结账和更正错误的记账凭证可以不附原始凭证外，其他凭证必须附有原始凭证。如果一张原始凭证涉及几张记账凭证，可以把原始凭证附在一张主要的记账凭证后面，并在其他记账凭证上注明附有该原始凭证的记账凭证的编号或者附原始凭证复印件。

6.按规定要求更正记账凭证。如果在填制记账凭证时发生错误，应当重新填制。已经登记入账的原始凭证，在当年内发现填写错误时，可以用红字填写一张与原内容相同的记账凭证，在摘要栏注明“注销某月某日某号凭证”字样，同时再用蓝字重新填制一张正确的记账凭证，注明“订正某月某日某号凭证”字样；如果会计科目没有错误，只是金额错误，也可以将正确数字与错误数字之间的差额，另编制一张调整的记账凭证，调增金额用蓝字，调减金额用红字。发现以前年度记账凭证有错误的，应当用蓝字填制一张更正的记账凭证。

另外，记账凭证填制完经济业务后，如有空行，应当自金额栏最后一笔金额数字下的空行处至合计数上的空行处划线注销。

（四）记账凭证的审核

记账凭证是登记账簿的直接依据。为了确保会计核算资料的真实、可靠，必须对记账凭证进行审核。

1. 合规性审核

根据执行的会计制度、会计政策及会计准则的规定，审核记账凭证所确定的会计分录是否合规、合法。这就要求审核人员必须根据记账凭证所附原始凭证的经济内容，按照会计核算方法的要求，审核会计分录的编制是否准确无误，同时审核记账凭证是否附有审核无误的原始凭证，所附原始凭证的张数及其内容是否与记账凭证一致。

2. 完整性审核

根据记账凭证的要素，逐项审核记账凭证的内容是否按规定要求填制完整无缺，各项目是否按规定填写齐全并按规定办理了手续。

3. 技术性审核

根据记账凭证的填制要求，审核记账凭证的摘要，应借、应贷会计科目及金额，以及账户对应关系是否清晰、完整，核算内容是否符合会计制度和会计政策的要求。

四、会计账簿的登记

（一）会计账簿的概念

会计账簿（accounting book），简称账簿，是指由具有一定格式而又相互联系的账页组成的，以审核无误的会计凭证为依据，用来全面、系统、连续地记录各项经济业务的簿籍。设置和登记会计账簿是会计核算的基本方法之一。它既是会计核算方法体系中的中间环节，又是中心环节。从外表形式看，会计账簿是由具有一定格式的账页连接而成的。一旦标明会计科目，这个账页就成为用来记录该科目所核算内容的账户。可以说，账页是账户的载体，账簿则是若干账页的集合。从登记方法看，会计账簿要以审核无误的会计凭证为依据，采用专门的方法进行登记。从业务内容看，会计账簿是根据其所设立的账户，全面、系统、连续地反映各项经济业务所引起的会计要素项目的增减变动及结果情况。

（二）会计账簿的作用

设置会计账簿是会计工作的一个重要环节。登记账簿是会计核算的一种专门方法。科学地设置账簿和正确地登记账簿对于全面完成会计核算工作具有重要意义。

1. 会计账簿是对会计凭证的系统总结。

2. 会计账簿是编制财务报表的主要依据。

3. 会计账簿是保证财产安全完整的重要保障。

4. 会计账簿是重要的经济档案。

（三）会计账簿的种类

账簿的种类繁多。它们的用途和形式各不相同，相互之间构成了严密的组织体系，从而为经营管理提供不同的会计信息。为了正确地设置和运用各种账簿，有必要对账簿进行分类。在实际工作中，主要有以下三种分类方式：

1. 按照账簿的用途分类

账簿按照其用途的不同，可以分为三大类，即日记账簿、分类账簿和备查账簿等。

2. 按照账簿的外表形式分类

账簿按照其外表形式不同，可以分为订本式账簿、活页式账簿和卡片式账簿等。

3. 按照账簿的账页格式分类

账簿按照其账页格式分类，通常可分为三栏式账簿、多栏式账簿和数量金额式账簿等。

（四）账簿的格式与登记方法

由于管理的要求不同，各种账簿所记录的经济内容、账簿的格式可以多种多样，但各种账簿都应具备一些基本内容，也称基本要素。这些基本内容主要包括：封面——写明记账单位名称和账簿的名称；扉页——列明账户目录（或科目索引）和账簿启用一览表；账页——列示会计科目、记账日期、记账依据、内容摘要及金额等。

1. 日记账的格式与登记

根据不同需要，企业设置的日记账有普通日记账和特种日记账。

（1）普通日记账的格式与登记

普通日记账（general journal）简称日记账，又称分录簿，是用来序时、全面地登记一个单位的经济业务并确定会计分录的账簿。这种日记账一般只设置借方和贷方两个金额栏，其格式见表4-4。

表4-4 **普通日记账** 单位：元

2×22年		凭证号数	摘要	会计科目	金额		过账“√”
月	日				借方	贷方	
		1	采购甲材料10吨，单价2 000元	材料采购 应交税费 应付账款	20 000 2 600 	 22 600	√ √ √
		2	支付甲材料运杂费	材料采购 银行存款	800 	 800	√ √
		3	甲材料验收入库	原材料 材料采购	20 800 	 20 800	√ √
		4	偿还前欠款	应付账款 银行存款	22 600 	 22 600	√ √
			⋮				

采用这种日记账，每天应按照经济业务完成的时间的先后顺序，逐笔进行登记。首先，记录经济业务发生或完成的具体时间；其次，在“摘要”栏记录经济业务的简要说明；再次，在“会计科目”栏登记该笔经济业务应借、应贷的科目名称；最后，在“金额”栏分别登记应计入各个科目的借方或贷方金额。除上述登记外，每天还应根据日记账中应借和应贷的账户名称和金额过入总分类账。过账后，在“过账”栏画“√”符号，表示已过账，以免漏记或重记。

普通日记账的优点是可以全面、连续地记录企业的经济业务情况，为过入分类账做好准备，并可起到保护会计凭证安全的作用，即一旦凭证遗失，从日记账中也可以查出。其缺点是要逐笔过账，工作量大；且账簿只有一本，只能一人记账，不便于会计分工。

（2）特种日记账的格式与登记

特种日记账（special journal）是专门用来登记某一类经济业务的日记账。它是普通日记账的进一步发展。常用的特种日记账主要有“库存现金日记账”和“银行存款日记账”。

①库存现金日记账

库存现金日记账是顺序登记库存现金收、付业务的日记账。它由出纳人员根据审核无误的有关收款凭证和付款凭证，序时逐日逐笔登记。

库存现金日记账必须采用订本账，账页格式一般为三栏式，也可以采用收付分页的多栏式账页，即收入和支出栏内进一步设置对方科目，即在收入栏内设应贷科目（借方为“库存现金”科目），在支出栏内设应借科目（贷方为“库存现金”科目）。库存现金日记账的格式见表4-5。

表4-5　**库存现金日记账（三栏式）**　单位：元

2×22年		凭证		摘要	对方科目	收入	支出	结余
月	日	种类	编号					
9	1			月初余额				600
	6	银付	3	从银行提取现金	银行存款	6 000		6 600
	10	现付	1	购买办公用品	管理费用		500	6 100
	12	现收	1	销售产品收到现金	主营业务收入	800		6 900
	16	现付	2	严歌预借出差款	其他应收款		2 000	4 900
	25	现付	3	支付养路费	管理费用		500	4 400
9	30			本月发生额及余额		6 800	3 000	4 400

实行电算化的单位，对所发生的收款业务和付款业务，输入收款凭证和付款凭证的当日必须打印出库存现金日记账，并与库存现金核对无误。

②银行存款日记账

银行存款日记账是用来序时反映企业银行存款的增减变动及其结存情况的账簿。该账簿由出纳人员根据审核无误的银行存款的收款凭证和付款凭证序时逐日逐笔登记。每日终了，应结出该账户全日的银行存款收入、支出合计数和余额，并定期与银行对账单核对。

银行存款日记账也必须采用订本账，账页格式一般采用三栏式，也可以采用多栏式。银行存款日记账的登记方法与库存现金日记账基本相同。只不过由于银行存款的支付是根据特定的结算凭证进行的，所以为了反映结算凭证的种类、编号，特开设“结算凭证”栏。结算凭证栏分为“种类”和“编号”两个专栏，分别登记结算凭证的种类和编号。其中“种类”栏登记结算凭证的种类，如“现金支票”“转账支票”“普通支票”等；“编号”栏登记具体结算凭证的号码。这样做是为了便于与银行对账。

三栏式银行存款日记账的格式见表4-6。

表4-6 **银行存款日记账（三栏式）** 单位：元

2×22年		凭 证		摘要	结算凭证		对方科目	收入	支出	余额
9	1	种类	编号		种类	编号				
				期初余额						
	5	银付	3	从银行提现	现支	略				
	14	银付	4	付材料款	转支	略				
	18	银收	1	销售产品						
	28	银付	5	归还借款	转支	略				
	30			本月合计						

2. 分类账的格式与登记

分类账（ledger）分为总分类账和明细分类账两种。

（1）总分类账

总分类账是按照规定的一级会计科目设置的，提供总括会计信息的账簿。由于总分类账簿只能以货币为计量单位，所以总分类账簿的账页通常采用三栏式格式，即分为“借方”、“贷方”和“余额”三栏，见表4-7；也有采用多栏式的，见表4-8。

表4-7 **总分类账（三栏式）**

会计科目：应收账款 单位：元

2×22年		凭证		摘要	对方科目	借方	贷方	借或贷	余额
月	日	种类	编号						
9	1			月初余额				借	24 000
	5	转	1	销售产品	主营业务收入	6 000		借	30 000
	10	银收	2	收回欠款	银行存款		12 000	借	18 000
	15	银收	3	收回欠款	银行存款		3 000	借	15 000
	23	转	5	销售产品	主营业务收入	12 000		借	27 000
9	30			月末合计		18 000	15 000	借	27 000

表4-8　**总分类账（多栏式）**　单位：元

年		凭证		摘要	库存现金		银行存款		…		…		营业外支出	
月	日	字	号		借	贷	借	贷	借	贷	借	贷	借	贷
				月初余额										
				…										
				本月发生额										
				月末余额										

总分类账的登记可以根据各种记账凭证直接逐笔登记，也可以将记账凭证汇总进行登记，还可以根据多栏式日记账在月末汇总登记。总之，其登记方法主要取决于所采用的会计核算组织形式。

总分类账一般采用订本式账簿，如采用活页式，年终必须装订成册。

（2）明细分类账

明细分类账是根据明细分类科目开设账户而建立的账簿。设置明细分类账是对总分类账的一种分类补充。它既可以反映资产、负债、所有者权益、收入、费用等价值变动情况，又可以反映资产等实物量的增减情况。企业一般应根据需要设置若干必要的明细分类账。明细分类账应根据原始凭证或原始凭证汇总表登记，也可以根据记账凭证登记。

明细分类账多采用活页式账簿，以便于预留账页和账页不足时能够添加。明细分类账的格式主要依据其反映的经济业务特点以及实物管理的不同要求来设计。常见的账页格式有三栏式明细分类账、数量金额式明细分类账、多栏式明细分类账。

3. 备查账的格式与登记

备查账是对未能在序时账、分类账等主要账簿中登记的经济业务进行补充登记的账簿。备查账主要是为某些经济业务的经营决策提供一些必要的参考资料。这种账簿属于备查性质的辅助账簿，与其他账簿之间不存在严密的依存、钩稽关系。它没有固定的格式，可根据实际需要加以设计，如“租入固定资产登记簿”“应收票据登记簿”等。其一般格式见表4-9。

表4-9　**应收票据登记簿**

登记日期	出票人	付款行	票据日期	有效期	到期日	票据面值	利息		贴现		收款日期	备注	注销
							利率	金额	银行	金额			

（五）错账的更正

1. 产生错账的原因

常见的记账错误，根据其错误的性质不同，可分为记录错误和计算错误两类。

记录错误是在会计账簿的登记环节产生的记账错误。记录错误有很多种，常见的记录错误有：重记，即一笔分录或一笔分录的一方重复登记；漏记，即一笔分录或一笔分录的一方没有登记；数字错位，应记的数字后多记或少记“0”；数码颠倒，相邻两个数码前后颠倒；方向记错，将借方金额误记为贷方金额，或将贷方金额误记为借方金额；科目记串，将一个科目的发生额误记入另一个科目；数字记错，将其他数字误记为应记数字等。

计算错误是由于计算过程中产生的错误而导致的记账错误。常见的计算错误有：余额算错，将余额直接算错或选错余额计算公式导致余额计算出现错误；合计数算错，计算中直接算错或漏加、重加某一金额等。

2. 错账查找方法

查找错账的方法一般有全面检查法和个别检查法两种。

（1）全面检查法

全面检查法就是对一定时期的全部账目进行全面核对的检查方法。如果账目差错较多，难以确定查找的方向或重点范围时，一般要进行全面检查。该方法具体又分为两种：顺查法和逆查法。

顺查法，也称正查法，是按照记账的顺序，从头到尾依次检查原始凭证、记账凭证、总账、明细账以及会计科目余额表等。

逆查法，也称反查法，是按记账的相反顺序，先检查科目余额表中数字的计算是否正确，再检查各账户的计算是否正确，然后核对各账簿与记账凭证是否相符，最后检查记账凭证与原始凭证是否相符。

检查记账差错时，对于检查过的账目数字，要分别将正确和错误一一标上记号，并把发生错误的账页号码、记账日期、凭证字号、业务内容、差错情况等详细记下来，以免造成混乱，重复查找，并可在查出差错的原因后及时予以处理。

（2）个别检查法

个别检查法是根据错账的具体账目进行有针对性的检查。在错账较少或错账有一定规律、易于查出时，一般采用个别检查法。个别检查法具体又有差数法、倍数法和除9法三种。

差数法是根据账户借方发生额的合计与贷方发生额合计之间的差数来查找账簿记账错误的方法。利用差数法可以检查漏记错误。

倍数法也叫除2法。这种方法首先计算出借方与贷方的差额，再根据差额的一半来查找错误。这种方法适用于会计账簿因栏次错写而造成的方向错误。

除9法是先算出借方与贷方的差额，再除以9来查找错误的方法，适用于数字错位和数字颠倒两种错误的查找。

以上几种方法是根据数据的运算规律及错误特点设计的检查错误的方法。此外，还有一些个别检查方法也被经常采用，如尾数法、查计算错误、查抄录错误、查会计分录等。

3. 错账更正方法

发现错账后，应立即分析发生错误的情况并按照规定的方法进行更正。根据产生错账的不同原因，常用的错账更正方法有以下三种：

（1）划线更正法

在结账以前，如果发现账簿记录中有文字或数字错误，而记账凭证没有错误，可用划线更正法（correction by drawing a straight line）进行更正。更正时，先在错误的文字或数字上划一条红线，表示注销，但应使原有字迹仍能清晰可见，然后在划线上方的空白处用蓝黑墨水笔填写正确的数字或文字，并在更正处加盖更正人员的印章，以明确责任。应注意，错误数字必须全部划掉，不能只划去整个数字中的个别错误数字。

（2）红字更正法

红字更正法（correction by using red ink）适用于以下两种情况。

第一种情况：记账后，如果发现记账凭证中应借、应贷科目发生错误，应用红字更正法进行更正。具体方法是：先用红字填制一张金额与原错误记账凭证完全相同的记账凭证，并据以用红字记入有关账簿，冲销原来的错误记录；然后再用蓝字填制一张正确的记账凭证，并据以用蓝字登记入账。

【例4-1】某公司管理人员出差预借差旅费3 000元，付给现金。在填制记账凭证时，误将“其他应收款”科目填入“应收账款”科目，并据以登记入账。其错误会计分录为：

借：应收账款　　3 000

　贷：库存现金　　3 000

上述错误更正时，应用红字编制如下记账凭证：

借：应收账款　　[3 000]

　贷：库存现金　　[3 000]

根据以上记账凭证用红字记账后，表明已冲销原错误账簿记录，然后用蓝字填制如下正确的记账凭证：

借：其他应收款　　3 000

　贷：库存现金　　3 000

第二种情况：记账以后，如果发现记账凭证和账簿记录中的会计科目无错误而金额有错误，且错误金额大于应记金额，应采用红字更正法进行更正。更正的方法是：将多记的差额用红字编制一张与错误凭证相同的记账凭证，并据以用红字登记入账，以冲销原来账簿记录中多记的金额。

【例4-2】承上例，在填制记账凭证时，误将金额3 000元填为30 000元，并已登记入账。其错误会计分录为：

借：其他应收款　　30 000

　贷：库存现金　　30 000

更正时，应用红字填制如下会计分录，将多记的27 000元冲销：

借：其他应收款　　[27 000]

　贷：库存现金　　[27 000]

（3）补充登记法

记账以后，如果发现记账凭证和账簿记录中的会计科目无错误而金额有错误，且所记金额少于应记的正确金额，应采取补充登记法（correction by extra recording）进行更正。

更正的方法是：将少记的差额用蓝字填制一张与错误金额相同的记账凭证，在摘要栏中注明“补记×字第×号凭证少记数”，并据以登记入账。

【例4-3】承上例，在填制记账凭证时，误将金额3 000元记为300元，并已登记入账。其错误会计分录为：

借：其他应收款　　300

　贷：库存现金　　300

更正时，应用蓝字编制如下会计分录，将少记的2 700元补上：

借：其他应收款　　2 700

　贷：库存现金　　2 700

第四节　账项调整

一、期末账项调整的原因

企业的交易多数比较直观，会计人员可以在业务发生时就将其加以记录，但像折旧和预付租金的到期摊销这样的交易，看上去就没有这么直观。这些交易看上去或许根本就不是一项交易，因为我们仅仅在会计期末才会确认这些交易。它们与其他大多数交易的区别就在于看上去是否直观明了。

显性交易是指那些看上去比较直观，并需要逐日编制常规会计分录的事项，比如现金收支、赊购与赊销业务等。对于每一笔显性交易，我们可以确定某项经济业务已经发生，并且会计人员必须编制一笔会计分录。在编制此类业务的会计分录时必须依据原始凭证，比如销售单、购货发票、薪金付款凭证或者其他有形证据等。需要注意的是，并不是所有的显性交易都存在核算主体与其他主体之间发生销售货物或提供货物的实际交易行为。例如，因为火灾或盗窃而导致的财产损失是一项显性交易，但并没有实际交易行为的发生。当然，在通常情况下，只要有某项直观的事件发生，就需要编制一笔会计分录。

隐性交易是指类似于时间推移这样的事件，交易发生时一般不会形成原始凭证或者任何有形证据。由于会计人员不会收到记录此类业务的特定报告，所以只是在会计期末而不是期中确认这些业务。例如，在会计期末，会计人员根据备忘信息编制计提折旧费用或摊销预付租金的分录。显性交易通常不会形成此类分录。当公司购买某项资产或在最初支付租金时，会计就会记录这些显性交易。我们把这些在会计期末编制的、用来记录隐性交易的会计分录称为会计调整。会计调整（或称调整分录）将隐性交易的财务影响分配至恰当的会计期间，因此，会计调整要定期进行，通常在将要编制当期财务报表时进行。在编制调整分录时，首先要在普通日记账中编制会计分录，然后过账到总分类账中。编制完隐性交易的调整分录后，要更新总分类账的期末余额并据以编制财务报表。

通过编制调整分录，可以使某一特定期间的收入和费用相配比，并可以使资产负债表恰当地反映企业的资产和负债。一般企业期末结账应予调整的项目有如下几类：应计项目（应计费用、应计收入）、递延项目（预付费用、预收收入）和估计项目。

二、应计项目

凡是本会计期间已耗用的费用及已赚取的收入，虽因尚未收付现金而平时未予记录，但在期末应予调整入账。

(一) 应计费用

应计费用(accrued expense)又称应付费用，是指本期已发生(耗用)而尚未支付现金的各项费用，如应付利息、应付水电费、应计设备修理费、应付职工薪酬、应交税费等。应计费用的调整应一方面确认费用，另一方面增加负债。费用账户结账时转入“本年利润”账户，以正确确认当期费用；负债则于以后期间支付现金时再予冲销。

【例4-4】2×23年1月1日，甲公司向银行借入一笔生产经营用短期借款共计1 000 000元，期限为9个月，年利率为3%。根据与银行签署的借款协议，该项借款的本金到期后一次归还，利息按季支付。则甲公司每月月末计提应付利息的调整分录如下：

借：财务费用(1 000 000×3%÷12)　　2 500

　贷：应付利息　　2 500

(二) 应计收入

应计收入(accrued revenue)亦称应收收入，是指本会计期间已实现(赚取)而尚未收现的各项收入，如应收利息、应收租金、应收佣金等。应计收入的调整一方面增加收入，另一方面增加资产。收入账户于结账时转入“本年利润”账户，以正确确认当期收入；资产账户(债权)等到实际收到现金时才予以冲销。

【例4-5】某企业2×23年12月初收到一张商业票据，票面利率6%，期限为两个月，面值为60 000元。那么，2×23年12月“应收票据”账户发生的利息收入为300元(60 000×6%÷12)。年末编制调整分录如下：

借：应收票据　　300

　贷：财务费用　　300

三、递延项目

递延，即推迟确认已收现的收入或已付现的费用。这种预收的收入或预付费用随营业的继续会逐渐成为已实现的收入或已发生的费用。这样，原记录的性质因实现情况的变动而有所变化，应在期末将已实现的收入从预收收入账(负债账)转入收入账，将已发生的费用从预付费用账(资产账)转入费用账。

(一) 预付费用

预付费用是指款项虽然已经支出但并不属于本期，而应属于以后月份的义务的项目，如预付的房租、保险费、报刊费等。

(二) 预收收入

预收收入是在未提供产品或劳务之前先行收取的款项。此项预收款因尚欠客户的产品或劳务，故在预收时为一项负债，但随着产品的交付或劳务的提供，此项收入便逐渐实现了。预收收入于现金收取时记录为负债，如预收货款、预收利息、预收房租等；随着产品的交付或劳务的提供，收取的部分应从负债账调整到收入账。

【例4-6】某公司年初曾经预收半年房租60 000元，应该由1月份分享的租金收入为10 000元(60 000÷6)。

预收房租时：

借：银行存款　　60 000

　贷：预收账款(合同负债)　　60 000

1月末编制调整分录：

借：预收账款（合同负债） 10 000

　贷：其他业务收入 10 000

四、估计项目

企业在会计期末所需调整的账项除上述应计和递延账项外，为使成本与收入更密切地配合，以正确计算利润，还需要对一些账项进行调整。这些账项与前述调整项目的不同之处在于调整的金额具有不确定性。在计算此类金额时，需要以未来的事项作为计算依据，所以这类账项我们称之为估计项目，比如坏账准备的计提、固定资产折旧的提取等。

第五节　对账与结账

一、对账

（一）对账的意义

对账（checking）就是指核对账目。它是会计核算的一项重要内容，也是审计常用的一种查账方法。

会计人员在填制凭证、登记账簿等一系列工作中出现的差错、因管理工作不善而带来的财产管理中的各种问题以及其他一些因素的影响，都可能给账簿记录的真实性、正确性带来影响。为了保证账簿记录的正确、完整、合理和可靠，如实反映和监督经济活动，并为编制财务报表提供真实的数据和资料，就必须进行账簿之间的核对，以确保账证相符、账账相符、账实相符。

对账的时间通常是在期末（月末、季末、年末），将本期内的全部经济业务登记入账并结出各账户的期末余额。在出现人员调动等特殊情况时，也应根据需要随时对账。

（二）对账的内容

对账的主要内容包括：

1. 账证核对

账证核对是指将各种账簿记录与会计凭证进行核对。包括总分类账、明细分类账和日记账的记录与记账凭证、原始凭证之间的核对。这种核对主要是在日常编制凭证和记账过程中进行，必要时，也可以采用抽查核对和目标核对的方法进行。核对的重点是凭证所记载的业务内容、金额和分录是否与账簿中的记录一致。若发现差错，应重新对账簿记录和会计凭证进行复核，直到查出错误的原因为止，以保证账证相符。

2. 账账核对

账账核对时需要对各种账簿之间的有关数字进行核对。账账核对包括：

（1）总分类账户之间的核对：一般通过编制“总分类账户试算平衡表”进行，检查总分类账户本期借方发生额之和是否等于本期贷方发生额之和，期末所有账户借方余额之和是否等于贷方余额之和。

（2）总分类账户与所属明细分类账户之间的核对：一般是通过编制“总分类账户与明细分类账户对照表”进行的。检查总分类账户本期借、贷方发生额及期末余额与所属明细分类账户本期借、贷方发生额及期末余额之和是否相符。

（3）总分类账户与库存现金日记账、银行存款日记账之间的核对：检查库存现金日记账、银行存款日记账本期发生额及期末余额与总账是否相符。

（4）财会部门登记的各种财产物资明细分类账与财产物资保管、使用部门财产物资明细分类账之间的核对：检查各方期末财产物资结存数是否相符等。

3. 账实核对

账实核对是将账面数字和实际的物资、款项进行核对，内容包括：

（1）库存现金日记账的账面余额与实地盘点的库存现金实有数之间的核对。此项核对应逐日进行，同时还应进行不定期抽查。

（2）银行存款日记账的账面余额与各开户银行对账单之间的核对。此项核对是通过编制“银行存款余额调节表”进行的。

（3）各种财产物资明细分类账结存数与清查盘点后的实有数之间的核对。此项核对根据财产物资清查的要求，定期或不定期进行。

（4）各种应收、应付款明细分类账的账面余额与有关债权、债务单位或个人的账目之间的核对；各种应交款项明细分类账的余额与国库及有关部门之间的核对。此项核对一般通过函证的方法，定期或不定期进行。

保证账实相符，一般通过财产清查来进行。

二、结账

（一）结账的意义

结账（closing）是指会计期末（月末、季末、年末）在将本期应记的经济业务全部记账的基础上，结算出每个账户的本期发生额及余额，并将期末余额结转至下期的一种方法。

结账是会计核算工作的又一项重要内容，其目的是总结一定期间的财务状况和经营成果。如果只记账而不定期结账，记账就失去了意义。结账可考察各期资产、负债、所有者权益和资金周转的情况，便于正确计算资金的耗费与产品成本，更重要的是，为编制财务报表提供资料。另外，企业因撤销、合并而办理财务交接时，也需要办理结账手续。根据会计分期的不同，结账工作通常可以在月末、季末、年末进行，不能提前，也不能推后。

（二）结账的主要程序

1. 结账前，检查结账日以前所发生的全部经济业务是否都已登记入账，不能将本期发生的经济业务延至下期入账。这是结账的前提和基础。只有这样才能保证结账的正确性。

2. 按照权责发生制的要求调整和结转有关账项。对于本期内所有应计收入及应计和预计费用，应编制调整分录并记入有关账簿，以调整账簿记录。例如，将本期发生的各种收入、费用、成本、支出结转到“本年利润”账户等。

3. 计算各账户本期发生额及期末余额。在本期全部经济业务已登记入账的基础上，结算出库存现金日记账、银行存款日记账以及总分类账、明细分类账的本期发生额及期末余额。

注意，不能为了提前编制财务报表而先结账，也不能先编制财务报表而后结账。

（三）结账的方法

结账可以分为月结、季结和年结。结账主要采用划线法，即期末结出各账户的本期发生额及期末余额后，加以划线标记，并将期末余额结转至下期。划线的具体方法在月结、季结、年结时有所不同。

1. 月结

月底应办理月结。在各账户本月最后一笔记录下面划一通栏红线，表示本月结束。然后，在红线下结算出本月发生额及月末余额。如果没有余额，在余额栏内注明“平”字或“0”符号。同时，在“摘要”栏注明“本月合计”或“×月份发生额及余额”字样，然后在下面再划一通栏红线，表示完成月结。

2. 季结

季末应办理季结。办理季结时，应在各账户本季最后一个月的月结下面（需按月结出累计发生额的，应在“本季累计”下面）划一通栏红线，表示本季结束；然后，在红线下结算出本季发生额和季末余额，并在摘要栏内注明“第×季度发生额及余额”或“本季合计”字样；最后，再在本摘要栏下面划一通栏红线，表示完成季结工作。

3. 年结

年终应办理年结。首先，在12月份或第4季度季结下面划一通栏红线，表示年度终了；然后，在红线下面结算出全年12个月的月结发生额或4个季度的季结发生额，并在摘要栏内注明“年度发生额及余额”或“本年合计”字样，在“本年发生额及余额”或“本年合计”下面划通栏双红线。年度终了，要把各账户的余额结转到下一会计年度，并在摘要栏内注明“结转下年”字样；在下一会计年度新建有关会计账簿的第一行余额栏内填写“上年结转”字样。

第六节　财产清查

一、财产清查概述

（一）财产清查概念

财产清查（property inspection），是通过实地盘点、核对、查询，确定各项财产物资、货币资金、往来款项的实际结存数，并与账存数核对，以保证账实相符的一种会计核算的专门方法。

财产清查的流程：（1）建立财产清查组织；（2）组织清查人员学习有关政策规定，掌握有关法律，法规和相关业务知识，以提高财产清查工作的质量；（3）确定清查对象、范围，明确清查任务；（4）制订清查方案，具体安排清查内容、时间、步骤、方法，以及必要的清查前准备；（5）清查时本着先清查数量、核对有关账簿记录等，后认定质量的原则进行；（6）填制盘存清单；（7）根据盘存清单，填制实物、往来账项清查结果报告表。

（二）财产清查的种类

在会计实务中，财产清查的种类很多，可以按不同的标志进行分类。通常主要有以下两种分类：

1. 按照清查对象的范围分类

财产清查按其清查对象范围的大小，可分为全面清查和局部清查。

（1）全面清查。全面清查就是对属于本单位或存放在本单位的所有财产物资、货币资金和各项债权债务进行全面盘点和核对。对资产负债表所列项目，要逐一盘点、核对。

（2）局部清查。局部清查就是根据管理的需要或依据有关规定，对部分财产物资、债权债务进行盘点和核对。

2. 按照清查的时间分类

财产清查按照清查时间是否事先有计划，可分为定期清查和不定期（临时）清查。定期清盘就是按事先的计划安排时间对财产物资、债权债务进行的清查。不定期清查是事先并无计划安排，而是根据实际需要所进行的临时性清查。

二、财产清查的方法与会计处理

（一）财产清查的方法

1. 货币资金的清查方法

现金的清查采用实地盘点的方法来确定库存现金的实存数，然后与库存现金日记账的账面余额核对，以查明账实是否相符及盈亏情况。

银行存款的清查是采用与开户银行核对账目的方法进行的，即将本单位银行存款日记账的账簿记录与开户银行转来的对账单逐笔进行核对，来查明银行存款的实有数额。

2. 实物的清查方法

实物的清查是在财产物资存放现场实地盘点确定其实存数。盘点时要根据实物的不同特点采用不同的方法，有实地盘点法、技术推算盘点法、抽样盘点法等。

3. 往来款项的清查方法

往来款项的清查一般采用发函询证的方法进行核对，即对账单法。

（二）财产清查的会计处理

对于财产清查中发现的问题，如财产物资的盘盈、盘亏、毁损或其他各种损失应核实情况，调查分析产生的原因，根据“清查结果报告表”“盘点报告表”等，填制对应记账凭证，记入有关账簿，使账簿记录与实际的盘存数相符，同时应根据管理权限，将处理建议报股东会或董事会等类似机构批准。

财产清查产生的损溢，企业应于期末前查明原因，并根据管理权限，经股东会或董事会，或经理（厂长）会议或类似机构批准后，在期末结账前处理完毕。如果在期末结账前尚未经批准，在对外提供财务报表时，先按上述规定进行处理，并在附注中做出说明；其后如果批准处理的金额与已处理金额不一致，应调整财务报表相关项目的期初数。

第七节　编制财务会计报告

一、财务会计报告的含义

财务会计报告（financial report）是指企业对外提供的反映企业某一特定日期财务状况和某一会计期间经营成果、现金流量等会计信息的书面文件。在日常会计核算中，企业所发生的各项经济业务都已按照一定的会计程序在有关的账簿中进行了全面、连续、分类、汇总的记录和计算，一定日期的财务状况和一定时期内的经营成果在日常会计记录中已经得到反映。但是，日常核算资料数量太多，而且较为分散，不能集中概括反映企业的财务状况与经营成果，企业管理者、投资人、债权人和财政、税务等部门及其他利益相关者不能直接利用这些较为分散的会计记录来分析评价企业的财务状况与经营成果并据以做出正确的决策。为此，就有必要定期将日常的会计核算资料加以分类调整、汇总，按照一定的形式编制财务会计报告，总括、综合地反映企业的经济活动过程和结果，为有关方面进行管理和决策提供有用的会计信息。

二、财务会计报告的构成

我国《企业会计制度》规定：企业的财务会计报告分为年度、半年度、季度和月度财务会计报告。月度、季度财务会计报告是指月度和季度终了提供的财务会计报告；半年度财务会计报告是指在每个会计年度的前6个月结束后对外提供的财务会计报告；年度财务会计报告是指在年度终了时对外提供的财务会计报告。其中，半年度、季度和月度财务会计报告统称为中期财务会计报告。

财务会计报告的具体格式、内容与编制方法将在本教材的第十章阐述。

第八节　会计核算组织形式

一、会计核算组织形式的意义和种类

（一）会计核算组织形式的意义

会计核算组织形式又称会计核算组织程序或账务处理程序（procedure for recording），是指对会计数据的记录、归类、汇总、呈报的步骤和方法，即从原始凭证的整理、汇总，记账凭证的填制、汇总，日记账、明细分类账和总分类账的登记，到财务报表编制的步骤和方法。

1. 可以保证会计管理各环节有条不紊地进行，有利于会计工作程序的规范化，加强岗位责任制，提高会计工作效率。

2. 可以正确、及时地提供会计信息，保证会计记录的完整性、正确性，并通过凭证、账簿和报表之间的牵制作用，增强会计信息的可靠性。

3. 可以减少不必要的核算环节和手续，避免烦琐重复，节约人力、物力和财力。

（二）会计核算组织形式的种类

常见的会计核算组织形式按照登记总分类账的依据不同可以划分为记账凭证账务处理程序、汇总记账凭证账务处理程序、科目汇总表账务处理程序和日记总账账务处理程序。

二、记账凭证账务处理程序

（一）记账凭证账务处理程序的定义

记账凭证账务处理程序是指发生的经济业务事项都是根据原始凭证或汇总原始凭证编制记账凭证，然后据以逐笔登记总分类账的一种账务处理程序。其特点是：直接根据记账凭证逐笔登记总分类账。它是最基本的账务处理程序，其他各种账务处理程序都是在此基础上演变和发展起来的。

（二）记账凭证账务处理程序的核算步骤

1. 根据原始凭证编制汇总原始凭证。

2. 根据原始凭证或汇总原始凭证编制记账凭证。

3. 根据收款凭证和付款凭证及所附原始凭证，逐笔登记库存现金日记账和银行存款日记账。

4. 根据原始凭证、汇总原始凭证和记账凭证，登记各种明细分类账。

5. 根据各种记账凭证逐笔登记总分类账。

6. 月末，将库存现金日记账、银行存款日记账和各明细分类账的余额与有关总分类账的余额进行核对。

7. 月末，根据总分类账和明细分类账的有关资料，编制财务报表。

三、汇总记账凭证账务处理程序

（一）汇总记账凭证账务处理程序的定义

汇总记账凭证账务处理程序是指对发生的经济业务事项，先根据原始凭证或汇总原始凭证编制记账凭证，再定期根据记账凭证分类编制汇总记账凭证（汇总收款凭证、汇总付款凭证和汇总转账凭证），然后根据汇总记账凭证登记总分类账的一种账务处理程序。其特点是：按照会计账户的对应关系，定期根据记账凭证分类编制汇总收款凭证、汇总付款凭证和汇总转账凭证，再根据汇总记账凭证登记总分类账。

（二）汇总记账凭证账务处理程序的核算步骤

1. 根据原始凭证编制汇总原始凭证。

2. 根据原始凭证或汇总原始凭证编制记账凭证。

3. 根据收款凭证和付款凭证及所附原始凭证，逐笔登记库存现金日记账和银行存款日记账。

4. 根据原始凭证、汇总原始凭证和记账凭证，登记各种明细分类账。

5. 根据各种记账凭证编制有关汇总记账凭证。

6. 根据各种汇总记账凭证登记总分类账。

7. 月末，将库存现金日记账、银行存款日记账和各明细分类账的余额与有关总分类账的余额进行核对。

8. 月末，根据总分类账和明细分类账的有关资料，编制财务报表。

汇总记账凭证账务处理程序的优点是：根据汇总记账凭证登记总账，大大减少了登记总分类账的工作量；按账户对应关系汇总编制记账凭证便于了解账户之间的对应关系。

汇总记账凭证账务处理程序的缺点是：按每一贷方科目编制汇总转账凭证，不利于会计核算的日常分工。当转账凭证较多时，编制汇总转账凭证的工作量较大。因此，汇总记账凭证账务处理程序适用于规模较大、经济业务较多的单位。

四、科目汇总表账务处理程序

（一）科目汇总表账务处理程序的定义

科目汇总表账务处理程序又称记账凭证汇总表账务处理程序，是指对发生的经济业务事项，先根据原始凭证或汇总原始凭证编制记账凭证，再根据记账凭证定期编制科目汇总表，然后根据科目汇总表登记总分类账的一种账务处理程序。其特点是：根据记账凭证定期编制科目汇总表，并据以登记总分类账。

（二）科目汇总表账务处理程序的核算步骤

1. 根据原始凭证编制汇总原始凭证。

2. 根据原始凭证或汇总原始凭证编制记账凭证。

3. 根据收款凭证和付款凭证及所附原始凭证，逐笔登记库存现金日记账和银行存款日记账。

4. 根据原始凭证、汇总原始凭证和记账凭证，登记各种明细分类账。

5. 根据各种记账凭证编制科目汇总表。

6. 根据科目汇总表登记总分类账。

7. 月末，将库存现金日记账、银行存款日记账和各明细分类账的余额与有关总分类账的余额进行核对。

8. 月末，根据总分类账和明细分类账的有关资料，编制财务报表。

五、日记总账账务处理程序

（一）日记总账账务处理程序的定义

日记总账账务处理程序是指对发生的经济业务事项，先根据原始凭证或汇总原始凭证编制记账凭证，再根据记账凭证逐笔顺序登记日记总账的一种账务处理程序。其特点是：设置日记总账，直接根据记账凭证逐笔顺序登记日记总账。

（二）日记总账账务处理程序的核算步骤

1. 根据原始凭证编制汇总原始凭证。

2. 根据原始凭证或汇总原始凭证编制记账凭证。

3. 根据收款凭证和付款凭证及所附原始凭证逐笔登记库存现金日记账和银行存款日记账。

4. 根据原始凭证、汇总原始凭证和记账凭证，登记各种明细分类账。

5. 根据各种记账凭证逐笔登记日记总账。

6. 月末，将库存现金日记账、银行存款日记账和各种明细分类账的余额与有关总分类账的余额进行核对。

7. 月末，根据总分类账和明细分类账的有关资料，编制财务报表。

本章小结

会计循环是一个会计主体从会计事项发生至财务报表编制完成的一系列会计处理程序，它始于期初，终于期末，并循环往复、周而复始地进行。会计凭证是记录经济业务发生和完成情况的书面证明，包括原始凭证和记账凭证两种，填制与审核的方法各有不同，会计凭证也是登记账簿的依据。会计账簿是指由具有一定格式而又相互联系的账页组成的，以审核无误的会计凭证为依据，用来全面、系统、连续地记录各项经济业务的簿籍，账簿种类多样，形式和登记方法各有不同。错账的更正方法主要有划线更正法、红字更正法、补充登记法三种。期末应当根据权责发生制的要求对应计项目、递延项目和估计项目进行账项调整。对账包括账证核对、账账核对和账实核对。财产清查是会计核算的专门方法之一，主要包括全面清查和局部清查。财务会计报告是指企业对外提供的反映企业某一特定日期财务状况和某一会计期间经营成果、现金流量等会计信息的书面文件。会计核算组织形式又称会计核算组织程序或账务处理程序，主要有记账凭证账务处理程序、汇总记账凭证账务处理程序、科目汇总表账务处理程序等几种。

主要概念和术语

会计循环　会计凭证　原始凭证　记账凭证　会计账簿　账项调整　对账　结账　财产清查　财务会计报告　会计核算组织形式

复习思考题

1. 为什么要进行账项调整？调整的项目有哪些？各种调整分录的特征是什么？

2. 什么是收入和费用的收支期间和应归属期间？两者是否一致？为什么？

3.什么是会计凭证？填制和审核会计凭证有哪些意义？

4.什么是原始凭证？具体有哪些分类方法？

5.什么是记账凭证？具体有哪些分类方法？记账凭证与原始凭证有什么区别？

6.设置和登记会计账簿有哪些作用？会计账簿有哪些种类？

7.更正错账的方法有哪几种？各在什么情况下使用？

8.什么是对账？对账的内容有哪些？

9.什么是结账？怎样进行月结、季结和年结？

10.什么是财产清查？财产清查的方法有哪些？

11.什么是会计核算组织形式？合理的、适用的会计核算组织形式应符合哪些要求？

练习题

第四章练习题

第二篇

财务会计基础

第二篇

第五章

流动资产

学习目标

通过本章的学习，应掌握货币资金的组成、相关管理规定以及货币资金的会计核算方法；了解交易性金融资产的概念，掌握基本的账务处理方法；了解应收和预付款项的主要内容，掌握应收票据、应收账款、预付账款和其他应收款的会计处理方法；了解存货的性质、确认、分类，掌握存货收发的计价方法，按实际成本与按计划成本核算的原理及相关会计处理方法，了解存货跌价准备的相关规定及会计处理方法。

第一节 货币资金

货币资金是指企业在生产经营过程中处于货币形态的资产，是企业流动资产的主要组成部分。货币资金按其存放地点和用途不同，可分为库存现金、银行存款和其他货币资金。

一、库存现金的管理与核算

库存现金是存放在企业财会部门、由出纳人员经管的货币资金，是企业流动性最强的资产，充当着价值储存和价值交换的媒介，是最容易出问题的资产。为此，国务院发布了《现金管理暂行条例》，中国人民银行也发布了《现金管理暂行条例实施细则》，对库存现金管理的有关问题做出了具体的规定。

（一）严格按规定的范围使用库存现金

开户单位可以在下列范围内使用现金：

（1）支付给职工的薪酬、津贴、奖金等；

（2）支付给个人的劳务报酬；

（3）颁发给个人的科学技术、文化艺术、体育等各种奖金；

（4）各种劳保、福利费用以及国家规定的对个人的其他支出；

（5）向个人收购农副产品和其他物资的价款；

（6）出差人员预借的差旅费；

（7）结算起点以下的零星开支；

（8）中国人民银行确定支付现金的其他支出。

除企业可以现金支付的款项中的第（5）项和第（6）项外，开户单位支付给个人的款项，超过使用现金限额的部分，应当以支票或银行本票等方式支付；确需全额支付现金的，经开户银行审核后，予以支付现金。

（二）库存现金实行限额管理

库存现金限额一般是根据企业的规模、日现金付出量以及企业与银行的距离远近等因素，由开户银行与企业共同商定的，一般不超过3~5天正常现金开支需要量，边远地区和交通不便地区可按多于5天但最高不得超过15天的现金开支需要量。开户单位必须严格遵守“超过部分应于当日终了前存入银行”的规定。

（三）库存现金的内部控制

1. 实行职能分开原则，建立内部控制制度

按内部控制制度的要求，企业（单位）应将业务责任在两个以上的个人或部门之间分配。这样可以加强责任人之间的内部牵制，防止舞弊行为的发生。库存现金的实物管理要求与财务的记录分开进行，不能由一个人兼任。企业库存现金收支与保管应由出纳人员负责；经管现金的出纳人员不得兼管收入、费用、债权、债务等账簿的登记工作以及会计稽核和会计档案保管工作；填写银行结算凭证的有关印鉴，不能集中由出纳人员保管，应实行印鉴分管制度。这样做的目的是便于分清责任，形成一种互相牵制的控制机制，防止挪用现金以及隐藏流入的现金。

2. 现金收付的交易必须有合法的原始凭证

现金的流动性最强，很容易造成工作失误甚至犯罪，因此，现金收付的交易必须有合法的原始凭证。业务处理完毕，有关凭证应加盖“现金收讫”“现金付讫”印章。

3. 贯彻“九不准”的规定

会计人员在实际工作中，不得“坐支”现金，不得“白条抵库”，不准私人借用公款，不准单位之间套换现金，不准假造用途套取现金，不准将单位收入的现金以个人名义存储，不准用银行账户代其他单位和个人存取现金，不准保留账外现金，不准以票证代替人民币。

4. 建立收据和发票的领用制度

按有关票据管理的规定，现金收发必须以合法的票据为依据。企业应有专人领取或购买票据，有专人开具和保管票据。

5. 企业的出纳人员应定期进行轮换，不得一人长期从事出纳工作

同性质工作的相关人员应定期进行岗位轮换，一是为了防止某些人在一个工作岗位上时间过长而产生渎职倾向，二是为了便于在轮岗的人员交接过程中及时发现可能存在的问题。

6. 加强监督与检查

对企业的库存现金，除了要求出纳人员应做到日清月结之外，企业的审计部门以及会计部门的领导对现金的管理工作要进行经常性的、突击性的监督与检查，包括现金收入与支出的所有记录。对发现的现金溢余与短缺，必须认真及时地查明原因，并按规定的要求进行处理。

【课程思政5-1】

坚守职业道德，践行社会主义核心价值观

——资金管理存漏洞，小会计闪转腾挪几个亿

2003年春节刚过，国家自然科学基金委员会财务局刚来的大学生李刚（化名）上班伊始便到定点银行拿对账单。以往这一工作由会计卞中负责。李刚没听说过一笔2 090万元的支出，就找卞中询问，卞中拿出8万元现金希望他不要声张。这一举动吓坏了这个年轻人，他立即向领导举报。在海淀区检察院的追查下，基金委才恍然发现：高达2.28亿元的基金拨款被卞中闪转腾挪。卞中这样一位在同事们的印象里很不起眼的普通会计，利用职务上既管记账又管拨款，既是会计又是出纳的便利，在1995年8月至2003年1月，采用偷盖印鉴、削减拨款金额、谎称支票作费、伪造银行信汇凭证和电汇凭证做账、编造银行进账单和对账单等手段，贪污挪用公款高达2.28亿元。

此案例具有很强的警示意义，一方面企业应引以为戒，重视货币资金管理，建立并有效实行一套完善而严密的货币资金内部控制制度，以保护企业货币资金的安全完整；另一方面，作为会计人员应坚守职业理想和职业道德，自觉践行职业精神和职业规范，增强职业责任感，培养遵纪守法、爱岗敬业、无私奉献、诚实守信、公道办事、开拓创新的职业品格和行为习惯。党的二十大报告指出，要广泛践行社会主义核心价值观；社会主义核心价值观是凝聚人心、汇聚民力的强大力量。要坚持依法治国和以德治国相结合，把社会主义核心价值观融入法治建设、融入社会发展、融入日常生活。

资料来源：赵凌.国家自然科学基金委员会小会计何以玩转2亿元［N］. 南方周末，2004-10-29。

（四）库存现金的会计处理

企业应设置并登记库存现金总分类账及库存现金日记账，进行库存现金的总分类核算与明细分类核算，反映库存现金的增减及结存情况。“库存现金”账户借方登记企业库存现金的增加，贷方登记企业库存现金的减少，期末借方余额反映企业实际持有的库存现金的金额。

【例5-1】2×23年6月8日，A企业职工李海报销差旅费4 500元。李海出差前于6月2日已借款4 000元。编制会计分录如下：

（1）暂借差旅费：

借：其他应收款——李海	4 000	
贷：库存现金		4 000

（2）报销差旅费：

借：管理费用	4 500	
贷：其他应收款——李海		4 000
库存现金		500

（五）库存现金的清查

为了保证库存现金的安全完整，做到账实相符，必须做好库存现金的清查工作。

库存现金清查采用实地盘点法，将库存现金实存数与库存现金日记账上的余额进行核对，检查两者是否相符。清查现金时，应有出纳人员在场。清查结果应填制“库存现金盘点报告单”，注明实存数和账面余额。如发现账实不符，应及时查明原因，报主管负责人或上级部门进行处理。

库存现金清查应通过“待处理财产损溢——待处理流动资产损溢”科目核算，该科目的借方登记库存现金的盘亏及查明原因后盘盈的转销数，贷方登记库存现金的盘盈及查明原因后盘亏的转销数。

【例5-2】某公司2×23年6月28日对库存现金进行清查，发现短少2 000元。

（1）未查明原因前，根据“库存现金盘点报告单”编制会计分录：

借：待处理财产损溢——待处理流动资产损溢	2 000	
贷：库存现金		2 000

（2）查明原因，系出纳人员王某的责任，应由其赔偿1 500元，其余作为管理费用处理：

借：其他应收款——王某	1 500	
管理费用	500	
贷：待处理财产损溢——待处理流动资产损溢		2 000

【例5-3】某公司2×23年6月30日对库存现金进行清查，发现溢余1 300元。

（1）未查明原因前，根据“库存现金盘点报告单”编制会计分录：

借：库存现金	1 300	
贷：待处理财产损溢——待处理流动资产损溢		1 300

（2）现金溢余原因不明，经批准转作营业外收入：

借：待处理财产损溢——待处理流动资产损溢	1 300	
贷：营业外收入		1 300

二、银行存款的管理与核算

（一）银行存款账户开立和使用的有关规定

银行存款是指存放在本地银行的那部分货币资金。企业收入的一切款项，除保留库存现金限额之外，都必须送存银行。企业必须到当地银行开设银行存款账户，必须遵守银行结算纪律。

银行存款账户有四种，即基本存款账户、一般存款账户、临时存款账户、专用存款账户。任何企业都必须设立基本存款账户。该账户主要用于办理日常转账结算和现金收支，如发放职工薪酬、奖金等。一般存款账户是存款人因借款或其他结算需要，在基本存款账户开户银行以外的银行营业机构开立的银行结算账户。该账户可以办理转账和存入现金，但不能支取现金。临时存款账户是企业因临时经营活动需要而开立的账户。该账户可以办理转账结算和其他符合国家现金管理规定的现金收付业务。专用存款账户是企业因特殊用途需要而开立的账户。

一家企业只能在一家银行开立一个基本存款账户，不得在同一家银行的几个分支机构开立一般存款账户。企业收入的一切款项，除国家另有规定外，均必须当日解缴银行；一切支出，除允许用库存现金支付外，均应通过银行转账。

根据《人民币银行结算账户管理办法》的规定，企业要合法使用银行账户，不准出租出借银行账户；不准签发空头支票和远期支票，以套取银行信用；不得签发、取得和转让没有真实交易和债权债务的票据，以套取银行和他人的资金；不准无理拒付款项、任意占用他人资金；不准违反规定开立和使用账户。

企业与银行之间的货币资金收付，可以有多种结算方式，主要有支票结算方式、银行汇票结算方式、商业汇票结算方式、银行本票结算方式、汇兑结算方式、托收承付结算方式、委托收款结算方式、信用证结算方式等。

（二）银行存款收付业务的会计处理

企业应设置并登记银行存款总分类账户及银行存款日记账，进行银行存款的总分类核算和明细分类核算，反映银行存款的增减及结存变化情况。"银行存款"账户借方登记增加数，贷方登记减少数，期末借方余额表示企业在银行的实际存款数。企业按开户银行和其他金融机构、存款的种类设置"银行存款日记账"，根据收付款凭证，逐日逐笔登记，并于每日终了结出余额。

【例5-4】某企业2×23年6月5日销售甲商品一批，增值税专用发票上列明：商品货款200 000元，增值税销项税额26 000元。款项已全部收存银行。

借：银行存款	226 000	
贷：主营业务收入		200 000
应交税费——应交增值税（销项税额）		26 000

（三）银行存款的清查

银行存款的清查，主要采用核对账目的方法，由出纳人员定期将银行存款日记账与银行对账单进行逐笔核对。若两者余额相符，说明双方记账基本无误；若两者余额不相等，则要分别情况进行处理。

首先，要检查一下是否存在未达账项。未达账项是指由于银行结算凭证在企业与银行之间传递存在时间上的先后，造成一方已经入账而另一方尚未入账的款项，包括四种情况，即企业已收款记账而银行尚未收款记账、企业已付款记账而银行尚未付款记账、银行已收款记账而企业尚未收款记账、银行已付款记账而企业尚未付款记账。

其次，若无未达账项，则说明双方记账有误，应查明原因，进行会计处理。若存在未达账项，应编制"银行存款余额调节表"。如果银行存款余额调节表余额相符，仍然说明双方记账基本是正确的，银行存款日记账余额与银行对账单余额不符的原因是由未达账项引起的；如果银行存款余额调节表余额不符，则说明双方记账有误，应查明原因，进行会计处理。银行存款余额调节表只是为了核对账目，不能作为调整银行存款账面余额的记账依据。

【例5-5】2×23年10月31日，某企业银行存款日记账余额为119 000元，银行转来对账单的余额为112 000元。经逐笔核对，发现以下未达账项：

（1）企业送存转账支票60 000元，已登记银行存款增加，但银行尚未记账。

（2）企业开出转账支票45 000元，已登记银行存款减少，但持票人尚未到银行办理转账，银行尚未记账。

（3）企业委托银行代收货款48 000元，银行已收妥入账，但企业尚未收到收款通知而未记账。

（4）银行代企业支付电费40 000元，银行已登账，但企业未收到银行付款通知，尚未记账。

该企业的银行存款余额调节表见表5-1。

表5-1　　银行存款余额调节表

2×23年10月31日　　单位：元

项目	金额	项目	金额
银行存款日记账余额	119 000	银行对账单余额	112 000
加：银行已收、企业未收	48 000	加：企业已收、银行未收	60 000
减：银行已付、企业未付	40 000	减：企业已付、银行未付	45 000
调节后的银行存款余额	127 000	调节后的银行存款余额	127 000

三、其他货币资金的管理与核算

（一）其他货币资金的内容

其他货币资金是指企业除库存现金、银行存款之外的货币资金，包括外埠存款、银行汇票存款、银行本票存款、信用卡存款、信用证保证金存款及存出投资款等。

外埠存款是指企业到外地进行临时或零星采购时，汇往采购地银行，开立采购专户的款项；银行汇票存款是指企业为取得银行汇票，按照规定存入银行的款项；银行本票存款是指企业为取得银行本票，按照规定存入银行的款项；信用卡存款是指企业为取得信用卡，按照规定存入银行的款项；信用证保证金存款是指企业为取得信用证，按照规定存入银行的款项；存出投资款是指企业已存入证券公司但尚未进行短期投资的款项。

（二）其他货币资金的核算

为了反映和监督企业其他货币资金的增减变动和结余情况，企业应设置“其他货币资金”账户，进行其他货币资金的总分类核算，并按其组成内容分设明细分类账户进行明细分类核算。

1. 外埠存款的核算

【例5-6】某公司2×23年6月1日将款项200 000元汇往广州，开立采购专户。2×23年6月20日，企业会计部门收到采购员寄来的采购材料的有关发票，内列材料价款150 000元、增值税进项税额19 500元。2×23年6月28日，外地采购业务结束，采购员将剩余资金转回本地银行。

（1）开立采购专户：

借：其他货币资金——外埠存款　　200 000

　贷：银行存款　　200 000

（2）收到采购材料的有关发票：

借：在途物资　　150 000

　　应交税费——应交增值税（进项税额）　　19 500

　贷：其他货币资金——外埠存款　　169 500

（3）外地采购业务结束：

借：银行存款　　30 500

　贷：其他货币资金——外埠存款　　30 500

2. 银行汇票存款的核算

【例5-7】甲公司于2×23年6月10日将款项80 000元交存银行，并填妥“银行汇票委托书”。银行受理完毕。2×23年6月11日，公司用银行签发的银行汇票支付采购材料价款60 000元、增值税进项税额7 800元。2×23年6月12日银行退回剩余款项12 200元。

（1）80 000元交存银行：

借：其他货币资金——银行汇票存款	80 000	
贷：银行存款		80 000

（2）用银行签发的银行汇票支付采购材料价款及税金：

借：在途物资	60 000	
应交税费——应交增值税（进项税额）	7 800	
贷：其他货币资金——银行汇票存款		67 800

（3）银行退回剩余款项：

借：银行存款	12 200	
贷：其他货币资金——银行汇票存款		12 200

银行本票存款等其他货币资金的核算，可以比照以上会计处理方法进行。

第二节　交易性金融资产

一、金融资产及其分类

（一）金融资产的界定

金融工具是指形成一方的金融资产并形成其他方的金融负债或权益工具的合同。金融工具包括金融资产、金融负债和权益工具。金融资产是指企业持有的现金、其他方的权益工具以及符合下列条件之一的资产：

1. 从其他方收取现金或其他金融资产的合同权利。例如，企业的银行存款、应收账款、应收票据和贷款等均属于金融资产。再如，预付账款不是金融资产，因其产生的未来经济利益是商品或服务，不是收取现金或其他金融资产的权利。

2. 在潜在有利条件下，与其他方交换金融资产或金融负债的合同权利。例如，企业持有的看涨期权或看跌期权等。

3. 将来须用或可用企业自身权益工具进行结算的非衍生工具合同，且企业根据该合同将收到可变数量的自身权益工具。

4. 将来须用或可用企业自身权益工具进行结算的衍生工具合同，但以固定数量的自身权益工具交换固定金额的现金或其他金融资产的衍生工具合同除外。其中，企业自身权益工具不包括应当按照《企业会计准则第37号——金融工具列报》分类为权益工具的可回售工具或发行方仅在清算时才有义务向另一方按比例交付其净资产的金融工具，也不包括本身就要求在未来收取或交付企业自身权益工具的合同。

在企业全部资产中，库存现金、银行存款、应收账款、应收票据、贷款、其他应收款、应收利息、债权投资、股权投资、基金投资及衍生金融资产等统称为金融资产。

（二）金融资产的分类

金融资产的分类是其确认和计量的基础。企业应当根据其管理金融资产的业务模式和金融资产的合同现金流量特征，将取得的金融资产在初始确认时划分为以下三类：

（1）以摊余成本计量的金融资产；

（2）以公允价值计量且其变动计入其他综合收益的金融资产；

（3）以公允价值计量且其变动计入当期损益的金融资产。

企业管理金融资产的业务模式，是指企业如何管理其金融资产以产生现金流量。业务模式决定企业所管理金融资产现金流量的来源是收取合同现金流量、出售金融资产还是两者兼有。金融资产的合同现金流量特征，是指金融资产合同约定的、反映相关金融资产经济特征的现金流量属性。金融资产的分类一经确定，不得随意变更。

以上分类为“以公允价值计量且其变动计入当期损益的金融资产”主要包括交易性金融资产和指定为以公允价值计量且其变动计入当期损益的金融资产。其中，指定为以公允价值计量且其变动计入当期损益的金融资产，是指企业在初始确认时，如果能够消除或显著减少会计错配，可以将金融资产指定为以公允价值计量且其变动计入当期损益的金融资产，该指定一经做出，不得撤销。会计错配是指当企业以不同的会计确认方法和计量属性，对在经济上相关的资产和负债进行确认或计量而产生利得或损失时，可能导致的会计确认和计量上的不一致。例如，某企业的一项金融资产和一项金融负债在经济上密切相关，二者的公允价值变动方向相反，趋于相互抵消。企业将该金融资产分类为以摊余成本计量的金融资产，而将与之密切相关的金融负债分类为以公允价值计量且其变动计入当期损益的金融负债，由此导致因会计确认方法和计量属性不同而使会计处理结果不能较好地反映交易实质的情况。如果企业将该金融资产指定为以公允价值计量且其变动计入当期损益的金融资产，就可以消除这种“会计错配”现象。可见，消除或显著减少会计上可能存在的错配现象，是将金融资产直接指定为以公允价值计量，并将其变动计入当期损益的前提条件。

本节仅涉及交易性金融资产的内容和会计处理。

二、交易性金融资产的内容

交易性金融资产主要包括以交易为目的的债券、股票、基金和权证等。金融资产满足下列条件之一的，表明企业持有该金融资产的目的是交易性的：

（1）取得相关金融资产的目的主要是近期出售。例如企业以赚取差价为目的从二级市场购入的股票、债券、基金等。通常情况下，这是企业交易性金融资产的主要组成部分。

（2）相关金融资产在初始确认时属于集中管理的可辨认金融工具组合的一部分，且有客观证据表明近期实际存在短期获利模式。例如企业基于投资策略和风险管理的需要，将某些金融资产进行组合从事短期获利活动，对于组合中的金融资产，采用公允价值计量，并将公允价值变动计入当期损益。在这种情况下，即使组合中有某个组成项目持有的期限稍长也不受影响。

（3）相关金融资产属于衍生工具。衍生金融工具形成的资产通常应划分为交易性金融资产，例如，企业持有的国债期货、远期合同、股指期货等衍生金融工具，当其公允价值变动大于零时，应将公允价值变动金额确认为交易性金融资产，同时计入当期损益。但符合财务担保合同定义的衍生工具以及被指定为有效套期工具的衍生工具除外。

三、交易性金融资产的会计处理

（一）交易性金融资产核算应设置的会计科目

在会计处理上，交易性金融资产和指定为以公允价值计量且其变动计入当期损益的金融资产，应当通过“交易性金融资产”科目进行核算，指定为以公允价值计量且其变动计入当期损益的金融资产可在本科目下单设“指定类”明细科目核算。需要注意的是，划分为交易性金融资产的衍生金融资产，不通过“交易性金融资产”科目核算，应通过单独设置的“衍生工具”科目核算。

“交易性金融资产”科目核算企业为交易目的所持有的债券投资、股票投资、基金投资等交易性金融资产的公允价值。该科目的借方登记交易性金融资产的取得成本、资产负债表日其公允价值高于账面余额的差额，以及出售交易性金融资产时结转公允价值低于账面余额的变动金额；贷方登记资产负债表日其公允价值低于账面余额的差额，以及企业出售交易性金融资产时结转的成本和公允价值高于账面余额的变动金额。企业应当按照交易性金融资产的类别和品种，分别设置“成本”“公允价值变动”等明细科目进行核算。其中，“成本”明细科目反映交易性金融资产的初始入账金额；“公允价值变动”明细科目反映交易性金融资产在持有期间的公允价值变动金额。

此外，企业还要设置“公允价值变动损益”和“投资收益”等科目。“公允价值变动损益”科目核算企业交易性金融资产等的公允价值变动而形成的应计入当期损益的利得或损失，该科目的借方登记资产负债表日企业持有的交易性金融资产等的公允价值低于账面余额的差额；贷方登记资产负债表日企业持有的交易性金融资产等的公允价值高于账面余额的差额。“投资收益”科目核算企业持有交易性金融资产等的期间内取得的投资收益以及出售交易性金融资产等实现的投资收益或投资损失，借方登记企业取得交易性金融资产时支付的交易费用、出售交易性金融资产等发生的投资损失，贷方登记企业持有交易性金融资产等的期间内取得的投资收益以及出售交易性金融资产等实现的投资收益。

（二）交易性金融资产的取得

企业取得交易性金融资产时应当按照取得时的公允价值作为初始入账金额，相关的交易费用在发生时直接计入当期损益。其中，交易费用是指可直接归属于购买、发行或处置金融工具的增量费用。增量费用是指企业没有发生购买、发行或处置相关金融工具的情形就不会发生的费用，包括支付给代理机构、咨询公司、券商、证券交易所、政府有关部门等的手续费、佣金、相关税费及其他必要支出，但不包括债券溢价、折价、融资费用、内部管理成本和持有成本等与交易不直接相关的费用。

企业取得交易性金融资产所支付的价款中，如果包含已宣告但尚未发放的现金股利或已到付息期但尚未领取的债券利息，性质上属于暂付应收款，应当单独确认为应收项目，不计入交易性金融资产的初始入账金额。

企业取得交易性金融资产时，按其公允价值（不含支付的价款中所包含的已宣告但尚未发放的现金股利或已到付息期但尚未领取的债券利息），借记“交易性金融资产——成本”科目，按发生的交易费用，借记“投资收益”科目，发生交易费用取得增值税专用发票的，按其注明的增值税进项税额借记“应交税费——应交增值税（进项税额）”科目，按照实际支付的金额贷记“其他货币资金”等科目；按已宣告但尚未发放的现金股利或已到付息期但尚未领取的债券利息，借记“应收股利”或“应收利息”科目；收到上列现金股利或债券利息时，借记“银行存款”等科目，贷记“应收股利”或“应收利息”科目。

【例5-8】2×22年6月1日，甲公司从上海证券交易所购入A上市公司股票1 000 000股，股票面值1元，该笔股票投资在购买日的公允价值为10 000 000元，另支付相关交易费用25 000元，取得的增值税专用发票上注明的增值税税额为1 500元。甲公司将其划分为以公允价值计量且其变动计入当期损益的金融资产进行管理和核算。甲公司应编制如下会计分录：

（1）2×22年6月1日，购买A上市公司股票时：

借：交易性金融资产——A上市公司股票——成本　　10 000 000

　贷：其他货币资金——存出投资款　　10 000 000

（2）2×22年6月1日，支付相关交易费用时：

借：投资收益——A上市公司股票　　25 000

　　应交税费——应交增值税（进项税额）　　1 500

　贷：其他货币资金——存出投资款　　26 500

在本例中，取得交易性金融资产所发生的相关交易费用25 000元，应当在发生时记入“投资收益”科目，而不记入“交易性金融资产——成本”科目。

【例5-9】假定2×22年6月1日，甲公司从上海证券交易所购入A上市公司股票1 000 000股，股票面值1元，支付价款10 000 000元（其中包含已宣告但尚未发放的现金股利600 000元），另支付相关交易费用25 000元，取得的增值税专用发票上注明的增值税税额为1 500元。甲公司将其划分为以公允价值计量且其变动计入当期损益的金融资产进行管理和核算。则甲公司应编制如下会计分录：

（1）2×22年6月1日，购买A上市公司股票时：

借：交易性金融资产——A上市公司股票——成本　　9 400 000

　　应收股利——A上市公司股票　　600 000

　贷：其他货币资金——存出投资款　　10 000 000

（2）2×22年6月1日，支付相关交易费用时：

借：投资收益——A上市公司股票　　25 000

　　应交税费——应交增值税（进项税额）　　1 500

　贷：其他货币资金——存出投资款　　26 500

本例中，取得交易性金融资产所支付价款10 000 000元中包含的已宣告但尚未发放的现金股利600 000元应当记入“应收股利”科目，不计入交易性金融资产的初始投资成本。以后实际收到股利时：

借：其他货币资金——存出投资款　　600 000

　贷：应收股利——A上市公司股票　　600 000

【例5-10】2×22年5月1日，乙公司购入B公司发行的公司债券，支付价款26 000 000元（其中包含已到付息期但尚未领取的债券利息500 000元），另支付交易费用300 000元，取得的增值税专用发票上注明的增值税税额为18 000元。该笔B公司债券面值为25 000 000元。乙公司将其划分为以公允价值计量且其变动计入当期损益的金融资产进行管理和核算。2×22年5月10日，乙公司收到该笔债券利息500 000元。假定不考虑其他相关税费和因素。乙公司应编制如下会计分录：

（1）2×22年5月1日，购入B公司的公司债券时：

借：交易性金融资产——B公司债券——成本　　25 500 000

　　应收利息——B公司债券　　500 000

　　投资收益——B公司债券　　300 000

　　应交税费——应交增值税（进项税额）　　18 000

　贷：其他货币资金——存出投资款　　26 318 000

（2）2×22年5月10日，收到购买价款中包含的已到付息期但尚未领取的债券利息时：

借：其他货币资金——存出投资款　　500 000

　贷：应收利息——B公司债券　　500 000

本例中，乙公司取得交易性金融资产所支付价款26 000 000元中包含的已到付息期但尚未领取的债券利息500 000元应当记入“应收利息”科目，不计入交易性金融资产的初始投资成本。

（三）交易性金融资产的持有收益

以公允价值计量且其变动计入当期损益的金融资产在持有期间可依法获得相关的股利或债券利息。如果该交易性金融资产是债券，在持有期间，应于每一资产负债表日或付息日计提债券利息，计入当期投资收益；如果是股票，在持有期间，只有在同时符合下列三个条件时才能确认股利收入并计入当期投资收益：（1）企业收取股利的权利已经确立；（2）与股利相关的经济利益很可能流入企业；（3）股利的金额能够可靠计量。一般公司宣告发放股利即能满足这三个条件，企业应在上市公司宣告发放股利时根据股利分配方案确定本企业应收的股利金额。如果企业持有期间获得的是股票股利，则不作账务处理。

企业在持有交易性金融资产期间，被投资方宣告发放的现金股利同时满足股利收入的确认条件时，按应享有的份额借记“应收股利”科目，贷记“投资收益”科目；资产负债表日或付息日，投资方按债券面值和票面利率计提利息时，借记“应收利息”科目，贷记“投资收益”科目。收到上列现金股利或债券利息时，借记“银行存款”科目，贷记“应收股利”或“应收利息”科目。

【例5-11】承【例5-9】假定2×23年3月20日，A上市公司宣告发放2×22年现金股利，甲公司按其持有该上市公司股份计算确定的应分得的现金股利为800 000元。假定不考虑相关税费。甲公司应编制如下会计分录：

借：应收股利——A上市公司股票　　800 000

　贷：投资收益——A上市公司股票　　800 000

【例5-12】2×22年12月31日，丙公司对持有的面值80 000元、期限5年、票面利率6%、每年6月30日付息的C公司债券计提利息。该债券被划分为以公允价值计量且其变动计入当期损益的金融资产进行管理和核算。丙公司应编制如下会计分录：

应收债券利息=80 000×6%×6/12=2 400（元）

借：应收利息——C公司债券　　2 400

　贷：投资收益——C公司债券　　2 400

（四）交易性金融资产的期末计量

交易性金融资产在最初取得时是以公允价值入账的，反映了企业取得交易性金融资产的实际成本，但交易性金融资产的公允价值是不断变化的，会计期末的公允价值则代表了交易性金融资产的现时价值。根据企业会计准则的规定，资产负债表日交易性金融资产应按公允价值反映，公允价值的变动计入当期损益。

资产负债表日，交易性金融资产的公允价值高于其账面余额时，应按二者之间的差额调增交易性金融资产的账面余额，同时确认公允价值上升的收益，借记"交易性金融资产——公允价值变动"科目，贷记"公允价值变动损益"科目；交易性金融资产的公允价值低于其账面余额时，应按二者之间的差额，调减交易性金融资产的账面余额，同时确认公允价值下跌的损失，借记"公允价值变动损益"科目，贷记"交易性金融资产——公允价值变动"科目。

【例5-13】承【例5-9】假定2×22年6月30日，甲公司持有的A上市公司股票的公允价值为8 600 000元；2×22年12月31日，甲公司持有的A上市公司股票的公允价值为12 400 000元。假定不考虑相关税费和其他因素。甲公司应编制如下会计分录：

（1）2×22年6月30日，确认A上市公司股票的公允价值变动损益时：

借：公允价值变动损益——A上市公司股票　　800 000

　贷：交易性金融资产——A上市公司股票——公允价值变动　　800 000

（2）2×22年12月31日，确认A上市公司股票的公允价值变动损益时：

借：交易性金融资产——A上市公司股票——公允价值变动　　3 800 000

　贷：公允价值变动损益——A上市公司股票　　3 800000

在本例中，2×22年6月30日，甲公司持有的A上市公司股票的公允价值为8 600 000元，账面余额为9 400 00元（即2×22年6月1日的公允价值），公允价值小于账面余额800 000元（8 600 000–9 400 000），应记入"公允价值变动损益"科目的借方；2×22年12月31日，甲公司持有的A上市公司股票的公允价值为12 400 000元，账面余额为8 600 000元（即2×22年6月30日的公允价值），公允价值大于账面余额3 800 000元（12 400 000–8 600 000），应记入"公允价值变动损益"科目的贷方。

【例5-14】承【例5-10】假定2×22年6月30日，乙公司购买的B公司债券的公允价值为26 700 000元；2×22年12月31日，乙公司购买的B公司债券的公允价值为25 800 000元。假定不考虑相关税费和其他因素。乙公司应编制如下会计分录：

（1）2×22年6月30日，确认B公司债券的公允价值变动损益时：

借：交易性金融资产——B公司债券——公允价值变动　　1 200 000

　贷：公允价值变动损益——B公司债券　　1 200 000

（2）2×22年12月31日，确认B公司债券的公允价值变动损益时：

借：公允价值变动损益——B公司债券　　900 000

　贷：交易性金融资产——B公司债券——公允价值变动　　900 000

在本例中，2×22年6月30日，B公司债券的公允价值为26 700 000元，账面余额为25 500 000元，公允价值大于账面余额1 200 000元（26 700 000–25 500 000），应记入"公允价值变动损益"科目的贷方；2×22年12月31日，B公司债券的公允价值为25 800 000元，账面余额为26 700 000元，公允价值小于账面余额900 000元（25 800 000–26 700 000），应记入“公允价值变动损益”科目的借方。

（五）交易性金融资产的处置

企业处置交易性金融资产的主要会计问题是正确确认处置损益。交易性金融资产的处置损益，是指处置交易性金融资产实际收到的价款减去所处置交易性金融资产账面余额后的差额。其中，交易性金融资产的账面余额是指交易性金融资产的初始入账金额加上或减去资产负债表日累计公允价值变动后的金额。如果在处置交易性金融资产时，已计入应收项目的现金股利或债券利息尚未收回，还应从处置价款中扣除该部分现金股利或债券利息之后，确认处置损益。处置交易性金融资产时，该交易性金融资产在持有期间已确认的累计公允价值变动净损益应确认为处置当期投资收益，同时调整公允价值变动损益。

处置交易性金融资产时，应按实际收到的处置价款，借记“银行存款”科目，按该交易性金融资产的初始入账金额，贷记“交易性金融资产——成本”科目，按该项交易性金融资产的累计公允价值变动金额，贷记或借记“交易性金融资产——公允价值变动”科目，按已计入应收项目但尚未收回的现金股利或债券利息，贷记“应收股利”或“应收利息”科目，按上列差额，贷记或借记“投资收益”科目。同时，将该交易性金融资产持有期间已确认的累计公允价值变动净损益确认为处置当期投资收益，借记或贷记“公允价值变动损益”科目，贷记或借记“投资收益”科目。

【例5-15】承【例5-9】、【例5-11】、【例5-13】，假定2×23年5月31日甲公司出售了所持有的全部A上市公司股票，价款为12 100 000元。不考虑相关税费和其他因素。甲公司应编制如下会计分录：

借：其他货币资金——存出投资款	12 100 000	
投资收益——A上市公司股票	300 000	
贷：交易性金融资产——A上市公司股票——成本		9 400 000
——公允价值变动		3 000 000

在本例中，2×23年5月31日，甲公司出售持有的A上市公司全部股票的价款12 100 000元与账面余额12 400 000元（即2×22年12月31日的公允价值）之间的差额-300 000元应当作为投资损失，记入“投资收益”科目的借方。

【例5-16】承【例5-10】和【例5-14】，假定2×23年3月10日，乙公司出售了所持有的全部B公司债券，售价为35 500 000元。不考虑相关税费和其他因素。乙公司应编制如下会计分录：

借：其他货币资金——存出投资款	35 500 000	
贷：交易性金融资产——B公司债券——成本		25 500 000
——公允价值变动		300 000
投资收益——B公司债券		9 700 000

在本例中，乙公司出售交易性金融资产的售价35 500 000元与其账面余额25 800 000元（即2×22年12月31日B公司债券的公允价值25 800 000元）之间的差额9 700 000元应当作为投资收益，记入“投资收益”科目的贷方。

（六）转让金融商品应交增值税

金融商品转让按照卖出价扣除买入价（不需要扣除已宣告未发放的现金股利和已到付

息期未领取的利息）后的余额作为销售额计算增值税，即转让金融商品盈亏相抵后的余额为销售额。若相抵后出现负差，可结转下一纳税期与下期转让金融商品销售额互抵，但年末时仍出现负差的，不得转入下一会计年度。

转让金融资产当月月末，如产生转让收益，则按应纳税额，借记“投资收益”等科目，贷记“应交税费——转让金融商品应交增值税”科目；如产生转让损失，则按可结转下月抵扣税额，借记“应交税费——转让金融商品应交增值税”科目，贷记“投资收益”等科目。

年末，如果“应交税费——转让金融商品应交增值税”科目有借方余额，说明本年度的金融商品转让损失无法弥补，且本年度的金融资产转让损失不可转入下年度继续抵减转让金融资产的收益，因此，应借记“投资收益”等科目，贷记“应交税费——转让金融商品应交增值税”科目，将“应交税费——转让金融商品应交增值税”科目的借方余额转出。

【例5-17】承【例5-16】，计算该项业务转让金融商品应交增值税。

转让金融商品应交增值税=（35 500 000−26 000 000）÷（1+6%）×6%=537 735.85（元）

乙公司应编制如下会计分录：

借：投资收益　　537 735. 85

　贷：应交税费——转让金融商品应交增值税　　537 735. 85

第三节　应收及预付款项

应收及预付款项是指企业在日常生产经营过程中发生的各项债权，包括应收款项和预付款项。应收款项包括应收票据、应收账款、应收股利、应收利息和其他应收款等；预付款项则是指企业按照合同规定先行预付的款项，如预付账款等。

一、应收票据

（一）应收票据的概念及种类

应收票据是指企业因销售商品、提供劳务而持有的尚未到期的商业汇票，是一项债权凭证。会计上作为应收票据核算的仅指商业汇票。

商业汇票是指由出票人签发的，委托付款人在指定日期无条件支付确定的金额给收款人或持票人的票据。

商业汇票按承兑人不同可分为商业承兑汇票和银行承兑汇票。商业承兑汇票是指由付款人签发并承兑，或由收款人签发交由付款人承兑的汇票。银行承兑汇票是指由在承兑银行开立存款账户的存款人（也是出票人）签发，由承兑银行承兑的票据。企业申请使用银行承兑汇票时，应向其承兑银行按票面金额的5‰交纳手续费。

商业汇票按是否计息可分为不带息商业汇票和带息商业汇票。我国目前主要使用不带息商业汇票。不带息商业汇票是指商业汇票到期时，承兑人只按票面金额（即面值）向收款人或被背书人支付款项的汇票。带息商业汇票是指商业汇票到期时，承兑人必须按票面金额加上应计利息向收款人或被背书人支付票款的票据。

我国商业票据的期限一般较短（6个月）。应收票据一般按其面值计价。按照现行制度的规定，带息的应收票据应于期末（指中期期末和年度终了）按其票面价值和确定的利率计提利息。计提的利息应增加应收票据的账面价值。

（二）应收票据的账务处理

为了反映和监督应收票据的取得、收回等经济业务，企业应当设置“应收票据”科目。该科目借方登记取得的应收票据的面值，贷方登记到期收回的票款或到期前向银行贴现的应收票据的票面余额；期末余额在借方，反映企业持有的商业汇票的票面金额。本科目可按照开出、承兑商业汇票的单位进行明细核算，并设置“应收票据备查簿”，逐笔登记商业汇票的种类、号数、出票日、票面金额、交易合同号、付款人、承兑人、背书人姓名或单位名称、到期日、背书转让日、贴现日、贴现率和贴现净额、收款日和收回金额以及退票情况等资料。商业汇票到期结清票款或退票后，在备查簿中应予以注销。

1. 取得应收票据和收回到期票款

应收票据取得的原因不同，其会计处理也有区别。因债务人抵偿前欠货款而取得的应收票据，借记“应收票据”科目，贷记“应收账款”科目；因企业销售商品、提供劳务等而收到开出、承兑的商业汇票，借记“应收票据”科目，贷记“主营业务收入”“应交税费——应交增值税（销项税额）”等科目。商业汇票到期收回款项时，应按实际收到的金额，借记“银行存款”科目，贷记“应收票据”科目。

【例5-18】2×23年6月10日，甲企业向乙企业销售产品一批，货款为200 000元，尚未收到，已办妥托收手续，适用的增值税税率为13%。编制会计分录如下：

借：应收账款　　226 000

　贷：主营业务收入　　200 000

　　　应交税费——应交增值税（销项税额）　　26 000

10日后，甲企业收到乙企业寄来两份4个月的商业承兑汇票，面值为113 000元，抵付产品货款。甲企业编制会计分录如下：

借：应收票据　　226 000

　贷：应收账款　　226 000

4个月后，应收票据到期，收回票面金额共226 000元存入银行。编制会计分录如下：

借：银行存款　　226 000

　贷：应收票据　　226 000

如果该票据到期时乙企业无力偿还票款，甲企业应将到期票据的票面金额转入“应收账款”科目。编制会计分录如下：

借：应收账款　　226 000

　贷：应收票据　　226 000

2. 应收票据的转让

企业可以将持有的商业汇票背书转让。背书是指在票据背面或粘单上记载有关事项并签章的票据行为。背书人应当承担票据责任。通常情况下，企业将持有的商业汇票背书转让以取得所需物资时，应按计入取得物资成本的金额，借记“材料采购”或“原材料”“库存商品”等科目；按专用发票上注明的可抵扣的增值税税额，借记“应交税费——应交增值税（进项税额）”科目；按商业汇票的票面金额，贷记“应收票据”科目；若有差额，借记或贷记“银行存款”等科目。

【例5-19】承【例5-18】，假定甲企业于7月20日将上述应收票据背书转让，以取得生产经营所需的A种材料。该材料的价款为180 000元，适用的增值税税率为13%。甲企业应编制如下会计分录：

借：原材料　　180 000
　　应交税费——应交增值税（进项税额）　　23 400
　　银行存款　　22 600
　贷：应收票据　　226 000

对于票据贴现，企业通常应按实际收到的金额，借记“银行存款”科目；按贴现息部分，借记“财务费用”科目；按应收票据的票面价值，贷记“应收票据”科目。

二、应收账款

（一）应收账款的确认

应收账款是指企业在生产经营活动中，因销售商品、提供劳务而形成的债权，包括企业因销售商品、提供劳务等向债务人收取的价款及代垫的包装费、运杂费。

应收账款的确认与收入的确认标准密切相关。应收账款应于收入实现时确认。

（二）应收账款的计价

一般情况下，应收账款应根据实际发生的交易价格确认应收账款的入账价值，包括发票金额和代垫运费及包装费两部分，但实务中若有商业折扣、现金折扣、销售退回、销售折让等因素，应加以考虑。

1. 商业折扣

商业折扣是指在销售商品或提供劳务时，从价目表的报价中扣减的一定数额，通常以百分比表示，如5%、10%等。

对于商业折扣，会计部门按扣除商业折扣以后的实际售价金额入账。商业折扣与会计核算没有关系。

2. 现金折扣

现金折扣是指债权人为鼓励债务人在规定的期限内付款而向债务人提供的债务扣除，通常发生在以赊销方式销售商品及提供劳务的交易中。企业为了鼓励客户提前偿付货款，通常与债务人达成协议，债务人在不同的期限内付款可享受不同比例的折扣。现金折扣一般用符号“折扣/付款期限”表示。例如，“2/10”表示买方在10天内付款可按售价给予2%的折扣；“1/20”表示在20天内付款可按售价给予1%的折扣；“n/30”表示在30天内付款，则不给折扣等。

现金折扣属于可变对价，企业应当按照期望值或最可能发生金额确定可变对价的最佳估计数。

（三）应收账款的会计处理

为了反映和监督应收账款的增减变动及其结存情况，企业应设置“应收账款”账户。不单独设置“预收账款”账户的企业，其预收账款也在“应收账款”账户核算。“应收账款”账户的借方登记应收账款的增加，贷方登记应收账款的收回及确认的坏账损失；期末余额一般在借方，反映企业尚未收回的应收账款；如果期末余额在贷方，则反映企业预收的账款。

【例5-20】2×23年6月10日，甲企业赊销给乙企业商品一批，货款80 000元，增值税销项税额10 400元，代垫运杂费2 400元。会计处理如下：

借：应收账款　　92 800
　贷：主营业务收入　　80 000
　　　应交税费——应交增值税（销项税额）　　10 400
　　　银行存款　　2 400

【例5-21】乙公司收到丙企业交来的商业承兑汇票一张，面值117 000元，用以偿还其前欠的货款。会计处理如下：

借：应收票据　　117 000
　贷：应收账款　　117 000

三、预付账款

预付账款是指企业按购货合同或劳务的规定预付给供货单位或提供劳务方的款项。

为了加强对预付账款的管理，企业一般应单独设置“预付账款”会计科目进行核算。预付账款不多的企业也可以将预付的货款记入“应付账款”科目的借方，但在编制财务报表时，仍然要将“预付账款”和“应付账款”的金额分开报告，债权债务不得抵消。

预付账款按实际付出的金额入账。企业按购货合同的规定预付货款时，按预付金额借记“预付账款”科目，贷记“银行存款”科目。企业收到预定的货物时，应根据发票账单等列明的应计入购入货物成本的金额，借记“原材料”“库存商品”等科目；按专用发票上注明的增值税，借记“应交税费——应交增值税（进项税额）”科目；按应付的金额，贷记“预付账款”科目。补付货款时，借记“预付账款”科目，贷记“银行存款”科目。退回多付的款项时，借记“银行存款”科目，贷记“预付账款”科目。

【例5-22】甲公司为增值税一般纳税人，向乙公司（增值税一般纳税人）采购材料5 000千克，每千克10元，所需支付的价款总计50 000元。按照合同规定向乙公司预付价款的50%，验收货物后补付其余款项。甲公司应编制如下会计分录：

（1）预付50%的价款时：

借：预付账款——乙公司　　25 000
　贷：银行存款　　25 000

（2）收到乙公司发来的5 000千克材料，验收无误，增值税专用发票上注明的价款为50 000元，增值税税额为6 500元，以银行存款补付所欠款项31 500元。甲公司应编制如下会计分录：

借：原材料　　50 000
　　应交税费——应交增值税（进项税额）　　6 500
　贷：预付账款——乙公司　　56 500

借：预付账款——乙公司　　31 500
　贷：银行存款　　31 500

四、其他应收款

其他应收款是指企业发生的非购销活动的应收债权，即除应收票据、应收账款、预付账款等以外的其他各种应收、暂付款项。

其他应收款主要包括：应收的各种赔款、罚款，应收出租包装物押金，应向职工收取的各种垫付款项，备用金，存出保证金，其他各种应收、暂付款项。

这类应收项目通常与应收账款和预付账款分开，将这类项目单独归类，以便财务报表的使用者把这些项目与由于购销业务而发生的应收项目识别清楚。

其他应收款主要通过“其他应收款”账户进行核算。“其他应收款”账户借方登记其他应收款的增加，贷方登记其他应收款的收回；期末余额一般在借方，反映企业尚未收回的其他应收款项。

【例5-23】某公司在采购过程中发生材料毁损。按保险合同规定，应由保险公司赔偿损失20 000元。赔款尚未收到。编制会计分录如下：

借：其他应收款——保险公司　20 000

　贷：材料采购（或原材料）　20 000

【例5-24】甲公司向丁公司租入包装物一批，以银行存款向丁公司支付押金10 000元。甲公司应编制如下会计分录：

借：其他应收款——丁公司　10 000

　贷：银行存款　10 000

此后，甲公司按期退回所租包装物并收到丁公司退还的押金10 000元存入银行时：

借：银行存款　10 000

　贷：其他应收款——丁公司　10 000

五、应收款项减值

企业的应收账款、其他应收款、转入应收账款的商业承兑汇票及预付账款都可能因债务人拒付、破产、死亡等原因而无法收回。这类无法收回的应收款项就是坏账。因坏账而产生的损失称为“坏账损失”或减值损失。企业应在资产负债表日对应收款项的账面价值进行评估。有客观证据表明该应收款项发生减值的，应当将减记的金额确认为减值损失，同时计提坏账准备。应收款项减值有两种核算方法，即直接转销法和备抵法，我国企业会计准则规定，企业应收款项减值的核算应采用备抵法。小企业会计准则规定，应收款项减值采用直接转销法。

采用直接转销法时，日常核算中应收款项可能发生的坏账损失不予考虑，只有在实际发生坏账时才作为坏账损失计入当期损益。按照小企业会计准则的规定，确认应收账款实际发生的坏账损失，应当按照可收回的金额，借记“银行存款”等科目，按照其账面余额，贷记“应收账款”等科目，按照其差额，借记“营业外支出——坏账损失”科目。直接转销法的优点是账务处理简单，其缺点是不符合权责发生制会计基础，也与资产定义存在一定的冲突。

备抵法就是每期按一定的方法估计坏账损失，计入当期损益，同时形成一笔坏账准备，待实际发生坏账时再冲销坏账准备和应收款项的一种方法。采用这种方法，一方面按期估计坏账损失计入信用减值损失，另一方面设置“坏账准备”科目，待实际发生坏账时冲销坏账准备和应收款项金额，使资产负债表上的应收款项反映扣减估计坏账后的净值。

备抵法的关键是估计坏账损失，计提坏账准备的方法由企业自行确定。企业按规定政策、方法、计提比例等计提坏账准备，计提方法一旦确定，不得随意变更。应收款项属于金融资产，现行金融工具准则要求以预期信用损失为基础计提金融资产损失准备。对于企业向客户转让商品或提供服务等交易形成的应收款项，可以采用简化的方法，始终按照相当于整个存续期内预期信用损失的金额计量其损失准备，不必采用预期信用损失的三阶段模型。由于应收款项通常属于短期债权，预计未来现金流量与其现值相差很小，在确定应收款项预期信用损失金额时，可以不对预计未来现金流量进行折现。因此，应收款项的预期信用损失应当按照应收取的合同现金流量与预期收取的现金流量二者之间的差额计量，即按照预期不能收回的应收款项金额计量。

在会计实务中，经常使用的确定应收款项预期信用损失的具体方法有应收款项余额百分比法、账龄分析法及销货百分比法三种。其中，应收款项余额百分比法是指根据会计期末应收款项的余额和预期信用损失率计算确定应收款项预期信用损失，据以计提坏账准备的一种方法。预期信用损失率是指应收款项的预期信用损失金额占应收款项账面余额的比例。企业应当以应收款项的历史信用损失率为基础，结合当前营业情况并考虑无须付出额外成本或努力即可获得的合理且有依据的前瞻性信息，合理确定预期信用损失率。

【例 5-25】A 公司当年年末应收账款的余额为 2 000 000 元，提取坏账准备的比例为 1%。第二年，发生了坏账损失 6 000 元，其中甲单位 1 000 元，乙单位 5 000 元，年末应收账款为 2 200 000 元。第三年，已冲销的上年乙单位应收账款 5 000 元又收回；期末应收账款为 2 400 000 元。编制会计分录如下：

（1）第一年年末提取坏账准备 20 000 元（2 000 000×1%）：

借：信用减值损失——计提的坏账准备　　20 000

　贷：坏账准备　　20 000

（2）第二年冲销坏账准备：

借：坏账准备　　6 000

　贷：应收账款——甲单位　　1 000

　　　　　　——乙单位　　5 000

（3）第二年年末按应收账款的余额计算提取坏账准备：

坏账准备的余额为 22 000 元（2 200 000×1%），应提的坏账准备为 8 000 元（22 000-14 000）。

借：信用减值损失——计提的坏账准备　　8 000

　贷：坏账准备　　8 000

（4）第三年，上年已冲销的乙单位应收账款 5 000 元又收回：

借：应收账款——乙单位　　5 000

　贷：坏账准备　　5 000

借：银行存款　　5 000

　贷：应收账款——乙单位　　5 000

（5）第三年年末按应收账款的余额计算提取坏账准备：

坏账准备余额应为 24 000 元（2 400 000×1%），应提的坏账准备为-3 000 元［24 000-（22 000+5 000）］。

借：坏账准备　　3 000

　贷：信用减值损失——计提的坏账准备　　3 000

第四节　存　货

一、存货概述

（一）存货的概念

存货是指企业在日常活动中持有以备出售的产成品或商品、处在生产过程中的在产品、在生产过程或提供劳务过程中消耗的材料和物料等，包括各类材料、在产品、半成品、产成品、商品以及包装物、低值易耗品、委托加工物资、委托代销商品等。

存货必须是用于日常经营活动的。持有存货的目的是直接出售或进一步加工后出售，而不是自用或消耗。存货应同时满足以下两个条件：①与该存货有关的经济利益很可能流入企业；②该存货的成本能够可靠地计量。

（二）存货的分类

存货分布于企业生产经营的各个环节，而且种类繁多，用途各异。为了加强存货的管理与核算，有必要对企业的存货进行适当的分类。

1. 按经济用途分类

一般来说，存货按经济用途可以分为原材料、在产品、半成品、产成品、商品、周转材料、委托代销商品、委托加工物资等。

2. 按存放地点分类

存货按存放地点分类主要有库存存货、在途存货、在制存货、发出存货等。

3. 按取得方式分类

存货按取得方式可以分为外购存货、自制存货、委托加工存货、投资者投入的存货、接受捐赠取得的存货、接受抵债取得的存货、非货币性资产交换换入的存货、盘盈的存货等。

【课程思政5-2】

坚持实事求是、具体问题具体分析的世界观和方法论

——存货的行业特征

党的二十大报告明确指出，我们坚持以马克思主义为指导，是要运用其科学的世界观和方法论解决中国的问题，而不是要背诵和重复其具体结论和词句，更不能把马克思主义当成一成不变的教条。我们必须坚持解放思想、实事求是、与时俱进、求真务实，一切从实际出发，着眼解决新时代改革开放和社会主义现代化建设的实际问题。我们要把握好习近平新时代中国特色社会主义思想的世界观和方法论，坚持好、运用好贯穿其中的立场观点方法。

本节所阐述的存货分类，基本上是以制造业企业为考察对象的。实际上，不同的行业有不同的特征，其存货内容也有所不同。所以，在分析存货时一定要结合具体公司的行业特征，坚持实事求是、具体问题具体分析的世界观和方法论。比如，万科A（000002）是一家专门从事普通住宅开发的房地产开发商，它的存货主要包括：已完工开发产品（其中包括出租开发产品）、在建开发产品、拟开发产品、原材料、库存商品、低值易耗品等。而岳阳纸业（600963）是一家林纸一体化上市公司，其存货具有典型的造纸及林业行业特征，具体包括原材料、产成品、在产品、林木资产、委托加工材料等。其中林木资产是那些用于造纸目的的消耗性生物资产。

二、存货的计价

（一）增加存货的计价方法

企业会计准则规定："存货应当按照成本进行初始计量。存货成本包括采购成本、加工成本和其他成本。"通过购买取得的存货，如原材料、商品、低值易耗品等，按采购成本计价；通过加工制成的存货，如产成品、半成品、在产品、委托加工物资等，按所耗材料存货的采购成本、加工成本以及按照一定方法分配的制造费用计价；另外，使存货达到目前场所和状态所发生的其他成本也应计入存货成本。

1. 存货的采购成本

存货的采购成本是指在采购过程中所发生的支出，主要包括购买价款、相关税费、运输费、装卸费、保险费以及其他可归属于存货采购成本的费用。

对于采购过程中发生的合理损耗部分应当计入存货的采购成本，其他损耗不得计入存货成本。购入的货物需要经过挑选整理才能使用的，在挑选整理过程中发生的挑选整理费也应当计入存货的采购成本。为简化起见，采购人员的差旅费以及存货的市内运费不计入存货的采购成本。相关税费是指按规定应当计入存货采购成本的税金，如消费税、进口关税、资源税和不能抵扣的增值税进项税额等。

2. 存货的加工成本

存货加工成本也可称为产品加工成本，包括直接费用和间接费用。直接费用是指在产品的加工过程中直接作用于产品加工过程的费用，如直接人工费、直接材料、燃料及动力费、其他直接费。间接费用即制造费用，是指企业基本生产组织为组织和管理产品生产而发生的各项费用，包括生产部门管理人员的工资及福利费、折旧费、修理费、办公费、水电费、机物料消耗、劳动保护费、季节性和修理期间的停工费等。间接费用应按合理的方法分配计入各产品成本。

3. 其他成本

其他成本是指除采购成本、加工成本以外的，使存货达到目前场所和状态所发生的其他支出。

需要说明的是，非正常消耗的直接材料、直接人工、制造费用、仓储费用、不能归属于使存货达到目前场所和状态的其他支出等不计入存货成本，应于发生时确认为当期损益。

投资者投入的存货，按投资合同或协议约定的价值作为存货的成本；盘盈的存货，按相同或类似存货的市场重置价格作为存货的成本。

（二）减少存货的计价方法

企业发出存货有两种计价方法——实际成本法和计划成本法。如采用计划成本计价，会计期末应将其调整为实际成本。企业应当根据各类存货的实物流转方式、企业管理的要求、存货的性质等实际情况，合理地确定发出存货成本的计算方法。一旦选定，应遵守一致性原则。在实际成本核算方式下，企业可以采用的发出存货成本的计价方法包括先进先出法、加权平均法、个别计价法。

1. 先进先出法

先进先出法是以"先入库的存货先发出"这样一种存货实物流转假设为前提，对先发出的存货按先入库的存货单价计价，后发出的存货按后入库的存货单价计价，据以确定本期发出存货和期末结存存货成本的一种方法。具体方法是：收入存货时，逐笔登记收入存货的数量、单价和金额；发出存货时，按照先进先出的原则逐笔登记存货的发出成本和结存金额。

【例5-26】某企业2×22年甲种存货明细账见表5-2。

表5-2 **存货明细账** 金额单位：元

存货类别： 计量单位：千克

存货编号： 最高存量：

存货名称及规格：甲 最低存量：

2×22年		凭证编号	摘要	收入			发出			结存		
月	日			数量	单价	金额	数量	单价	金额	数量	单价	金额
1	1		期初余额							300	50	15 000
	10		购入	900	60	54 000				300 900	50 60	15 000 54 000
	13		发出				300 500	50 60	15 000 30 000	400	60	24 000
	18		购入	600	70	42 000				400 600	60 70	24 000 42 000
	20		发出				400 400	60 70	24 000 28 000	200	70	14 000
	23		购入	200	80	16 000				200 200	70 80	14 000 16 000
1	31		本月发生额及余额	1 700	—	112 000	1 600	—	97 000	200 200	70 80	14 000 16 000

在明细分类账中，采用先进先出法计算发出存货和期末存货的成本。比如，1月13日发出甲材料800千克，其成本为45 000元（300×50+500×60），以此类推。

采用先进先出法可以随时确定发出存货成本，从而保证了产品生产成本及销售成本计算的及时性，并且期末存货成本是按最近的购货成本计算的，比较接近现行的市场价值。另外，这种方法也使企业不能随意挑选存货计价以调整当期利润。但是，该计价方法的核算工作量比较大，对于存货进出比较频繁的企业更是如此，而且当物价上涨时会高估企业的当期利润和库存存货的价值，当物价下跌时会低估企业的当期利润和库存存货的价值。

2. 加权平均法

加权平均法也称全月一次加权平均法，是指以本月全部存货数量为权数，计算本月存货的加权平均单价，据以确定本月发出存货成本和期末结存存货成本的一种方法。其计算公式如下：

加权平均单价=（月初结存存货成本+本月购进存货成本）÷（月初结存存货数量+本月购进存货数量）

月末库存存货成本=月末库存存货数量×加权平均单价

本月发出存货成本=本月发出存货数量×加权平均单价

或　　　　　=期初存货成本+本月购进存货成本-期末存货成本

由于加权平均单价的计算往往不能除尽，为了保证期末存货的数量、单位成本与总成本的一致性，一般采用倒挤法，即先求月末库存存货成本，然后倒挤出本月发出存货成本，将计算尾差计入发出存货成本。

【例5-27】仍沿用【例5-26】的资料，某企业2×22年甲种存货明细账见表5-3。

表5-3　　　　　　　　　　**存货明细账**　　　　　　　　　　金额单位：元

存货类别：　　　　　　　　　　　　　　　　　　　　　　　计量单位：千克

存货编号：　　　　　　　　　　　　　　　　　　　　　　　最高存量：

存货名称及规格：甲　　　　　　　　　　　　　　　　　　　最低存量：

2×22年		凭证编号	摘要	收入			发出			结存		
月	日			数量	单价	金额	数量	单价	金额	数量	单价	金额
1	1		期初余额							300	50	15 000
	10		购入	900	60	54 000				1 200		
	13		发出				800			400		
	18		购入	600	70	42 000				1 000		
	20		发出				800			200		
	23		购入	200	80	16 000				400	63.5	25 400
1	31		本月发生额及余额	1 700	—	112 000	1 600	—	101 600	400	63.5	25 400

甲材料加权平均单价=（300×50+900×60+600×70+200×80）÷（300+900+600+200）

=127 000÷2 000=63.5（元/千克）

月末库存存货成本=400×63.5=25 400（元）

本月发出存货成本=15 000+112 000-25 400=101 600（元）

采用加权平均法，月末一次计算加权平均单价，比较简单，而且在市场价格上涨或下跌时所计算出来的单位成本趋于平均化，对存货成本的分摊较为折中。但是，采用这种方法，平时存货明细账上只登记收入存货的数量、单价、金额以及发出存货和结存存货的数量，无法在账面上提供发出和结存存货的单价和金额，不利于加强对存货的管理。

3. 个别计价法

个别计价法也称个别认定法、具体辨认法、分批实际法，它假定存货的成本流转与实物流转相一致，按照各种存货，逐一辨认各批发出存货和期末存货所属的购进批次和生产批次，分别按其购入或生产时所确定的单位成本作为计算各批发出存货成本和期末存货成本的一种方法。其计算公式如下：

发出存货的实际成本=各批（次）存货发出数量×该批次存货实际进货单价

【例5-28】仍沿用【例5-26】的资料，若该企业本月生产领用甲材料1 600千克，经确认，其中300千克属于期初购进入库、800千克属于10日购进入库、400千克属于18日购进入库，100千克属于23日购进入库，则本月发出材料成本计算如下：

发出材料实际成本=300×50+800×60+400×70+100×80=99 000（元）

这种方法能比较合理、准确地计算出发出存货和期末存货的成本，但采用该方法的前提是要有详细的存货收、发、存记录，需要对发出和结存存货的批次进行具体辨认，因而日常操作非常烦琐。因此，对于不能替代使用的存货、为特定项目专门购入或制造的存货以及提供的劳务通常采用个别计价法确定发出存货的成本。

三、存货收发的会计核算

（一）按实际成本核算

在企业经营规模较小，原材料种类不多，而且材料收发业务频繁的情况下，企业可以按照实际成本计价方法组织原材料的收发核算。其特点是，从材料的收、发凭证到材料明细分类核算和总分类核算全部按实际成本计价。

1. 购入存货的核算

企业外购的存货，由于距离采购地点远近不同、货款结算方式不同等原因，可能会导致存货入库与货款支付时间不一致，另外，还存在预付货款、现金折扣等情况，为此，需要根据具体情况，分别进行会计处理。

存货验收入库和支付货款同时完成时，企业应于支付货款或开出、承兑商业汇票，并且存货入库后，按发票账单等结算凭证确定的存货采购成本，借记“原材料”“库存商品”“周转材料”等科目；按增值税专用发票上注明的增值税税额，借记“应交税费——应交增值税（进项税额）”科目；按实际支付的款项或应付票据面值，贷记“银行存款”“应付票据”等科目。

【例5-29】甲公司购入一批原材料，增值税专用发票上注明原材料价款60 000元、增值税税额7 800元。货款已通过银行存款支付，材料已验收入库。

借：原材料	60 000	
应交税费——应交增值税（进项税额）	7 800	
贷：银行存款		67 800

货款已付或已开出、承兑商业汇票，但存货尚未运达或尚未验收入库时，企业应于支付货款或开出、承兑商业汇票时，按发票账单等结算凭证确定的存货成本，借记“在途物资”科目；按增值税专用发票上注明的增值税税额，借记“应交税费——应交增值税（进项税额）”科目；按实际支付的款项或应付票据面值，贷记“银行存款”“应付票据”等科目。待存货运达企业并验收入库后，再根据有关验收凭证，借记“原材料”“库存商品”“周转材料”等科目，贷记“在途物资”科目。

【例5-30】甲公司购入一批材料，增值税专用发票上注明原材料价款100 000元，增值税税额13 000元，发货方代垫运费1 000元。货款已通过银行转账支付，材料尚在运输途中。

（1）支付货款：

借：在途物资	101 000	
应交税费——应交增值税（进项税额）	13 000	
贷：银行存款		114 000

（2）材料运达企业并验收入库：

借：原材料	101 000	

贷：在途物资　　101 000

存货已运达企业并验收入库，但发票账单等结算凭证尚未到达时，如果货款尚未支付，企业可先不做会计处理，待对方结算凭证到达后再进行相应会计处理。如果月末对方结算凭证仍未到达，为了全面反映企业的资产及负债情况，应对收到的存货先估价入账，借记“原材料”“库存商品”“周转材料”等科目，贷记“应付账款”科目；下月初，再编制相同的红字记账凭证予以冲回；待对方结算凭证到达后，企业再作存货入库及支付货款的会计处理。

【例5-31】甲公司本月5日购入一批原材料，15日材料运达并验收入库，但到月末时对方结算凭证仍未到达，公司先估价50 000元入账。下月6日，对方结算凭证到达，内列材料价款50 000元、代垫运费1 200元、增值税6 500元。企业审核无误，以银行存款支付相应款项。

（1）15日材料运达并验收入库时，不做会计处理。

（2）月末，对原材料估价入账：

借：原材料　　50 000

　贷：应付账款　　50 000

（3）次月1日，红字冲回：

借：原材料　　[50 000]

　贷：应付账款　　[50 000]

（4）次月6日，收到结算凭证并支付货款：

借：原材料　　51 200

　　应交税费——应交增值税（进项税额）　　6 500

　贷：银行存款　　57 700

采用预付货款方式购入存货时，企业应在预付货款时按实际预付金额，借记“预付账款”科目，贷记“银行存款”科目；购入存货到达验收入库时，按结算凭证上注明的金额，分别借记“原材料”“库存商品”“周转材料”“应交税费——应交增值税（进项税额）”等科目，贷记“预付账款”科目。预付的货款不足，应补付货款时，按补付金额，借记“预付账款”科目，贷记“银行存款”科目；若预付的金额有余，应按供货方退回的金额，借记“银行存款”科目，贷记“预付账款”科目。

企业购货时有现金折扣条件的，按照可变对价根据期望值或最可能发生金额确定可变对价的最佳估计数。

【例5-32】甲公司从丙公司购入一批材料，增值税专用发票上注明材料价款200 000元，增值税税额26 000元。货款未付。付款条件为“2/10，n/30”。甲公司10日内付款的概率为90%。材料已验收入库。

（1）购进原材料：

借：原材料　　196 000

　　应交税费——应交增值税（进项税额）　　26 000

　贷：应付账款——丙公司　　222 000

（2）付款时：

借：应付账款——丙公司　　222 000

贷：银行存款　　222 000

（3）若超过10天付款：

借：应付账款——丙公司　　226 000

贷：银行存款　　226 000

2. 自制存货的核算

企业自制存货的成本由材料采购成本、加工成本和其他成本构成。其中，加工成本是指在存货制造过程中发生的直接人工以及按照一定方法分配的制造费用；其他成本是指除采购成本、加工成本以外，为使存货达到目前场所和状态所发生的其他支出。存货制造过程中非正常消耗的直接材料、直接人工和制造费用不包括在存货成本之中，应于发生时直接计入当期损益。

企业自制并已验收入库的存货，按确定的实际成本，借记“原材料”“库存商品”“周转材料”等存货科目，贷记“生产成本”科目。

【例5-33】甲公司的基本生产车间制造完成一批产成品，实际生产成本为150 000元。

借：库存商品　　150 000

贷：生产成本　　150 000

3. 委托加工存货的核算

委托加工存货的成本一般包括加工过程中实际消耗的原材料或半成品成本、加工费、往返运杂费以及按规定应计入成本的税金等。

企业发出材料物资，委托外单位加工存货，按发出材料物资的实际成本，借记“委托加工物资”科目，贷记“原材料”“库存商品”等科目；支付的加工费、运杂费等，计入委托加工存货成本，借记“委托加工物资”科目，贷记“银行存款”科目；支付的应由受托加工方代收代缴的增值税，借记“应交税费——应交增值税（进项税额）”科目，贷记“银行存款”等科目；需要缴纳消费税的委托加工存货，由受托加工方代收代缴的消费税，应分别以下情况处理：

（1）委托加工存货收回后直接用于销售，由受托加工方代收代缴的消费税计入委托加工存货成本，借记“委托加工物资”科目，贷记“银行存款”科目。

（2）委托加工存货收回后用于连续生产应税消费品，由受托加工方代收代缴的消费税按规定准予抵扣的，借记“应交税费——应交消费税”科目，贷记“银行存款”等科目。

（3）委托加工存货加工完成并已验收入库，按“委托加工物资”科目累计的实际成本，借记“原材料”“库存商品”“周转材料”等科目，贷记“委托加工物资”科目。

【例5-34】甲公司发出一批A材料委托乙公司加工成B材料（系应税消费品），发出A材料的实际成本为50 000元，支付加工费22 000元，支付增值税2 860元，支付消费税8 000元，加工成B材料收回后用于连续生产。

（1）发出A材料，委托乙公司加工B材料：

借：委托加工物资　　50 000

贷：原材料——A材料　　50 000

（2）支付加工费和税金：

借：委托加工物资　　22 000

贷：银行存款　　22 000

借：应交税费——应交增值税（进项税额）　2 860
　　　　　　——应交消费税　8 000
　贷：银行存款　10 860

（3）B材料加工完成，收回后验收入库：

B材料实际成本=50 000+22 000=72 000（元）

借：原材料——B材料　72 000
　贷：委托加工物资　72 000

本例中，若加工B材料收回后直接用于销售，则：

B材料实际成本=50 000+22 000+8 000=80 000（元）

4. 投资者投入存货的核算

投资者投入的存货，按投资合同或协议约定的价值，借记“原材料”“库存商品”“周转材料”等存货科目；按专用发票上注明的增值税税额，借记“应交税费——应交增值税（进项税额）”科目；按确定的出资额，贷记“实收资本”或“股本”科目；按其差额，贷记“资本公积”科目。

【例5-35】甲公司收到A股东投入的原材料一批。增值税专用发票上注明的原材料价格为450 000，税额为58 500元。投资各方确认按该金额作为A股东的投入资本，可折换为甲公司每股面值1元的普通股股票300 000股。

借：原材料　450 000
　　应交税费——应交增值税（进项税额）　58 500
　贷：股本——A股东　300 000
　　　资本公积——股本溢价　208 500

5. 接受捐赠取得存货的核算

企业接受捐赠取得的存货，按捐赠方提供的发票、协议等有关凭据上注明的金额加上应支付的相关税费作为入账成本。

企业收到捐赠的存货时，按确定的存货入账成本，借记“原材料”“库存商品”“周转材料”等科目；按实际支付或应付的相关税费，贷记“银行存款”“应交税费”等科目；按其差额，贷记“营业外收入——捐赠利得”科目。

【例5-36】甲公司接受捐赠一批商品。捐赠方提供的发票上标明的价值为300 000元，另以银行存款支付运杂费2 000元，假设不考虑其他相关税费。

借：库存商品　302 000
　贷：银行存款　2 000
　　　营业外收入——捐赠利得　300 000

6. 存货发出的核算

材料发出的核算是由企业财会部门在月末时根据月份内签收的各种发料凭证，按照发出材料的用途进行分类汇总，编制发出材料汇总表，作为会计处理的依据，并按照耗用材料的用途和部门，分别借记“生产成本”“制造费用”“在建工程”“其他业务成本”“管理费用”等科目，贷记“原材料”“库存商品”“周转材料”等科目。

【例5-37】某企业2×22年5月发出材料汇总表见表5-4。

表5-4

发出材料汇总表

2×22年5月31日

单位：元

领用部门	用途	材料类别			合计
		原料及主要材料	辅助材料	燃料	
生产车间	产品生产	95 000	3 000	2 000	100 000
	一般消耗		2 500	1 500	4 000
厂部	一般消耗			2 400	2 400
销售科	销售	8 000	2 000		10 000
合计		103 000	7 500	5 900	116 400

根据表5-4进行如下会计处理：

借：生产成本　　100 000
　　制造费用　　4 000
　　管理费用　　2 400
　　销售费用　　10 000
　贷：原材料　　116 400

7. 存货按实际成本核算的优缺点

按实际成本进行材料等存货核算时，可以按照材料的品种、规格反映收入、发出和结存材料的实际成本，能在产品成本中反映出材料的实际费用，其核算结果比较准确，而且总分类核算也较为简单。但是，实际成本法下，材料收发实际成本的计算工作和材料收发凭证的计价工作比较繁重，材料收发凭证计价和材料明细账的登记往往不及时，也不能反映材料采购及自制成本节约和超支的情况。因此，这种核算方法一般适用于规模较小、所用材料种类较少的企业。

（二）按计划成本核算

在我国一些大中型制造业企业里，存货也可以按计划成本法进行核算。以原材料为例，计划成本法的具体程序如下：

首先，企业应结合各种原材料的特点、实际采购成本等资料确定原材料的计划单位成本。计划单位成本一旦确定，在年度内一般不宜随便调整。

其次，设置“材料采购”、“材料成本差异”和“原材料”三个主要账户。“材料采购”账户的借方登记购入材料的实际成本和结转入库材料实际成本小于计划成本的节约差异额，贷方登记入库材料的计划成本和结转入库材料的实际成本大于计划成本的超支差异额；期末借方余额表示在途材料的实际成本。“材料成本差异”的借方登记结转入库材料的超支差异额和结转发出材料应负担的节约差异额，贷方登记结转入库材料的节约差异额和结转发出材料应负担的超支差异额；期末余额如果在借方，表示库存材料的超支差异额，而如果在贷方，则表示库存材料的节约差异额。

再次，平时原材料的收、发、存均按计划成本入账。计划成本与实际成本之间的差异额分别记入“材料成本差异”账户的借方或贷方。

最后，月末将本月发出材料应负担的差异额进行分摊，随同本月发出材料的计划成本记入有关账户，将发出材料的计划成本调整为实际成本。发出材料应负担的差异额必须按月分摊，不得在季末或年末一次分摊。另外，企业会计制度规定，对于发出材料应负担的成本差异，除委托外部加工物资而发出的材料可按上月（即月初）差异率计算外，都应使用当月的差异率，除非当月差异率与上月差异率相差不大。材料成本差异率的计算公式如下：

$$\frac{\text{本月材料}}{\text{成本差异率}}=\left(\frac{\text{月初库存材料}}{\text{成本差异额}}+\frac{\text{本月购入材料}}{\text{成本差异额}}\right)\div\left(\frac{\text{月初库存材料}}{\text{计划成本额}}+\frac{\text{本月入库材料}}{\text{计划成本额}}\right)\times 100\%$$

本月发出材料应负担的成本差异额=发出材料的计划成本额×本月材料成本差异率

本月发出材料的实际成本=发出材料的计划成本±发出材料应负担的成本差异额

材料发出的总分类核算同实际成本核算一样，财会部门应根据签收的各种领料单，按其用途进行分类汇总，月末一次编制发出材料汇总表。由于发出材料汇总表反映的是发出材料的计划成本，还需借助材料成本差异调整为实际成本，所以发出材料汇总表既要反映材料的计划成本，又要反映其成本差异，作为编制记账凭证和登记总账的依据。

【例5-38】某企业材料存货按计划成本计价核算，2×23年1月份发生如下经济业务：

（1）1月10日进货，支付材料货款200 000元、增值税26 000元，运输费500（未取得增值税专用发票）。该材料计划成本为210 000元。

（2）1月12日，该批材料验收入库。

（3）1月20日进货，支付材料货款260 000元、增值税33 800元；运输费1 000元，增值税90元。该材料计划成本为245 000元，开出商业承兑汇票支付价款200 000元，其余暂欠。

（4）1月22日，第二批材料验收入库。

企业编制会计分录如下：

（1）1月10日进货：

借：材料采购	200 500	
应交税费——应交增值税（进项税额）	26 000	
贷：银行存款		226 500

（2）1月12日，材料验收入库：

借：原材料	210 000	
贷：材料采购		210 000
借：材料采购	9 500	
贷：材料成本差异		9 500

（3）1月20日进货：

借：材料采购	261 000	
应交税费——应交增值税（进项税额）	33 890	
贷：应付票据		200 000
应付账款		94 890

（4）1月22日，第二批材料验收入库：

借：原材料	245 000	

贷：材料采购　245 000

借：材料成本差异　16 000

贷：材料采购　16 000

在实际工作中，为简化起见，对于上述结转材料成本差异的会计分录，平时也可不必每入库一笔材料就结转该笔入库材料的成本差异，而是汇总编制“收料凭证汇总表”，根据汇总表所登记的材料实际成本与计划成本总数，一笔编制结转材料成本差异的会计分录。

【例5-39】某企业本月的发出材料汇总表见表5-5。

表5-5　**发出材料汇总表**　单位：元

领用单位	用途	原料及主要材料	辅助材料
生产车间	产品生产	800 000	300 000
	一般消耗	400 000	200 000
厂部	一般消耗	200 000	100 000
销售部门	服务销售	100 000	
合计		1 500 000	600 000

根据上述发出材料汇总表，编制如下会计分录：

借：生产成本　1 100 000

制造费用　600 000

管理费用　300 000

销售费用　100 000

贷：原材料——原料及主要材料　1 500 000

——辅助材料　600 000

【例5-40】仍沿用【例5-39】的资料，若该企业期初“原材料”账户的余额为200 000元，“材料成本差异”账户的余额为10 000元（借方），本月入库材料的计划成本合计为2 200 000元，材料成本差异为50 000元（借贷相抵后的借方余额），则月末要计算材料成本差异率，结转发出材料应负担的成本差异。

材料成本差异率=（10 000+50 000）÷（200 000+2 200 000）×100%=2.5%

发出材料应负担材料成本差异=2 100 000×2.5%=52 500（元）

发出材料实际成本=2 100 000+52 500=2 152 500（元）

借：生产成本（1 100 000×2.5%）　27 500

制造费用（600 000×2.5%）　15 000

管理费用（300 000×2.5%）　7 500

销售费用（100 000×2.5%）　2 500

贷：材料成本差异　52 500

这里应注意的是，若发出材料应负担的材料成本差异为正数，即超支，则调整会计分录用蓝字；反之，若发出材料应负担的材料成本差异为负数，即节约，则调整会计分录用红字。

按计划成本核算存货（材料）的优点主要表现在三个方面：首先，可以考虑和分析存货材料供应成本计划的执行情况。因为通过“材料采购”总账科目和所属明细账的登记可以反映各类外购材料的实际成本、计划成本和成本差异，据以考核和分析存货材料采购成本计划的执行情况。其次，有利于考核和分析各车间、部门的存货成本。由于各车间、部门发生的存货材料费用先按存货材料的实际消耗量和计划单位成本计算，然后调整所耗存货材料的成本差异，因而可以剔除材料单位成本变动对存货材料费用的影响，有利于分清各车间、部门的责任。最后，可以简化存货材料的核算工作。

这种方法一般适用于材料品种、规格繁多，材料计划成本比较准确、稳定的企业。

（三）存货的其他核算方法

1. 毛利率法（适用于商业批发企业）

毛利率法，是指用前期实际（或本期计划、本期估计）毛利率乘以本期销售净额，估算本期销售毛利，进而估算本期发出存货成本和期末结存存货成本的一种方法。该方法的基本程序如下：

首先，确定前期实际（或本期计划、本期估计）毛利率。

毛利率=（销售毛利÷销售净额）×100%

其次，估算本期销售成本。

销售净额=销售收入-销售退回与折让

销售毛利=销售净额×毛利率

本期销售成本=本期销售净额-销售毛利

或　　　　=本期销售净额×（1-毛利率）

最后，估算期末结存存货成本。

期末结存存货成本=（期初存货成本+本期购货成本）-本期销售成本

【例5-41】某公司2×22年9月初的结存存货成本为800 000元，本月购进存货的成本为5 000 000元，本月销售收入为6 500 000元，销售退回与折让为20 000元，上季度实际毛利率为30%，则：

本月销售净额=6 500 000-20 000=6 480 000（元）

本月销售毛利=6 480 000×30%=1 944 000（元）

本月销售成本=6 480 000-1 944 000=4 536 000（元）

或　　　　=6 480 000×（1-30%）=4 536 000（元）

月末结存存货成本=（800 000+5 000 000）-4 536 000=1 264 000（元）

采用毛利率法估算存货成本的关键在于确定一个合理的毛利率。如果毛利率不合理，则计算的结果会与实际有较大出入。如果企业的存货品种繁多且毛利率差别较大，则应按存货的类别确定各类存货的毛利率，不能采用综合毛利率。

毛利率法估算的存货成本不是对存货的准确计算，因此，企业一般应在季末采用先进先出法、加权平均法等方法，对结存存货的成本进行一次准确的计算，然后根据本季度期初的结存存货成本和本期购进存货的成本，倒减出本季度发出存货的实际成本，据以调整采用毛利率法估算的发出存货成本。

2. 零售价法（适用商业零售企业）

零售价法，是指用成本占零售价的比例（即成本率）乘以期末存货的售价总额，估算期末存货成本，并据以计算本期发出存货成本的一种方法。其基本程序如下：

第一，计算成本占零售价的比例。

$$\text{成本占零售价的比例}=\left(\text{期初存货成本}+\text{本期购货成本}\right)\div\left(\text{期初存货售价总额}+\text{本期购货售价总额}\right)\times 100\%$$

第二，计算期末存货的售价总额。

期末存货售价总额=本期可供销售存货的售价总额-本期已销存货的售价总额

第三，计算期末存货成本。

期末存货成本=期末存货售价总额×成本占零售价的比例

第四，计算本期存货的销售成本。

【例5-42】某大型超市月初的存货成本为415 000元，售价总额为800 000元；本月购货成本为2 000 000元，售价总额为2 650 000元；本月销售收入为2 800 000元，则：

成本占零售价的比例=（415 000+2 000 000）÷（800 000+2 650 000）×100%=70%

期末存货售价总额=（800 000+2 650 000）−2 800 000=650 000（元）

期末存货成本=650 000×70%=455 000（元）

本期销售成本=（415 000+2 000 000）−455 000=1 960 000（元）

零售价法是商品零售企业普遍采用的一种存货计价方法。因为零售企业的商品品种、型号、规格、款式繁多，大部分交易为一手钱一手货，很难按实际成本或计划成本进行存货计价核算，因此这就为采用零售价法核算提供了可能。

在我国零售企业中普遍采用的售价金额核算法其实是零售价法的一种具体会计处理方式。采用该方法，要求设置“商品进销差价”科目，单独核算商品售价与进价的差额。商品日常的进、销、存均按售价计算。期末，通过计算商品进销差价率，将商品进销差价在本期已销商品和结存商品之间进行分配，据以确定本期已销商品的成本和结存商品的成本。

四、存货的期末计价

在会计期末，存货的价值并不一定按成本记录，而是按成本与可变现净值孰低计量。

成本与可变现净值孰低法是指期末存货成本按成本与可变现净值两者之中的低者计价的一种方法。采用该方法，当期末存货的成本低于可变现净值时，存货仍按成本计价。当期末存货的成本高于可变现净值时，表明存货可能发生损失，则存货按可变现净值计价。如果以前减记存货价值的影响因素已消失，减记的金额应当予以恢复，并在原已计提的存货跌价准备金额内转回。转回的金额计入当期损益。

这里的“成本”是指期末存货的实际成本，如企业存货成本按计划成本法、售价金额核算法核算，期末则应将存货成本调整为实际成本。

“可变现净值”是指在正常生产经营过程中，以存货的估计售价减去至完工估计将要发生的成本、估计的销售费用以及相关税金后的金额。

成本与可变现净值孰低法充分体现了谨慎性原则，它的目的是使存货始终符合资产的定义。因为当存货的可变现净值下跌至成本以下时，低于部分已不能为企业带来经济利益，由此所形成的损失已不符合资产的定义，因而，应将这部分损失从资产价值中抵消，列入当期损益。否则，当存货的可变现净值低于其成本价值时，若仍然以其历史成本计价，就会出现虚夸资产的现象。这对企业的生产经营来讲，显然是不稳健的。

企业应当设置“存货跌价准备”账户，以核算计提的存货跌价准备。该账户贷方登记计提的存货跌价准备金额，借方登记实际发生的存货跌价损失金额和冲减的存货跌价准备金额；期末余额一般在贷方，反映企业已计提但尚未转销的存货跌价准备。

计提存货跌价准备时：

借：资产减值损失——计提的存货跌价准备

　贷：存货跌价准备

冲销或转销存货跌价准备时：

借：存货跌价准备

　贷：资产减值损失——计提的存货跌价准备

【例5-43】某企业2×19年年末存货的账面成本为2 000 000元，预计可变现净值为1 900 000元，则计提的存货跌价准备为100 000元。

计提时：

借：资产减值损失——计提的存货跌价准备　　100 000

　贷：存货跌价准备　　100 000

假设2×20年年末该存货的预计可变现净值为1 850 000元，则计提的存货跌价准备为50 000元（1 900 000−1 850 000）。

借：资产减值损失——计提的存货跌价准备　　50 000

　贷：存货跌价准备　　50 000

2×21年年末，该存货的可变现净值有所恢复，预计可变现净值为1 970 000元，则应冲减计提的存货跌价准备为120 000元（1 970 000−1 850 000）。

借：存货跌价准备　　120 000

　贷：资产减值损失——计提的存货跌价准备　　120 000

2×22年年末，该存货的可变现净值进一步恢复，预计可变现净值为2 050 000元，则应冲减计提的存货跌价准备为30 000元（2 000 000−1 970 000）。

注意：应以以前已入账的减少数为限，即存货跌价准备账面价值减为零，而不能为80 000元（2 050 000−1 970 000）。

借：存货跌价准备　　30 000

　贷：资产减值损失——计提的存货跌价准备　　30 000

本章小结

货币资金、交易性金融资产和应收预付款项都属于企业金融资产的范畴。企业必须遵守国家有关现金及银行存款的管理规定建立内部控制制度。对库存现金要实行定额管理，企业的一切收支，除允许按规定使用现金外，均应通过银行转账。企业要定期对货币资金进行清查，如账实不符，要查明原因报经处理。以公允价值计量且其变动计入当期损益的金融资产主要包括交易性金融资产和指定为以公允价值计量且其变动计入当期损益的金融资产；交易性金融资产主要包括以交易为目的的债券、股票、基金和权证等，其会计核算可分为取得、持有收益、期末计量和处置等。应收票据是指商业汇票，包括带息与不带息两种，票据持有者可以申请票据贴现。应收账款的确认若有商业折扣，则按折扣后的金额入账。若有现金折扣，其属于可变对价，企业应当按照期望值或最可能发生金额确定可变对价的最佳估计数。根据谨慎性原则，企业应对可能无法收回的应收款项计提坏账准备，按备抵法进行会计处理。存货是企业在生产经营过程中销售或耗用的非货币性流动资产。存货应按成本进行初始计量。存货的成本包括采购成本、加工成本和其他成本。发出存货的计价方法有个别计价法、先进先出法、加权平均法三种。存货的收发一般按实际成本计价核算，也可以采用计划成本法、毛利率法、零售价法进行核算。期末，存货按成本与可变现净值孰低法进行计价调整，存货成本高于可变现净值的部分要计提存货跌价准备，并进行相应的会计处理。

主要概念和术语

货币资金　未达账项　银行存款余额调节表　以公允价值计量且其变动计入当期损益的金融资产　交易性金融资产　应收票据　商业折扣　现金折扣　应收账款　坏账　存货　个别计价法　先进先出法　加权平均法　成本流转假设　永续盘存制　实地盘存制　成本与可变现净值孰低法

复习思考题

1.什么是货币资金？其构成如何？

2.库存现金的管理应遵循哪些规定？

3.什么是未达账项？如何编制银行存款余额调节表？

4.其他货币资金包括哪些项目？

5.什么是以公允价值计量且其变动计入当期损益的金融资产？交易性金融资产应当满足怎样的条件？

6.什么是商业汇票？它可以进行哪些分类？

7.应收账款现金折扣核算的具体会计处理是怎样的？

8.坏账准备的计提范围是怎样的？坏账准备如何计提？其核算方法有哪些？

9.什么是存货？其确认范围有哪些？

10.外购存货的成本如何确认？

11.发出存货的计价方法有哪些？其对企业的财务状况和经营成果有何影响？

12.计划成本法需要设置哪些账户？其结构如何？

13.什么是存货的可变现净值？如何确定？

练习题

第五章练习题

第六章

非流动资产

学习目标

通过本章的学习，应了解长期投资的含义及包括的内容；掌握债权投资的账务处理；了解长期股权投资的类型，掌握长期股权投资的初始计量和后续计量；了解固定资产的概念、特征、分类，掌握固定资产的计价、折旧范围、折旧方法以及会计处理方法；了解无形资产的概念、特征、内容，掌握无形资产的会计处理方法；了解长期待摊费用的含义和会计处理方法；了解投资性房地产的含义以及相关的会计处理方法。能正确运用有关债权投资、长期股权投资、固定资产以及无形资产等的知识，结合企业实际进行分析，理解各种处理方法对企业财务信息质量的影响。

非流动性资产是指不能在1年或者超过1年的一个营业周期内变现或者耗用的资产。非流动资产包括流动资产以外的债权投资、其他债权投资、长期应收款、长期股权投资、其他权益工具投资、其他非流动金融资产、投资性房地产、固定资产、在建工程、生产性生物资产、油气资产、使用权资产、无形资产、开发支出、商誉、长期待摊费用、递延所得税资产、其他非流动资产等。本章主要阐述债权投资、长期股权投资、固定资产、无形资产、长期待摊费用和投资性房地产等的主要内容。

第一节　长期投资

一、长期投资概述

（一）长期投资的含义和特点

长期投资是指企业投资期限在1年以上的对外投资。这类投资具有投资期限长、稳定性和收益性相对较高等优点，但是，这类投资也具有投资种类和投资的具体目的多种多样、投资金额较高、资金占用时间长、资金周转慢、资金调度困难、投资风险高等诸多缺点。企业应正确记录和反映各项投资所发生的成本和损益，加强对长期投资的会计核算和监督，促进企业落实投资经管责任、合理控制投资规模、有效管控投资风险。

（二）长期投资的内容

企业的长期投资包括债权投资、其他债权投资、长期股权投资、其他权益工具投资等对外投资。

1. 债权投资

债权投资是指以摊余成本计量的金融资产中的债权投资。如企业投资普通债券通常可能符合本金加利息的合同现金流量的以摊余成本计量的金融资产。按照小企业会计准则的相关规定归类为长期债券投资进行核算和管理，即小企业准备长期（在1年以上）持有的债券投资。

2. 其他债权投资

其他债权投资是指既以收取合同现金流量为目标又以某个特定日期出售该金融资产为目标管理的金融资产投资，其性质属于以公允价值计量且其变动计入其他综合收益的金融资产。

3. 长期股权投资

按照企业会计准则的相关规定，根据投资方在股权投资后对被投资单位能够施加影响的程度，区分为应当按照金融工具准则进行核算和应当按照长期股权投资准则进行核算两种情况。其中，属于按照长期股权投资准则规范的股权投资，是根据投资方在获取投资后能够对被投资单位施加影响程度划分确定的，包括对联营企业、合营企业和子公司的投资。除此之外的股权投资划分为金融工具准则范围的以公允价值计量且其变动计入当期损益的金融资产进行核算与管理。

4. 其他权益工具投资

按照金融工具会计准则的规定，以公允价值计量且其变动计入其他综合收益的金融资产包括权益投资和债权投资。其中，权益投资中除投资于普通股以外的各种权益金融工具投资分类为其他权益工具投资，如对优先股的投资等。

二、债权投资

（一）债权投资的确认与计量

企业取得符合债权投资定义的金融资产应当确认为债权投资。取得时应当按照购买价款和相关税费作为成本进行计量。实际支付价款中包含的已到付息期但尚未领取的债券利息，应当单独确认为应收利息，不计入债权投资的成本。持有期间的摊余成本应当以其初始确认金额扣除已偿还的本金、加上或减去采用实际利率法将该初始确认金额与到期日金额之间的差额进行摊销形成的累计摊销额、扣除计提的累计信用减值准备计算确定。在持有期间发生的应收利息（实际利率法下考虑溢、折价摊销等利息调整后）应当确认为投资收益。处置债权投资，处置价款扣除其账面余额、相关税费后的净额，应当计入投资收益。预期发生信用减值损失的还应计提债权投资减值准备。

债权投资的后续计量分为实际利率法和直线法两种。实际利率法是指计算金融资产的摊余成本以及将利息收入分摊计入各会计期间的方法。直线法是指债权投资的折价或者溢价在债券存续期间内于确认相关债券利息收入时采用直线法进行摊销。直线法的会计处理简便易行，缺点是债权投资后续计量与确认时不考虑市场实际利率的波动影响，使得摊余成本和投资收益的确认与计量不够准确；实际利率法的优点是债权投资后续确认与计量时考虑市场实际利率的波动影响，计量与确认的摊余成本和投资收益比较准确，缺点是市场实际利息率计算确定及相应的会计处理较为复杂。按照企业会计准则的规定，企业应当采用实际利率法；小企业会计准则规定，小企业应采用直线法。

（二）债权投资的账务处理

为了反映和监督企业以摊余成本计量的债权投资业务，企业应当设置“债权投资”科目。该科目应设置“债权投资——成本”科目核算债权投资的面值；设置“债权投资——利息调整”科目核算其面值与实际支付的购买价款和相关税费之间的差额，以及实际利率法下后续计量的折价或者溢价摊销额；设置“债权投资——应计利息”科目核算一次还本付息债权投资按票面利率计算确定的应收未收的利息；设置“投资收益”科目核算债权投资实际获得的债权投资的利息收入；分期确认利息收入时，借记“债权投资——应计利息”科目，借记或贷记“债权投资——利息调整”科目，贷记“投资收益”科目。设置“应收利息”科目核算分期付息、一次还本的债权投资按票面利率计算确定的应收未收的利息。分期确认利息收入时，借记“应收利息”科目，借记或贷记“债权投资——利息调整”科目，贷记“投资收益”科目。

小企业应当设置“长期债券投资”科目核算小企业准备长期（在1年以上）持有的债券投资。该科目应按照债券种类和被投资单位，分别设置“面值”“溢折价”“应计利息”等明细科目进行明细核算。

【例6-1】甲企业为一家小企业（执行《小企业会计准则》）。2021年1月1日，从二级市场购入乙公司债券，支付价款合计510 000元（含已到付息期但尚未收到的利息10 000元），另支付交易费用10 000元。该债券面值500 000元，剩余期限为2年，票面年利率为4%，每半年付息一次，合同现金流量特征仅为本金和以未偿付本金金额为基础的利息的支付。甲企业准备持有至到期，分类为长期债券投资进行核算与管理。假定不考虑增值税等其他因素，甲企业的账务处理如下：

（1）2021年1月1日，购入乙公司债券时：

借：长期债券投资——面值	500 000	
——溢折价	10 000	
应收利息	10 000	
贷：银行存款		520 000

注：交易费用10 000元在“长期债券投资——溢折价”明细科目进行核算，在以后确认投资收益时采用直线法摊销。

（2）2021年1月5日，收到2021年下半年利息10 000元：

借：银行存款	10 000	
贷：应收利息		10 000

（3）2021年6月30日和12月31日及2022年6月30日和12月31日，分别确认投资收益。

每半年应收利息=500 000×4%÷2=10 000（元）

溢折价摊销=10 000÷4=2 500（元）

借：应收利息	10 000	
贷：长期债券投资——溢折价		2 500
投资收益		7 500

（4）2021年7月5日和2022年1月5日及2022年7月5日，分别收到各半年的应收利息：

借：银行存款　　10 000

　贷：应收利息　　10 000

（5）2023年1月5日，收到半年利息及本金合计510 000元：

借：银行存款　　510 000

　贷：长期债券投资——面值　　500 000

　　　应收利息　　10 000

假定因债务人依法宣告破产、关闭、解散、被撤销，或者被依法注销、吊销营业执照等原因，其清算财产不足清偿，小企业应按其账面余额减除可收回的金额后确认的无法收回的长期债券投资，作为长期债券投资损失处理，于实际发生时计入营业外支出，同时冲减长期债券投资账面余额。

三、长期股权投资

（一）长期股权投资的含义和类型

长期股权投资（long-term equity investment），是指投资方对被投资单位实施控制、重大影响的权益性投资，以及对其合营企业的权益性投资。长期股权投资按投资企业对被投资单位影响力的大小，可分为以下三类：

1. 对子公司投资

这是指企业持有的能够对被投资单位实施控制的权益性投资。

2. 对合营企业投资

这是指企业持有的能够与其他合营方一同对被投资单位实施共同控制的权益性投资。

3. 对联营企业投资

这是指企业持有的能够对被投资单位施加重大影响的权益性投资。

（二）长期股权投资的初始计量

长期股权投资在取得时，应按初始投资成本入账。企业的长期股权投资的取得可以分为两类：一类是通过企业合并形成；另一类是通过非企业合并取得。其中，企业合并形成的长期股权投资又分为同一控制下企业合并形成的长期股权投资和非同一控制下企业合并形成的长期股权投资。取得方式不同，长期股权投资的会计处理方法也有区别。

1. 企业合并形成的长期股权投资的初始计量

企业合并，是指将两个或两个以上单独的企业合并形成一个报告主体的交易或事项。

（1）同一控制下企业合并形成的长期股权投资

同一控制下的企业合并是指参与合并的企业在合并前后均受同一方或相同的多方最终控制且该控制并非暂时性的企业合并。对于同一控制下的企业合并，在合并日取得对其他参与合并企业控制权的一方称为合并方，参与合并的其他企业称为被合并方。其中，合并日是指合并方实际取得对被合并方控制权的日期。

① 合并方以支付现金、转让非现金资产或承担债务方式作为合并对价的，应当在合并日按照取得被合并方所有者权益账面价值的份额作为长期股权投资的初始投资成本。长

期股权投资初始投资成本与支付的现金、转让的非现金资产以及所承担债务账面价值之间的差额，应当调整资本公积；资本公积不足冲减的，应当调整留存收益。

② 合并方以发行权益性证券作为合并对价的，应按发行股份的面值总额作为股本，长期股权投资初始投资成本与所发行股份面值总额之间的差额，应当调整资本公积；资本公积不足冲减的，应当调整留存收益。

在确定同一控制下企业合并形成的长期股权投资时，企业合并前合并方与被合并方采用的会计政策应当一致。企业合并前合并方与被合并方采用的会计政策不同的，应首先基于重要性原则，按照合并方的会计政策对被合并方资产、负债的账面价值进行调整，在此基础上计算确定长期股权投资的初始投资成本。

【例6-2】甲公司和乙公司同为A集团的子公司，2×23年5月1日，甲公司以支付银行存款900万元取得乙公司所有者权益的80%，同日，乙公司所有者权益的账面价值为1 000万元。假设资本公积足够冲减。甲公司应进行以下会计处理：

借：长期股权投资	8 000 000	
资本公积——资本溢价	1 000 000	
贷：银行存款		9 000 000

如果甲公司支付的银行存款是650万元，则：

借：长期股权投资	8 000 000	
贷：银行存款		6 500 000
资本公积——资本溢价		1 500 000

（2）非同一控制下企业合并形成的长期股权投资

非同一控制下的企业合并是指参与合并的各方在合并前后不受同一方或相同的多方最终控制的企业合并。非同一控制下的企业合并，在购买日取得对其他参与合并企业控制权的一方为购买方，参与合并的其他企业为被购买方。购买日是指购买方实际取得对被购买方控制权的日期。

非同一控制下的企业合并中，购买方为了取得对被购买方的控制权而放弃的资产、发生或承担的负债、发行的权益性证券等均应按其在购买日的公允价值计量。

基于上述原则，购买方应当按照确定的企业合并成本作为长期股权投资的初始投资成本。企业合并成本包括购买方付出的资产、发生或承担的负债、发行权益性证券的公允价值以及为企业合并发生的各项直接相关费用。该直接相关费用不包括为企业合并发行债券或承担其他债务支付的手续费、佣金等，也不包括企业合并中发行权益性证券发生的手续费、佣金等费用。

购买方在购买日应当区别下列情况确定合并成本，并将其作为长期股权投资的初始投资成本。

①通过一次交换交易实现的企业合并，合并成本包括购买方付出的资产、发生或承担的负债以及发行权益性证券的公允价值。

【例6-3】2×23年4月1日，甲公司以一项专利权和银行存款200万元向乙公司投资（甲、乙公司为非同一控制下的两个公司），占乙公司注册资本的70%，该专利权的账面原价为6 000万元，已计提累计摊销600万元，已计提无形资产减值准备200万元，公允价值为5 000万元。不考虑其他相关税费。甲公司的会计处理如下：

借：长期股权投资　　52 000 000
　　累计摊销　　6 000 000
　　无形资产减值准备　　2 000 000
　　营业外支出　　2 000 000
　贷：无形资产　　60 000 000
　　　银行存款　　2 000 000

②通过多次交换交易，分步取得股权最终形成非同一控制下控股合并的，购买方应当以购买日之前所持被购买方的股权投资的账面价值与购买日新增投资成本之和，作为该项投资的初始投资成本。其中，形成控股合并前对长期股权投资采用权益法核算的，购买日长期股权投资的初始投资成本，为原权益法下的账面价值加上购买日为取得新的股份所支付对价的公允价值之和，购买日之前因权益法形成的其他综合收益或其他资本公积暂时不作处理，待到处置该项投资时将与其相关的其他综合收益或其他资本公积采用与被投资方直接处置相关资产或负债相同的基础进行会计处理；形成控股合并前对长期股权投资采用公允价值计量的，长期股权投资在购买日的初始投资成本为原公允价值计量的账面价值加上购买日取得新的股份所支付对价的公允价值之和，购买日之前持有的被购买方的股权涉及其他综合收益的，转入当期损益。

2. 企业合并以外的方式取得的长期股权投资的初始计量

除企业合并形成的长期股权投资以外其他方式取得的长期股权投资，应当按照下列规定确定其初始投资成本：

（1）以支付现金取得的长期股权投资

以支付现金取得的长期股权投资，应当按照实际支付的购买价款作为初始投资成本。初始投资成本包括与取得长期股权投资直接相关的费用、税金及其他必要支出。企业取得长期股权投资，实际支付的价款或对价中包含的已宣告但尚未发放的现金股利或利润，应作为应收项目处理。

【例6-4】2×23年4月1日，甲公司从证券市场上购入乙公司发行在外股票1 000万股作为长期股权投资，每股8元（含已宣告但尚未发放的现金股利0.6元），实际支付价款8 000万元，另支付相关税费40万元。甲公司应进行以下会计处理：

借：长期股权投资　　74 400 000
　　应收股利　　6 000 000
　贷：银行存款　　80 400 000

（2）以发行权益性证券取得的长期股权投资

以发行权益性证券取得的长期股权投资，应当按照发行权益性证券的公允价值作为初始投资成本。为发行权益性证券支付的手续费、佣金等应自权益性证券的溢价发行收入中扣除，溢价收入不足的，应冲减盈余公积和未分配利润。

【例6-5】2×23年1月1日，乙公司发行股票1 000万股作为对价向甲公司投资，每股面值为1元，实际发行价为每股5元。不考虑相关税费。乙公司应进行以下会计处理：

借：长期股权投资　　50 000 000
　贷：股本　　10 000 000
　　　资本公积——股本溢价　　40 000 000

（三）长期股权投资的后续计量[①]

长期股权投资在持有期间，根据投资企业对被投资单位的影响程度进行划分，应当分别采用成本法及权益法进行核算。

1. 长期股权投资核算的成本法

（1）成本法的定义及适用范围

成本法（cost method），是指长期股权投资的账面价值按初始投资成本计量，除追加或收回投资外，一般不对长期股权投资的账面价值进行调整的一种会计处理方法。长期股权投资成本法适用于企业持有的、能够对被投资单位实施控制的长期股权投资。

（2）成本法核算

在成本法下，长期股权投资应当按照初始投资成本计量，一般不予变更，只有在追加或收回投资时才调整长期股权投资的成本；当被投资单位宣告分派现金股利或利润时，投资企业按应享有的部分，确认为投资收益。如果收到的股利为股票股利，则只调整持股数量，降低每股成本，不作账务处理。

【例6-6】2×23年5月15日，长江公司以每股7元的价格，购买黄河公司的股票5 000 000股，持有股权60%，准备长期持有。黄河公司于2×23年5月18日宣告分派2×22年现金股利，每股0.1元，将于2×23年6月20日实际派发。采用成本法核算。长江公司编制的会计分录如下：

（1）2×23年5月15日长江公司购入股票时：

借：长期股权投资	35 000 000	
贷：银行存款		35 000 000

（2）2×23年5月18日黄河公司宣告分派股利时：

借：应收股利	500 000	
贷：投资收益		500 000

（3）2×23年6月20日收到股利时：

借：银行存款	500 000	
贷：应收股利		500 000

2. 长期股权投资核算的权益法

（1）权益法的定义及适用范围

权益法（equity method），是指投资以初始投资成本计量后，在投资持有期间根据投资企业享有被投资单位所有者权益份额的变动对投资的账面价值进行调整的方法。投资企业对被投资单位具有共同控制或重大影响的长期股权投资，即对合营企业投资和联营企业投资，应当采用权益法核算。

（2）权益法核算

①初始投资成本的调整

采用权益法核算长期股权投资，可以在“长期股权投资”科目下，设置“投资成本”“损益调整”“其他综合收益”“其他权益变动”等明细科目。

① 长期股权投资在持有期间，可能因各方面情况的变化，导致其核算需要由一种方法转换为另一种方法。

初始投资成本与应享有被投资单位可辨认净资产公允价值份额之间的差额，应区别情况分别处理。初始投资成本大于应享有被投资单位可辨认净资产公允价值份额的，差额不需要调整初始投资成本；初始投资成本小于应享有被投资单位可辨认净资产公允价值份额的，差额计入取得投资当期的营业外收入，同时调整长期股权投资的账面价值。

【例6-7】A企业于2×23年1月取得B公司30%的股权，支付价款9 000万元。取得投资时被投资单位净资产账面价值为22 500万元（假定被投资单位各项可辨认资产、负债的公允价值与账面价值相同）。在B公司的生产经营决策过程中，所有股东均按持股比例行使表决权。A企业在取得B公司的股权后，派人参与了B公司的生产经营决策。

A企业应进行以下账务处理：

借：长期股权投资——B公司（成本）　　90 000 000

　贷：银行存款　　90 000 000

长期股权投资的初始投资成本9 000万元大于6 750万元（22 500×30%）。

如果本例被投资单位可辨认净资产的公允价值为36 000万元，A企业按持股比例确定享有10 800（36 000×30%）万元，与初始投资成本9 000万元之间的差额1 800万元应计入取得投资当期的营业外收入，账务处理如下：

借：长期股权投资——B公司（成本）　　90 000 000

　贷：银行存款　　90 000 000

借：长期股权投资——B公司（成本）　　18 000 000

　贷：营业外收入　　18 000 000

②投资损益的确认

在权益法下，被投资单位当期实现净利润时，投资企业按持股比例相应调增“长期股权投资”科目金额；被投资单位发生亏损时，投资企业则按持股比例相应调减“长期股权投资”科目金额；当被投资单位宣告发放利润或现金股利时，投资企业也应调减“长期股权投资”科目金额。因此，在权益法下，长期股权投资的账面价值通常已经不是长期股权投资的初始成本，而是投资企业在被投资单位中应享有的所有者权益的份额。

【例6-8】中通公司2×21年1月20日购入生源公司股票200 000股，所付全部价款为3 000 000元，占生源公司有表决权股份的40%，其初始投资成本与应享有生源公司的所有者权益份额相等。2×21年，生源公司发生亏损150 000元，2×22年，生源公司实现净利润250 000元。2×23年4月15日，生源公司宣告分派现金股利，每股派发0.1元。中通公司应编制如下会计分录：

（1）2×21年1月20日，取得投资时：

借：长期股权投资——投资成本　　3 000 000

　贷：银行存款　　3 000 000

（2）2×21年生源公司发生亏损时：

借：投资收益　　60 000

　贷：长期股权投资——损益调整　　60 000

（3）2×22年生源公司盈利时：

借：长期股权投资——损益调整　　100 000

　贷：投资收益　　100 000

（4）2×23年生源公司宣告分派现金股利时：

借：应收股利　　20 000

　贷：长期股权投资——损益调整　　20 000

3. 长期股权投资的处置

企业持有长期股权投资的过程中，出于各方面的考虑，决定将所持有的对被投资单位的股权全部或部分对外出售时，应相应结转与所售股权相对应的长期股权投资的账面价值，出售所取得的价款与处置长期股权投资账面价值之间的差额，应当计入投资收益。出售长期股权投资时，应按实际收到的金额，借记“银行存款”等科目，原已计提减值准备的，借记“长期股权投资减值准备”科目，按其账面余额，贷记“长期股权投资”科目，按尚未领取的现金股利或利润，贷记“应收股利”科目，按其差额，贷记或借记“投资收益”科目。

【例6-9】承【例6-8】，假定2×23年4月25日，中通公司将长期持有的生源公司股票200 000股，以每股20元的价格卖出，支付相关税费80 000元，取得的转让股票净额存入银行。该长期股权投资账面余额为3 020 000元，其中成本3 000 000元，损益调整借方余额20 000元。中通公司应编制如下会计分录：

借：银行存款　　3 920 000

　贷：长期股权投资——投资成本　　3 000 000

　　　　　　　　——损益调整　　20 000

　　投资收益　　900 000

第二节　固定资产

一、固定资产概述

固定资产（fixed assets），是指为生产商品、提供劳务、出租或经营管理而持有的，使用寿命超过一个会计年度的有形资产。固定资产具有以下三个特征：

1. 固定资产是为生产商品、提供劳务、出租或经营管理而持有的。企业持有固定资产的目的是生产商品、提供劳务、出租或经营管理，即企业持有的固定资产是企业的劳动工具或手段，而不是用于出售的产品。其中出租的固定资产，是指企业以经营租赁方式出租的机器设备类固定资产，不包括以经营租赁方式出租的建筑物，后者属于企业的投资性房地产，不属于固定资产。

2. 固定资产的使用寿命超过一个会计年度。固定资产的使用寿命，是指企业使用固定资产的预计期间，或者该固定资产所能生产产品或提供劳务的数量。固定资产的使用寿命超过一个会计年度，意味着固定资产属于非流动资产，随着使用和磨损，通过计提折旧方式逐渐减少其账面价值。

3. 固定资产是有形资产。固定资产是具有实物特征的有形资产，这是与无形资产区别开来的显著特征。有些无形资产可能同时符合固定资产的其他特征，如无形资产为生产商品、提供劳务而持有，使用寿命超过一个会计年度，但由于其没有实物形态，所以不属于固定资产。

二、固定资产的分类

企业固定资产的种类繁多，规格不一，为了便于管理和核算，企业应根据自身具体情况对固定资产进行合理的分类。常见的固定资产分类方法有：

（一）按固定资产的经济用途分类

按固定资产经济用途可分为生产经营用固定资产和非生产经营用固定资产。

1. 生产经营用固定资产

这是指直接服务于企业生产经营活动的各种固定资产。例如，生产经营用的房屋、建筑物、机器设备等。

2. 非生产经营用固定资产

这是指不直接服务于企业生产经营活动的各种固定资产。例如，职工宿舍、食堂、浴室、理发室等福利部门使用的房屋、设备、器具、工具等。

这种分类有利于企业考核和监督固定资产在生产经营和非生产经营方面所占的比重及其结构变化，促使企业有效配置和充分利用固定资产。

（二）按固定资产的使用情况分类

按固定资产的使用情况可分为使用中的固定资产、未使用的固定资产和不需用的固定资产。

1. 使用中的固定资产

这是指正在使用的经营性和非经营性固定资产。由于季节性经营或大修理等原因而暂时停用的固定资产、出租（指经营性租赁）给其他单位使用的固定资产以及内部替换使用的固定资产，也属于使用中的固定资产。

2. 未使用的固定资产

这是指已经完工或者已经购建的尚未交付使用的新增固定资产以及因改建、扩建等原因暂停使用的固定资产。例如企业购建的尚待安装的固定资产、经营任务变更停止使用的固定资产等。

3. 不需用的固定资产

这是指不适合本企业需要，准备出售处理的各种固定资产。

这种分类有利于企业了解固定资产的使用情况及利用效率，从而能够促使企业合理地使用固定资产。另外，也有助于企业合理地计提固定资产的折旧。

（三）按固定资产的经济用途和使用情况等综合分类

采用这一分类方法，可把企业的固定资产分为以下六大类：

（1）生产经营用固定资产。

（2）非生产经营用固定资产。

（3）租出固定资产（指企业在经营租赁方式下出租给外单位使用的固定资产）。

（4）不需用固定资产。

（5）未使用固定资产。

（6）土地（指过去已经估价单独入账的土地。因征地而支付的补偿费，应计入与土地有关的房屋、建筑物的价值内，不单独作为土地价值入账。需要注意的是：由于土地的所有权属于国家，企业只能取得土地的使用权，因此，企业不能将土地列入固定资产进行核算，对于取得的土地使用权，应作为一项无形资产进行管理和核算）。

由于企业经营性质不同，经营规模各异，对固定资产的分类不可能完全一致，企业可以根据各自的具体情况和经营管理、会计核算的需要进行必要的分类，制定适合本企业实际情况的固定资产目录和分类方法，作为固定资产核算的依据。

三、固定资产的初始计量

固定资产的初始计量是指确定固定资产的初始成本。固定资产的成本是指企业为购建某固定资产达到预定可使用状态前所发生的一切合理的、必要的支出。固定资产的取得方式主要包括外购、自行建造、融资租入、投资者投入等。由于取得的方式不同，其初始计量的方法也不尽相同。

（一）外购固定资产的成本

企业外购固定资产的成本包括购买价款、相关税费、使固定资产达到预定可使用状态前所发生的可归属于该项资产的运输费、装卸费、安装费和专业人员服务费等。企业购入的固定资产分为不需要安装的固定资产和需要安装的固定资产两种情形。

1. 不需要安装的固定资产的取得成本

不需要安装的固定资产的取得成本是企业实际支付的购买价款、包装费、运杂费、保险费、专业人员服务费和相关税费（不含可抵扣的增值税进项税额）等。其账务处理为：按应计入固定资产成本的金额，借记“固定资产”科目，贷记“银行存款”“其他应付款”“应付票据”等科目。

【例6-10】某企业购入一台不需安装的设备（生产用），发票上列明价款为20 000元，增值税税款为2 600元，款项均以银行存款付清。该企业编制会计分录如下：

借：固定资产　　20 000
　　应交税费——应交增值税（进项税额）　　2 600
　贷：银行存款　　22 600

2. 需要安装的固定资产的取得成本

需要安装的固定资产的取得成本是在前者取得成本的基础上，加上安装调试成本等。其账务处理为：按应计入固定资产成本的金额，先记入“在建工程”科目，该固定资产达到预定可使用状态时再转入“固定资产”科目。

【例6-11】上例中，假定该企业购入的设备需要安装，且在安装过程中支付了安装费4 000元，设备安装完毕后，投入使用。则编制会计分录如下：

（1）购入设备时：

借：在建工程　　20 000
　　应交税费——应交增值税（进项税额）　　2 600
　贷：银行存款　　22 600

（2）支付安装费时：

借：在建工程　　4 000
　贷：银行存款　　4 000

（3）安装完毕时：

借：固定资产　　24 000

贷：在建工程 24 000

（二）自行建造固定资产的成本

自行建造固定资产的成本，以建造该项资产达到预定可使用状态前所发生的必要支出作为入账价值，包括工程物资成本、人工成本、缴纳的相关税费、应予资本化的借款费用以及应分摊的间接费用等。

企业自行建造固定资产包括自营建造和出包建造两种方式。无论采用何种方式，所建工程都应当按照实际发生的支出确定其工程成本并单独核算。

1. 自营工程

自营方式建造固定资产也叫自营工程，是指企业利用自身的生产能力进行的固定资产建造工程。实务中，企业较少采用自营方式建造固定资产，多数情况下采用出包方式。

自营工程由于是利用自身的生产能力进行的固定资产建造工程，因此，固定资产的建造成本往往很难与产品的生产成本完全划分清楚。为了简化核算，企业通常只将固定资产建造工程中所发生的直接支出计入工程成本。按规定，其内容主要包括消耗的工程物资、原材料、库存商品，负担的职工薪酬，辅助生产部门为工程提供的水、电、设备安装、修理、运输等劳务支出，以及工程发生的待摊支出（包括工程管理费、征地费、可行性研究费、临时设施费、公证费、监理费及应负担的税费等）。

【例6-12】某公司利用剩余生产能力自行制造一台设备。在建造过程中主要发生下列支出：（1）2×23年1月6日，用银行存款购入工程物资90 400元，其中价款80 000元，应交增值税10 400元，工程物资验收入库。（2）2×23年1月20日工程开始，当日实际领用工程物资80 000元；领用库存材料一批，实际成本6 000元；领用库存产成品若干件，实际成本8 100元；辅助生产部门为工程提供水、电等劳务支出共计5 000元，工程应负担直接人工费10 260元。（3）2×23年4月30日工程完工，并达到预定可使用状态。其账务处理如下：

（1）2×23年1月6日，购入工程物资、验收入库。

借：工程物资 80 000

　　应交税费——应交增值税（进项税额） 10 400

　贷：银行存款 90 400

（2）2×23年1月20日，领用工程物资，投入自营工程。

借：在建工程 80 000

　贷：工程物资 80 000

（3）2×23年1月20日，领用库存材料。

借：在建工程 6 000

　贷：原材料 6 000

（4）2×23年1月20日，领用库存产成品。

借：在建工程 8 100

　贷：库存商品 8 100

（5）结转应由工程负担的水电费。

借：在建工程 5 000

贷：生产成本 5 000

（6）结转应由工程负担的直接人工费。

借：在建工程 10 260

贷：应付职工薪酬 10 260

（7）2×23年4月30日，工程完工，并达到预定可使用状态，计算并结转工程成本。

设备制造成本=80 000+6 000+8 100+5 000+10 260=109 360（元）

借：固定资产 109 360

贷：在建工程 109 360

2. 出包工程

如果企业没有多余的生产能力，可以采用出包方式建造固定资产，从而形成出包工程。企业支付给建造商的工程价款通过“在建工程”科目核算，工程达到预定可使用状态时，按实际发生的全部支出，由“在建工程”科目转入“固定资产”科目。

【例6-13】甲企业以出包方式建造一座仓库，合同总金额为1 500 000元，按照与承包单位签订的合同规定，公司需事前支付工程款1 000 000元，剩余工程款于工程完工结算时补付。该企业应作如下会计处理：

（1）按合同规定预付工程款：

借：在建工程 1 000 000

贷：银行存款 1 000 000

（2）工程完工补付工程款：

借：在建工程 500 000

贷：银行存款 500 000

（3）计算并结转工程成本：

借：固定资产 1 500 000

贷：在建工程 1 500 000

（三）投资者投入固定资产的成本

投资者投入固定资产的成本，应当按照投资合同或协议约定的价值加上应支付的相关税费确定，但合同或协议约定价值不公允的除外。

四、固定资产的后续计量

固定资产的后续计量主要包括计提固定资产折旧、确定减值损失，以及计量后续支出。其中，固定资产的减值应当按照《企业会计准则第8号——资产减值》处理。

（一）固定资产折旧

1. 固定资产折旧的定义

固定资产折旧（fixed assets depreciation），是指在固定资产的使用寿命内，按照确定的方法对应计折旧额进行的系统分摊。其中，应计折旧额是指应当计提折旧的固定资产的原价扣除其预计净残值（nct salvage）后的余额。如果已对固定资产计提减值准备，还应当扣除已计提的固定资产减值准备累计金额。预计净残值，是指假定固定资产预计使用寿命已满并处于使用寿命终了时的预期状态，企业目前从该项资产处置中获得的扣除预计处置费用后的金额。

2. 计提折旧的固定资产范围

企业应当对所有的固定资产计提折旧，但是已提足折旧仍继续使用的固定资产和单独估价作为固定资产入账的土地除外。在确定计提折旧的固定资产范围时还应注意以下几点：

（1）固定资产应当按月计提折旧，并根据用途计入相关资产的成本或者当期损益。当月增加的固定资产，当月不计提折旧，从下月起计提折旧；当月减少的固定资产，当月仍计提折旧，从下月起停止计提折旧。

（2）已提足折旧的固定资产，不论是否继续使用，均不再计提折旧；提前报废的固定资产也不再补提折旧。提足折旧是指已经提足该项固定资产的应计折旧额。

（3）已达到预定可使用状态但尚未办理竣工决算的固定资产，应当按照估计价值确定其成本，并计提折旧；待办理竣工决算后再按实际成本调整原来的暂估价值，但不需要调整原已计提的折旧额。

3. 固定资产的折旧方法

固定资产折旧方法的选择，直接影响企业的成本、费用和收入，以及国家的税收。企业应当根据与固定资产有关的经济利益的预期实现方式，合理选择折旧方法。可选用的折旧方法包括年限平均法、工作量法、双倍余额递减法和年数总和法等。固定资产的折旧方法一经确定，不得随意变更。

（1）年限平均法

年限平均法又称直线法，是将固定资产的应计折旧额在固定资产的预计使用年限内均衡地分摊到各期的一种方法。采用这种方法计算的每期折旧额均是等额的。计算公式如下：

$$\text{年折旧额}=\frac{\text{固定资产原值}-(\text{预计残值收入}-\text{预计清理费用})}{\text{预计使用年限}}$$

或

$$=\frac{\text{固定资产原值}\times(1-\text{预计净残值率})}{\text{预计使用年限}}$$

月折旧额=年折旧额÷12

在实际工作中，固定资产折旧额通常是按事先确定的折旧率计算的。其计算公式如下：

$$\text{年折旧率}=\frac{\text{年折旧额}}{\text{固定资产原值}}\times100\%=\frac{1-\text{预计净残值率}}{\text{预计使用年限}}\times100\%$$

月折旧率=年折旧率÷12

月折旧额=固定资产原值×月折旧率

【例6-14】华阳公司有一幢应计提折旧的厂房，其原值为600 000元，预计可使用20年，按照有关规定，该厂房报废时的预计净残值率为4%。则该厂房的折旧率和折旧额的计算如下：

$$\text{年折旧率}=\frac{1-4\%}{20}\times100\%=4.8\%$$

$$\text{月折旧率}=\frac{4.8\%}{12}=0.4\%$$

月折旧额=600 000×0.4%= 2 400（元）

固定资产的折旧率可按单项固定资产计算，也可按某类或全部固定资产计算，以分别确定个别折旧率、分类折旧率或综合折旧率。

采用年限平均法计提折旧简便易行，但该方法没有考虑固定资产在各期的使用情况及其带来的经济利益。一般而言，固定资产在其使用前期工作效率相对较高，所带来的经济利益较多，而且发生的维修费也较少；在其使用后期，工作效率一般呈下降趋势，所带来的经济利益逐渐减少，而且发生的维修费也较多。因此，将固定资产的应计折旧额在各期平均分摊，便会出现固定资产各期的使用成本很不均衡（早期负担偏低、后期负担偏高）的现象，这是不合理的。该种方法一般应在固定资产各期负荷程度基本相同的情况下使用。

（2）工作量法

工作量法实际上仍然属于直线法，该方法是根据固定资产实际完成的工作量计提折旧的一种方法。其计算公式如下：

$$\text{某项固定资产单位工作量折旧额}=\frac{\text{该项固定资产原值}\times(1-\text{预计净残值率})}{\text{该项固定资产预计完成的总工作量}}$$

或

$$=\frac{\text{该项固定资产原值}-(\text{预计残值收入}-\text{预计清理费用})}{\text{该项固定资产预计完成的总工作量}}$$

某项固定资产月折旧额=该项固定资产当月实际完成的工作量×该项固定资产单位工作量折旧额

上述公式中的“工作量”，可用运输里程、机器工时或机器台班来表示。

【例6-15】长江公司有汽车一辆，原价为180 000元，预计残值收入9 000元，预计清理费用1 000元。预计行驶500 000千米，本月实际行驶10 000千米。则该辆汽车的本月折旧额计算如下：

$$\text{单位工作量折旧额}=\frac{180\,000-(9\,000-1\,000)}{500\,000}=0.344\text{（元/千米）}$$

本月折旧额=10 000×0.344=3 440（元）

工作量法将固定资产的折旧费用与其使用情况相联系，更好地体现了收入与费用配比的原则，但是，这种方法只注重固定资产的使用情况，忽略了固定资产的无形损耗因素。

（3）双倍余额递减法

双倍余额递减法（double declining balance depreciation method），是指在不考虑固定资产预计净残值的情况下，根据每期期初固定资产原价减去累计折旧后的余额和双倍的直线法折旧率计算固定资产折旧的一种方法。计算公式如下：

年折旧率=2÷预计使用寿命（年）×100%

月折旧率=年折旧率÷12

月折旧额=固定资产账面净值×月折旧率

由于每年年初固定资产净值没有扣除预计净残值。因此，在计算折旧额时，应在其折旧年限到期前两年内，将固定资产净值扣除预计净残值后的余额平均摊销。

【例6-16】甲公司某项设备原价为120万元，预计使用寿命为5年，预计净残值率为4%。假设甲公司没有对该项设备计提减值准备。甲公司按双倍余额递减法计算折旧，每年折旧额计算如下：

年折旧率=2÷5×100%=40%

第一年应提的折旧额=120×40%=48（万元）

第二年应提的折旧额=（120-48）×40%=28.8（万元）

第三年应提的折旧额=（120-48-28.8）×40%=17.28（万元）

从第四年起改按年限平均法（直线法）计提折旧：

第四、五年应提的折旧额=（120-48-28.8-17.28-120×4%）÷2=10.56（万元）

（4）年数总和法

年数总和法（sum-of-the-years' digits depreciation method），又称合计年限法，是指根据固定资产的原值减去预计净残值后的净额和某年固定资产尚可使用年数占各年固定资产尚可使用年数总和的比重（即年折旧率）计提折旧的一种方法。其计算公式如下：

$$年折旧率=\frac{该年固定资产尚可使用年数}{各年固定资产尚可使用年数总和}$$

或

$$=\frac{预计使用年限-已使用年限}{预计使用年限\times(预计使用年限+1)\div 2}\times 100\%$$

月折旧率=年折旧率÷12

月折旧额=（固定资产原值-预计净残值）×月折旧率

上述公式中的年折旧率是变动的，它随固定资产使用寿命的缩短而逐年下降，但计提折旧的基数是固定的，即始终为应计折旧总额。

【例6-17】甲公司某项设备原价为128 000元，预计使用寿命为5年，预计净残值5 000元。假设甲公司没有对该项设备计提减值准备。采用年数总和法计算的各年折旧额见表6-1。

表6-1　**折旧计算表**　金额单位：元

年份	尚可使用年限	原价-净残值	年折旧率	年折旧额	累计折旧额
第1年	5	123 000	5/15	41 000	41 000
第2年	4	123 000	4/15	32 800	73 800
第3年	3	123 000	3/15	24 600	98 400
第4年	2	123 000	2/15	16 400	114 800
第5年	1	123 000	1/15	8 200	123 000

双倍余额递减法和年数总和法都属于加速折旧方法，其特点是在固定资产使用的前期多提折旧，后期少提折旧，其递减的速度逐年加快，从而相对加快折旧的速度，目的是使固定资产成本在预计使用寿命期内加快得到补偿。

4. 固定资产折旧的会计处理

固定资产应当按月计提折旧，计提的折旧应通过“累计折旧”科目核算，并根据用途计入相关资产的成本或者当期损益。企业基本生产车间所使用的固定资产，其计提的折旧应记入“制造费用”账户的借方；管理部门所使用的固定资产，其计提的折旧应记入“管理费用”账户的借方；销售部门所使用的固定资产，其计提的折旧应记入“销售费用”账户的借方；自行建造固定资产过程中使用的固定资产，其计提的折旧应记入“在建工程”账户的借方；经营租出的固定资产，其计提的折旧应记入“其他业务成本”账户的借方，同时记入“累计折旧”账户的贷方。

【例6-18】甲公司2×23年1月固定资产计提折旧情况如下：第一生产车间厂房计提折旧7.6万元，机器设备计提折旧9万元；管理部门房屋建筑物计提折旧13万元，运输工具计提折旧4.8万元；销售部门房屋建筑物计提折旧6.4万元，运输工具计提折旧5.26万元。此外，本月第一生产车间新购置一台设备，原价为122万元，预计使用寿命10年，预计净残值1万元，按年限平均法计提折旧。

本例中，新购置的设备本月不提折旧，应从2×23年2月开始计提折旧。甲公司2×23年1月计提折旧的账务处理如下：

借：制造费用——第一生产车间	166 000	
管理费用	178 000	
销售费用	116 600	
贷：累计折旧		460 600

（二）固定资产的后续支出

固定资产的后续支出是指固定资产使用过程中发生的更新改造支出、修理费用等。后续支出的处理原则为：与固定资产有关的更新改造等后续支出，符合固定资产确认条件的，应当计入固定资产成本，同时，将被替换部分的账面价值扣除；与固定资产有关的修理费用等后续支出，不符合固定资产确认条件的，应当计入当期损益。

1. 资本化的后续支出

资本化的后续支出是指与固定资产有关的、使可能流入企业的经济利益超过原先估计的那部分后续支出。例如固定资产的改建、扩建、部件的换新、再安装及再组合等，其支出能导致企业未来经济利益的增加，应在发生时予以资本化，计入固定资产的账面价值。

固定资产发生可资本化的后续支出时，企业一般应将该固定资产的原价、已计提的累计折旧和减值准备转销，将固定资产的账面价值转入在建工程，并在此基础上重新确定固定资产原价。因已转入在建工程，因此停止计提折旧。在固定资产发生的后续支出完工并达到预定可使用状态时，再从在建工程转为固定资产，并按重新确定的固定资产原价、使用寿命、预计净残值和折旧方法计提折旧。固定资产发生的可资本化的后续支出，通过“在建工程”科目核算。

2. 费用化的后续支出

费用化的后续支出是指与固定资产有关的修理费用等后续支出。固定资产的日常修理费用、大修理费用等支出只是确保固定资产保持良好的工作状态，一般不产生未来的经济利益。因此，通常不符合固定资产的确认条件，在发生时应直接计入当期损益。企业对固定资产进行修理、维护保养、较小幅度的质量改进等发生的支出，均属于费用化的后续支出。

五、固定资产的处置

企业取得固定资产是为了用于生产商品、提供劳务、出租或经营管理，但随着企业经营情况的变化，对那些已不再适用或不需用的固定资产，企业可以对其处置。固定资产满足下列条件之一的，应当予以终止确认：

1. 该固定资产处于处置状态

固定资产处置包括固定资产的出售、转让、报废或毁损、对外投资、非货币性资产交换、债务重组等。处于处置状态的固定资产不再用于生产商品、提供劳务、出租或经营管理，因此不再符合固定资产的定义，应予终止确认。

2. 该固定资产预期通过使用或处置不能产生经济利益

固定资产的确认条件之一是“与该固定资产有关的经济利益很可能流入企业”，如果一项固定资产预期通过使用或处置不能产生经济利益，那么它就不再符合固定资产的定义和确认条件，应予以终止确认。

企业出售、转让、报废或者毁损的固定资产通过“固定资产清理”科目核算，清理的净损益计入当期损益。其会计处理一般经过以下几个步骤：

第一，固定资产转入清理。固定资产转入清理时，按固定资产账面价值，借记“固定资产清理”科目，按已计提的累计折旧，借记“累计折旧”科目，按已计提的减值准备，借记“固定资产减值准备”科目，按固定资产账面余额，贷记“固定资产”科目。

第二，发生的清理费用。固定资产清理过程中发生的有关费用以及应支付的相关税费，借记“固定资产清理”科目，贷记“银行存款”“应交税费”等科目。

第三，出售收入和残料等的处理。企业收回出售固定资产的价款、残料价值和变价收入等，应冲减清理支出。按实际收到的出售价款以及残料变价收入等，借记“银行存款”“原材料”等科目，贷记“固定资产清理”“应交税费——应交增值税”等科目。

第四，保险赔偿的处理。企业计算或收到的应由保险公司或过失人赔偿的损失，应冲减支出，借记“其他应收款”“银行存款”等科目，贷记“固定资产清理”科目。

第五，清理净损益的处理。固定资产清理完成后的净损益，计入资产处置损益。如为净损失，则借记“资产处置损益”科目，贷记“固定资产清理”科目；如为净收益，则借记“固定资产清理”科目，贷记“资产处置损益”科目；属于报废、毁损的，借记“营业外支出”科目，贷记“固定资产清理”科目。

第三节　无形资产和长期待摊费用

一、无形资产

（一）无形资产概述

1. 无形资产的定义及特征

无形资产（intangible assets），是指企业拥有或者控制的没有实物形态的可辨认非货币性资产。无形资产具有以下特征：

（1）不具有实物形态。无形资产一般表现为某种权利、某项技术或者是某种获取超额利润的综合能力，它们不像存货、固定资产等其他资产具有实物形态，它们是看不见、摸不着的，例如专利权、非专利技术等。无形资产虽然没有实物形态，但却具有价值，它有助于提高企业的经济效益，能使企业获得高于同行业一般水平的盈利能力。不具有实物形态是无形资产区别于其他资产的显著特征。但是，并非所有不具有实物形态的资产都是无形资产，例如企业的应收账款和预付账款等也没有实物形态，却不是无形资产。

（2）属于非货币性资产。无形资产由于没有发达的交易市场，一般不容易转化成现金，在持有过程中为企业带来未来经济利益的情况不确定，不属于以固定或可确定的金额收取的资产，属于非货币性资产。

（3）具有可辨认性。资产符合以下条件之一的，则认为其具有可辨认性：

① 能够从企业中分离或者划分出来，并能单独用于出售或转让等，而不需要同时处置在同一获利活动中的其他资产，则说明无形资产可以辨认。某些情况下无形资产可能需要与有关的合同一起用于出售、转让、租赁等，也视为可辨认无形资产。

② 产生于合同性权利或其他法定权利，无论这些权利是否可以从企业或其他权利和义务中转移或者分离。

2. 无形资产的内容

无形资产通常包括专利权、非专利技术、商标权、著作权、特许权、土地使用权等。

（1）专利权，是指国家专利主管机关依法授予发明创造专利申请人，对其发明创造在法定期限内所享有的专有权利，包括发明专利权、实用新型专利权和外观设计专利权。

（2）非专利技术，也称专有技术，是指不为外界所知、在生产经营活动中已采用了的、不享有法律保护的、可以带来经济效益的各种技术和诀窍。

（3）商标权。商标是用来辨认特定的商品或劳务的标记。商标权指专门在某类指定的商品或产品上使用特定的名称或图案的权利。

（4）著作权，亦称版权，是指作者对其创作的文学、科学和艺术作品依法享有的某些特殊权利。

（5）特许权，又称经营特许权、专营权，是指企业在某一地区经营或销售某种特定商品的权利或是一家企业接受另一家企业使用其商标、商号、技术秘密等的权利。

（6）土地使用权，是指国家准许某企业在一定期间内对国有土地享有开发、利用、经营的权利。

我国企业会计准则规定，作为投资性房地产的土地使用权、企业合并中形成的商誉、石油天然气矿区权益等不适用于无形资产准则，按照其他相关会计准则处理。

（二）无形资产的初始计量

无形资产应当按照成本进行初始计量，即以取得无形资产并使之达到预定用途而发生的全部支出，作为无形资产的成本。对于不同来源取得的无形资产，其初始成本构成也各不相同。

1. 外购无形资产的成本

外购无形资产的成本通常包括购买价款、相关税费以及直接归属于使该项资产达到预定用途所发生的其他支出。

【例 6-19】甲公司购入一新产品专利权，专利转让费及有关的手续费 200 000 元，以银行存款支付。甲公司的账务处理如下：

借：无形资产——专利权	200 000	
贷：银行存款		200 000

2. 投资者投入无形资产的成本

投资者投入无形资产的成本应当按照投资合同或协议约定的价值确定。在合同或协议约定价值不公允的情况下，应按无形资产的公允价值入账。

【例6-20】因乙公司创立的商标已有较好的声誉，甲公司预计使用乙公司商标后可使其未来利润增长30%。为此，甲公司与乙公司协议商定，乙公司以其商标权投资于甲公司，双方协议价格（等于公允价值）为400万元，甲公司另支付印花税等相关税费2万元，款项已通过银行转账支付。甲公司的账务处理如下：

借：无形资产——商标权	4 020 000	
贷：实收资本（或股本）		4 000 000
银行存款		20 000

3. 自行开发无形资产的成本

自行开发无形资产的成本仅包括在满足资本化条件的时点至无形资产达到预定用途前发生的支出总和，对于同一项无形资产在开发过程中达到资本化条件之前已经费用化计入当期损益的支出不再进行调整。企业可以将研究开发项目区分为研究阶段与开发阶段。研究阶段的支出，应当于发生时计入管理费用；开发阶段的支出符合资本化条件的才能资本化，不符合资本化条件的计入当期损益。如果确实无法区分研究阶段支出和开发阶段支出，应当在发生时全部计入当期管理费用。

【例6-21】甲公司自行研究开发一项新产品专利技术，在研究开发过程中发生材料费3 000万元、人工工资1 000万元、其他费用2 000万元，总计6 000万元，其中，符合资本化条件的支出为4 000万元，期末该专利技术已经达到预定用途。甲公司的账务处理如下：

借：研发支出——费用化支出	20 000 000	
——资本化支出	40 000 000	
贷：原材料		30 000 000
应付职工薪酬		10 000 000
银行存款		20 000 000

期末：

借：管理费用	20 000 000	
无形资产	40 000 000	
贷：研发支出——费用化支出		20 000 000
——资本化支出		40 000 000

（三）无形资产的后续计量

无形资产的后续计量，是指对无形资产进行确认和初始计量后，在使用无形资产期间对该项无形资产所进行的计量，包括无形资产的摊销以及无形资产的期末计价。我国企业会计准则规定，对无形资产的后续计量原则上应以摊余成本计量，即应以成本减去累计摊销额和累计减值损失后的余额计量。

企业应当在取得无形资产时，分析和判断无形资产的使用寿命。使用寿命有限的无形资产，其摊销金额应在使用寿命内进行系统、合理的摊销，其摊销方法包括直线法、生产总量法等；使用寿命不确定的无形资产不需要摊销，但至少应于每个会计期间进行减值测试。

资产减值准则规定，企业应当在会计期末判断无形资产是否存在可能发生减值的迹象。若存在减值迹象，则表明无形资产可能发生了减值，应对无形资产的可收回金额进行估计。无形资产的可收回金额是指以下两项金额中的较高者：（1）无形资产的公允价值减去处置费用后的净额；（2）预计从无形资产的持续使用和使用年限结束时的处置中产生的预计未来现金流量的现值。如果无形资产的账面价值超过其可收回金额，则应按超过部分确认无形资产减值损失，借记“资产减值损失”账户，贷记“无形资产减值准备”账户。无形资产减值损失一经确认，在以后会计期间不得转回。

【例6-22】某股份有限公司从外单位购得一项商标权，支付价款20 000 000元，款项已支付，该商标权的使用寿命为10年，不考虑残值的因素，以直线法摊销预期实现的经济利益。该公司的账务处理如下：

借：无形资产——商标权	20 000 000	
贷：银行存款		20 000 000
借：管理费用	2 000 000	
贷：累计摊销		2 000 000

（四）无形资产的处置

无形资产的处置是指由于无形资产出售、对外出租、对外捐赠，或者是无法为企业未来带来经济利益时（报废），对无形资产的转销并终止确认。企业出售某项无形资产，意味着企业放弃该项资产所有权，应终止确认，转销无形资产的摊余价值。如果出售的无形资产已计提了减值准备，在出售时还应将已计提的减值准备加以注销。企业出售无形资产应按6%的增值税税率计算缴纳增值税，其中土地使用权出售时增值税税率为9%。企业出售无形资产的净损益计入资产处置损益。

无形资产未来能否给企业带来经济利益由于受到很多不可预知因素的影响而变得具有很大的不确定性。如果在无形资产使用的某一个期间，由于各种因素的影响，无形资产预期不能再为企业带来经济利益，则不再符合无形资产的定义，应将该无形资产转入报废并予以注销。报废无形资产的账面价值作为非流动资产处置损失，应予以转销，计入营业外支出。

【课程思政6-1】

党的二十大报告在总结新时代十年取得的伟大成就时指出，我们加快推进科技自立自强，全社会研发经费支出从一万亿元增加到二万八千亿元，居世界第二位，研发人员总量居世界首位。基础研究和原始创新不断加强，一些关键核心技术实现突破，战略性新兴产业发展壮大，载人航天、探月探火、深海深地探测、超级计算机、卫星导航、量子信息、核电技术、新能源技术、大飞机制造、生物医药等取得重大成果，我国已进入创新型国家行列。

企业是创新的主体，应加大研发投入，提高核心竞争力。据统计，2022年沪、深、北三市上市公司研发投入合计1.68万亿元，比上年增加0.29万亿元，平均研发强度2.32%，同比提高0.25个百分点。据中国上市公司协会统计，三个创新板块中科创板平均研发强度最高，为10.53%，全市场高技术制造业公司研发强度达6.71%。“中字头”央企依然位列研发支出榜单的前列。世界最大的工程承包商中国建筑以497.53亿元夺冠，连续四年问鼎研发支出榜首。中兴通讯与比亚迪成为研发投入领先的民企佼佼者。医药行业研发强度继续领跑。14家药企研发支出总额占营业收入的比重超过100%。至于研发人员数量占比，1 276家企业该比例超过20%，意味着每5名员工中至少1人为研发人员。

二、长期待摊费用

长期待摊费用是指企业已经发生但应由本期和以后各期负担的，分摊期限在一年以上的各项费用，如以经营租赁方式租入的固定资产发生的改良支出等。

企业应设置“长期待摊费用”科目对此类项目进行核算。“长期待摊费用”科目可按费用项目进行明细核算。

企业发生的长期待摊费用，借记“长期待摊费用”科目，取得可在当期抵扣的增值税进项税额借记“应交税费——应交增值税（进项税额）”科目，贷记“原材料”“银行存款”等科目。摊销长期待摊费用，借记“管理费用”“销售费用”等科目，贷记“长期待摊费用”科目。“长期待摊费用”科目期末借方余额反映企业尚未摊销完毕的长期待摊费用。

【例6-23】2×22年6月1日，甲公司对以租赁方式新租入的办公楼进行装修，发生有关支出如下：领用生产用材料800 000元；发生有关人员工资等职工薪酬400 000元。

2×22年11月30日，该办公楼装修完工，达到预定可使用状态并交付使用，按租赁期10年进行摊销。假定不考虑其他因素。甲公司应编制如下会计分录：

（1）装修办公楼领用原材料时：

借：长期待摊费用	800 000	
贷：原材料		800 000

（2）确认工程人员职工薪酬时：

借：长期待摊费用	400 000	
贷：应付职工薪酬		400 000

（3）2×22年12月摊销装修支出时：

借：管理费用	10 000	
贷：长期待摊费用		10 000

第四节　投资性房地产

一、投资性房地产的定义和范围

（一）投资性房地产的定义

房地产是土地和房屋及其权属的总称。在我国，土地归国家或集体所有，企业只能取得土地使用权。因此，房地产中的土地是指土地使用权，房屋是指土地上的房屋等建筑物及构筑物。

投资性房地产，是指为赚取租金或资本增值，或两者兼有而持有的房地产。从定义可以看出，投资性房地产有别于企业自用的房地产和房地产开发企业作为存货的房地产。企业自用的房地产是企业自用的厂房、办公楼等生产经营场所，企业应当将其作为固定资产或无形资产处理。作为存货的房地产是房地产开发企业销售的或为销售而正在开发的商品房和土地，是房地产企业的开发产品，应当作为存货处理。与自用房地产和作为存货的房地产相比，投资性房地产要么是让渡房地产使用权以赚取使用费收入，要么是持有并准备增值赚取增值收益，这使得投资性房地产在一定程度上具备了金融资产的属性，所以需要作为一项单独的资产予以确认、计量和列报。

（二）投资性房地产的范围

投资性房地产的范围包括已出租的土地使用权、持有并准备增值后转让的土地使用权、已出租的建筑物。

1. 已出租的土地使用权

已出租的土地使用权，是指企业通过出让或转让方式取得的、以经营租赁方式出租的土地使用权。以经营租赁方式租入土地使用权再转租给其他单位的，不能确认为投资性房地产。

2. 持有并准备增值后转让的土地使用权

持有并准备增值后转让的土地使用权，是指企业通过出让或转让方式取得并准备增值后转让的土地使用权。按照国家有关规定认定的闲置土地，不属于持有并准备增值后转让的土地使用权。

3. 已出租的建筑物

已出租的建筑物，是指企业拥有产权并以经营租赁方式出租的房屋等建筑物，包括自行建造或开发活动完成后用于出租的建筑物。企业以经营租赁方式租入建筑物再转租的建筑物不属于投资性房地产。企业将建筑物出租，按租赁协议向承租人提供的相关辅助服务在整个协议中不重大的，如企业将办公楼出租并向承租人提供保安、维修等辅助服务，应当将该建筑物确认为投资性房地产。

如果某项房地产部分用于赚取租金或资本增值，部分用于生产商品、提供劳务或经营管理，能够单独计量和出售的用于赚取租金或资本增值的部分，应当确认为投资性房地产；不能够单独计量和出售的用于赚取租金或资本增值的部分，不确认为投资性房地产。

企业自用房地产和作为存货的房地产不属于投资性房地产。例如，企业拥有并自行经营的旅馆饭店，其经营目的主要是通过提供客房服务赚取服务收入，该旅馆饭店不确认为投资性房地产。

二、投资性房地产的确认和初始计量

投资性房地产只有在符合投资性房地产定义的前提下，同时满足下列条件的，才能予以确认：

（1）与该投资性房地产有关的经济利益很可能流入企业；

（2）该投资性房地产的成本能够可靠地计量。

投资性房地产应当按照成本进行初始计量。

1. 外购投资性房地产的确认和初始计量

外购的土地使用权和建筑物，按照取得时的实际成本进行初始计量。取得时的实际成本包括购买价款、相关税费和可直接归属于该资产的其他支出。

2. 自行建造投资性房地产的确认和初始计量

自行建造的投资性房地产，其成本由建造该项资产达到预定可使用状态前发生的必要支出构成，包括土地开发费、建筑成本、安装成本、应予以资本化的借款费用、支付的其他费用和分摊的间接费用等。建造过程中发生的非正常性损失直接计入当期损益，不计入建造成本。

三、投资性房地产的后续计量

投资性房地产的后续计量可以选择成本模式或公允价值模式。但是，同一企业只能采用一种模式对所有投资性房地产进行后续计量，不得同时采用两种计量模式。

（一）采用成本模式进行后续计量的投资性房地产

采用成本模式进行后续计量的投资性房地产，应当按照《企业会计准则第4号——固定资产》或《企业会计准则第6号——无形资产》的有关规定，按期（月）计提折旧或进行摊销，借记“其他业务成本”等科目，贷记“投资性房地产累计折旧（摊销）”科目。取得的租金收入，借记“银行存款”等科目，贷记“其他业务收入”等科目。

投资性房地产存在减值迹象的，应当适用资产减值的有关规定。经减值测试后确定发生减值的，应当计提减值准备，借记“资产减值损失”科目，贷记“投资性房地产减值准备”科目。

（二）采用公允价值模式进行后续计量的投资性房地产

企业存在确凿证据表明其投资性房地产的公允价值能够持续可靠取得的，可以对投资性房地产采用公允价值模式进行后续计量。

采用公允价值模式计量的投资性房地产，应当同时满足以下两个条件：

（1）投资性房地产所在地有活跃的房地产交易市场；

（2）企业能够从房地产交易市场上取得同类或类似房地产的市场价格及其他相关信息，从而对投资性房地产的公允价值做出科学合理的估计。

投资性房地产采用公允价值模式进行后续计量的，不计提折旧或摊销，应当以资产负债表日的公允价值计量。资产负债表日，投资性房地产的公允价值高于其账面余额的差额，借记“投资性房地产——公允价值变动”科目，贷记“公允价值变动损益”科目；公允价值低于其账面余额的差额做相反的会计分录。

四、投资性房地产的处置

当投资性房地产被处置，或者永久退出使用且预计不能从其处置中取得经济利益时，应当终止确认该项投资性房地产。

企业可以通过对外出售或转让的方式处置投资性房地产，因非货币性资产交换等减少投资性房地产也属于投资性房地产的处置。

（一）采用成本模式计量的投资性房地产的处置

处置采用成本模式进行后续计量的投资性房地产时，应当按照实际收到的金额，借记“银行存款”等科目，贷记“其他业务收入”“应交税费——应交增值税（销项税额）”科目；按该项投资性房地产的账面价值，借记“其他业务成本”科目，按照已计提的折旧或摊销，借记“投资性房地产累计折旧（摊销）”科目，按照已计提的减值准备金额，借记“投资性房地产减值准备”科目，按其账面余额，贷记“投资性房地产”科目。

（二）采用公允价值模式计量的投资性房地产的处置

处置采用公允价值模式进行后续计量的投资性房地产时，应当按照实际收到的金额，借记“银行存款”等科目，贷记“其他业务收入”“应交税费——应交增值税（销项税额）”科目；按该项投资性房地产的账面价值，借记“其他业务成本”科目，按其成本，贷记“投资性房地产——成本”科目，按其累计公允价值变动，贷记或借记“投资性房地产——公允价值变动”科目。同时结转投资性房地产累计公允价值变动。

本章小结

企业的长期投资包括债权投资、其他债权投资、长期股权投资、其他权益工具投资等对外投资。企业合并形成的长期股权投资，应按照企业合并的类型（分别为同一控制下的企业合并和非同一控制下的企业合并）确定长期股权投资的初始投资成本。企业取得符合债权投资定义的金融资产应当确认为债权投资，分类为以摊余成本计量的金融资产，取得时应当按照购买价款和相关税费作为成本进行计量。

固定资产是企业资产负债表中的一个重要项目，企业固定资产会计核算的正确与否，既影响企业资产负债表反映信息的质量，又影响利润表反映信息的质量。本章主要介绍了固定资产的概念、特征、初始计量、计提折旧的方法、后续支出的资本化和费用化，以及固定资产处置等内容。无形资产是指企业拥有或者控制的没有实物形态的可辨认非货币性资产。长期待摊费用是指企业已经发生但应由本期和以后各期负担的分摊期限在一年以上的各项费用。投资性房地产是指为赚取租金或资本增值，或者两者兼有而持有的房地产。

主要概念和术语

长期投资　金融资产　债权投资　长期股权投资　成本法　权益法　固定资产　折旧　无形资产　摊销　长期待摊费用　原始价值　净残值　双倍余额递减法　年数总和法　投资性房地产

复习思考题

1.长期投资包括哪些内容？

2.长期股权投资的类型有哪些？

3.同一控制下的企业合并形成的长期股权投资与非同一控制下的企业合并形成的长期股权投资初始成本计量有何区别？

4.分别举例说明长期股权投资成本法及权益法的适用情形和具体运用。

5.什么是固定资产？它有何特征？

6.固定资产的分类标准有哪些？按不同的标准可将固定资产分为哪些类别？

7.企业取得固定资产时应如何核算？

8.什么是固定资产折旧？固定资产的折旧方法有哪些？

9.如何界定固定资产折旧的范围？

10.无形资产有哪些特征？什么是长期待摊费用？

11.如何进行无形资产的摊销以及无形资产的期末计价？

12.什么是投资性房地产？投资性房地产的范围包括哪些？

练习题

第六章练习题

第七章

负 债

学习目标

通过本章的学习，应了解负债的性质及特征，理解流动负债与非流动负债的区别；掌握交易性金融负债、应付票据、应付职工薪酬和应交税费的核算，尤其是增值税的计算与会计处理，了解应付债券、长期借款等非流动负债的会计处理；能够根据相关会计准则的规定对相关问题进行分析与处理；培养有道德、有原则、有底线的高素质人才，合法进行诚信借贷；树立诚信守法和依法纳税的意识。

【课程思政7-1】

引“负债”导出“诚信”之花

诚信是中华民族的优秀传统美德。改革开放以来，中国正在逐步建立市场经济体制，丰富的物质生产已经基本满足人民群众对物质的需求，然而与市场机制相匹配的精神文明建设却尚不完善。诚信作为人类道德的基本要求，在精神文明建设过程中起着至关重要的作用，加强诚信建设，符合社会主义核心价值观，有利于我国社会主义现代化建设事业。

请大家思考：

（1）不诚信的多角债对社会有什么危害？

（2）耍赖与法律谁更有力量？“老赖”最后会有怎样的结局，为什么？

（3）除了贷款申请会需要诚信记录以外，还有哪些社会事项需要诚信记录？

负债是财务会计的一个要素，它是企业权益的重要组成部分。在FASB于1980年发布的SFAC No.3《企业财务报表的要素》中就曾为负债下了一个较为严格的定义：负债是某一特定主体由于过去的交易或事项而在现在承担的、将在未来向其他主体交付资产或提供服务的责任。这种责任将引起可预期的经济利益的未来牺牲。2018年3月，IASB发布的新《财务报告概念框架》改进了负债定义，一是明确负债的实质是转移经济资源的义务，而不是经济利益的最终流出；二是新的负债定义通过对义务的界定引入了“没有实际能力可予避免”的新的负债标准；三是新的负债定义删去了原负债定义中有关“预期会导致含有经济利益的资源流出”的要求。我国《企业会计准则——基本准则》(2014) 将负债做如下定义：负债是企业过去的交易或事项形成的、预期会导致经济利益流出企业的现时义务。本章主要还是按照目前我国企业会计准则的有关规定处理。

负债按其偿付期限不同可分为流动负债与非流动负债。

第一节　流动负债

流动负债（current liabilities）是指企业将在一年或超过一年的一个营业周期内偿还的债务，主要包括短期借款、交易性金融负债、应付票据、应付账款、预收账款、应付职工薪酬、应付股利、应交税费、其他应付款、应付利息等。

确认流动负债，主要目的是将其与企业流动资产进行比较，以大致反映出企业的短期偿债能力。短期偿债能力是短期债权人非常关心的一项财务指标，在资产负债表上必须将流动负债和非流动负债分别列示。

一、短期借款

短期借款（short-term loans）是企业向银行或其他金融机构借入的期限在一年以下（含一年）的各种借款。短期借款一般是企业为维持正常的生产经营所需的资金而借入的或者为抵偿某项债务而借入的款项。

短期借款的取得与偿还应通过“短期借款”账户进行核算。该账户的贷方登记取得的短期借款数额，借方登记企业归还的短期借款数额。余额在贷方，反映尚未归还的短期借款本金数。“短期借款”应按债权人以及借款种类设置明细账。短期借款应在取得借款日入账，根据借入的本金，借记“银行存款”账户，贷记“短期借款”账户。

短期借款的期限不长，其利息支出作为一项期间费用，在借款受益期间内记入“财务费用”账户。借款利息核算时，应分别不同情况进行处理：

（1）如果借款的利息按季结算支付，或者在借款到期时连本带利一起归还，但数额较大，那么须按照权责发生制原则将每月应负担的利息费用按月进行预提。预提时，按预计应计入费用的借款利息，借记“财务费用”账户，贷记“应付利息”账户；实际支付月份，按已经预提的利息金额，借记“应付利息”账户，按实际支付的利息与预提数额的差额，借记“财务费用”账户，按实际支付的利息，贷记“银行存款”账户。

（2）如果企业短期借款利息按月支付，或者借款在利息到期时连同本金一起归还，且数额不大，那么可以不采用预提的方法核算，而是在实际支付或收到银行的计息通知时，直接计入当期损益，借记“财务费用”账户，贷记“银行存款”账户。

【例7-1】东方公司2×23年4月1日从银行借入期限为半年、月贷款利率6‰的生产周转资金250 000元，利息每季季末支付。

（1）借入时：

借：银行存款	250 000	
贷：短期借款		250 000

（2）每月月末（即每季的前两个月）计提利息时：

借：财务费用	1 500	
贷：应付利息（250 000×6‰）		1 500

（3）季末支付利息时：

借：应付利息	3 000	
财务费用	1 500	

贷：银行存款　4 500

（4）短期借款到期还本时：

借：短期借款　250 000

贷：银行存款　250 000

【例7-2】承【例7-1】，利息到期时连同本金一起归还，且数额不大。

借入款项的分录同上。到期归还时：

借：短期借款　250 000

财务费用（250 000×6‰×6）　9 000

贷：银行存款　259 000

二、交易性金融负债

（一）金融负债的定义与分类

金融负债是指企业符合下列条件之一的负债：（1）向其他方交付现金或其他金融资产的合同义务，例如发行的承诺支付固定利息的公司债券。（2）在潜在不利条件下，与其他方交换金融资产或金融负债的合同义务，如签出的外汇期权。（3）将来须用或可用企业自身权益工具进行结算的非衍生工具合同，且企业根据该合同将交付可变数量的自身权益工具。（4）将来须用或可用企业自身权益工具进行结算的衍生工具合同（以固定数量的自身权益工具交换固定金额的现金或其他金融资产的衍生工具合同除外），如以普通股净额结算的股票期权。

按新金融工具准则的规定，金融负债可以分类为以摊余成本计量的金融负债和以公允价值计量且其变动计入当期损益的金融负债等，包括交易性金融负债（含属于金融负债的衍生工具）和指定为以公允价值计量且其变动计入当期损益的金融负债。

符合以下条件之一的金融负债，企业应当划分为交易性金融负债：

（1）承担金融负债的目的主要是近期内出售或回购；

（2）金融负债是企业采取短期获利模式进行管理的金融工具投资组合中的一部分；

（3）属于衍生金融工具。

企业应设置“交易性金融负债”会计科目来核算以公允价值计量且其变动计入当期损益的金融负债。

（二）交易性金融负债的初始计量

企业初始确认交易性金融负债，应当按照公允价值计量，相关交易费用应当直接计入当期损益。

（三）交易性金融负债的后续计量

按照公允价值进行后续计量的金融负债，其公允价值变动形成的利得或损失，除与套期会计有关外，应当计入当期损益。

【例7-3】2×22年7月1日，甲公司经批准在全国银行间债券市场公开发行10亿元人民币短期融资券，期限为1年，票面年利率为5.58%，每张面值为100元，到期一次还本付息。所募集资金主要用于公司购买生产经营所需的原材料及配件等。公司将该短期融资券指定为以公允价值计量且其变动计入当期损益的金融负债。假定不考虑发行短期融资券相关的交易费用。2×22年12月31日，该短期融资券市场价格为每张120元（不含利息）；2×23年3月31日，该短期融资券市场价格为每张110元（不含利息）；2×23年6月30日，该短期融资券到期兑付完成。

甲公司账务处理如下：

（1）2×22年7月1日，发行短期融资券：

借：银行存款　　100 000

　贷：交易性金融负债——成本　　100 000

（2）2×22年12月31日，确认公允价值变动和利息费用：

借：公允价值变动损益　　20 000

　贷：交易性金融负债——公允价值变动　　20 000

借：投资收益　　2 790

　贷：应付利息　　2 790

（3）2×23年3月31日，确认公允价值变动和利息费用：

借：交易性金融负债——公允价值变动　　10 000

　贷：公允价值变动损益　　10 000

借：投资收益　　1 395

　贷：应付利息　　1 395

（4）2×23年6月30日，短期融资券到期：

借：投资收益　　1 395

　贷：应付利息　　1 395

借：交易性金融负债——成本　　100 000

　　　　　　　　　——公允价值变动　　10 000

　　应付利息　　5 580

　贷：银行存款　　115 580

三、应付票据

应付票据即短期应付票据，是指由付款人开出并承诺在指定日期无条件支付确定的金额给收款人或持票人的一种书面证明。

在我国，应付票据是在商品购销活动中，由于采用商业汇票结算方式而产生的，由收款人签发（或承兑申请人签发）、承兑人承兑的票据。按承兑人的不同，票据可分为应付的商业承兑汇票和应付的银行承兑汇票两种；按票据是否带息，票据又可分为带息应付票据和不带息应付票据两种。我国现行银行结算办法规定，商业汇票的承兑期限最长不得超过6个月。应付票据与应付账款相比，更具法律约束力，因为它提出了付款的书面承诺。所以，此法适用于对购货方的信誉不太了解或交易金额较大的情况。

为了总括地反映和监督企业由于商品交易采用商业汇票出票、承兑和支付等情况，企业应设置“应付票据”账户。企业还要设置“应付票据备查登记簿”，详细登记每一应付票据的种类、号码、签发日期、到期日、票面金额、票面利率、交易合同号、收款人姓名或单位名称，以及付款日期和金额等资料。具体会计处理可对照第五章应收票据来学习掌握。

【例7-4】东方公司2×23年3月1日以商业汇票结算方式外购材料一批，货款总计30 000元，专用发票上注明的增值税为3 900元，票据期限为3个月。东方公司应做会计分录如下：

（1）3月1日：

借：材料采购　30 000

　　应交税费——应交增值税（进项税额）　3 900

　贷：应付票据　33 900

（2）6月1日（即票据到期时）：

借：应付票据　33 900

　贷：银行存款　33 900

【例7-5】承【例7-4】，假设票据到期时还需支付相应的利息2 106元。东方公司应做会计分录如下：

（1）3月1日分录同【例7-4】。

（2）6月1日（即票据到期时）：

借：应付票据　33 900

　　财务费用　2 106

　贷：银行存款　36 006

四、应付账款

应付账款（accounts payable）是指企业在正常的生产经营过程中因购进货物或接受劳务而应偿付的债务。这项流动负债是买卖双方在购销活动中由于取得物资与支付货款在时间上不一致而产生的。应付账款一般会在较短期限内支付。应注意，企业的应付赔偿金、应付租金、存入保证金等，属于其他应付款，不属于应付账款的范围。

为总括反映和监督企业因购买货物或接受劳务供应等而产生的债务及其偿还情况，企业应设置“应付账款”账户，并按债权人设置明细账，进行明细分类核算。

由于应付账款的付款时期不长，一般不计利息，因此应付账款一般按业务发生时的金额即未来应付的金额入账，而不按应付金额的现值入账。

如果应付账款中含有现金折扣，属于可变对价，企业应当按照期望值或最可能发生金额确定可变对价的最佳估计数。

五、预收账款

预收账款（unearned revenue）是指企业在销货之前预先向购买方收取款项而形成的一项流动负债，该负债应在一年内用商品或劳务偿付。

为了核算有关预收款项的内容，企业应设置“预收账款”科目。对于预收账款业务不多的企业，也可以不单独设置本科目，而是把预收的货款直接记入“应收账款”科目的贷方。待以后实现销售时，“应收账款”科目借方记录的发生额，应可与贷方记录的预收账款相抵销。采用此方法，在期末编制资产负债表时，需要分析“应收账款”科目的余额，将其中属于预收性质的款项独立出来，列示在流动负债项目中。

【例7-6】A公司于6月份与S公司签订一笔金额为10万元的购销合同，规定8月份A公司向S公司销售一批价值为100 000元的货物（增值税税率为13%）。A公司预收40 000元的货款，余款于交货时收取。A公司应做会计分录如下：

（1）6月份预收货款时：

借：银行存款　40 000

　贷：预收账款（或应收账款）——S公司　40 000

（2）8月份交货时：

借：预收账款（或应收账款）——S公司 113 000

贷：主营业务收入 100 000

应交税费——应交增值税（销项税额） 13 000

（3）收到S公司补付的余款时：

借：银行存款 73 000

贷：预收账款（或应收账款）——S公司 73 000

六、应付职工薪酬

（一）职工薪酬的概念及分类

职工薪酬，是指企业为获得职工提供的服务或终止劳动关系而给予的各种形式的报酬。企业提供给职工配偶、子女、受赡养人、已故员工遗属及其他受益人等的福利，也属于职工薪酬。职工薪酬主要包括短期薪酬、离职后福利、辞退福利和其他长期职工福利。

1. 短期薪酬

短期薪酬，是指企业预期在职工提供相关服务的年度报告期间结束后12个月内将全部予以支付的职工薪酬，因解除与职工的劳动关系给予的补偿除外。因解除与职工的劳动关系给予的补偿属于辞退福利的范畴。

短期薪酬主要包括：

（1）职工工资、奖金、津贴和补贴，是指按照构成工资总额的计时工资、计件工资、支付给职工的超额劳动报酬等的劳动报酬、为了补偿职工特殊或额外的劳动消耗和因其他特殊原因支付给职工的津贴，以及为了保证职工工资水平不受物价影响支付给职工的物价补贴等。企业的短期奖金计划属于短期薪酬，长期奖金计划属于其他长期职工福利。

（2）职工福利费，是指企业为职工提供的除职工工资、奖金、津贴和补贴、职工教育经费、社会保险费及住房公积金等以外的福利待遇支出，包括发放给职工或为职工支付的以下各项现金补贴和非货币性集体福利：一是为职工卫生保健、生活等发放或支付的各项现金补贴和非货币性福利，包括职工因公外地就医费用、职工疗养费用、防暑降温费等；二是企业尚未分离的内设集体福利部门所发生的设备、设施和人员费用；三是发放给在职职工的生活困难补助以及按规定发生的其他职工福利支出，如丧葬补助费、抚恤费、职工异地安家费、独生子女费等。

（3）医疗保险费、工伤保险费和生育保险费等社会保险费，是指企业按照国家规定的基准和比例计算，向社会保险经办机构缴纳的医疗保险费、工伤保险费和生育保险费。

（4）住房公积金，是指企业按照国家规定的基准和比例计算，向住房公积金管理机构缴存的住房公积金。

（5）工会经费和职工教育经费，是指企业为了改善职工文化生活、为职工学习先进技术和提高文化水平及业务素质，用于开展工会活动和职工教育及职业技能培训等的相关支出。

（6）短期带薪缺勤，是指企业支付工资或提供补偿的职工缺勤，包括年休假、病假、短期伤残、婚假、产假、丧假、探亲假等。

（7）短期利润分享计划，是指因职工提供服务而与职工达成的基于利润或其他经营成果提供薪酬的协议。长期利润分享计划属于其他长期职工福利。

（8）非货币性福利，是指企业以自己的产品或外购商品发放给职工作为福利，企业提供给职工无偿使用自己拥有的资产或租赁资产供职工无偿使用等。

（9）其他短期薪酬，是指除上述薪酬以外的其他为获得职工提供的服务而给予的短期薪酬。

2. 离职后福利

离职后福利，是指企业为获得职工提供的服务而在职工退休或与企业解除劳动关系后，提供的各种形式的报酬和福利，属于短期薪酬和辞退福利的除外。

离职后福利计划，是指企业与职工就离职后福利达成的协议，或者企业为向职工提供离职后福利制定的规章或办法等。

3. 辞退福利

辞退福利，是指企业在职工劳动合同到期之前解除与职工的劳动关系，或者为鼓励职工自愿接受裁减而给予职工的补偿。辞退福利主要包括：

（1）在职工劳动合同尚未到期前，不论职工本人是否愿意，企业决定解除与职工的劳动关系而给予的补偿。

（2）在职工劳动合同尚未到期前，为鼓励职工自愿接受裁减而给予的补偿，职工有权利选择继续在职或接受补偿离职。辞退福利通常采取解除劳动关系时一次性支付补偿的方式，也有通过提高退休后养老金或其他离职后福利的标准，或者在职工不再为企业带来经济利益后，将职工工资支付到辞退后未来某一期间的方式。

根据辞退福利的定义和包括的内容，企业应当区分辞退福利与正常退休养老金。辞退福利是在职工与企业签订的劳动合同到期前，企业根据法律与职工本人或职工代表（工会）签订的协议，或者基于商业惯例，承诺当其提前终止对职工的雇佣关系时支付的补偿，引发补偿的事项是辞退，因此，企业应当在辞退时进行确认和计量；职工在正常退休时获得的养老金，是其与企业签订的劳动合同到期时，或者职工达到了国家规定的退休年龄时获得的退休后生活补偿金额，此种情况下给予补偿的事项是职工在职时提供的服务而不是退休本身，因此，企业应当在职工提供服务的会计期间确认和计量。

另外，职工虽然没有与企业解除劳动合同，但未来不再为企业提供服务，不能为企业带来经济利益，企业承诺提供实质上具有辞退福利性质的经济补偿的，发生“内退”的情况，在其正式退休日期之前应当比照辞退福利处理，在其正式退休日期之后，应当按照离职后福利处理。

4. 其他长期职工福利

其他长期职工福利，是指除短期薪酬、离职后福利、辞退福利之外所有的职工薪酬，包括长期带薪缺勤、长期残疾福利、长期利润分享计划等。

（二）应付职工薪酬的核算

为了反映职工薪酬的发放和提取情况，企业应设置“应付职工薪酬”账户进行核算，并按职工薪酬的类别设置“短期薪酬”“离职后福利”“辞退福利”“其他长期职工福利”等明细分类账户进行核算。

根据配比原则，企业应在职工为其提供服务的会计期间内，计算确定本期应付职工薪酬金额，确认为本期企业的职工薪酬负债，并根据职工提供服务的受益对象计入相关成本或费用。一般来讲，根据生产车间职工的职工薪酬计入产品成本，其中生产工人的职工薪酬借记“生产成本”账户，车间管理人员的职工薪酬借记“制造费用”账户；根据销售人员的职工薪酬借记“销售费用”账户；根据在建工程人员的职工薪酬借记“在建工程”账户；根据自行研发人员的职工薪酬借记“研发支出”账户；根据管理部门人员及其他人员的职工薪酬借记“管理费用”账户；根据应付职工薪酬总额贷记“应付职工薪酬”账户。

1. 短期薪酬的确认与计量

企业应当在职工为其提供服务的会计期间，将实际发生的短期薪酬确认为负债，并计入当期损益，其他会计准则要求或允许计入资产成本的除外。

（1）货币性短期薪酬

职工的工资、奖金、津贴和补贴，大部分的职工福利费、医疗保险费、工伤保险费和生育保险费等社会保险费，住房公积金、工会经费和职工教育经费一般属于货币性短期薪酬。

【例7-7】2×23年6月，甲公司当月应发工资1 560万元，其中：生产部门直接生产人员工资1 000万元；生产部门管理人员工资200万元；公司管理部门人员工资360万元。根据所在地政府的规定，公司分别按照职工工资总额的10%和8%计提医疗保险费和住房公积金，缴纳给当地社会保险经办机构和住房公积金管理机构。公司分别按职工工资总额的2%和8%计提工会经费和职工教育经费。

假定不考虑所得税影响。

应计入生产成本的职工薪酬金额=1 000+1 000×（10%+8%+2%+8%）=1 280（万元）

应计入制造费用的职工薪酬金额=200+200×（10%+8%+2%+8%）=256（万元）

应计入管理费用的职工薪酬金额=360+360×（10%+8%+2%+8%）=460.8（万元）

公司应根据上述业务，做如下账务处理：

借：生产成本	12 800 000	
制造费用	2 560 000	
管理费用	4 608 000	
贷：应付职工薪酬——短期薪酬——工资		15 600 000
——医疗保险费		1 560 000
——住房公积金		1 248 000
——工会经费		312 000
——职工教育经费		1 248 000

（2）非货币性福利

企业以其生产的产品或外购商品作为非货币性福利提供给职工的，应当作为正常产品（商品）销售处理。一方面，根据受益对象，按照该产品（商品）的公允价值，计入相关资产成本或当期损益，同时确认应付职工薪酬；另一方面，发放非货币性福利时，按照产品（商品）的公允价值借记“应付职工薪酬”账户，贷记“主营业务收入”“应交税费——应交增值税”账户。

【例7-8】某公司是一家彩电生产企业，共有职工100名，其中一线生产职工85名，总部管理人员15名。2×23年12月，该公司以其生产的成本为5 000元的液晶彩电作为福利发放给职工。该型号的液晶彩电的售价为每台7 000元，该公司适用的增值税税率是13%。该公司账务处理如下：

（1）公司决定发放非货币性福利时：

借：生产成本（85×7 000×（1+13%））　　672 350

　　管理费用（15×7 000×（1+13%））　　118 650

　贷：应付职工薪酬——短期薪酬——非货币性福利　　791 000

（2）公司实际发放非货币性福利时：

借：应付职工薪酬——短期薪酬——非货币性福利　　791 000

　贷：主营业务收入（100×7 000）　　700 000

　　　应交税费——应交增值税（销项税额）　　91 000

借：主营业务成本（100×5 000）　　500 000

　贷：库存商品　　500 000

企业无偿向职工提供住房等资产使用时，应根据受益对象，将该住房每期应计提的折旧计入相关资产成本或当期损益，同时确认应付职工薪酬中的非货币性福利金额。租赁住房等资产供职工无偿使用的，应当根据受益对象，将每期应付的租金计入相关资产成本或当期损益，并确认应付职工薪酬中的非货币性福利金额。难以确定受益对象的，直接计入当期损益，并确认应付职工薪酬。

2. 离职后福利的确认与计量

离职后福利包括退休福利（如养老金和一次性的退休支付）及其他离职后福利（如离职后人寿保险和离职后医疗保障）。如果企业提供此类福利，无论其是否设立了一个单独的主体来接受提存金和支付福利，均应适用职工薪酬准则的相关要求。

离职后福利计划按其特征可以分为设定提存计划和设定受益计划两种类型。设定提存计划是指向独立的基金缴存固定费用后，企业不再承担进一步支付义务的离职后福利计划。设定提存计划的会计处理比较简单，因为企业在每一期间的义务都取决于该期间将要提存的金额。因此，在计量义务或费用时不需要精算假设，通常也不存在精算利得或损失。企业应在资产负债表日确认为换取职工在会计期间内为企业提供的服务而应付给设定提存计划的提存金，并作为一项费用计入当期损益或相关资产成本。

设定受益计划是指除设定提存计划以外的离职后福利计划。两者的区分取决于计划的主要条款和条件所包含的经济实质。在设定提存计划下，企业的法定义务是以企业同意向基金的缴存额为限，职工所取得的离职后福利金额取决于向离职后福利计划或保险公司支付的提存金金额，以及提存金所产生的投资回报，从而精算风险（即福利将少于预期）和投资风险（即投资的资产将不足以支付预期的福利）实质上要由职工来承担。在设定受益计划下，企业的义务是为现在及以前的职工提供约定的福利，并且精算风险和投资风险实质上由企业来承担，因此，如果精算或者投资的实际结果比预期差，则企业的义务可能会增加。

当企业通过以下方式负有法定义务时，该计划就是一项设定受益计划：

（1）计划福利公式不仅仅与提存金金额相关，且要求企业在资产不足以满足该公式的福利时提供进一步的提存金。

（2）通过计划间接地或直接地对提存金的特定回报做出担保。设定受益计划可能是不注入资金的，或者可能全部或部分地由企业（有时由其职工）向法律上独立于报告主体的企业或者基金，以缴纳提存金形式注入资金，并由其向职工支付福利。到期时已注资福利的支付不仅取决于基金的财务状况和投资业绩，而且取决于企业补偿基金资产短缺的能力和意愿。企业实质上承担着与计划相关的精算风险和投资风险。因此，设定受益计划所确认的费用并不一定是本期应付的提存金金额。企业如果存在一项或多项设定受益计划，对于每一项计划都应当分别进行会计处理。

3. 辞退福利的确认与计量

辞退福利包括两方面内容：一是在职工劳动合同尚未到期前，不论职工本人是否愿意，企业都决定解除与职工的劳动关系而给予的补偿；二是在职工劳动合同尚未到期前，为鼓励职工自愿接受裁减而给予的补偿，职工有权选择继续在职或接受补偿离职。

辞退福利同时满足下列条件的，应当确认因解除与职工的劳动关系给予补偿而产生的预计负债，同时计入当期损益：（1）企业已制订正式的解除劳动关系计划或提出自愿裁减建议，并即将实施。该计划或建议应当包括：拟解除劳动关系或裁减的职工所在部门、职位及数量；根据有关规定按工作类别或职位确定的解除劳动关系或裁减补偿金额；拟解除劳动关系或裁减的时间。（2）企业不能单方面撤回解除劳动关系或裁减建议。

企业应当严格按照辞退计划条款的规定，合理预计并确认辞退福利产生的应付职工薪酬。对于职工没有选择权的辞退计划，应根据计划条款规定的拟解除劳动关系的职工数量、每一职工的辞退补偿等计提应付职工薪酬（预计负债）；对于自愿接受裁减的建议，由于接受裁减的职工数量不确定，企业应预计将会接受裁减建议的职工数量，根据预计的职工数量和每一职位的辞退补偿等，确认应付职工薪酬（预计负债）。

由于被辞退职工不再能给企业带来任何经济利益，所以，辞退福利应计入当期费用而不计入资产成本。企业应当根据已确定的解除劳动关系计划或自愿裁减建议，借记“管理费用”账户，贷记“应付职工薪酬——辞退福利”账户。实际支付辞退福利时，应借记“应付职工薪酬——辞退福利”账户，贷记“银行存款”等账户。

4. 其他长期职工福利的确认与计量

其他长期职工福利，是指除短期薪酬、离职后福利和辞退福利以外的其他所有职工福利。其他长期职工福利包括以下各项（假设预计在职工提供相关服务的年度报告期末以后12个月内不会全部结算）：长期带薪缺勤，如其他长期服务福利、长期残疾福利、长期利润分享计划和长期奖金计划，以及递延酬劳等。

企业向职工提供的其他长期职工福利，符合设定提存计划条件的，应当按照设定提存计划的有关规定进行会计处理。符合设定受益计划条件的，企业应当按照设定受益计划的有关规定，确认和计量其他长期职工福利净负债或净资产。

七、应付股利

企业作为独立核算的经济实体，必须对运用投资者投入的资金给予一定的回报。作为投资者也有权分享企业的税后利润，取得投资收益。应付股利（dividends payable）是指企业经股东会或类似机构审议批准的应付给投资者的现金股利或利润，包括股份公司应付给投资者的现金股利，以及有限责任公司应付给投资者的利润。对于现金股利，在实际支付之前，应确认为企业的一项流动负债。企业董事会或类似机构通过的利润分配方案中拟分配的现金股利或利润，不应确认为企业负债，但应在附注中披露。

在会计核算中，企业的应付股利或利润均通过“应付股利”账户核算，其结构与一般负债账户的结构相同，期末贷方余额反映企业应付未付的现金股利或利润。企业根据股东会或类似机构审批的利润分配方案，按应支付的现金股利或利润，于宣告日借记“利润分配——应付现金股利或利润”账户，贷记“应付股利”账户；实际支付时，借记“应付股利”账户，贷记“银行存款”账户。

股份公司分配的股票股利，只是所有者权益内部结构的一种变化，并不会引起负债的增减变动，因此，不通过“应付股利”账户核算，只需在企业备查账簿中作相应的登记。

八、应交税费

应交税费（tax payable）是指企业在会计期末应交未交的各种税费。按照税法的规定，企业必须向国家缴纳各种税费，主要包括增值税、消费税、资源税、土地增值税、城市维护建设税、教育费附加、房产税、城镇土地使用税、车船税和所得税等。本章主要阐述应交增值税、应交消费税、应交土地增值税、应交房产税、应交城镇土地使用税、应交车船税、应交城市维护建设税以及应交教育费附加等税费的核算，应交所得税将在后面有关章节中讲述。

为了反映和监督企业应交税费的计算与缴纳情况，凡是需要预计税额或与税务机关定期结算或清算的，不是一次性缴纳的税金，都必须通过“应交税费”账户进行核算，“应交税费”账户还应按税费项目设置明细账户。如果是不需预计应交税额，在纳税义务产生的同时直接缴纳的税金，则不包括在应交税费负债内，如企业缴纳的印花税、耕地占用税等。

印花税是对经济活动和经济交往中书立应税凭证、进行证券交易而征收的一种税。纳税人主要是通过在应税凭证上粘贴印花税票来完成纳税义务，即在一般情况下，企业需要预先购买印花税票，待书立应税凭证、进行证券交易时，再根据凭证的性质和规定的比例税率计算应纳税额，将已购买的印花税票粘在应纳税凭证上，并在每枚税票的骑缝处盖戳注销或者划销，办理完税手续。

企业缴纳的印花税，不会发生应付未付税款的情况，不需预计应纳税额，也不存在与税务机关结算或清算的问题，因此，企业缴纳的印花税不需通过“应交税费”账户核算，在购买印花税票时，直接借记“管理费用”账户，贷记“银行存款”账户。

（一）应交增值税

增值税是以单位和个人生产经营过程中取得的增值额为课税对象征收的一种流转税。增值税已成为我国最主要的税种之一。近年来，为完善税制，优惠民生，增值税的税率（除零税率外）经历了一个二档到四档、四档到三档的历程[①]。

---

① 档级变化：（1）二档税率。1994年1月1日起，根据《中华人民共和国增值税暂行条例》（国务院令〔1993〕第134号）的规定，销售或者进口货物、劳务的税率为17%，销售或者进口特定货物税率为13%。（2）四档税率。2016年5月1日起，在全国范围内全面推开“营改增”试点。根据《财政部 国家税务总局关于全面推开营业税改征增值税试点的通知》（财税〔2016〕36号）的规定，增值税适用四档税率：17%、13%、11%、6%。（3）三档税率。2017年7月1日，根据《财政部 国家税务总局关于简并增值税税率有关政策的通知》（财税〔2017〕37号）的规定，取消13%税率，降低税负，增值税税率变为17%、11%、6%三档。（4）税率下调。2018年5月1日，根据《财政部 税务总局关于调整增值税税率的通知》（财税〔2018〕32号）的规定，纳税人发生增值税应税销售行为或者进口货物，原适用17%和11%税率的，税率分别调整为16%、10%。2019年3月5日，政府工作报告明确宣布下调我国的增值税税率，将制造业等行业现行16%的税率降至13%，将交通运输业、建筑业等行业现行10%的税率降至9%；保持6%一档的税率不变，但通过采取对生产、生活性服务业增加税收抵扣等配套措施，确保所有行业税负只减不增，继续向推进税率三档并两档、税制简化方向迈进。

增值税是对销售货物、进口货物、提供加工及修理修配劳务的增值部分征收的一种流转税。在我国境内销售货物或提供加工、修理修配劳务以及进口货物的单位或个人为增值税纳税义务人。

1. 纳税人及应纳税额

按照我国现行制度的规定，纳税义务人分为一般纳税人和小规模纳税人两种。小规模纳税人是指年销售额小于规定额度，且会计核算不健全的纳税人。年销售额超过规定额度的个人、非企业性单位、不经常发生应税行为的企业，视同小规模纳税人。除此之外，则为一般纳税人。两种纳税人在计税方法上不同，相应的会计处理方法也不同。

一般企业购入货物或接受劳务支付的增值税（即进项税额），可以从销售货物或提供劳务按规定收取的增值税（即销项税额）中抵扣。一般纳税人当期应缴纳的增值税按扣税法计算，公式如下：

应交增值税税额=当期销项税额-当期进项税额

按照规定，一般纳税人销售货物或提供劳务必须具备以下凭证，其进项税额才能予以抵扣：

（1）增值税专用发票。一般纳税人销售货物或提供劳务均应开具增值税专用发票，该种发票记载了销售货物的售价、税率及税额等，购货方以增值税专用发票上记载的购入货物已支付的税额，作为扣抵和记账的依据。但应注意的是，工业企业购进货物，必须在购进的货物已经验收入库后，才能申报抵扣已支付的进项税额，对货物尚未验收入库的，其进项税额不得作为纳税人当期进项税额予以抵扣。

（2）完税凭证。企业进口货物必须缴纳增值税，其缴纳的增值税在完税凭证上注明。进口货物缴纳的增值税以从海关取得的完税凭证上注明的增值税税额作为扣税和记账依据。

企业购入货物或接受应税劳务，如果没有按照规定取得并保存增值税扣税凭证，或者增值税扣税凭证上未按照规定注明增值税税额及其他有关事项，其进项税额不能从销项税额中抵扣。会计核算中，如果企业未能取得有关的扣税证明，则购进货物或接受应税劳务支付的增值税不能作为进项税额抵扣，只能计入购入货物或接受劳务的成本。

2. 账户设置

为正确核算增值税的应纳税额、提供准确的税务资料，一般纳税人应当在“应交税费”科目下设置“应交增值税”“未交增值税”“预交增值税”“待转销项税额”等明细科目进行核算。“应交税费——应交增值税”明细科目下设置“进项税额”“销项税额抵减”“已交税金”“转出未交增值税”“减免税款”“销项税额”“出口退税”“进项税额转出”“转出多交增值税”等专栏。其中，一般纳税企业发生的应税行为适用简易计税方法的，销售商品时应缴纳的增值税税额在“简易计税”明细科目核算。

（1）“应交税费——应交增值税”账户。该明细账户的借方反映企业购进货物或接受应税劳务支付的进项税额、实际已缴纳的增值税税额等；贷方反映企业销售货物或提供应税劳务应缴纳的销项税额、出口货物退税、不能抵扣的进项税额转出等；期末借方余额反映企业尚未抵扣的增值税进项税额。其多栏式账页格式见表7-2。

表7-2　“应交税费——应交增值税”明细账

年		凭证号数	摘要	借方						贷方					借或贷	余额
月	日			合计	进项税额	已交税金	减免税款	出口抵减内销产品应纳税额	转出未交增值税	合计	销项税额	出口退税	进项税额转出	转出多交增值税		

（2）“应交税费——未交增值税”账户。该明细账户反映企业月末累计未缴增值税或多缴的增值税。其中，借方记录转入的当期多缴的增值税，贷方记录转入的当期应缴未缴的增值税，本期上缴上期应缴未缴的增值税时，借记该明细账户，余额视情况而定：借方余额为累计多缴的增值税，贷方余额为累计应缴未缴的增值税。

（3）“应交税费——预交增值税”账户。该明细账户核算一般纳税人转让不动产、提供不动产经营租赁服务、提供建筑服务、采用预收款方式销售自行开发的房地产项目等，按现行增值税制度规定应预缴的增值税税额。

（4）“应交税费——待转销项税额”账户。该明细账户核算一般纳税人销售货物、加工修理修配劳务、服务、无形资产或不动产，已确认相关收入（或利得）但尚未发生增值税纳税义务而应于以后期间确认为销项税额的增值税税额。

3. 一般纳税人购销业务的账务处理

（1）一般购销业务的账务处理。我国目前的增值税实行价外税模式。价外税，是指企业销售（购买）货物或提供（接受）劳务的价款为不含税价款，并按不含税价款和增值税税率计算收取（支付）销项税额或进项税额。

根据上述特点，一般纳税人的账务处理有以下要点：一是在购进阶段，账务处理时实行价税分离，价与税分离的依据为增值税专用发票上注明的增值税税额和价款，其中价款部分计入购入货物的成本，增值税税额部分计入进项税额；二是在销售阶段，销售价格作为销售收入，向购买方收取的增值税作为销项税额。如果销售价格含税，应还原为不含税价格作为销售收入，其换算公式为：

销售额=含税销售额÷（1+税率）

【例7-9】A公司购入一批原材料，增值税专用发票上注明原材料价款为500万元，增值税税额65万元。货款已经支付，材料已验收入库。该企业当期产品销售收入为1 100万元（不含税），货款尚未收到。假如该产品的增值税税率为13%。根据上述经济业务，该公司应编制如下会计分录：

①收料付款时：

借：原材料　　5 000 000

　　应交税费——应交增值税（进项税额）　　650 000

　贷：银行存款　　5 650 000

②销售产品时：

销项税额=1 100×13%=143（万元）

借：应收账款　　12 430 000

贷：主营业务收入　　11 000 000

　　应交税费——应交增值税（销项税额）　　1 430 000

（2）购入免税农产品的账务处理。企业购进货物如为免税的农业产品，由于销售方不收取增值税，因而企业无法取得增值税专用发票。但税法规定，企业可以按照免税农产品买价的10%或9%作为进项税额抵扣。在会计核算时，一方面，要按购进免税农产品有关凭证上确定的买价扣除相应的进项税额，作为购进农产品的成本；另一方面，要将扣除的10%（或9%）部分作为进项税额，待以后从销项税额中抵扣。

【例7-10】A公司收购小麦一批加工面粉，作为原材料入库，收购价为50 000元，已用银行存款支付。企业应编制会计分录如下：

借：材料采购　　45 500

　　应交税费——应交增值税（进项税额）　　4 500

　贷：银行存款　　50 000

（3）视同销售的账务处理。视同销售是指企业在会计核算中未作销售处理而税法中要求按照销售行为计算缴纳增值税。将自产或委托加工的货物用于非应税项目，将自产或委托加工以及购买的货物用于投资、提供给其他单位或个体经营者，将自产或委托加工以及购买的货物分配给股东或投资者，将自产或委托加工的货物用于集体福利或个人消费，将自产或委托加工以及购买的货物无偿赠送他人等行为，均为视同销售行为。

【例7-11】A公司用购入的原材料对S公司投资，双方协议按成本作价。该批材料的成本为200万元，计税价格为220万元。假设该原材料的增值税税率为13%。

①A公司的会计处理如下：

投资转出原材料的销项税额=2 200 000×13%= 286 000（元）

借：长期股权投资　　2 486 000

　贷：其他业务收入　　2 200 000

　　　应交税费——应交增值税（销项税额）　　286 000

同时，

借：其他业务成本　　2 000 000

　贷：原材料　　2 000 000

②S公司收到投资时，视同购进处理，其会计处理如下：

借：原材料　　2 200 000

　　应交税费——应交增值税（进项税额）　　286 000

　贷：实收资本　　2 486 000

（4）进项税额不予抵扣的情况及抵扣情况发生变化的会计处理。按照增值税的有关规定，一般纳税人购进货物、加工修理修配劳务、服务、无形资产或不动产，用于简易计税方法计税项目、免征增值税项目、集体福利或个人消费等，其进项税额不得从销项税额中抵扣的，应当计入相关成本费用，不通过“应交税费——应交增值税（进项税额）”科目核算。因发生非正常损失或改变用途等，导致原已计入进项税额但按现行增值税制度规定不得从销项税额中抵扣的，应当将进项税额转出，借记“待处理财产损溢”“应付职工薪酬”等科目，贷记“应交税费——应交增值税（进项税额转出）”科目。

【例7-12】某工业企业为增值税一般纳税人，本期购入一批材料，增值税专用发票上注明的增值税税额为15.6万元，材料价款为120万元。材料已入库，货款已经支付（假如该企业材料采用实际成本进行核算）。材料入库后，该企业将该批材料全部用于发放职工福利。

根据该项经济业务，企业可进行如下账务处理：

材料入库时：

借：原材料　　1 200 000

　　应交税费——应交增值税（进项税额）　　156 000

　贷：银行存款　　1 356 000

用于发放职工福利时：

借：应付职工薪酬　　1 356 000

　贷：应交税费——应交增值税（进项税额转出）　　156 000

　　　原材料　　1 200 000

（5）缴纳增值税的账务处理。企业当月缴纳当月的增值税时，应通过“应交税费——应交增值税（已交税金）”账户核算，借记“应交税费——应交增值税（已交税金）”账户，贷记“银行存款”账户。

为了分别反映增值税一般纳税人欠缴和待抵扣增值税的情况，避免出现企业在以前月份有欠缴增值税，以后月份有未抵扣增值税时，用以前月份欠缴增值税抵扣以后月份未抵扣的增值税的情况，企业应在“应交税费”账户下设置“未交增值税”明细账户，核算企业月份终了从“应交增值税”明细账中转入的当月未缴或多缴的增值税；同时，在“应交增值税”明细账下设置“转出未交增值税”和“转出多交增值税”专栏。

月末，企业计算出当月应缴未缴的增值税，借记“应交税费——应交增值税（转出未交增值税）”账户，贷记“应交税费——未交增值税”账户；当月多缴的增值税，借记“应交税费——未交增值税”账户，贷记“应交税费——应交增值税（转出多交增值税）”账户。经结转后，“应交税费——应交增值税”账户的月末借方余额，只反映企业尚未抵扣的进项税额。

4. 小规模纳税人的账务处理

小规模纳税人的特点是：销售货物或提供应税劳务，只能开具普通发票，不能开具增值税专用发票，因此，小规模纳税人的销售发票所列金额为价税合计金额。在计算应交增值税时，应将含税销售额按公式“销售额=含税销售额÷（1+征收率）”换算为不含税销售额，销售货物或提供应税劳务时，实行简易办法计算应纳税额。计算公式为：

应纳税额=销售额×征收率

上述公式中的销售额为不含税销售额。小规模纳税人增值税征收率为3%。

根据小规模纳税人的特点，其会计处理如下：

（1）小规模纳税人购入货物无论是否有增值税专用发票，其支付的增值税都不计入进项税额，不得由销项税额抵扣，而应计入购入货物的成本。相应地，其他企业接受的非增值税专用发票也不能作为进项税额抵扣凭证。

（2）小规模纳税人的销售收入按不含税价格计算。

（3）小规模纳税人“应交税费——应交增值税”账户，应采用三栏式账户。“应交增值税”明细账户月末的贷方余额，即为当月应纳的增值税。

【例 7-13】某小规模纳税人本期购入原材料，增值税专用发票上的增值税税额为13万元，材料价款为100万元。企业开出承兑商业汇票，材料尚未到达。该企业本期销售产品的全部销售额为90万元（含税），货款尚未收到。根据上述经济业务，企业应编制会计分录如下：

（1）购进货物时：

借：材料采购　　1 130 000

　贷：应付票据　　1 130 000

（2）销售货物时：

不含税价格=900 000÷（1+3%）=873 786（元）

应交增值税=873 786×3%=26 214（元）

借：应收账款　　900 000

　贷：主营业务收入　　873 786

　　应交税费——应交增值税　　26 214

（二）应交消费税

我国为了调节消费结构，正确引导消费，在普遍征收增值税的基础上，对部分消费品再征收消费税。消费税的纳税义务人是在我国境内生产、委托加工和进口应征消费税的消费品的单位和个人。根据不同的应税消费品，消费税的应纳税额有从价定率和从量定额两种计算方法。计算公式为：

从价定率计算的应纳税额=销售额×税率

从量定额计算的应纳税额=销售数量×单位税额

上述公式中的“销售额”，与计征增值税的销售额的口径相同，是指销售应税消费品向购买方收取的不含增值税的全部价款和价外费用。

消费税与增值税不同，一般属于价内税，即企业应纳的消费税需计入销售税金，以抵减产品销售收入。企业应纳的消费税在“应交税费”账户下设置的“应交消费税”明细账户核算。“应交消费税”明细账户的借方发生额反映企业实际缴纳的消费税和待扣的消费税；贷方发生额反映企业按规定应缴纳的消费税；期末贷方余额反映企业尚未缴纳的消费税；期末借方余额反映多缴或待扣的消费税。

下面分别就产品销售、委托加工介绍消费税的核算。

1. 产品销售的会计处理

企业销售产品时应缴纳的消费税，应分别具体情况进行处理。

企业将生产的产品直接对外销售，企业应缴纳的消费税通过“税金及附加——消费税”账户核算。

【例 7-14】某公司8月销售摩托车10辆，每辆售价1.3万元（不含增值税），货款尚未收到，摩托车每辆成本0.5万元。适用的消费税税率为10%。根据这项经济业务，该公司应进行如下会计处理：

增值税税额=13 000×10×13%=16 900（元）

消费税税额=13 000×10×10%=13 000（元）

借：应收账款　　146 900

　贷：主营业务收入　　130 000

　　应交税费——应交增值税（销项税额）　　16 900

借：税金及附加——消费税　　13 000

　贷：应交税费——应交消费税　　13 000

借：主营业务成本　　50 000

　贷：库存商品——产成品　　50 000

2. 委托加工应税消费品的账务处理

按照税法的规定，企业如有委托加工的应税消费品，应由受托方向委托方交货时代收代缴消费税。企业委托加工的应税消费品收回后，若用于连续生产应税消费品，按规定所纳的税款可以抵扣，应借记“应交税费——应交消费税”账户，贷记“银行存款”或“应付账款”等账户，待最终销售应税消费品时，再计算应缴纳的全部消费税，借记“税金及附加”账户，贷记“应交税费——应交消费税”账户；企业委托加工的应税消费品收回后若直接用于销售，委托方应将代扣代缴的消费税计入委托加工的应税消费品成本，委托加工应税消费品销售时，不再缴纳消费税。

【例7-15】某公司委托外单位加工应税消费品，该公司提供原材料甲，其成本为100 000元，加工费20 000元，由受托方代收代缴的消费税为30 000元。委托方与受托方为一般纳税人。材料已加工完毕验收入库，加工费尚未支付。假设该公司材料采用实际成本核算，其账务处理如下：

（1）若该公司收回委托加工原材料乙，用于连续生产应税消费品，代收代缴的消费税按规定准予抵扣。

①材料发出时：

借：委托加工物资　　100 000

　贷：原材料——甲　　100 000

②发生加工费用：

借：委托加工物资　　20 000

　　应交税费——应交消费税　　30 000

　　　　　　——应交增值税（进项税额）　　2 600

　贷：应付账款　　52 600

③收回委托加工材料入库：

借：原材料——乙　　120 000

　贷：委托加工物资　　120 000

（2）若该公司收回材料直接用于销售，代收代缴的消费税不得抵扣，直接计入成本。

①材料发出时分录同上。

②发生加工费用：

借：委托加工物资　　50 000

　　应交税费——应交增值税（进项税额）　　2 600

　贷：应付账款　　52 600

③收回委托加工材料入库：

借：原材料——乙　　150 000

　贷：委托加工物资　　150 000

（三）应交土地增值税

土地增值税是对有偿转让国有土地使用权及地上建筑物和其他附着物，取得增值收入的单位和个人征收的一种税。土地增值税按照转让房地产所取得的增值额和规定的税率计算征收。这里的增值额是指转让房地产所取得的收入减除规定扣除项目金额后的余额。企业转让房地产所取得的收入，包括货币收入、实物收入和其他收入。计算土地增值额的主要扣除项目有：（1）取得土地使用权所支付的金额；（2）开发土地的成本、费用；（3）新建房屋及配套设施的成本、费用，或者旧房及建筑物的评估价格；（4）与转让房地产有关的税金。在账务处理时，企业缴纳的土地增值税通过“应交税费——应交土地增值税”账户核算。主营或兼营房地产业务的企业通过“税金及附加”账户核算。转让的国有土地使用权连同地上建筑物及其附着物一并在“固定资产”或“在建工程”账户核算的，转让时应缴纳土地增值税，借记“固定资产清理”“在建工程”账户，贷记“应交税费——应交土地增值税”账户。

企业在项目全部竣工结算前转让房地产取得的收入，按税法的规定预缴的土地增值税，借记“应交税费——应交土地增值税”账户，贷记“银行存款”等账户；待该房地产销售收入实现时，再按上述销售业务的会计处理方法进行处理。该项目全部竣工，办理结算后进行清算，收到退回多缴的土地增值税，借记“银行存款”等账户，贷记“应交税费——应交土地增值税”账户，补缴土地增值税作相反的会计分录。

（四）应交房产税、城镇土地使用税、车船税

房产税是国家对在城市、县城、建制镇和工矿区征收的由产权所有人缴纳的税。房产税按房产原值一次减除10%~30%后的余额计算缴纳。没有房产原值作为依据的，由房产所在地税务机关参考同类房产核定；房产出租的，以房产租金收入为房产税的计税依据。

城镇土地使用税是国家为了合理利用城镇土地，调节土地级差收入，提高土地使用效益，加强土地管理而开征的一种税。城镇土地使用税以纳税人实际占用的土地面积为计税依据，按规定税额计算征收。

车船税由拥有并使用车船的单位和个人缴纳。车船税按照适用税额计算缴纳。

企业按规定计算应纳的房产税、城镇土地使用税、车船税，借记“管理费用”账户，贷记“应交税费——应交房产税、城镇土地使用税、车船税”账户；上缴时，借记“应交税费——应交房产税、城镇土地使用税、车船税”账户，贷记“银行存款”账户。

（五）应交城市维护建设税

为了加强城市的维护建设，扩大和稳定城市维护建设资金的来源，国家开征了城市维护建设税。城市维护建设税是一种附加税，应根据应交增值税、消费税之和的一定比例计算缴纳。在会计核算时，按规定计算应纳的城市维护建设税，借记“税金及附加”等账户，贷记“应交税费——应交城市维护建设税”账户；实际上缴时，借记“应交税费——应交城市维护建设税”账户，贷记“银行存款”账户。

（六）应交教育费附加

教育费附加是一种附加费。应交教育费附加的计算方法与应交城市维护建设税的计算方法相同。按规定计算应纳的教育费附加，借记“税金及附加”等账户，贷记“应交税费——应交教育费附加”账户；实际上缴时，借记“应交税费——应交教育费附加”账

户，贷记“银行存款”账户。

【课程思政7-2】

法网恢恢　疏而不漏

党的二十大报告明确指出：全面依法治国是国家治理的一场深刻革命，关系党执政兴国，关系人民幸福安康，关系党和国家长治久安。必须更好发挥法治固根本、稳预期、利长远的保障作用，在法治轨道上全面建设社会主义现代化国家。

江苏宿迁经开区警方成功破获一起虚开增值税专用发票案，循线查明虚开单位647家，涉案总金额高达7.2余亿元。警方抓获涉嫌虚开犯罪团伙邓某、冯某、王某等共8人，捣毁虚开窝点团伙3个。经查，2019年9月至今，犯罪嫌疑人邓某、冯某、王某等人，利用国家大力推进“蓝天保卫攻坚战”，给予以秸秆、稻草等为原料的资源综合利用型企业增值税即征即退的优惠政策，以及税务机关开票系统将“炭”与“煤”作为同一商品代码管理，炭向煤变票难以被税务机关检测的漏洞，大量注册生物质燃料类新能源公司，实施生物颗粒（炭）向矿产品煤炭变票的新型虚开增值税专用发票犯罪。相关11人因涉嫌虚开增值税专用发票罪，已被移送检察机关审查起诉。

法网恢恢，疏而不漏，任何违法行为都逃不过法律的惩罚，得不偿失，应树立正确的人生观和价值观 。

九、其他应付款

其他应付款（other payables）是指企业除应付票据、应付账款、预收账款、应付职工薪酬、应付利息、应付股利、应交税费、长期应付款等以外的其他各项应付、暂收其他单位或个人的款项。例如，应付经营租入固定资产和包装物的租金、存入保证金（如收取的包装物的押金等）等。这些应付、暂收款项构成了企业的一项流动负债。

企业发生上述各项应付、暂收款项时，借记“银行存款”“管理费用”等账户，贷记“其他应付款”账户；支付时，借记“其他应付款”账户，贷记“银行存款”等账户。“其他应付款”账户按应付、暂收款项的类别和单位或个人设置明细账，进行明细分类核算。

第二节　非流动负债

非流动负债（non-current liabilities）通常是指偿还期在一年或者超过一年的一个营业周期以上的债务。它是由企业向债权人筹集可供长期使用的资金而形成的，主要包括长期借款、应付债券等。

一、长期借款

长期借款（long-term loans）是指企业向银行或其他金融机构借入的期限在一年以上（不含一年）的各项借款。为了总括反映长期借款的增减变动等情况，企业应设置“长期借款”账户核算，分别“本金”“利息调整”等进行明细核算。

由于取得借款时合同利率与实际利率不同，所以企业实际取得的借款数额不一定等于本金的数额。如果合同利率低于实际利率，则实际取得的借款数额低于本金数额，这时差额借记“长期借款（利息调整）”账户。长期借款利息费用的确定采用实际利率法。利息费用和应付利息的差额贷记“长期借款（利息调整）”账户。具体核算如下：

（1）借入时：

借：银行存款（实际收到的金额）

长期借款——利息调整（如存在差额）

贷：长期借款——本金

（2）资产负债表日，确定利息费用：

借：财务费用（或在建工程等）

贷：应付利息

长期借款——利息调整

（3）偿还时：

借：长期借款——本金

贷：银行存款

二、应付债券

应付债券（bonds payable）是企业因发行债券筹措资金而形成的一种长期负债。企业发行的公司债券，一般要列明以下内容：企业名称、债券面值、票面利率、还本期限和还本方式、利息的支付方式、债券发行日期等。企业发行债券首先应由股东会通过，再经政府有关部门批准，符合法定条件后，方可印刷发行。

（一）应付债券的分类

公司债券可按不同的标准进行分类，主要有：

1. 按偿还本金的方式分类

（1）一次还本债券：全部在一个固定的到期日偿还本金的债券。

（2）分期还本债券：按不同的到期日分期偿还本金的债券。

2. 按支付利息的方式分类

（1）到期一次付息债券：在到期日支付全部利息的债券。

（2）分期付息债券：每隔一段时间支付一次利息的债券。

3. 按可否转换为发行企业股票分类

（1）可转换债券：可按一定条件转换为发行企业普通股股票的债券。

（2）不可转换债券：不能转换为发行企业普通股股票的债券。

4. 按有无担保分类

（1）有担保债券：又称抵押债券，是指以特定资产作为担保品而发行的债券。

（2）无担保债券：又称信用债券，是指不以特定的抵押财产作为担保物，单凭举债企业的信誉而发行的债券。

5. 按记名与否分类

（1）记名债券：将持有人的姓名登记于发行公司的债券。

（2）无记名债券：不将持有人的姓名登记于发行公司的债券。

（二）应付债券的发行价格

债券的发行价格与面值会由于市场利率与票面利率的不同而形成差异，为此，会出现债券按面值发行、溢价发行和折价发行三种情况。现将三种情况列入表7-3。

表7-3　　按面值发行、溢价发行和折价发行的三种情况

利　　率	债券（面值）	发行价格
市场利率=票面利率	现值=面值	按面值
市场利率<票面利率	现值>面值	按溢价（面值+溢价）
市场利率>票面利率	现值<面值	按折价（面值-折价）

（三）应付债券的账务处理

1. 企业发行债券

（1）平价发行：

借：银行存款

　贷：应付债券

（2）溢价发行：

借：银行存款

　贷：应付债券——面值

　　　　　　——利息调整

（3）折价发行：

借：银行存款

　　应付债券——利息调整

　贷：应付债券——面值

2. 资产负债表日计算确定债券利息费用

对于利息的计算，我国现在采用实际利率法。计算公式如下：

票面利息=面值×票面利率

当期利息费用=摊余成本（债券该期期初账面价值）×实际利率（市场利率）

（1）溢价发行：

利息调整=票面利息-当期利息费用

债券该期期初账面价值=面值-利息调整

（2）折价发行：

利息调整=当期利息费用-票面利息

债券该期期初账面价值=面值+利息调整

会计分录如下：

借：财务费用（或在建工程等）

　　应付债券——利息调整（也可能在贷方）

　贷：应付利息（分期付息、一次还本的债券）

　　　应付债券——应计利息（一次还本付息的债券）

3. 支付债券本息

（1）到期偿还：

借：应付债券——面值

　　　　　——应计利息（一次还本付息债券的全部利息）

　　应付利息（分期付息债券的最后一次利息）

贷：银行存款

（2）提前偿还：

借：应付债券——面值

　　财务费用

　贷：银行存款

　　　应付债券——利息调整

【例7-16】2×22年12月31日，甲公司经批准发行5年期一次还本、分期付息的公司债券10 000 000元（面值），债券利息在每年12月31日支付，票面利率为6%。实际发行价格为10 432 700元。假定债券发行时的市场利率为5%。利息费用计算见表7-4。

表7-4　**利息费用一览表**　单位：元

付息日期	支付利息	利息费用	摊销的利息调整	应付债券摊余成本
2×22年12月31日				10 432 700
2×23年12月31日	600 000	521 635	78 365	10 354 335
2×24年12月31日	600 000	517 716.75	82 283.25	10 272 051.75
2×25年12月31日	600 000	513 602.59	86 397.41	10 185 654.34
2×26年12月31日	600 000	509 282.72	90 717.28	10 094 937.06
2×27年12月31日	600 000	505 062.94*	94 937.06	10 000 000

*尾数调整。

（1）2×22年12月31日发行债券：

借：银行存款　10 432 700

　贷：应付债券——面值　10 000 000

　　　　　　——利息调整　432 700

（2）2×23年12月31日计算利息费用：

借：财务费用等　521 635

　　应付债券——利息调整　78 365

　贷：应付利息　600 000

2×24年、2×25年、2×26年确认利息费用的会计处理同2×23年。

（3）2×27年12月31日归还债券本金及最后一期利息费用：

利息调整=432 700-（78 356+82 283.25+86 397.41+90 717.28）=94 937.06（元）

借：财务费用等　505 062.94

　　应付债券——面值　10 000 000

　　　　　　——利息调整　94 937.06

　贷：银行存款　10 600 000

本章小结

负债是指过去的交易或事项形成的，预期会导致经济利益流出企业的现时义务。负债是企业资产的来源之一，是债权人权益。负债按偿还期限的长短可分为流动负债和非流动负债。

流动负债是指将在一年或超过一年的一个营业周期内偿还的债务。流动负债包含的内容较多，主要有短期借款、交易性金融负债、应付账款、应付票据、预收账款、应付职工薪酬、应交税费和应付股利等。由于流动负债偿还期限短，到期值（未来偿付金额）与现值往往相差不大，基于重要性原则以及为简化账务处理，我国会计实务中往往允许不考虑货币时间价值因素，对流动负债大多按其业务发生时的金额进行计价。

非流动负债主要有长期借款、应付债券与长期应付款等。非流动负债偿还期限较长且金额较大，未来的现金流出量（未来支付的利息与本金）与其现值之间的差额较大，因此，非流动负债计价应考虑货币时间价值。

主要概念和术语

负债　流动负债　短期借款　应付票据　交易性金融负债　应付账款　预收账款　应付股利　应付职工薪酬　应交税费　其他应付款　非流动负债　长期借款　应付债券

复习思考题

1. 什么是流动负债？流动负债有何特征？
2. 交易性金融负债应具备怎样的条件？
3. 应付账款与应付票据都是企业的负债，二者有何异同？
4. 职工薪酬包括哪些内容？
5. 什么是增值税？增值税是如何计算的？
6. 一般纳税人与小规模纳税人在增值税核算上有何不同？
7. 企业筹措长期资金时，举借长期债务与发行股票相比有何利弊？
8. 短期借款与长期借款在核算上有什么区别？
9. 应付债券溢、折价的产生原因及性质是什么？会计上如何核算？

练习题

第七章练习题

第八章

所有者权益

学习目标

通过本章的学习，应了解所有者权益的构成，以及实收资本、资本公积、留存收益、其他权益工具以及其他综合收益等的含义；掌握实收资本（股本）的会计处理方法；了解资本公积的来源、用途以及其他综合收益的分类，掌握资本公积的会计处理方法；掌握留存收益的构成以及盈余公积的会计处理方法等。

【课程思政8-1】

资本的规制

资本（capital）即所有者权益，是人类创造物质和精神财富的各种社会经济资源的总称。同时它也是社会主义市场经济的重要生产要素，在社会主义市场经济条件下规范和引导资本发展，既是一个重大经济问题、也是一个重大政治问题，关系坚持社会主义基本经济制度，关系改革开放基本国策，关系高质量发展和共同富裕，关系国家安全和社会稳定。

马克思在《资本论》中指出："如果有10%的利润，资本就会保证到处被使用；有20%的利润，资本就能活跃起来；有50%的利润，资本就会铤而走险；为了100%的利润，资本就敢践踏人间一切法律；有300%以上的利润，资本敢犯任何罪行。""资本的本质是获得利润"。在现实生活中，资本总是表现为一定的物，如货币、机器、厂房、原料、商品等，但资本的本质不是物，而是体现在物上的生产关系。有观点认为"资本是通往幸福的道路，掌握资本就是掌控一切"。纯粹的资本若无道德、法律制约，世界将无比混乱。

【课程思政8-2】

中国欢迎外商投资

外商投资，是指外国的公司、企业、其他经济组织或者个人依照中华人民共和国法律的规定，在中华人民共和国境内进行的私人直接投资。外商投资的投资主体是"外商"，又称"外国投资者"。利用外资是我国的长期方针，应创造更有吸引力的投资环境，积极吸引和有效利用外资，提振对华投资信心。

党的二十大报告对推进高水平对外开放进行了较为全面的阐述，包括合理缩减外资准入负面清单，依法保护外商投资权益，营造市场化、法治化、国际化一流营商环境。

中国对外商投资准入实行负面清单制度，且将继续合理缩减清单范围，中国正在推动高质量发展，非常欢迎外资企业加大对新兴行业的在华投资力度，中国也将保护外资企业的合法权益，为外资企业在华发展提供市场化、法治化、国际化的营商环境。

所有者权益根据其核算的内容和要求，可分为实收资本（股本）、其他权益工具、资本公积、其他综合收益、盈余公积和未分配利润等部分。其中盈余公积和未分配利润统称为留存收益。

第一节　实收资本（股本）与其他权益工具

一、实收资本概述

实收资本（paid-in capital）是指企业按照章程规定或合同、协议约定，接受投资者投入企业的资本。实收资本的构成比例即投资者的出资比例或股东的股权比例，是确定所有者在企业所有者权益中份额的基础，也是企业进行利润或股利分配的主要依据。

我国《民法典》第五十八条规定，法人应当依法成立；法人应当有自己的名称、组织机构、住所、财产或者经费。我国《企业法人登记管理条例》规定，申请企业法人登记的单位，应当具备的条件有：符合国家规定并与其生产经营和服务规模相适应的资金数额……现行《公司法》中有关注册资本部分的内容主要涉及三个方面：第一，将注册资本实缴登记制改为认缴登记制。也就是说，除法律、行政法规以及国务院决定对公司注册资本实缴另行规定的以外，取消了关于公司股东（发起人）应自公司成立之日起两年内缴足出资，投资公司在五年内缴足出资的规定；取消了一人有限责任公司股东应一次足额缴纳出资的规定，转而采取公司股东（发起人）自主约定认缴出资额、出资方式、出资期限等，并记载于公司章程的方式。第二，放宽注册资本登记条件。除对公司注册资本最低限额另行规定的以外，取消了有限责任公司、一人有限责任公司、股份有限公司最低注册资本分别应达3万元、10万元、500万元的限制；不再限制公司设立时股东（发起人）的首次出资比例以及货币出资比例。第三，简化登记事项和登记文件。有限责任公司股东认缴出资额、公司实收资本不再作为登记事项；公司登记时，不需要提交验资报告。

这里出现了三个概念：一是注册资本；二是实收资本；三是投入资本。这三者之间有什么关系呢？注册资本是企业在公司登记机关登记的投资者认缴的出资额。投入资本是投资者作为资本实际投入企业的资金数额，在一般情况下，投资者投入资本，即构成企业的实收资本，也正好等于其在登记机关的注册资本。但是，在一些特殊情况下，投资者也会因种种原因超额投入（如溢价发行股票等），从而使得其投入资本超过注册资本，在这种情况下，企业进行会计核算时，应单独核算，计入资本公积，在一些国家将其称为“额外投入资本”或者“超面额缴入资本”等。

二、实收资本的核算

（一）股份有限公司的股本

1. 发起设立

股份有限公司在收到发起人的出资时，应借记“银行存款”等科目，贷记“股本”等科目。

【例8-1】甲公司是由A、B、C、D、E 5个发起人共同发起、依法设立的股份有限公司，经核定的股本总额为5 000万元，划分为5 000万股，每股面值为1元。公司章程中规定的各发起人的出资比例和出资方式为：A占50%，全部以非货币资产出资，折合股份2 500万股，其中包括固定资产和土地使用权，固定资产账面原价1 800万元，经评估确认的价值为1 700万元，经评估确认的土地使用权的价值为850万元，上述财产已依法转入甲公司；B、C、D、E各占12.5%，全部以货币资金出资，有关出资已全部到位，存入银行。甲公司在收到上述各方出资时，应作如下会计分录：

借：固定资产	17 000 000	
无形资产——土地使用权	8 500 000	
银行存款	25 000 000	
贷：股本——A		25 000 000
——B（50 000 000×12.5%）		6 250 000
——C		6 250 000
——D		6 250 000
——E		6 250 000
资本公积		500 000

2. 募集设立

公司发行股票一般需要经过股东认购、实收股款、发行股票等阶段。公司在发行股票时，需要确定股票的发行价格。发行价格的高低受发行时资本市场供求关系的影响。理论上，股票可能按面值发行、溢价发行，或折价发行，但我国不存在折价发行。发行有面值股票时，无论发行价格与面值是否一致，记入“股本”账户的金额总是股票面值。

【例8-2】某股份有限公司经批准向社会公开发行普通股股票1 500万股，每股票面金额为1元，溢价发行。发行后，实收股款为6 000万元，则该公司应编制如下会计分录：

借：银行存款	60 000 000	
贷：股本——普通股		15 000 000
资本公积——股本溢价		45 000 000

（二）一般企业的实收资本

为了对投入资本进行核算，除股份有限公司以外，其他各类企业应设置“实收资本”账户。“实收资本”账户属于所有者权益类账户，用以核算企业实际收到投资者投入的资本增减变动的情况及其结果。该账户的贷方登记实收资本的增加数额，借方登记实收资本的减少数额，期末余额在贷方，反映企业期末实收资本的实有数额。该账户应按投资者设置明细账，进行明细分类核算。

1. 接受现金资产投资

企业收到投资者以现金投入的资本时，借记“库存现金”或“银行存款”账户，按投资者在企业注册资本中所占的份额，贷记“实收资本”账户。对于实际投入的金额超过投资者在企业注册资本中所占份额的部分，应记入“资本公积”账户。

【例8-3】由A、B、C三位投资者出资，组建星光有限责任公司，注册资本为3 000 000元，A、B、C三位投资者持股比例分别为50%、30%和20%。按照公司章程规定，A、B、

C三位投资者投入资本分别为1 500 000元、900 000元和600 000元。星光有限责任公司已如期收到各投资者的款项。该公司应编制如下会计分录：

借：银行存款　　3 000 000
　贷：实收资本——A　　1 500 000
　　　　　　——B　　900 000
　　　　　　——C　　600 000

2. 接受非现金资产投资

（1）接受投入固定资产。企业接受投资者作价投入的房屋、建筑物、机器设备等固定资产，应按照投资合同或协议约定的价值确定固定资产的价值，但投资合同或协议约定价值不公允的除外。在进行会计处理时，按照投资合同或协议约定的价值借记“固定资产”账户，按投资者在企业注册资本中应享有的份额，贷记“实收资本”账户。如果投资合同或协议约定的价值大于投资者在企业注册资本中应享有的份额，应将其差额记入“资本公积”账户。

【例8-4】甲企业接受乙公司作为资本投入的设备一台，该设备不需要安装，合同约定该设备的价值为200万元。假设合同约定的价值与设备的公允价值相符，不考虑其他因素。甲企业应编制如下会计分录：

借：固定资产　　2 000 000
　贷：实收资本——乙公司　　2 000 000

（2）接受投入材料物资。企业接受投资者作价投入的材料物资，应按照投资合同或协议约定的价值确定材料物资的价值，但投资合同或协议约定价值不公允的除外。在进行会计处理时，应按照投资合同或协议约定的价值借记“原材料”账户，按增值税专用发票上注明的增值税税额，借记“应交税费——应交增值税（进项税额）”账户，按投资者在企业注册资本中应享有的份额，贷记“实收资本”账户，按其差额贷记“资本公积”账户。

【例8-5】某企业于设立时接受A公司作为资本投入的原材料一批，该批原材料投资合同约定的价值为200 000元，增值税进项税额为26 000元。A公司已开具增值税专用发票。假设合同约定的价值与材料的公允价值相符，该进项税额允许抵扣，不考虑其他因素，该企业应编制如下会计分录：

借：原材料　　200 000
　　应交税费——应交增值税（进项税额）　　26 000
　贷：实收资本——A公司　　226 000

（3）接受投入无形资产。企业接受投资者以无形资产投入的资本，应按照投资合同或协议约定的价值确定无形资产的价值，但投资合同或协议约定价值不公允的除外。在进行会计处理时，应按照投资合同或协议约定的价值借记“无形资产”账户，按投资者在企业注册资本中应享有的份额，贷记“实收资本”账户。如果投资合同或协议约定的价值大于投资者在企业注册资本中应享有的份额，应将其差额记入“资本公积”账户。

【例8-6】甲企业收到乙企业作为资本投入的专利权一项，该专利权按照投资合同或协议约定的价值为100 000元。假设合同约定的价值与专利权的公允价值相符，不考虑其他因素。甲企业应编制如下会计分录：

借：无形资产　　100 000

　贷：实收资本——乙企业　　100 000

三、其他权益工具

其他权益工具（other equity instruments）是企业发行的除普通股以外的按照准则规定归类为权益工具的各种金融工具，如优先股、永续债等。

对于发行的除普通股以外的归类为权益工具的各种金融工具，企业应设置所有者权益类“其他权益工具”科目核算，并按发行其他权益工具的种类设置“优先股”“永续债”明细科目进行明细核算。

企业按规定发行其他权益工具时，应按实际收到的金额，借记“银行存款”等科目，贷记“其他权益工具——优先股、永续债”等科目；在存续期间分派股利的，作为利润分配处理，应根据批准的股利分配方案，按应分配给金融工具持有者的股利金额，借记“利润分配——应付优先股股利、应付永续债利息”等科目，贷记“应付股利——优先股股利、永续债利息”等科目；企业按规定赎回其他权益工具时，借记“库存股——其他权益工具”科目，贷记“银行存款”等科目；注销时，借记“其他权益工具”科目，贷记“库存股——其他权益工具”科目。

第二节　资本公积和其他综合收益

一、资本公积

（一）资本公积的来源及用途

资本公积（capital surplus）是保留在企业内部不予分配、来源于非经营因素的企业资本性积累。其权益属于投资者所有。从其形成来源看，它是投资者投入的资本金额中超过法定资本的部分，或者其他人投入的不形成实收资本的资产的转化形式，是一种特殊的所有者权益。它是企业抵御、防范经营和财务风险、充实资本的重要资金，对保护企业投资者和债权人的利益具有重要的意义。

按照企业会计准则的规定，资本公积是企业收到投资者出资额超出其在注册资本（或股本）中所占份额的部分，以及直接计入所有者权益的利得和损失等。资本公积包括资本溢价（或股本溢价）和直接计入所有者权益的利得和损失等。形成资本溢价（或股本溢价）的原因有溢价发行股票、投资者超额缴入资本等。直接计入所有者权益的利得和损失是指不应计入当期损益、会导致所有者权益发生增减变动的、与所有者投入资本或者向所有者分配利润无关的利得或者损失。

资本公积主要用于转增资本，即在办理增资手续后将资本公积转增实收资本，按所有者原有的比例增加投资者的实收资本。

（二）资本公积与实收资本（或股本）的区别

在所有者权益中，资本公积与实收资本（或股本）的区别主要表现在：

（1）从来源和性质看，实收资本（或股本）是指投资者按照企业章程或合同、协议的约定，实际投入企业并依法进行注册的资本，它体现了企业所有者对企业的基本产权关系。资本公积是投资者的出资中超出其在注册资本中所占份额的部分，以及直接计入所有者权益的利得和损失，它不直接表明所有者对企业的基本产权关系。

（2）从用途看，实收资本（或股本）的构成比例是确定所有者参与企业财务经营决策的基础，也是企业进行利润分配或股利分配的依据，同时还是企业清算时确定所有者对净资产的要求权的依据。资本公积主要用来转增资本（或股本）。资本公积不体现各所有者的占有比例，也不能作为所有者参与企业财务经营决策或进行利润分配（或股利分配）的依据。

（三）资本公积的核算

企业应通过“资本公积”科目核算资本公积的增减变动情况，并分别“资本溢价（股本溢价）”“其他资本公积”进行明细核算。

【例8-7】某有限责任公司接受某投资者的投资5 000 000元，其中4 000 000元作为实收资本，另1 000 000元作为资本公积，公司收到该投资者的投资后存入银行，手续已办妥。该公司应编制如下会计分录：

借：银行存款	5 000 000	
贷：实收资本		4 000 000
资本公积——资本溢价		1 000 000

【例8-8】某有限责任公司经股东会批准，将公司的资本公积（资本溢价）200 000元转增资本。该公司应编制如下会计分录：

借：资本公积——资本溢价	200 000	
贷：实收资本		200 000

二、其他综合收益

其他综合收益（other comprehensive income），是指企业根据其他会计准则的规定未在当期损益中确认的各项利得和损失，包括以后会计期间不能重分类进损益的其他综合收益和以后会计期间满足规定条件时将重分类进损益的其他综合收益两类。

1. 以后会计期间不能重分类进损益的其他综合收益项目

（1）重新计量设定受益计划净负债或净资产变动导致的变动。

（2）按照权益法核算因被投资单位重新计量设定受益计划净负债或净资产变动导致的权益变动，投资企业按持股比例计算确认的该部分其他综合收益项目。

（3）在初始确认时，企业可以将非交易性权益工具指定为以公允价值计量且其变动计入其他综合收益的金融资产，指定后不得撤销，即当该类非交易性权益工具终止确认时原计入其他综合收益的公允价值变动损益不得重分类进损益。

2. 以后会计期间满足规定条件时将重分类进损益的其他综合收益项目

（1）符合金融工具准则规定，同时符合两个条件的金融资产应当分类为以公允价值计量且其变动计入其他综合收益的金融资产：①企业管理该金融资产的业务模式既以收取合同现金流量为目标又以出售金融资产为目标；②该金融资产的合同条款规定，在特定日期产生的现金流量，仅为对本金和以未偿付本金金额为基础的利息的支付。当该类金融资产终止确认时，之前计入其他综合收益的利得或损失，应当从其他综合收益中转出，计入当期损益。

（2）按照金融工具准则的规定，对金融资产重分类按规定可以将原计入其他综合收益的利得或损失转入当期损益的部分。

（3）采用权益法核算的长期股权投资。按照被投资单位实现的其他综合收益以及持股比例计算应享有或分担的金额，调整长期股权投资的账面价值，同时增加或减少其他综合收益，其会计处理为：借记（或贷记）“长期股权投资——其他综合收益”科目，贷记（或借记）“其他综合收益”科目，待该项股权投资处置时，将原计入其他综合收益的金额转入当期损益。

（4）存货或自用房地产转换为采用公允价值模式计量的投资性房地产。转换日的公允价值大于原账面价值的，其差额作为其他综合收益核算。待该项投资性房地产处置时，因转换计入其他综合收益的部分应转入当期损益。

（5）现金流量套期工具产生的利得或损失中属于有效套期的部分。

（6）外币财务报表折算差额。

第三节　留存收益

一、留存收益的概念与构成

（一）留存收益的概念

留存收益，也称留存利润（retained earnings），是股东权益的另外一个组成部分，它是指企业从历年实现的利润中提取或形成的留存于企业的内部积累。留存收益与投资者投入的资本同属于股东权益（资本），但它有别于投入资本，投入资本是投资者从外部投入公司的，它是股东权益的基本组成部分，留存收益不是投资者从外部投入的，而是由经营活动赚取的利润而来。公司经营好坏直接关系到留存收益的大小，公司经营好，利润表会表现出盈利，同时导致资产负债表的股东权益部分增大；而公司经营差，利润表会表现出亏损，同时导致资产负债表的股东权益部分减少。可见，留存收益是资产负债表与利润表之间的桥梁。

（二）留存收益的构成

留存收益是国际上较为流行的提法，在我国与留存收益对应的概念是：盈余公积和未分配利润。在后面的会计分录中，我们将根据实际情况直接采用“盈余公积”和“未分配利润”科目。盈余公积包括法定盈余公积和任意盈余公积，它们属于拨定的留存收益，而未分配利润属于未拨定的留存收益。

二、盈余公积

（一）盈余公积的形成

企业要生存，要发展，必然要不断地扩大规模，向社会提供适销对路的产品或劳务，履行社会责任，承担社会义务。因此，有必要把税后利润的一部分留在企业，重新投入生产经营，参加周转。这部分留在企业的利润，称为盈余公积，也就是从盈余中而来，属于企业的所有者。

（二）盈余公积的用途

根据有关规定，企业提取的盈余公积主要用于以下几个方面：

（1）弥补亏损。企业发生亏损时，应由企业自行弥补。弥补亏损的渠道主要有三条：一是用以后年度税前利润弥补。按照有关法规的规定，企业发生亏损时，可以用以后5年内实现的税前利润弥补，也就是说税前利润弥补亏损的期限为5年。二是用以后年度税后利润弥补。企业发生的亏损经过5年期限未足额弥补的，应用所得税后的利润弥补。三是用盈余公积弥补。企业发生的亏损，如果用缴纳所得税后的利润仍不足弥补，可用提取的盈余公积弥补。但是，用盈余公积弥补亏损时，应由董事会提议，并经股东会批准后，方可实施。

（2）转增资本。当企业累积的盈余公积比较多时，可以将盈余公积转增资本，但必须经过股东会的批准。按照公司法的规定，用盈余公积转增资本后，留存的盈余公积不得少于注册资本的25%，而且，在将盈余公积转增资本时，要按照股东的原持股比例进行结转。

（3）发放现金股利或利润。根据有关规定，在特殊情况下，当企业累积的盈余公积比较多，而未分配利润又比较少时，为维护企业的形象，给投资者以合理的回报，对于符合规定条件的企业，可以用盈余公积分派现金股利或利润。

盈余公积的提取实际上是对企业用当期实现的净利润向投资者分配的一种限制。提取盈余公积本身就属于利润分配的一部分，企业提取盈余公积相对应的资金，一经提取形成盈余公积后，在一般情况下不得用于向投资者分派股利或利润。企业提取的盈余公积，无论是用于弥补亏损，还是用于转增资本，都是企业所有者权益内部的结构变化，并不引起企业所有者权益总额的变化。

（三）盈余公积的会计处理

为了反映盈余公积的形成和使用情况，企业应设置“盈余公积”账户。该账户属于所有者权益类账户，贷方登记按规定从净利润中提取而形成的盈余公积数额，借方登记企业将盈余公积用于弥补亏损、转增资本以及分派现金股利或利润的减少数额，期末贷方余额反映企业提取尚未转出的盈余公积数额。本账户应按其种类设置明细账户，分别进行明细核算。

企业按有关法律规定提取的法定盈余公积，借记“利润分配——提取法定盈余公积”科目，贷记“盈余公积——法定盈余公积”科目；按股东会或类似机构决议提取的任意盈余公积，借记“利润分配——提取任意盈余公积”科目，贷记“盈余公积——任意盈余公积”科目；按股东会或类似机构决议分配给股东的现金股利，借记“利润分配——应付现金股利或利润”科目，贷记“应付股利”科目；按股东会或类似机构决议分配给股东的股票股利，在办理增资手续后，借记“利润分配——转作股本的股利”科目，贷记“股本”科目，如有差额，贷记“资本公积——股本溢价”科目。企业用盈余公积弥补亏损，借记“盈余公积——法定盈余公积或任意盈余公积”科目，贷记“利润分配——盈余公积补亏”科目。

【例8-9】某公司2×22年的税后利润为1 500 000元，按10%提取法定盈余公积。同时公司章程规定，按30%提取任意盈余公积。该公司应作如下会计分录：

借：利润分配——提取法定盈余公积	150 000	
——提取任意盈余公积	450 000	
贷：盈余公积——法定盈余公积		150 000
——任意盈余公积		450 000

三、未分配利润

未分配利润（undivided profit）是企业留待以后年度进行分配的结存利润，也是企业所有者权益的组成部分。相对于所有者权益的其他部分来讲，企业对于未分配利润的使用分配有较大的自主权。从数量上来讲，未分配利润是期初未分配利润加上本期实现的净利润，减去提取的各种盈余公积和分出利润后的余额。未分配利润有两层含义：一是留待以后年度处理的利润；二是未指定特定用途的利润。

企业未分配利润应通过“利润分配”科目进行核算。年度终了，企业应将全年实现的净利润，自“本年利润”科目转入“利润分配——未分配利润”科目，并将“利润分配”科目下的其他有关明细科目的余额，转入“未分配利润”明细科目。结转后，“未分配利润”明细科目的贷方余额，就是累积未分配的利润数额。如出现借方余额，则表示累积未弥补的亏损数额。对于未弥补亏损可以用以后年度实现的税前利润进行弥补，但弥补期限不得超过5年。

本章小结

所有者权益代表投资人对企业资源的权益，其基本构成是实收资本和留存收益，但其具体构成却非常复杂。实收资本是指企业按照章程规定或合同、协议约定，接受投资者投入企业的资本。其他权益工具是企业发行的除普通股以外的按照准则规定归类为权益工具的各种金融工具，如优先股、永续债等。资本公积是保留在企业内部不予分配、来源于非经营因素的企业资本性积累，其权益属于投资者所有。其他综合收益是指企业根据其他会计准则的规定未在当期损益中确认的各项利得和损失，可以分为两类。留存收益也称留存利润，是指企业从历年实现的利润中提取或形成的留存于企业的内部积累，包括盈余公积和未分配利润两部分。

主要概念和术语

所有者权益　实收资本　资本公积　其他权益工具　其他综合收益　留存收益　盈余公积　未分配利润　股本

复习思考题

1.简述所有者权益的性质和分类，并阐明会计上对所有者权益如此分类的理由。

2.简述资本公积、其他资本公积和其他综合收益的区别。

3.什么是留存收益？它包含的内容有哪些？

4.在分派股利之前，应先提取法定盈余公积和公益金的理由何在？

5.“任意盈余公积是公司董事会根据实际经营需要任意提出的，其数额不受限制。”试评述这一说法的正确性。

6.股票股利的计价方法，有两种主张，一是按面值计价，二是按市价计价，你认为应按何种方法计价？为什么？

练习题

第八章练习题

第九章

收入、费用和利润

学习目标

通过本章的学习，应掌握收入确认与计量的核心原则和五步法模型；掌握利润、每股收益的概念和基本内容以及利润分配的程序；掌握典型的收入、费用、本年利润以及利润分配的会计处理和计算方法；能正确运用有关收入确认和计量的会计准则，联系企业发生的各种相关业务实际进行分析和处理，提供有助于决策的会计信息。

收益（income）的确认与计量是财务会计的重要内容[①]。利润（更正式地，应称作收益）反映了企业一定会计期间的经营成果，是衡量企业营利能力、经营效益以及评价企业经营业绩的重要指标，因而备受各报表使用者的关注，并成为会计粉饰的主要对象。本章将重点讨论收入、费用、利润及其分配的相关会计问题。

第一节 收 入

一、收入的概念和特征

（一）收入的含义和分类

1. 收入的含义

收入（revenue）有广义与狭义之分。广义的收入是指那些能导致经济利益流入企业的所有有利属性[②]。狭义的收入仅指企业在日常经营活动中所形成的、会导致所有者权益增加的、与所有者投入资本无关的经济利益的总流入。人们习惯上将狭义的收入称为营业收入，而广义的收入包括营业收入、其他收益、投资收益、净敞口套期收益、公允价值变动收益、资产处置收益和营业外收入等。营业收入是指企业在从事销售商品、提供服务（包含各项劳务，下同）等日常经营业务过程中取得的收入；其他收益主要是指计入营业

① 确定收益的方法有资产负债表法和利润表法两种，其依据的理论基础分别是资本保全观和交易观。根据资本保全观的资产负债表法来确定收益，就是根据前后期资产负债表中的所有者权益净额来确定企业在一定期间所实现收益的方法；而基于交易观的利润表法来确定收益，则可以根据企业一定期间实际发生的经济业务（所发生的交易或其他事项）的收入和为赚取收入而发生的费用、成本以及营业外收支之间的差额计算得出。后一种方法是目前国际上通行的做法，我国现行会计准则和会计实务也是采用该方法来确定收益的。

② 国际会计准则理事会2018年3月发布的修订后的《财务报告概念框架》将收益定义为：收益是指除了那些与权益索取权持有者出资有关的之外的，会引起权益增加的资产的增加或者负债的减少。可见，这里的收益是包括收入和利得的。

利润的政府补助以及其他与日常活动相关且计入其他收益的项目等；投资收益是指企业在从事各项对外投资活动中取得的净收入（各项投资业务取得的收入大于其成本的差额）；净敞口套期收益是指净敞口套期下被套期项目累计公允价值变动转入当期损益的金额或现金流量套期储备转入当期损益的金额；公允价值变动收益是指以公允价值计量且其变动计入当期损益的金融资产等公允价值变动形成的收益；资产处置收益主要是指企业出售划分为持有待售的非流动资产（金融工具、长期股权投资和投资性房地产除外）或处置组（子公司和业务除外）时确认的处置利得或损失，以及处置未划分为持有待售的固定资产、在建工程、生产性生物资产及无形资产而产生的处置利得或损失，还包括非货币性资产交换中换出非流动资产产生的利得或损失；营业外收入是指企业在营业利润以外取得的与企业日常活动无关的各项利得，它并不是企业经营资金耗费所产生的，实际上是经济利益的净流入，它不需要与有关的费用进行配比，主要包括非流动资产毁损报废收益、与企业日常活动无关的政府补助、盘盈利得、接受捐赠利得等。

我国企业会计准则所规范的收入是狭义的收入，是指企业在日常活动中形成的、会导致所有者权益增加的、与所有者投入资本无关的经济利益的总流入。本节也主要讨论狭义收入的确认、计量等问题。

2. 收入的分类

收入可以按不同的标准进行划分。

（1）按照企业从事经营活动的性质分类，可以将收入分为销售商品收入、提供劳务收入。其中，销售商品收入是指企业通过销售商品实现的收入，如制造业企业生产并销售产品、商业企业销售商品、房地产开发商销售自行开发的房地产等实现的收入。工业企业销售不需用的原材料、包装物等存货实现的收入，也视同销售商品收入。提供劳务收入是指企业通过提供各种服务实现的收入。例如咨询公司提供咨询服务、软件企业为客户开发软件、安装公司提供安装服务、工业企业提供工业性劳务作业服务、商业企业提供代购代销服务、建筑企业提供建造服务、金融企业提供各种金融服务、交通运输企业提供运输服务、服务性企业提供客房餐饮等实现的收入。建造合同收入可视为企业提供劳务取得收入的一种特殊类型。

（2）按照收入对企业的重要程度分类，可以将收入分为主营业务收入、其他业务收入。其中，主营业务收入是指企业为完成其经营目标所从事的经常性活动实现的收入，也称基本业务收入。例如，工业企业制造并销售产品、商品流通企业销售商品、保险公司签发保单、咨询公司提供咨询服务、软件企业为客户开发软件、安装公司提供安装服务、商业银行对外贷款、租赁公司出租资产等，均属于企业为完成其经营目标所从事的经常性活动，由此产生的经济利益的总流入构成收入，属于企业的主营业务收入。主营业务收入经常发生并在收入中占有较大的比重。其他业务收入是指企业为完成其经营目标所从事的与经常性活动相关的活动实现的收入，也称附营业务收入。例如，工业企业出租固定资产和无形资产、出租周转材料、出售不需用原材料等，属于与经常性活动相关的活动，由此产生的经济利益的总流入也构成收入，属于企业的其他业务收入。其他业务收入不经常发生，金额一般较小，在收入中所占比重较小。

在日常会计核算中，企业应当设置“主营业务收入”和“其他业务收入”科目，分别核算主营业务形成的经济利益的总流入和其他业务形成的经济利益的总流入，但在编制利润表时应将两者合并为“营业收入”项目反映。

（二）收入的特征

收入具有以下特征：

（1）收入产生于企业的日常活动中，而不是偶发的交易或事项中。其中“日常活动”是指企业为完成其经营目标所从事的经常性活动以及与之相关的活动。工业企业制造并销售产品、商品流通企业销售商品、咨询公司提供咨询服务、软件公司为客户开发软件、安装公司提供安装服务、建筑企业提供建造服务等，均属于企业的日常活动。企业还有一些活动属于与经常性活动相关的其他活动，如工业企业出售不需用的原材料、出售或出租固定资产及无形资产等，由此产生的经济利益的总流入也构成收入。

除了日常活动以外，企业的有些活动不是为完成其经营目标所从事的经常性活动，也不属于与经常性活动相关的其他活动，如企业处置报废或毁损固定资产和无形资产、债务人进行重组、接受捐赠等活动，由此产生的经济利益的总流入不构成收入。

（2）收入可能表现为企业资产的增加，如增加银行存款、应收账款等；也可能表现为企业负债的减少，如以商品或劳务抵偿债务；或者二者兼而有之，例如，商品销售的货款中部分抵偿债务（不包括债务重组中的以商品抵债），部分收取现金。

（3）收入能导致企业所有者权益的增加。如前所述，收入能增加资产或减少负债或二者兼而有之，因此，根据会计基本等式，企业取得收入一定能增加所有者权益。但这里仅指收入本身导致的所有者权益的增加，而不是指收入扣除相关成本费用后的毛利对所有者权益的影响，收入扣除相关成本费用后的净额，既可能增加所有者权益，也可能减少所有者权益。

（4）收入只包括本企业经济利益的流入，不包括为第三方或客户代收的款项，如增值税、代收利息等。代收的款项，一方面增加企业的资产，另一方面增加企业的负债，因此不增加企业的所有者权益，也不属于本企业的经济利益，不能作为本企业的收入。

二、收入的确认与计量

收入的会计核算主要是解决收入确认的条件、确认的时间以及如何计量的问题。核心原则是：企业确认收入的方式应当反映其向客户转让商品或提供服务（以下将转让商品或提供服务简称为转让商品）的模式，收入的金额应当反映企业因转让这些商品或服务（以下将商品或服务简称为商品）而预期有权收取的对价金额。具体来说，收入的确认与计量可大致分为五步（即五步法模型）：第一步，识别与客户订立的合同；第二步，识别合同中的单项履约义务；第三步，确定交易价格；第四步，将交易价格分摊至各单项履约义务；第五步，履行各单项履约义务时确认收入。其中，第一步、第二步和第五步主要与收入的确认有关，第三步和第四步主要与收入的计量有关。

（一）识别与客户订立的合同

合同，是指双方或多方之间订立有法律约束力的权利和义务的协议，包括书面形式、口头形式以及其他可验证的形式（如隐含于商业惯例或企业以往的习惯做法中等）。客户，是指与企业订立合同以向该企业购买其日常活动产出的商品并支付对价的一方。

1. 收入确认的原则

企业应当在履行了合同中的履约义务，即在客户取得相关商品控制权时确认收入。取得相关商品控制权是指能够主导该商品的使用并从中获得几乎全部的经济利益，也包括有能力阻止其他方主导该商品的使用并从中获得经济利益。取得商品控制权包括以下三个要素：

一是能力，即客户必须拥有现时权利，能够主导该商品的使用并从中获得几乎全部经济利益。如果客户只能在未来的某一期间主导该商品的使用并从中获益，则表明其尚未取得该商品的控制权。

二是主导该商品的使用。客户有能力主导该商品的使用，是指客户有权使用该商品，或者能够允许或阻止其他方使用该商品。

三是能够获得几乎全部的经济利益。商品的经济利益是指该商品的潜在现金流量，既包括现金流入的增加，也包括现金流出的减少。客户可以通过很多方式直接或间接地获得商品的经济利益，例如使用、消耗、出售或持有该商品、使用该商品提升其他资产的价值，以及将该商品用于清偿债务、支付费用或抵押等。

2. 收入确认的前提条件

企业与客户之间的合同同时满足下列五个条件的，企业应当在履行了合同的履约义务，即在客户取得相关商品控制权时确认收入：（1）合同各方已批准该合同并承诺将履行各自义务；（2）该合同明确了合同各方与所转让的商品（或提供的服务，以下简称转让的商品）相关的权利和义务；（3）该合同有明确的与所转让的商品相关的支付条款；（4）该合同具有商业实质，即履行该合同将改变企业未来现金流量的风险、时间分布或金额；（5）企业因向客户转让商品而有权取得的对价很可能收回。在进行上述判断时需要注意以下三点：

第一，合同约定的权利和义务是否具有法律约束力，需要根据企业所处的法律环境和实务操作进行判断，包括合同订立的方式和流程、具有法律约束力的权利和义务的时间等。对于合同各方均有权单方面终止完全未执行的合同，且无须对合同其他方做出补偿的，企业应当视为该合同不存在。其中，完全未执行的合同，是指企业尚未向客户转让任何合同中承诺的商品，也暂未收取且尚未有权收取已承诺商品的任何对价的合同。

第二，合同具有商业实质，是指履行该合同将改变企业未来现金流量的风险、时间分布或金额。商业实质，应按照非货币性资产交换中有关商业实质的说明进行判断。

第三，企业在评估其因向客户转让商品而有权取得的对价是否很可能收回时，仅应考虑客户到期时支付对价的能力和意图（即客户的信用风险）。企业在进行判断时，应当考虑是否存在价格折让，存在价格折让的，应当在估计交易价格时进行考虑。企业预期很可能无法收回全部合同对价时，应当判断其原因是客户的信用风险还是企业向客户提供了价格折让。

【例9-1】甲房地产开发公司与乙公司签订合同，向其销售一栋建筑物，合同价款为100万元。该建筑物的成本为60万元，乙公司在合同开始日即取得了该建筑物的控制权。根据合同的约定，乙公司在合同开始日支付了5%的保证金5万元，并就剩余95%的价款与甲公司签订了不附追索权的长期融资协议，如果乙公司违约，甲公司可重新拥有该建筑物，即使收回的建筑物不能涵盖所欠款项的总额，甲公司也不能向乙公司索取进一步的赔偿。

乙公司计划在该建筑物内开设一家餐馆。在该建筑物所在的地区，餐饮行业面临激烈的竞争，而乙公司缺乏餐饮行业的经营经验。

本例中，乙公司计划以该餐馆产生的收益偿还甲公司的欠款，除此之外并无其他的经济来源，乙公司也未对该笔欠款设定任何担保。如果乙公司违约，甲公司虽然可重新拥有该建筑物，但即使收回的建筑物不能涵盖所欠款项的总额，甲公司也不能向乙公司索取进一步的赔偿。因此，甲公司对乙公司还款的能力和意图存在疑虑，认为该合同不满足合同价款很可能收回的条件。甲公司应当将收到的5万元确认为一项负债。

对于合同开始日即能够同时满足上述五个前提条件的合同，企业在后续期间无须对其进行重新评估，除非有迹象表明相关事实和情况发生了重大变化；在合同开始日尚不能同时满足上列条件的合同，企业应当对其进行持续评估，并在能够同时满足上列条件后，在客户取得相关商品控制权时确认收入。合同开始日通常是指合同生效日。

对于不能同时满足上述收入确认的五个条件的合同，企业只有在不再负有向客户转让商品的剩余义务（例如，合同已完成或取消），且已向客户收取的对价（包括全部或部分对价）无须退回时，才能将已收取的对价确认为收入；否则，应当将已收取的对价作为负债进行会计处理，该负债代表了企业在未来向客户转让商品或者支付退款的义务。其中，企业向客户收取无须退回的对价的，应当在已经将该部分对价所对应的商品的控制权转移给客户，并且已经停止向客户转让额外的商品，也不再负有此类义务时，将该部分对价确认为收入；或者在相关合同已经终止时，将该部分对价确认为收入。

这里要注意的是，对于没有商业实质的非货币性资产交换，无论何时，均不应确认收入。从事相同业务经营的企业之间，为便于向客户或潜在客户销售而进行的非货币性资产交换（例如，两家石油公司之间相互交换石油，以便及时满足各自不同地点客户的需求），不应当确认收入。

3. 合同合并

企业与同一客户（或该客户的关联方）同时订立或在相近时间内先后订立的两份或多份合同，在满足下列条件之一时，应当合并为一份合同进行会计处理：（1）该两份或多份合同基于同一商业目的而订立并构成一揽子交易。（2）该两份或多份合同中的一份合同的对价金额取决于其他合同的定价或履行情况。（3）该两份或多份合同中所承诺的商品（或每份合同中所承诺的部分商品）构成单项履约义务。两份或多份合同合并为一份合同进行会计处理的，仍然需要区分该份合同中包含的各单项履约义务。

4. 合同变更

合同变更是指经合同各方批准对原合同范围或价格（或两者）做出的变更。合同变更既可能形成新的具有法律约束力的权利和义务，也可能是变更了合同各方现有的具有法律约束力的权利和义务。与合同初始订立时相同，合同各方可能以书面形式、口头形式或其他形式（如隐含于企业以往的习惯做法中）批准合同变更。企业应当区分下列三种情形对合同变更分别进行会计处理：

（1）合同变更部分作为单独合同。合同变更增加了可明确区分的商品及合同价款，且新增合同价款反映了新增商品单独售价的，应当将该合同变更部分作为一份单独的合同进行会计处理。此类合同变更不影响原合同的会计处理。

判断新增合同价款是否反映了新增商品的单独售价时，应当考虑为反映该特定合同的具体情况而对新增商品价格所做的适当调整。例如，在合同变更时，企业由于不用发生为发展新客户等所应发生的相关销售费用，可能会向客户提供一定的折扣，从而适当调整新增商品的单独售价，该调整不影响对新增商品单独售价的判断。

【例9-2】甲公司承诺向某客户销售120件产品，每件产品售价100元。该批产品彼此之间可明确区分，且将于未来6个月内陆续转让给该客户。甲公司将其中的60件产品转让给该客户后，双方对合同进行了变更，甲公司承诺向该客户额外销售30件相同的产品，这30件产品与原合同中的产品可明确区分，其售价为每件95元（假定该价格反映了合同变更时该产品的单独售价）。上述价格均不包含增值税。

本例中，由于新增的30件产品是可明确区分的，且新增的合同价款反映了新增产品的单独售价，因此，该合同变更实际上构成了一份单独的、在未来销售30件产品的新合同，该新合同并不影响对原合同的会计处理。甲公司应当对原合同中的120件产品按每件产品100元确认收入，对新合同中的30件产品按每件产品95元确认收入。

（2）合同变更作为原合同终止及新合同订立。合同变更不属于上述第（1）种情形，且在合同变更日已转让的商品或已提供的服务（以下简称“已转让的商品”）与未转让的商品或未提供的服务（以下简称“未转让的商品”）之间可明确区分的，应当视为原合同终止，同时，将原合同未履约部分与合同变更部分合并为新合同进行会计处理。

未转让的商品既包括原合同中尚未转让的商品，也包括合同变更新增的商品。新合同的交易价格应当为下列两项金额之和：一是原合同交易价格中尚未确认为收入的部分（包括已从客户收取的金额）；二是合同变更中客户已承诺的对价金额。

【例9-3】沿用【例9-2】，甲公司新增销售的30件产品售价为每件80元（假定该价格不能反映合同变更时该产品的单独售价）。同时，由于客户发现甲公司已转让的60件产品存在瑕疵，要求甲公司对已转让的产品提供每件15元的销售折让以弥补损失。经协商，双方同意将价格折让在销售新增的30件产品的合同价款中进行抵减，金额为900元。上述价格均不包含增值税。

本例中，由于900元的折让金额与已经转让的60件产品有关，因此应当将其作为已销售的60件产品的销售价格的抵减，在该折让发生时冲减当期销售收入。对于合同变更新增的30件产品，由于其售价不能反映该产品在合同变更时的单独售价，因此，该合同变更不能作为单独合同进行会计处理。由于尚未转让给客户的产品（包括原合同中尚未交付的60件产品以及新增的30件产品）与已转让的产品是可明确区分的，因此，甲公司应当将该合同变更作为原合同终止，同时，将原合同的未履约部分与合同变更合并为新合同进行会计处理。该新合同中，剩余产品为90件，其对价为8 400元，即原合同下尚未确认收入的客户已承诺对价6 000元（100×60）与合同变更部分的对价2 400元（80×30）之和，新合同中的90件产品每件产品应确认的收入为93.33元（8 400÷90）。

（3）合同变更部分作为原合同的组成部分。合同变更不属于上述第（1）种情形，且在合同变更日已转让的商品与未转让的商品之间不可明确区分的，应当将该合同变更部分作为原合同的组成部分，在合同变更日重新计算履约进度，并调整当期收入和相应成本等。

【例9-4】2×23年1月15日，乙建筑公司和客户签订了一项总金额为1 000万元的固定造价合同，在客户自有土地上建造一幢办公楼，预计合同总成本为700万元。假定该建造服务属于在某一时段内履行的履约义务，并根据累计发生的合同成本占合同预计总成本的比例确定履约进度。

截至2×23年年末，乙公司累计已发生成本420万元，履约进度为60%（420÷700×100%）。因此，乙公司在2×23年确认收入600万元（1 000×60%）。

2×24年年初，合同双方同意更改该办公楼屋顶的设计，合同价格和预计总成本因此而分别增加200万元和120万元。

在本例中，由于合同变更后拟提供的剩余服务与在合同变更日或之前已提供的服务不可明确区分（即该合同仍为单项履约义务），因此，乙公司应当将合同变更作为原合同的组成部分进行会计处理。合同变更后的交易价格为1 200万元（1 000+200），乙公司重新估计的履约进度为51.2%［420÷（700+120）×100%］，乙公司在合同变更日应额外确认收入14.4万元（51.2%×1 200−600）。

综上所述，判断合同变更的会计处理步骤如图9-1所示。

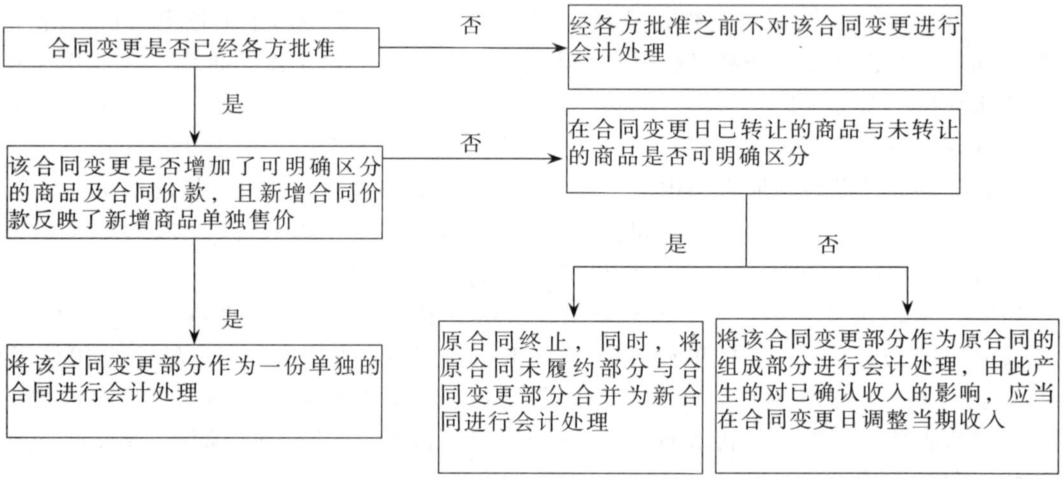

图9-1　判断合同变更的会计处理步骤

（二）识别合同中的单项履约义务

合同开始日，企业应当对合同进行评估，识别该合同所包含的各单项履约义务，并确定各单项履约义务是在某一时段内履行，还是在某一时点履行，然后，在履行了各单项履约义务时分别确认收入。履约义务，是指合同中企业向客户转让可明确区分商品的承诺。

企业承诺向客户转让的商品通常会在合同中明确约定，然而，在某些情况下，虽然合同中没有明确约定，但是企业已公开宣布的政策、特定声明或以往的习惯做法等可能隐含了企业将向客户转让额外商品的承诺。这些隐含的承诺不一定具有法律约束力，但是，如果在合同订立时，客户根据这些隐含的承诺能够对企业将向其转让某项商品形成合理的预期，则企业在识别合同中所包含的单项履约义务时，应当考虑此类隐含的承诺。例如，企业向客户销售商品，虽然合同没有约定，但是，企业在其宣传广告中宣称，对于购买该商品的客户，企业将为其提供为期5年的免费保养服务，如果该广告使客户对于企业提供的保养服务形成合理预期，企业应当考虑该项服务是否构成单项履约义务；又如，企业向客户销售软件，根据企业以往的习惯做法，企业会向客户提供免费的升级服务，如果该习惯做法使得客户对于企业提供的软件升级服务形成合理预期，则企业应当考虑该项服务是否构成单项履约义务。这里的客户既包括直接购买本企业商品的客户，也包括向客户购买本企业商品的第三方，即“客户的客户”，也就是说，企业需要评估其对于客户的客户所做的承诺是否构成单项履约义务，并进行相应的会计处理。

需要注意的是，企业为履行合同而应开展的初始活动，通常不构成履约义务，除非该活动向客户转让了承诺的商品。实务中，企业可能会为订立合同而开展一些行政管理性质的准备工作，这些准备工作并未向客户转让任何承诺的商品，因此，不构成单项履约义务。例如，某俱乐部为注册会员建立档案，该活动并未向会员转让承诺的商品，因此不构成单项履约义务。

此外，在识别合同中的单项履约义务时，如果合同承诺的某项商品不可明确区分，企业应当将该商品与合同中承诺的其他商品进行组合，直到该组合满足可明确区分的条件。某些情况下，合同中承诺的所有商品组合在一起构成单项履约义务。

企业应当将下列向客户转让商品的承诺作为单项履约义务：

1. 企业向客户转让可明确区分商品（或者商品的组合）的承诺

实际业务中，企业向客户承诺的商品可能包括企业为销售而生产的产品、为转售而购进的商品或使用某商品的权利（如机票等）、向客户提供的各种服务、随时准备向客户提供商品或提供随时可供客户使用的服务（如随时准备为客户提供软件更新服务等）、安排他人向客户提供商品、授权使用许可、可购买额外商品的选择权等。其中，企业随时准备向客户提供商品，是指企业保证客户在其需要时能够随时取得相关商品，而不一定是所提供的每一件具体商品或每一次具体服务本身。例如，健身俱乐部随时可供会员健身，其提供的是随时准备在会员需要时向其提供健身服务的承诺，而并非每一次具体的健身服务。

企业向客户承诺的商品同时满足下列条件的，应当作为可明确区分商品：

（1）客户能够从该商品本身或者从该商品与其他易于获得的资源一起使用中受益，即该商品能够明确区分。当客户能够使用、消耗或以高于残值的价格出售商品，或者以能够产生经济利益的其他方式持有商品时，表明客户能够从该商品本身获益。对于某些商品而言，客户可以从该商品本身获益，而对于另一些商品而言，客户可能需要将其与其他易于获得的资源一起使用才能从中获益。其他易于获得的资源，是指企业（或其他企业）单独销售的商品，或者客户已经从企业获得的资源（包括企业按照合同将会转让给客户的商品）或从其他交易或事项中获得的资源。表明客户能够从某项商品本身或者将其与其他易于获得的资源一起使用获益的因素有很多，例如，企业通常会单独销售该商品给客户，则表明该商品能够明确区分。在评估某项商品是否能够明确区分时，应当基于该商品自身的特征，与客户可能使用该商品的方式无关。因此，企业无须考虑合同中可能存在的阻止客户从其他来源取得相关资源的限制性条款。

（2）企业向客户转让该商品的承诺与合同中其他承诺可单独区分，即转让该商品的承诺在合同中是可明确区分的。企业确定了商品本身能够明确区分后，还应当在合同层面继续评估转让该商品的承诺是否与合同中其他承诺彼此之间可明确区分。这一评估的目的在于确定承诺的性质，即根据合同的约定，企业承诺转让的究竟是每一单项商品，还是由这些商品组成的一个或多个组合产出。很多情况下，组合产出的价值应当高于或者显著不同于各单项商品的价值总和。

在确定企业转让商品的承诺是否可单独区分时，需要运用判断并综合考虑所有事实和情况。下列情形通常表明企业向客户转让商品的承诺与合同中的其他承诺不可单独区分：

① 企业需提供重大的服务以将该商品与合同中承诺的其他商品进行整合，形成合同

约定的某个或某些组合产出转让给客户。例如，企业为客户建造写字楼的合同中，向客户提供的单项商品可能包括砖头、水泥、人工等，虽然这些单项商品本身都能够使客户获益（如客户可将这些建筑材料以高于残值的价格出售，也可以将其与其他建筑商提供的材料或人工等资源一起使用），但是，在该合同下，企业向客户承诺的是为其建造一栋办公楼，而并非提供这些砖头、水泥和人工等，企业需提供重大的服务将这些单项商品进行整合，以形成合同约定的一项组合产出（即写字楼）转让给客户。因此，在该合同中，砖头、水泥和人工等商品彼此之间不能单独区分。

② 该商品将对合同中承诺的其他商品予以重大修改或定制。如果某项商品将对合同中的其他商品做出重大修改或定制，实质上每一项商品将被整合在一起（即作为投入）以生产合同约定的组合产出。例如，企业承诺向客户提供其开发的一款现有软件，并提供安装服务，虽然该软件无须更新或技术支持也可直接使用，但是企业在安装过程中需要在该软件现有基础上对其进行定制化的重大修改，为该软件增加重要的新功能，以使其能够与客户现有的信息系统相兼容。在这种情况下，转让软件的承诺与提供定制化重大修改的承诺在合同层面是不可明确区分的。

③ 该商品与合同中承诺的其他商品具有高度关联性。合同中包含多项商品时，如果企业无法通过单独交付其中的某一单项商品而履行其合同承诺，可能表明合同中的这些商品会受到彼此的重大影响。例如，企业承诺为客户设计一种实验性的新产品并负责生产10个样品，企业在生产和测试样品的过程中需要对产品的设计进行不断修正，导致已生产的样品均可能需要进行不同程度的返工。当企业预计由于设计的不断修正，大部分或全部拟生产的样品均可能需要进行一些返工时，在不对生产造成重大影响的情况下，由于提供设计服务与提供样品生产服务产生的风险不可分割，客户没有办法选择仅购买设计服务或者仅购买样品生产服务，因此，企业提供的设计服务和生产样品的服务是不断交替反复进行的，两者高度关联，在合同层面是不可明确区分的。

2. 企业向客户转让一系列实质相同且转让模式相同的、可明确区分商品的承诺

当企业向客户连续转让某项承诺的商品时，如每天提供类似劳务的长期劳务合同等，如果这些商品属于实质相同且转让模式相同的一系列商品，企业应当将这一系列商品作为单项履约义务。其中，转让模式相同，是指每一项可明确区分的商品均满足在某一时段内履行履约义务的条件，且采用相同方法确定其履约进度。例如，企业与客户签订为期一年的保洁服务合同，承诺每天为客户提供保洁服务。由于企业每天所提供的服务都是可明确区分且实质相同的，并且，根据控制权转移的判断标准，每天的服务都属于在某一时段内履行的履约义务。因此，本例中，企业应当将每天提供的保洁服务合并在一起作为单项履约义务进行会计处理。

企业在判断所转让的一系列商品是否实质相同时，应当考虑合同中承诺的性质，当企业承诺的是提供确定数量的商品时，需要考虑这些商品本身是否实质相同。例如，企业与客户签订2年的合同，每月向客户提供工资核算服务，共计24次，由于企业提供服务的次数是确定的，在判断每月的服务是否实质相同时，应当考虑每次提供的具体服务是否相同，由于同一家企业的员工结构、工资构成以及核算流程等相对稳定，企业每月提供的该项服务很可能符合“实质相同”的条件；当企业承诺的是在某一期间内随时向客户提供某项服务时，需要考虑企业在该期间内的各个时间段（如每天或每小时）的承诺是否相同，

而并非具体的服务行为本身。例如，企业向客户提供2年的酒店管理服务，具体包括保洁、维修、安保等，但没有具体的服务次数或时间的要求，尽管企业每天提供的具体服务不一定相同，但是企业每天对于客户的承诺都是相同的，即按照约定的酒店管理标准，随时准备根据需要为其提供相关服务，因此，企业每天提供的该酒店管理服务符合“实质相同”的条件。

（三）确定交易价格

企业应当首先确定合同的交易价格，再按照分摊至各单项履约义务的交易价格计量收入。

交易价格，是指企业因向客户转让商品而预期有权收取的对价金额。企业代第三方收取的款项（例如增值税）以及企业预期将退还给客户的款项，应当作为负债进行会计处理，不计入交易价格。合同标价并不一定代表交易价格，企业应当根据合同条款，并结合以往的习惯做法等确定交易价格。企业在确定交易价格时，应当考虑可变对价、非现金对价以及应付客户对价等因素的影响，并应当假定将按照现有合同的约定向客户转移商品，且该合同不会被取消、续约或变更。

1. 可变对价

企业与客户的合同中约定的对价金额可能是固定的，也可能会因折扣、价格折让、返利、退款、奖励积分、激励措施、业绩奖金、索赔等因素而变化。此外，企业有权收取的对价金额，将会根据一项或多项或有事项的发生而有所不同的情况，也属于可变对价的情形，例如，企业售出商品但允许客户退货时，由于企业有权收取的对价金额将取决于客户是否退货，因此该合同的交易价格是可变的。企业在判断交易价格是否为可变对价时，应当考虑各种相关因素（如企业已公开宣布的政策、特定声明、以往的习惯做法、销售战略以及客户所处的环境等），以确定其是否会接受一个低于合同标价的金额，即企业向客户提供一定的价格折让。例如，甲公司为其客户建造一栋厂房，合同约定的价款为100万元，但是，如果甲公司不能在合同签订之日起的120天内竣工，则要支付10万元罚款，该罚款从合同价款中扣除（假设上述金额均不含增值税），则该合同的对价金额实际由两部分组成，即90万元的固定价格以及10万元的可变对价。

企业在判断合同中是否存在可变对价时，不仅应当考虑合同条款的约定，在下列情况下，即使合同中没有明确约定，合同的对价金额也是可变的：一是根据企业已公开宣布的政策、特定声明或者以往的习惯做法等，客户能够合理预期企业将会接受低于合同约定的对价金额，即企业会以折扣、返利等形式提供价格折让。二是其他相关事实和情况表明，企业在与客户签订合同时即打算向客户提供价格折让。例如，企业与一新客户签订合同，虽然企业没有对该客户销售给予折扣的历史经验，但是，根据企业拓展客户关系的战略安排，企业愿意接受低于合同约定的价格。合同中存在可变对价的，企业应当对计入交易价格的可变对价进行估计。

（1）可变对价最佳估计数的确定。在对可变对价进行估计时，企业应当按照期望值或最可能发生金额确定可变对价的最佳估计数。这并不意味着企业可以在两种方法之间随意进行选择，而是应当选择能够更好地预测其有权收取的对价金额的方法，并且对于类似的合同，应当采用相同的方法进行估计。

期望值是按照各种可能发生的对价金额及相关概率计算确定的金额。如果企业拥有大量具有类似特征的合同，企业据此估计合同可能产生多个结果时，按照期望值估计可变对价金额通常是恰当的。

【例9-5】甲公司生产和销售电视机。2×19年3月，甲公司向零售商乙公司销售1 000台电视机，每台价格为3 000元，合同价款合计300万元。甲公司向乙公司提供价格保护，同意在未来6个月内如果同款电视机售价下降，则按照合同价格与最低售价之间的差额向乙公司支付差价。甲公司根据以往执行类似合同的经验，预计各种结果发生的概率见表9-1。

表9-1　各种结果发生的概率

未来6个月内的降价金额（元/台）	概率
0	40%
200	30%
500	20%
1 000	10%

假设上述价格均不包含增值税。

本例中，甲公司认为期望值能够更好地预测其有权获取的对价金额。假定不考虑相关准则有关将可变对价计入交易价格的限制要求，在该方法下，甲公司估计交易价格为每台2 740元（3 000×40%+2 800 ×30%+2 500×20%+2 000×10%）。

而最可能发生金额是一系列可能发生的对价金额中最可能发生的单一金额，即合同最可能产生的单一结果。当合同仅有两个可能结果（例如，企业能够达到或不能达到某业绩奖金目标）时，按照最可能发生金额估计可变对价金额可能是恰当的。

（2）计入交易价格的可变对价金额的限制。企业按照期望值或最可能发生金额确定可变对价金额之后，计入交易价格的可变对价金额还应该满足限制条件，即包含可变对价的交易价格，应当不超过在相关不确定性消除时，累计已确认的收入极可能不会发生重大转回的金额。企业在评估与可变对价相关的不确定性消除时，累计已确认的收入金额是否极可能不会发生重大转回时，应当同时考虑收入转回的可能性及转回金额的比重。其中，“极可能”发生的概率应远高于“很可能（可能性超过50%）”，但不要求达到“基本确定（可能性超过95%）”，其目的是避免因为一些不确定性因素的发生导致之前已经确认的收入发生转回；在评估收入转回金额的比重时，应同时考虑合同中包含的固定对价和可变对价，也就是说，企业应当评估可能发生的收入转回金额相对于合同总对价（包括固定对价和可变对价）而言的比重。企业应当将满足上述限制条件的可变对价的金额，计入交易价格。需要说明的是，将可变对价计入交易价格的限制条件不适用于企业向客户授予知识产权许可并约定按客户实际销售或使用情况收取特许权使用费的情况。

每一资产负债表日，企业都应当重新估计可变对价金额（包括重新评估对可变对价的估计是否受到限制），以如实反映报告期末存在的情况以及报告期内发生的情况变化。

2. 合同中存在的重大融资成分

当企业将商品的控制权转移给客户的时间与客户实际付款的时间不一致时，如企业以赊销的方式销售商品，或者要求客户支付预付款等，如果各方以在合同中明确（或者以隐含的方式）约定的付款时间为客户或企业就转让商品的交易提供了重大融资利益，则合同中包含了重大融资成分，企业在确定交易价格时，应当对已承诺的对价金额做出调整，以剔除货币时间价值的影响。

为简化实务操作，如果在合同开始日，企业预计客户取得商品控制权与客户支付的价款间隔不超过一年的，可以不考虑合同中存在的重大融资成分。企业应当对类似情形下的类似合同一致地应用这一简化处理方法。

当合同中存在重大融资成分时，企业应当按照假定客户在取得商品控制权时即以现金支付的应付金额（现销价格）确定交易价格。企业在确定该重大融资成分的金额时，应使用将合同对价的名义金额折现为商品现销价格的折现率。该折现率一经确定不得因后续市场利率或客户信用风险等情况的变化而变更。企业确定的交易价格与合同承诺的对价金额之间的差额，应当在合同期间内采用实际利率法摊销。

【例9-6】2×22年1月1日，甲公司与乙公司签订合同，向其销售一批产品。合同约定，该批产品将于2年之后交货。合同中包含两种可供选择的付款方式，即乙公司可以在2年后交付产品时支付449.44万元，或者在合同签订时支付400万元。乙公司选择在合同签订时支付货款。该批产品的控制权在交货时转移。甲公司于2×22年1月1日收到乙公司支付的货款。上述价格均不包含增值税，且假定不考虑相关税费影响。

本例中，按照上述两种付款方式计算的内含利率为6%。考虑到乙公司付款时间和产品交付时间之间的间隔以及现行市场利率水平，甲公司认为该合同包含重大融资成分，在确定交易价格时，应当对合同承诺的对价金额进行调整，以反映该重大融资成分的影响。假定该融资费用不符合借款费用资本化的要求。甲公司的账务处理为：

（1）2×22年1月1日收到货款时：

借：银行存款	4 000 000	
未确认融资费用	494 400	
贷：合同负债		4 494 400

（2）2×22年12月31日确认融资成分的影响：

借：财务费用（4 000 000×6%）	240 000	
贷：未确认融资费用		240 000

（3）2×23年12月31日交付产品时：

借：财务费用（4 240 000×6%）	254 400	
贷：未确认融资费用		254 400
借：合同负债	4 494 400	
贷：主营业务收入		4 494 400

本例中所指合同负债，是指企业已收或应收客户对价而应向客户转让商品的义务，反映企业在向客户转让商品之前已经收到的合同对价或已经取得的无条件收取合同对价权利的金额。企业在向客户转让商品之前，客户已经支付了合同对价或企业已经取得了无条件收取合同对价权利的，企业应当在客户实际支付款项与到期应支付款项孰早时点，将该已收或应收的款项列示为合同负债。合同资产和合同负债应当在资产负债表中单独列示，并按流动性分别列示为“合同资产”或“其他非流动资产”以及“合同负债”或“其他非流

动负债”。同一合同下的合同资产和合同负债应当以净额列示，不同合同下的合同资产和合同负债不能互相抵销。

3. 非现金对价

非现金对价包括客户以存货、固定资产、无形资产、股权、客户提供的广告服务等方式支付的对价。当企业因转让商品而有权向客户收取的对价是非现金形式时，企业通常应当按照非现金对价在合同开始日的公允价值确定交易价格。非现金对价的公允价值不能合理估计的，企业应当参照其承诺向客户转让商品的单独售价间接确定交易价格。

非现金对价的公允价值可能会因对价的形式而发生变动（如企业有权向客户收取的对价是股票，股票本身的价格会发生变动），也可能会因为其形式以外的原因而发生变动（如企业有权收取非现金对价的公允价值因企业的履约情况而发生变动）。合同开始日后，非现金对价的公允价值因对价形式以外的原因而发生变动的，应当作为可变对价，按照与计入交易价格的可变对价金额的限制条件相关的规定进行处理；合同开始日后，非现金对价的公允价值因对价形式而发生变动的，该变动金额不应计入交易价格。

4. 应付客户对价

企业向客户转让商品的同时，需要向客户或第三方支付对价的，应当将该应付对价冲减交易价格，但应付客户的对价是为了自客户取得其他可明确区分商品的除外。企业应付客户对价是为了向客户取得其他可明确区分商品的，应当采用与企业其他采购相一致的方式确认所购买的商品。企业应付客户对价超过向客户取得可明确区分商品公允价值的，超过金额应当冲减交易价格。向客户取得的可明确区分商品公允价值不能合理估计的，企业应当将应付客户对价全额冲减交易价格。在将应付客户对价冲减交易价格处理时，企业应当在确认相关收入与支付（或承诺支付）客户对价二者孰晚的时点冲减当期收入。

综上所述，企业在确定交易价格时，应当考虑的影响因素如图9-2所示。

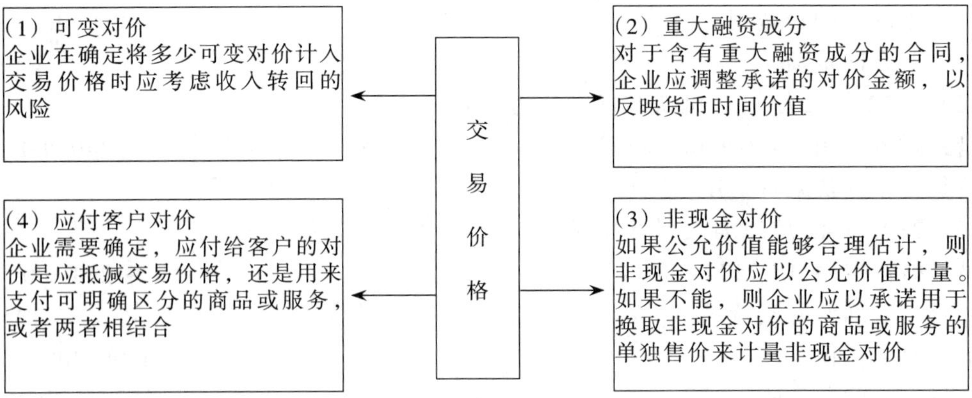

图9-2　合同交易价格的确定

（四）将交易价格分摊至各单项履约义务

当合同中包含两项或多项履约义务时，需要将交易价格分摊至各单项履约义务，以使企业分摊至各单项履约义务（或可明确区分的商品）的交易价格能够反映其因向客户转让已承诺的相关商品而预期有权收取的对价金额。

1. 分摊的一般原则

合同中包含两项或多项履约义务的，企业应当在合同开始日，按照各单项履约义务所承诺商品的单独售价的相对比例，将交易价格分摊至各单项履约义务。例如，某公司与客户签订合同，向其销售A、B、C三件产品，合同价款为10 000元。A、B、C产品的单独售价分别为5 000元、2 500元和7 500元，合计15 000元。上述价格均不包含增值税。则根据上述交易价格分摊原则，A产品应当分摊的交易价格为3 333元（5 000÷15 000×10 000），B产品应当分摊的交易价格为1 667元（2 500÷15 000×10 000），C产品应当分摊的交易价格为5 000元（7 500÷15 000×10 000）。

单独售价，是指企业向客户单独销售商品的价格。企业在类似环境下向类似客户单独销售某商品的价格，应作为确定该商品单独售价的最佳证据。合同或价目表上的标价可能是商品的单独售价，但不能默认其一定是该商品的单独售价。例如，企业为其销售的产品制定了标准价格，但是，在实务中经常以低于该标准价格的折扣价格对外销售，此时，企业在估计该产品的单独售价时应当考虑这一因素。

单独售价无法直接观察的，企业应当综合考虑其能够合理取得的全部相关信息（如市场情况、企业特定因素以及客户有关信息等），采用市场调整法、成本加成法、余值法等方法合理估计单独售价。市场调整法，是指企业根据某商品或类似商品的市场售价，考虑本企业的成本和毛利等进行适当调整后，确定其单独售价的方法。成本加成法，是指企业根据某商品的预计成本加上其合理毛利后的价格，确定其单独售价的方法。余值法，是指企业根据合同交易价格减去合同中其他商品可观察的单独售价后的余值，确定某商品单独售价的方法。

企业应当最大限度地采用可观察的输入值，并对类似的情况采用一致的估计方法。企业在商品近期售价波动幅度巨大，或者因未定价且未曾单独销售而使售价无法可靠确定时，可采用余值法估计其单独售价。

2. 分摊合同折扣

当客户购买的一组商品中所包含的各单项商品的单独售价之和高于合同交易价格时，表明客户因购买该组商品而取得了合同折扣。合同折扣，是指合同中各单项履约义务所承诺商品的单独售价之和高于合同交易价格的金额。对于合同折扣，企业应当在各单项履约义务之间按比例分摊。有确凿证据表明合同折扣仅与合同中一项或多项（而非全部）履约义务相关的，企业应当将该合同折扣分摊至相关一项或多项履约义务。

同时满足下列三项条件时，企业应当将合同折扣全部分摊至合同中的一项或多项（而非全部）履约义务：（1）企业经常将该合同中的各项可明确区分的商品单独销售或者以组合的方式单独销售；（2）企业也经常将其中部分可明确区分的商品以组合的方式按折扣价格单独销售；（3）上述第（2）项中的折扣与该合同中的折扣基本相同，且针对每一组合中的商品的分析为将该合同的整体折扣归属于某一项或多项履约义务提供了可观察的依据。有确凿证据表明合同折扣仅与合同中的一项或多项（而非全部）履约义务相关，且企业采用余值法估计单独售价的，企业应当首先在该一项或多项（而非全部）履约义务之间分摊合同折扣，然后再采用余值法估计单独售价。

【例9-7】甲公司与客户签订合同，向其销售A、B、C三种产品，合同总价款为120万元，这三种产品构成三项履约义务。企业经常以50万元单独出售A产品，其单独售价可直接观察；B产品和C产品的单独售价不可直接观察，企业采用市场调整法估计的B产品单独售价为25万元，采用成本加成法估计的C产品单独售价为75万元。甲公司通常以50万元的价格单独销售A产品，并将B产品和C产品组合在一起以70万元的价格销售。上述价格均不包含增值税。

本例中，三种产品的单独售价合计为150万元，而该合同的价格为120万元，该合同的整体折扣为30万元。由于甲公司经常将B产品和C产品组合在一起以70万元的价格销售，该价格与其单独售价之和（100万元）的差额为30万元，与该合同的整体折扣一致，而A产品单独销售的价格与其单独售价一致，证明该合同的整体折扣仅应归属于B产品和C产品。因此，在该合同下，分摊至A产品的交易价格为50万元，分摊至B产品和C产品的交易价格合计为70万元，甲公司应当进一步按照B产品和C产品的单独售价的相对比例将该价格在两者之间进行分摊：B产品应分摊的交易价格为17.5万元（25÷100×70），C产品应分摊的交易价格为52.5万元（75÷100×70）。

3. 分摊可变对价

合同中包含可变对价的，该可变对价可能与整个合同相关，也可能仅与合同中的某一特定组成部分有关，后者包括两种情形：一是可变对价可能与合同中的一项或多项（而非全部）履约义务有关，例如，是否获得奖金取决于企业能否在指定时期内转让某项已承诺的商品。二是可变对价可能与企业向客户转让的构成单项履约义务的一系列可明确区分商品中的一项或多项（而非全部）商品有关，例如，为期两年的保洁服务合同中，第二年的服务价格将根据指定的通货膨胀率确定。

同时满足下列两项条件的，企业应当将可变对价及可变对价的后续变动额全部分摊至与之相关的某项履约义务，或者构成单项履约义务的一系列可明确区分商品中的某项商品：一是可变对价的条款专门针对企业为履行该项履约义务或转让该项可明确区分商品所作的努力（或者是履行该项履约义务或转让该项可明确区分商品所导致的特定结果）；二是企业在考虑了合同中的全部履约义务及支付条款后，将合同对价中的可变金额全部分摊至该项履约义务或该项可明确区分商品符合分摊交易价格的目标。对于不满足上述条件的可变对价及可变对价的后续变动额，以及可变对价及其后续变动额中未满足上述条件的剩余部分，企业应当按照分摊交易价格的一般原则，将其分摊至合同中的各单项履约义务。对于已履行的履约义务，其分摊的可变对价后续变动额应当调整变动当期的收入。

【例9-8】甲公司与乙公司签订合同，将其拥有的两项专利技术X和Y授权给乙公司使用。假定两项授权均分别构成单项履约义务，且都属于在某一时点履行的履约义务。合同约定，授权使用专利技术X的价格为80万元，授权使用专利技术Y的价格为乙公司使用该专利技术所生产的产品销售额的3%。专利技术X和Y的单独售价分别为80万元和100万元。甲公司估计其就授权使用专利技术Y而有权收取的特许权使用费为100万元。上述价格均不包含增值税。

本例中，该合同中包含固定对价和可变对价，其中，授权使用专利技术X的价格为固定对价，且与其单独售价一致，授权使用专利技术Y的价格为乙公司使用该专利技术所生产的产品销售额的3%，属于可变对价，该可变对价全部与授权使用专利技术Y能够收取的对价有关，且甲公司基于实际销售情况估计收取的特许权使用费的金额接近专利技术Y

的单独售价。因此，甲公司将可变对价部分的特许权使用费金额全部由专利技术Y承担符合交易价格的分摊目标。

4. 交易价格的后续变动

合同开始日之后，由于相关不确定性的消除或环境的其他变化等原因，交易价格可能会发生变化，从而导致企业因向客户转让商品而预期有权收取的对价金额发生变化。交易价格发生后续变动的，企业应当按照在合同开始日所采用的基础将该后续变动金额分摊至合同中的履约义务。企业不得因合同开始日之后单独售价的变动而重新分摊交易价格。

对于合同变更导致的交易价格后续变动，应当按照本节有关合同变更的要求进行会计处理。合同变更之后发生可变对价后续变动的，企业应当区分下列三种情形分别进行会计处理：

（1）合同变更属于本节前文合同变更部分所述第（1）种规定情形的，企业应当判断可变对价后续变动与哪一项合同相关，并按照分摊可变对价的相关规定进行会计处理。

（2）合同变更属于本节前文合同变更部分所述第（2）种规定情形，且可变对价后续变动与合同变更前已承诺可变对价相关的，企业应当首先将该可变对价后续变动额以原合同开始日确定的单独售价为基础进行分摊，然后再将分摊至合同变更日尚未履行履约义务的该可变对价后续变动额以新合同开始日确定的基础进行二次分摊。

（3）合同变更之后发生除上述第（1）、（2）两种情形以外的可变对价后续变动的，企业应当将该可变对价后续变动额分摊至合同变更日尚未履行（或部分未履行）的履约义务。

【例9-9】2×23年9月1日，甲公司与乙公司签订合同，向其销售A产品和B产品。A产品和B产品均为可明确区分商品且两种产品单独售价相同，也均属于在某一时点履行的履约义务。合同约定，A产品和B产品分别于2×23年11月1日和2×24年3月31日交付给乙公司。合同约定的对价包括1 000元的固定对价和估计金额为200元的可变对价。假定甲公司将200元的可变对价计入交易价格，满足本节有关将可变对价金额计入交易价格的限制条件。因此，该合同的交易价格为1 200元。假定上述价格均不包含增值税。

2×23年12月1日，双方对合同范围进行了变更，乙公司向甲公司额外采购C产品，合同价格增加300元，C产品与A、B两种产品可明确区分，但该增加的价格不反映C产品的单独售价。C产品的单独售价与A产品和B产品相同。C产品将于2×24年6月30日交付给乙公司。

2×23年12月31日，企业预计有权收取的可变对价的估计金额由200元变更为240元，该金额符合将可变对价金额计入交易价格的限制条件。因此，合同的交易价格增加了40元，且甲公司认为该增加额与合同变更前已承诺的可变对价相关。

假定上述三种产品的控制权均随产品交付而转移给乙公司。

本例中，在合同开始日，该合同包含两项履约义务，甲公司应当将估计的交易价格分摊至这两项履约义务。由于两种产品的单独售价相同，且可变对价不符合分摊至其中一项履约义务的条件，因此，甲公司将交易价格1 200元平均分摊至A产品和B产品，即A产品和B产品各自分摊的交易价格均为600元。

2×23年11月1日，当A产品交付给客户时，甲公司相应确认收入600元。

2×23年12月1日，双方进行了合同变更。该合同变更属于本节合同变更的第（2）种情形，因此该合同变更应当作为原合同终止，并将原合同的未履约部分与合同变更部分合并为新合同进行会计处理。在该新合同下，合同的交易价格为900元（600+300），由于B产品和C产品的单独售价相同，分摊至B产品和C产品的交易价格的金额均为450元。

2×23年12月31日，甲公司重新估计可变对价，增加了交易价格40元。由于该增加额与合同变更前已承诺的可变对价相关，因此应首先将该增加额分摊给A产品和B产品，之后再将分摊给B产品的部分在B产品和C产品形成的新合同中进行二次分摊。在本例中，由于A、B和C产品的单独售价相同，在将40元的可变对价后续变动分摊至A产品和B产品时，各自分摊的金额为20元。由于甲公司已经转让了A产品，在交易价格发生变动的当期即应将分摊至A产品的20元确认为收入。之后，甲公司将分摊至B产品的20元平均分摊至B产品和C产品，即各自分摊的金额为10元，经过上述分摊后，B产品和C产品的交易价格均为460元（450+10）。因此，甲公司分别在B产品和C产品控制权转移时确认收入460元。

（五）履行各单项履约义务时确认收入

企业应当在履行了合同中的履约义务，即客户在取得相关商品控制权时确认收入。企业将商品的控制权转移给客户，该转移可能在某一时段内（即履行履约义务的过程中）发生，也可能在某一时点（即履约义务完成时）发生。企业应当根据实际情况，首先判断履约义务是否满足在某一时段内履行的条件，如不满足，则该履约义务属于在某一时点履行的履约义务。对于在某一时段内履行的履约义务，企业应当选取恰当的方法来确定履约进度；对于在某一时点履行的履约义务，企业应当综合分析控制权转移的迹象，判断其转移时点。

1. 在某一时段内履行的履约义务的收入确认条件

满足下列条件之一的，属于在某一时段内履行的履约义务，相关收入应当在该履约义务履行的期间内确认：

（1）客户在企业履约的同时即取得并消耗企业履约所带来的经济利益。企业在履约过程中是持续地向客户转移企业履约所带来的经济利益的，该履约义务属于在某一时段内履行的履约义务，企业应当在履行履约义务的期间内确认收入。对于保洁服务等一些服务类的合同而言，可以通过直观的判断获知，企业在履行履约义务（即提供保洁服务）的同时，客户即取得并消耗了企业履约所带来的经济利益。对于难以通过直观判断获知结论的情形，企业在进行判断时，可以假定在企业履约的过程中更换为其他企业继续履行剩余履约义务，如果该继续履行合同的企业实质上无须重新执行企业累计至今已经完成的工作，则表明客户在企业履约的同时即取得并消耗了企业履约所带来的经济利益。例如，企业承诺将客户的一批货物从A市运送到B市，假定该批货物在途经C市时，由另外一家运输公司接替企业继续提供该运输服务，由于A市到C市之间的运输服务是无须重新执行的，因此，表明客户在企业履约的同时即取得并消耗了企业履约所带来的经济利益，因此，企业提供的运输服务属于在某一时段内履行的履约义务。企业在判断其他企业是否实质上无须重新执行企业累计至今已经完成的工作时，应当基于以下两个前提：一是不考虑可能会使企业无法将剩余履约义务转移给其他企业的潜在限制，包括合同限制或实际可行性限制；二是假设继续履行剩余履约义务的其他企业将不会享有企业目前已控制的任何资产的利益，也不会享有剩余履约义务转移后企业仍然控制的任何资产的利益。

（2）客户能够控制企业履约过程中在建的商品。企业在履约过程中在建的商品包括在产品、在建工程、尚未完成的研发项目、正在进行的服务等，如果客户在企业创建该商品的过程中就能够控制这些商品，应当认为企业提供该商品的履约义务属于在某一时段内履行的履约义务。

【例9-10】企业与客户签订合同，在客户拥有的土地上按照客户的设计要求为其建造厂房。在建造过程中客户有权修改厂房设计，并与企业重新协商设计变更后的合同条款。客户每月末按当月工程进度向企业支付工程款。如果客户终止合同，已完成建造部分的厂房归客户所有。

本例中，企业为客户建造厂房，该厂房位于客户的土地上，客户终止合同时，已建造的厂房归客户所有。这些均表明客户在该厂房建造的过程中就能够控制该在建的厂房。因此，企业提供的该建造服务属于在某一时段内履行的履约义务，企业应当在提供该服务的期间内确认收入。

（3）企业履约过程中所产出的商品具有不可替代用途，且该企业在整个合同期间内有权就累计至今已完成的履约部分收取款项。

①商品具有不可替代用途。在判断商品是否具有不可替代用途时，企业既应当考虑合同限制，也应当考虑实际可行性限制，但无须考虑合同被终止的可能性。企业在判断商品是否具有不可替代用途时，需要注意以下四点：

一是企业应当在合同开始日判断所承诺的商品是否具有不可替代用途。在此之后，除非发生合同变更，且该变更显著改变了原合同约定的履约义务，否则，企业无须重新进行评估。

二是合同中是否存在实质性限制条款，导致企业不能将合同约定的商品用于其他用途。保护性条款也不应被视为实质性限制条款。

三是是否存在实际可行性限制，例如，虽然合同中没有限制，但是企业将合同中约定的商品用作其他用途，将遭受重大的经济损失或发生重大的返工成本。

四是企业应当根据最终转移给客户的商品的特征判断其是否具有不可替代用途。例如，某商品在生产的前期可以满足多种用途需要的，从某一时点或某一流程开始，才进入定制化阶段，此时，企业应当根据该商品在最终转移给客户时的特征来判断其是否满足“具有不可替代用途”的条件。

②企业在整个合同期间内有权就累计至今已完成的履约部分收取款项。有权就累计至今已完成的履约部分收取款项，是指在由于客户或其他方原因终止合同的情况下，企业有权就累计至今已完成的履约部分收取能够补偿其已发生成本和合理利润的款项，并且该权利具有法律约束力。需要强调的是，合同终止必须是由于客户或其他方（即由于企业未按照合同承诺履约之外的其他原因）而非企业自身的原因所致，在整个合同期间内的任一时点，企业均应当拥有此项权利。企业在进行判断时，需要注意以下五点：

一是企业有权就累计至今已完成的履约部分收取的款项应当大致相当于累计至今已经

转移给客户的商品的售价，即该金额应当能够补偿企业已经发生的成本和合理利润。其中，合理的利润补偿并非一定是该合同的整体毛利水平，以下两种情形都属于合理的利润补偿：第一，根据合同终止前的履约进度对该合同的毛利水平进行调整后确定的金额作为利润补偿金额；第二，如果该合同的毛利水平高于企业同类合同的毛利水平，以企业从同类合同中能够获取的合理资本回报或者经营毛利作为利润补偿金额。

二是企业有权就累计至今已完成的履约部分收取款项，并不意味着企业拥有随时可行使的无条件收款权。当合同约定客户在约定的某一时点、重要事项完成的时点或者整个合同完成之后才支付合同价款时，企业并没有取得收款的权利。在判断其是否满足本要求时，应当考虑在整个合同期间内的任一时点，假设由于客户或其他方原因导致合同提前终止时，企业是否有权主张该收款权利，即有权要求客户补偿其截至目前已完成的履约部分应收取的款项。

三是当客户只有在某些特定时点才有权终止合同，或者根本无权终止合同时，客户终止了合同（包括客户没有按照合同约定履行其义务），但是，合同条款或法律法规要求企业应继续向客户转移合同中承诺的商品并因此有权要求客户支付对价，此种情况也符合“企业有权就累计至今已完成的履约部分收取款项”的要求。

四是企业在进行判断时，既要考虑合同条款的约定，还应当充分考虑适用的法律法规、补充或者凌驾于合同条款之上的以往司法实践以及类似案例的结果等。例如，即使在合同没有明确约定的情况下，相关的法律法规等是否支持企业主张相关的收款权利；以往的司法实践是否表明合同中的某些条款没有法律约束力；在以往的类似合同中，企业虽然拥有此类权利，却在考虑了各种因素之后没有行使该权利，这是否会导致企业主张该权利的要求在当前的法律环境下不被支持等。

五是企业和客户之间在合同中约定的付款时间进度表，不一定就表明企业有权就累计至今已完成的履约部分收取款项，这是因为合同约定的付款进度和企业的履约进度可能并不匹配。此种情况下，企业仍需要证据对其是否有该收款权进行判断。

【例9-11】甲公司是一家造船企业，与乙公司签订了一份船舶建造合同，按照乙公司的具体要求设计和建造船舶。甲公司在自己的厂区内完成该船舶的建造，乙公司无法控制在建过程中的船舶。甲公司如果想把该船舶出售给其他客户，需要发生重大的改造成本。双方约定，如果乙公司单方面解约，乙公司须向甲公司支付相当于合同总价30%的违约金，且建造中的船舶归甲公司所有。假定该合同仅包含一项履约义务，即设计和建造船舶。

本例中，船舶是按照乙公司的具体要求进行设计和建造的，甲公司需要发生重大的改造成本将该船舶改造之后才能将其出售给其他客户，因此，该船舶具有不可替代用途。然而，如果乙公司单方面解约，仅需向甲公司支付相当于合同总价30%的违约金，表明甲公司无法在整个合同期间内都有权就累计至今已完成的履约部分收取能够补偿其已发生成本和合理利润的款项。因此，甲公司为乙公司设计和建造船舶不属于在某一时段内履行的履约义务。

属于在某一时段内履行的履约义务的收入确认条件见表9-2。

表9-2　在某一时段内履行的履约义务的收入确认条件

条件（之一）	履约义务	举例
（1）	客户在企业履约的同时即取得并消耗企业履约所带来的经济利益	常规或经常性的服务
（2）	客户能够控制企业履约过程中在建的商品	在客户的场地上建造资产
（3）	企业履约过程中所产出的商品具有不可替代用途，且该企业在整个合同期间内有权就累计至今已完成的履约部分收取款项	建造只有客户能够使用的专项资产，或按照客户的指示建造资产

2. 在某一时段内履行的履约义务的收入确认方法

对于在某一时段内履行的履约义务，企业应当在该段时间内按照履约进度确认收入，履约进度不能合理确定的除外。企业应当采用恰当的方法确定履约进度，以使其如实反映企业向客户转让商品的履约状况。企业应当考虑商品的性质，采用产出法或投入法确定恰当的履约进度，并且在确定履约进度时，应当扣除那些控制权尚未转移给客户的商品和服务。

（1）产出法

产出法主要是根据已转移给客户的商品对于客户的价值确定履约进度，主要包括按照实际测量的完工进度、评估已实现的结果、已达到的里程碑、时间进度、已完工或交付的产品等确定履约进度的方法。企业在评估是否采用产出法确定履约进度时，应当考虑所选择的产出指标是否能够如实地反映向客户转移商品的进度。

【例9-12】甲公司与客户签订合同，为该客户拥有的一条铁路更换100根铁轨，合同价格为10万元（不含税价）。截至2×23年12月31日，甲公司共更换铁轨60根，剩余部分预计在2×24年3月31日之前完成。该合同仅包含一项履约义务，且该履约义务满足在某一时段内履行的条件。假定不考虑其他情况。

本例中，甲公司提供的更换铁轨的服务属于在某一时段内履行的履约义务，甲公司按照已完成的工作量确定履约进度。因此，截至2×23年12月31日，该合同的履约进度为60%（60÷100×100%），甲公司应确认的收入为6万元（10×60%）。

产出法是根据能够代表向客户转移商品控制权的产出指标直接计算履约进度的，因此通常能够客观地反映履约进度。但是，产出法下有关产出指标的信息有时可能无法直接观察获得，企业为获得这些信息需要花费很高的成本，这就可能需要采用投入法来确定履约进度。

（2）投入法

投入法是根据企业履行履约义务的投入确定履约进度的方法，通常可采用投入的材料数量、花费的人工工时或机器工时、发生的成本和时间进度等投入指标确定履约进度。当企业从事的工作或发生的投入是在整个履约期间内平均发生时，按照直线法确认收入是合适的。由于企业的投入与向客户转移商品的控制权之间未必存在直接的对应关系，因此，企业在采用投入法时，应当扣除那些虽然已经发生、但是未导致向客户转移商品的投入。实务中，企业通常按照累计实际发生的成本占预计总成本的比例（成本法）确定履约进度，累计实际发生的成本包括企业向客户转移商品过程中所发生的直接成本和间接成本，如直接人工、直接材料、分包成本以及其他与合同相关的成本。企业在采用成本法确定履约进度时，可能需要对已发生的成本进行适当调整的情形有：

① 已发生的成本并未反映企业履行其履约义务的进度，如因企业生产效率低下等原因而导致的非正常消耗，包括非正常消耗的直接材料、直接人工及制造费用等，除非企业和客户在订立合同时已经预见会发生这些成本并将其包括在合同价款中。

② 已发生的成本与企业履行其履约义务的进度不成比例。如果企业已发生的成本与履约进度不成比例，企业在采用成本法时需要进行适当调整。当企业在合同开始日就能够预期将满足下列所有条件时，企业在采用成本法时不应包括该商品的成本，而是应当按照其成本金额确认收入：一是该商品不构成单项履约义务；二是客户先取得该商品的控制权，之后才接受与之相关的服务；三是该商品的成本占预计总成本的比重较大；四是企业自第三方采购该商品，且未深入参与其设计和制造，对于包含该商品的履约义务而言，企业是主要责任人。

【例9-13】2×23年10月，甲公司与客户签订合同，为客户装修一栋办公楼，包括安装一部电梯，合同总金额为100万元。甲公司预计的合同总成本为80万元，其中包括电梯的采购成本30万元。

2×23年12月，甲公司将电梯运达施工现场并经过客户验收，客户已取得对电梯的控制权，但是，根据装修进度，预计到2×24年2月才会安装该电梯。截至2×23年12月，甲公司累计发生成本40万元，其中包括支付给电梯供应商的采购成本30万元以及因采购电梯发生的运输和人工等相关成本5万元。

假定：该装修服务（包括安装电梯）构成单项履约义务，并属于在某一时段内履行的履约义务，甲公司是主要责任人，但不参与电梯的设计和制造；甲公司采用成本法确定履约进度；上述金额均不含增值税。

本例中，截至2×23年12月，甲公司发生成本40万元（包括电梯采购成本30万元以及因采购电梯发生的运输和人工等相关成本5万元），甲公司认为其已发生的成本和履约进度不成比例，因此需要对履约进度的计算做出调整，将电梯的采购成本排除在已发生成本和预计总成本之外。在该合同中，该电梯不构成单项履约义务，其成本相对于预计总成本而言是重大的，甲公司是主要责任人，但是未参与该电梯的设计和制造，客户先取得了电梯的控制权，随后才接受与之相关的安装服务，因此，甲公司在客户取得该电梯控制权时，按照该电梯采购成本的金额确认转让电梯产生的收入。

因此，2×23年12月，该合同的履约进度为20%（（40−30）÷（80−30）×100%），应确认的收入和成本金额分别为44万元（（100−30）×20%+30）和40万元（（80−30）×20%+30）。

对于每一项履约义务，企业只能采用一种方法来确定其履约进度，并加以一贯运用。对于类似情况下的类似履约义务，企业应当采用相同的方法确定履约进度。

资产负债表日，企业应当将按照合同的交易价格总额乘以履约进度扣除以前会计期间累计已确认的收入后的金额，确认为当期收入。当履约进度不能合理确定时，企业已经发生的成本预计能够得到补偿的，应当按照已经发生的成本金额确认收入，直到履约进度能够合理确定为止。每一资产负债表日，企业都应当对履约进度进行重新估计。当客观环境发生变化时，企业也需要重新评估履约进度是否发生变化，以确保履约进度能够反映履约情况的变化，该变化应当作为会计估计变更进行会计处理。

3. 在某一时点履行的履约义务

对于不属于在某一时段内履行的履约义务，应当属于在某一时点履行的履约义务，企业应当在客户取得相关商品控制权时点确认收入。在判断客户是否已取得商品控制权（即客户是否能够主导该商品的使用并从中获得几乎全部的经济利益）时，企业应当考虑下列几种迹象：

（1）企业就该商品享有现时收款权利，即客户就该商品负有现时付款义务。当企业就该商品享有现时收款权利时，可能表明客户已经有能力主导该商品的使用并从中获得几乎全部的经济利益。

（2）企业已将该商品的法定所有权转移给客户，即客户已拥有该商品的法定所有权。当客户取得了商品的法定所有权时，可能表明其已经有能力主导该商品的使用并从中获得几乎全部的经济利益，或者能够阻止其他企业获得这些经济利益，即客户已取得对该商品的控制权。如果企业仅仅是为了确保到期收回货款而保留商品的法定所有权，那么该权利通常不会对客户取得对该商品的控制权构成障碍。

（3）企业已将该商品实物转移给客户，即客户已占有该商品实物。客户如果已经占有商品实物，则可能表明其有能力主导该商品的使用并从中获得其几乎全部的经济利益，或者使其他企业无法获得这些利益。需要说明的是，客户占有了某项商品实物并不意味着其就一定取得了该商品的控制权，反之亦然。例如，采用支付手续费方式的委托代销安排下，虽然企业作为委托方已将商品发送给受托方，但是受托方并未取得该商品的控制权，因此，企业不应在向受托方发货时确认销售商品的收入，而仍然应当根据控制权是否转移来判断何时确认收入，通常应当在受托方售出商品时确认销售商品收入，受托方应当在商品销售后，按合同或协议约定的方法计算确定的手续费确认收入。表明一项安排是委托代销安排的迹象包括：①在特定事件发生之前（例如，向最终客户出售产品或指定期间到期之前），企业拥有对商品的控制权；②企业能够要求将委托代销的商品退回或者将其销售给其他方（如其他经销商）；③尽管经销商可能被要求向企业支付一定金额的押金，但是其并没有承担对这些商品无条件付款的义务。

实务中，企业有时根据合同已经就销售的商品向客户收款或取得了收款权利，但是，由于客户缺乏足够的仓储空间或生产进度延迟等原因，直到在未来某一时点将该商品交付给客户之前，企业仍然继续持有该商品实物，这种情况通常称为“售后代管商品”安排。此时，企业除了考虑客户是否取得商品控制权的迹象之外，还应当同时满足下列条件，才表明客户取得了该商品的控制权：①该安排必须具有商业实质，例如该安排是应客户的要求而订立的；②属于客户的商品必须能够单独识别，例如将属于客户的商品单独存放在指定地点；③该商品可以随时交付给客户；④企业不能自行使用该商品或将该商品提供给其他客户。企业根据上述条件对尚未发货的商品确认了收入的，还应当考虑是否还承担了其他履约义务，例如向客户提供保管服务等，从而应当将部分交易价格分摊至该其他履约义务。越是通用的、可以和其他商品互相替换的商品，可能越难满足上述条件。

【例9-14】2×22年1月1日，甲公司与乙公司签订合同，向其销售一台设备和专用零部件。设备和零部件的制造期为2年。甲公司在完成设备和零部件的生产之后，能够证明其符合合同约定的规格。假定在该合同下，向客户转让设备和零部件是可明确区分的，因此，企业应将其作为两项履约义务，且都属于在某一时点履行的履约义务。

2×23年12月31日，乙公司支付了该设备和零部件的合同价款，并对其进行了验收。乙公司运走了设备，但是，考虑到其自身的仓储能力有限，且其工厂紧邻甲公司的仓库，因此，要求将零部件存放于甲公司的仓库中，并且要求甲公司按照其指令随时安排发货。乙公司已拥有零部件的法定所有权，且这些零部件可明确是属于乙公司的物品。甲公司在其仓库内的单独区域内存放这些零部件，并应乙公司的要求可随时发货，甲公司不能使用这些零部件，也不能将其提供给其他客户使用。

本例中，2×23年12月31日，设备的控制权已转移给乙公司；对于零部件而言，甲公司已经收取合同价款，但是应乙公司的要求尚未发货，乙公司已拥有零部件的法定所有权并且对其进行了验收，虽然这些零部件实物尚由甲公司持有，但是其满足在售后代管商品的安排下客户取得商品控制权的条件，这些零部件的控制权也已经转移给了乙公司。因此，甲公司应当确认销售设备和零部件的相关收入。除此之外，甲公司还为乙公司提供了仓储保管服务，该服务与设备和零部件可明确区分，构成单项履约义务。

【例9-15】A公司生产并销售笔记本电脑。2×23年，A公司与零售商B公司签订销售合同，向其销售1万台电脑。由于B公司的仓储能力有限，无法在2×23年年底之前接收该批电脑，双方约定A公司在2×24年按照B公司的指令按时发货，并将电脑运送至B公司指定的地点。2×23年12月31日，A公司共有上述电脑库存1.2万台，其中包括1万台将要销售给B公司的电脑。然而，这1万台电脑和其余2 000台电脑一起存放并统一管理，并且彼此之间可以互相替换。

本例中，尽管是由于B公司没有足够的仓储空间才要求A公司暂不发货，并按照其指定的时间发货，但是由于这1万台电脑与A公司的其他产品可以互相替换，且未单独存放保管，A公司在向B公司交付这些电脑之前，能够将其提供给其他客户或者自行使用。因此，这1万台电脑在2×23年12月31日不满足售后代管商品安排下确认收入的条件。

（4）企业已将该商品所有权上的主要风险和报酬转移给客户，即客户已取得该商品所有权上的主要风险和报酬。企业向客户转移了商品所有权上的主要风险和报酬，可能表明客户已经取得了主导该商品的使用并从中获得其几乎全部经济利益的能力。但是，在评估商品所有权上的主要风险和报酬是否转移时，不应考虑导致企业在除所转让商品之外产生其他单项履约义务的风险。例如，企业将产品销售给客户，并承诺提供后续维护服务的安排中，销售产品和提供维护服务均构成单项履约义务，企业将产品销售给客户之后，虽然仍然保留了与后续维护服务相关的风险，但是，由于维护服务构成单项履约义务，所以该保留的风险并不影响企业已将产品所有权上的主要风险和报酬转移给客户的判断。

（5）客户已接受该商品。如果客户已经接受了企业提供的商品，例如，企业销售给客户的商品通过了客户的验收，可能表明客户已经取得了该商品的控制权。合同中有关客户验收的条款，可能允许客户在商品不符合约定规格的情况下解除合同或要求企业采取补救措施。因此，企业在评估是否已经将商品的控制权转移给客户时，应当考虑此类条款。当企业能够客观地确定其已经按照合同约定的标准和条件将商品的控制权转移给客户时，客户验收只是一项例行程序，并不影响企业判断客户取得该商品控制权的时点。例如，企业向客户销售一批必须满足规定尺寸和重量的产品，合同约定，客户收到该产品时，将对此进行验收。由于该验收条件是一个客观标准，企业在客户验收前就能够确定其是否满足约定的标准，客户验收可能只是一项例行程序。实务中，企业应当根据过去执行类似合同积累的经验以及客户验收的结果取得相应证据。当在客户验收之前确认收入时，企业还应当考虑是否还存在剩余的履约义务，例如设备安装等，并且评估是否应当对其单独进行会计处理。

相反，当企业无法客观地确定其向客户转让的商品是否符合合同规定的条件时，在客户验收之前，企业不能认为已经将该商品的控制权转移给了客户。这是因为，在这种情况下，企业无法确定客户是否能够主导该商品的使用并从中获得其几乎全部的经济利益。例如，客户主要基于主观判断进行验收时，该验收往往不能被视为仅仅是一项例行程序，在验收完成之前，企业无法确定其商品是否能够满足客户的主观标准，因此，企业应当在客户完成验收并接受该商品时才能确认收入。实务中，定制化程度越高的商品，越难以证明客户验收仅仅是一项例行程序。

此外，如果企业将商品发送给客户供其试用或者测评，且客户并未承诺在试用期结束前支付任何对价，则在客户接受该商品或者在试用期结束之前，该商品的控制权并未转移给客户。

需要强调的是，在上述五个迹象中，并没有哪一个或哪几个迹象是决定性的，企业应当根据合同条款和交易实质进行分析，综合判断其是否将商品的控制权转移给客户以及何时转移的，从而确定收入确认的时点。此外，企业应当从客户的角度进行评估，而不应当仅考虑企业自身的看法。

三、关于合同成本

（一）合同履约成本

企业为履行合同可能会发生各种成本，在确认收入的同时应当对这些成本进行分析，如果这些成本不属于存货、固定资产、无形资产等资产的取得成本且同时满足下列三个条件的，应当作为合同履约成本确认为一项资产：

（1）该成本与一份当前或预期取得的合同直接相关，包括直接人工、直接材料、制造费用（或类似费用）、明确由客户承担的成本以及仅因该合同而发生的其他成本。

（2）该成本增加了企业未来用于履行履约义务的资源。

（3）该成本预期能够收回。

企业应当在下列支出发生时，将其计入当期损益：一是管理费用，除非这些费用明确由客户承担。二是非正常消耗的直接材料、直接人工和制造费用（或类似费用），这些支出为履行合同发生，但未反映在合同价格中。三是与履约义务中已履行（包括已全部履行或部分履行）部分相关的支出，即该支出与企业过去的履约活动相关。四是无法在尚未履行的与已履行（或已部分履行）的履约义务之间区分的相关支出。

（二）合同取得成本

企业为取得合同发生的增量成本预期能够收回的，应当作为合同取得成本确认为一项资产。增量成本，是指企业不取得合同就不会发生的成本，例如销售佣金等。为简化实务操作，该资产摊销期限不超过一年的，可以在发生时计入当期损益。企业采用该简化处理方法的，应当对所有类似合同一致采用。企业为取得合同发生的、除预期能够收回的增量成本之外的其他支出，例如，无论是否取得合同均会发生的差旅费、投标费、为准备投标资料发生的相关费用等，应当在发生时计入当期损益，除非这些支出明确由客户承担。

（三）与合同履约成本和合同取得成本有关的资产的摊销和减值

1. 摊销

按照上述合同履约成本和合同取得成本确认的资产称为与合同成本有关的资产。企业应当采用与该资产相关的商品收入确认相同的基础（即在履约义务履行的时点或按照履约义务的履约进度）进行摊销，计入当期损益。

在确定与合同履约成本和合同取得成本有关的资产的摊销期限和方式时，如果该资产与一份预期将要取得的合同（如续约后的合同）相关，则在确定相关摊销期限和方式时，应当考虑该预期将要取得的合同的影响。但是，对于合同取得成本而言，如果合同续约时，企业仍需要支付与取得原合同相当的佣金，这表明取得原合同时支付的佣金与预期将要取得的合同无关，该佣金只能在原合同的期限内进行摊销。企业为合同续约仍需支付的佣金是否与原合同相当，需要根据具体情况进行判断。例如，如果两份合同的佣金按照各自合同金额的相同比例计算，通常表明这两份合同的佣金水平是相当的。

2. 减值

合同履约成本和合同取得成本的账面价值高于下列两项的差额的，超出部分应当计提减值准备，并确认为资产减值损失：

（1）企业因转让与该资产相关的商品预期能够取得的剩余对价。

（2）为转让该相关商品估计将要发生的成本。估计将要发生的成本主要包括直接人工、直接材料、制造费用（或类似费用）、明确由客户承担的成本以及仅因该合同而发生的其他成本（例如，支付给分包商的成本）等。

以前期间减值的因素之后发生变化，使得前款（1）减（2）的差额高于该资产账面价值的，应当转回原已计提的资产减值准备，并计入当期损益，但转回后的资产账面价值不应超过假定不计提减值准备情况下该资产在转回日的账面价值。

在确定合同履约成本和合同取得成本的减值损失时，企业应当首先确定其他资产减值损失；然后，按照本节的要求确定合同履约成本和合同取得成本的减值损失。企业按照金融资产减值测试相关资产组的减值情况时，应当将按照上述规定确定上述资产减值后的新账面价值计入相关资产组的账面价值。

四、收入的会计处理

（一）销售商品一般业务的会计处理

收入确认与计量的五步法模型是为了满足企业在各种合同安排下，特别是在某些包含多重交易、可变对价等复杂合同安排下，对相关收入进行确认和计量的需要而设定的。在实务中，企业转让商品的交易在相当多的情况下并不复杂，大多属于履约义务相对单一、交易价格基本固定的简单合同。对于简单合同，企业在应用五步法模型时可以简化或者省略其中的某些步骤，如在区分属于在某一时段内履行的履约义务还是在某一时点履行的履约义务的前提下，重点关注企业是否已经履行了履约义务，即客户是否已经取得了相关商品的控制权（确认收入的时点）、企业因向客户转让商品而有权取得的对价是否很可能收回（确认收入的前提条件）等。企业销售商品，应在符合收入确认的条件时确认销售收入，并结转销售成本。根据具体情况，按已收或应收的合同或协议价款，加上应收取的增值税税额，借记“银行存款”“应收账款”“应收票据”等科目，按确定的收入金额，贷记“主营业务收入”或“其他业务收入”科目，按应收取的增值税，贷记“应交税费——应交增值税（销项税额）”科目。

企业在销售商品时，有时还会附有一些销售折扣（包括现金折扣商业折扣）条件，也可能会由于品种、质量等不符合购销合同的规定而在价格上给予客户一定的折让或被客户退回。当企业发生销售折扣、销售折让和销售退回时，会对收入金额以及销售成本、有关费用金额产生一定的影响。

1. 现金折扣

现金折扣是指债权人为鼓励债务人在规定的期限内付款而向债务人提供的债务扣除，通常发生在以赊销方式销售商品及提供劳务的交易中。企业为了鼓励客户提前偿付货款，通常与债务人达成协议，债务人在不同的期限内付款可享受不同比例的折扣。现金折扣一般用符号“折扣/付款期限”表示。例如，“2/10”表示买方在10天内付款可按售价给予2%的折扣；“1/20”表示在20天内付款可按售价给予1%的折扣；“n/30”表示在30天内付款，则不给折扣等。

由于现金折扣在商品销售后发生，因此企业在确认销售收入时不能确定相关的现金折扣，销售后现金折扣是否发生应视买方的付款情况而定，属于可变对价，企业应当按照期望值或最可能发生金额确定可变对价的最佳估计数。

2. 商业折扣

商业折扣是指企业为促进销售而在商品标价上给予的扣除。例如，企业为鼓励买主购买更多的商品而规定购买10件以上者给予10%的折扣，或买主每买10件送1件等。

由于商业折扣在销售时已发生，因此企业销售实现时，只要按扣除商业折扣后的净额确认销售收入即可，不需作账务处理。

3. 销售折让

销售折让是指企业因售出商品的质量不合格等而在售价上给予买方的减让。销售折让可能发生在企业确认收入之前，也可能发生在企业确认收入之后。发生在收入确认之前的销售折让，其处理相当于商业折扣；已确认收入之后发生的销售折让，通常应当在发生时冲减当期销售收入，属于资产负债表日后事项，应当按照有关资产负债表日后事项的相关规定进行处理。

【例9-16】某企业在2×23年1月1日销售一批商品给某客户，增值税发票上注明售价10 000元，增值税税额1 300元。企业为了及早收回货款而在合同中规定符合现金折扣的条件为：2/10，1/20，n/30，假定计算折扣时不考虑增值税。

①如果1月8日客户付清货款的概率为80%，则按售价10 000元的2%享受200元的现金折扣，实际收款11 100元（11 300−200），应做会计分录如下：

1月1日销售实现时：

借：应收账款	11 100	
贷：主营业务收入		9 800
应交税费——应交增值税（销项税额）		1 300

1月8日客户付清货款时：

借：银行存款　　11 100

　贷：应收账款　　11 100

②如果1月19日客户付清货款的概率为80%，则按售价10 000元的1%享受100元的现金折扣，实际收款11 200元（11 300-100），应做会计分录如下：

1月1日销售实现时：

借：应收账款　　11 200

　贷：主营业务收入　　9 900

　　应交税费——应交增值税（销项税额）　　1 300

1月19日客户付清货款时：

借：银行存款　　11 200

　贷：应收账款　　11 200

③如客户在1月30日以后才付款，则应按全额收款，应做会计分录如下：

借：银行存款　　11 300

　贷：应收账款　　11 300

4. 销售退回

销售退回是指企业售出的商品因质量、品种不符合要求等而发生的退货。销售退回可能发生在企业确认收入之前，这时只要将已记入“发出商品”科目的商品成本转回“库存商品”科目，采用计划成本或售价核算的，应按计划成本或售价记入“库存商品”科目，同时计算产品成本差异或商品进销差价；如企业确认收入后又发生销售退回，不论是当年销售的，还是以前年度销售的，一般均应冲减退回当月的销售收入，同时冲减退回当月的销售成本；如该项销售已经发生现金折扣或销售折让，应在退回当月一并调整；如该项销售退回按规定允许扣减增值税税额的，应同时用红字冲减“应交税费——应交增值税”科目的“销项税额”专栏。

已确认收入的售出商品发生的销售退回属于资产负债表日后事项的，应当按照有关资产负债表日后事项的相关规定进行会计处理。

【例9-17】某公司2×22年12月1日销售甲商品一批，售价10 000元，增值税税额1 300元，成本5 000元。合同规定现金折扣条件为：1/10，n/30。买方（客户）于2×22年12月6日付款，享受现金折扣100元。2×23年4月5日该批产品因质量严重不合格被退回，企业当日支付有关款项。假设计算现金折扣时不考虑增值税，销售退回不属于资产负债表日后事项。该企业应做会计分录如下：

①销售商品时：

借：应收账款　　11 200

　贷：主营业务收入　　9 900

　　应交税费——应交增值税（销项税额）　　1 300

借：主营业务成本　　5 000

　贷：库存商品　　5 000

②2×22年12月6日收回货款时：

借：银行存款　　11 200

　贷：应收账款　　11 200

③2×23 年 4 月 5 日销售退回时：

借：主营业务收入　　9 900

　　应交税费——应交增值税（销项税额）　　1 300

　贷：银行存款　　11 200

借：库存商品　　5 000

　贷：主营业务成本　　5 000

（二）特定交易的会计处理

销售商品的特定业务如为复杂业务，则需要按照前文所述的收入确认和计量的“五步法”模型进行分析判断。

1. 附有销售退回条款的商品销售

企业将商品转让给客户之后，可能会因为各种原因允许客户选择退货（如客户对所购商品的款式不满意等）。附有销售退回条款的商品销售，是指客户依照有关合同有权退货的销售方式。在这种销售方式下，企业应当在客户取得相关商品控制权时，按照因向客户转让商品而预期有权收取的对价金额（即不包含预期因销售退回将退还的金额）确认收入，按照预期因销售退回将退还的金额确认负债；同时，按照预期将退回商品转让时的账面价值，扣除收回该商品预计发生的成本（包括退回商品的价值减损）后的余额，确认为一项资产，按照所转让商品转让时的账面价值，扣除上述资产成本的净额结转成本。每一资产负债表日，企业应当重新估计未来销售退回情况，并对上述资产和负债进行重新计量。如有变化，应当作为会计估计变更进行会计处理。

值得注意的是，合同中有关退货权的条款可能在合同中明确约定，也可能是隐含的，如企业向客户做出的声明或承诺、法律法规的要求，或企业以往的习惯做法等；另外，客户取得控制权之前退回商品不属于销售退回。

【例 9-18】2×22 年 10 月 1 日，A 企业向 B 企业销售商品 5 000 件，该商品单位销售价格为 500 元，单位成本为 400 元，开出的增值税专用发票上注明的销售价格为 2 500 000 元，增值税税额为 325 000 元。协议约定，B 企业应于 2×22 年 12 月 1 日之前支付货款，在 2×23 年 3 月 31 日之前有权退回该批商品。商品已经发出，款项尚未收到。发出商品时，A 企业根据过去的经验，估计该批商品退货率约为 20%；在 2×22 年 12 月 31 日，A 企业对退货率进行了重新评估，认为只有 10% 的商品会被退回。A 企业为增值税一般纳税人，商品发出时纳税义务已经发生，实际发生销售退回时取得税务机关开具的红字增值税专用发票。假定商品发出时控制权转移给了 B 企业。A 企业应进行如下账务处理：

①2×22 年 10 月 1 日发出商品时：

借：应收账款　　2 825 000

　贷：主营业务收入　　2 000 000

　　　预计负债——应付退货款　　500 000

　　　应交税费——应交增值税（销项税额）　　325 000

借：主营业务成本　　1 600 000

　　应收退货成本　　400 000

　贷：库存商品　　2 000 000

②2×22 年 12 月 1 日前收到货款时：

借：银行存款　　2 825 000

　贷：应收账款　　2 825 000

③2×22年12月31日，A企业对退货率进行了重新评估：

借：预计负债——应付退货款　　250 000

　贷：主营业务成本　　250 000

借：主营业务成本　　200 000

　贷：应收退货成本　　200 000

④2×23年3月31日发生销售退回，实际退货量为400件，退货款项已经支付：

借：库存商品　　160 000

　　应交税费——应交增值税（销项税额）　　26 000

　　预计负债——应付退货款　　250 000

　贷：应收退货成本　　160 000

　　　主营业务收入　　50 000

　　　银行存款　　226 000

借：主营业务成本　　40 000

　贷：应收退货成本　　40 000

2. 附有质量保证条款的销售

企业在向客户销售商品时，根据合同约定、法律规定或本企业以往的习惯做法等，可能会为所销售的商品提供质量保证，这些质量保证的性质可能因行业或者客户而不同。其中，有一些质量保证是为了向客户保证所销售的商品符合既定标准，即保证类质量保证；而另一些质量保证则是在向客户保证所销售的商品符合既定标准之外提供了一项单独的服务，即服务类质量保证。

对于附有质量保证条款的销售，企业应当评估该质量保证是否在向客户保证所销售商品符合既定标准之外提供了一项单独的服务。企业提供额外服务的，应当作为单项履约义务，按照本节单项履约义务的有关内容要求进行会计处理；否则，质量保证责任应当按照或有事项的要求进行会计处理。在评估质量保证是否在向客户保证所销售商品符合既定标准之外提供了一项单独的服务时，企业应当考虑该质量保证是否为法定要求、质量保证期限以及企业承诺履行任务的性质等因素。客户能够选择单独购买质量保证的，该质量保证构成单项履约义务。相关要求通常是为了保护客户避免其购买瑕疵或缺陷商品的风险，而并非为客户提供一项单独的质量保证服务。质量保证期限越长，越有可能是单项履约义务。如果企业必须履行某些特定的任务以保证所转让的商品符合既定标准（例如企业负责运输被客户退回的瑕疵商品），则这些特定的任务可能不构成单项履约义务。企业提供的质量保证同时包含上述两类的，应当分别对其进行会计处理，无法合理区分的，应当将这两类质量保证一起作为单项履约义务进行会计处理。

【例9-19】甲公司与客户签订合同销售一部手机。该手机自售出起一年内如果发生质量问题，甲公司负责提供质量保证服务。此外，在此期间内，由于客户使用不当（例如手机进水）等原因造成的产品故障，甲公司也免费提供维修服务。该维修服务不能单独购买。

本例中，甲公司的承诺包括：销售手机、提供质量保证服务以及维修服务。甲公司针对产品的质量问题提供的质量保证服务是为了向客户保证所销售商品符合既定标准，因此不构成单项履约义务；甲公司对由于客户使用不当而导致的产品故障提供的免费维修服务，属于在向客户保证所销售商品符合既定标准之外提供的单独服务，尽管其没有单独销售，但该服务与手机可明确区分，应该作为单项履约义务。因此，在该合同下，甲公司的履约义务有两项：销售手机和提供维修服务，甲公司应当按照其各自单独售价的相对比例，将交易价格分摊至这两项履约义务，并在各项履约义务履行时分别确认收入。甲公司提供的质量保证服务，应当按照或有事项准则的规定进行会计处理。

3. 主要责任人和代理人

当企业向客户销售商品涉及其他方参与其中时，企业应当根据其在向客户转让商品前是否拥有对该商品的控制权，来判断其自身从事交易时的身份是主要责任人还是代理人。企业在向客户转让商品前能够控制该商品的，该企业为主要责任人，应当按照已收或应收对价总额确认收入；否则，该企业为代理人，应当按照预期有权收取的佣金或手续费的金额确认收入，该金额应当按照已收或应收对价总额扣除应支付给其他相关方的价款后的净额，或者按照既定的佣金金额或比例等确定。企业与客户订立的包含多项可明确区分商品的合同中，企业需要分别判断其在这个不同履约义务中的身份是主要责任人还是代理人。

（1）企业作为主要责任人的情况

当存在第三方参与企业向客户提供商品时，企业向客户转让特定商品之前能够控制该商品，从而应当作为主要责任人的情形包括：

① 企业自该第三方取得商品或其他资产控制权后，再转让给客户，此时，企业应当考虑该权利是仅在转让给客户时才产生，还是在转让给客户之前就已经存在，且企业一直能够主导其使用，如果该权利在转让给客户之前并不存在，表明企业实质上并不能在该权利转让给客户之前控制该权利。

② 企业能够主导该第三方代表本企业向客户提供服务，说明企业在相关服务提供给客户之前能够控制该相关服务。

③ 企业自该第三方取得商品控制权后，通过提供重大的服务将该商品与其他商品整合成合同约定的某组合产出转让给客户，此时，企业承诺提供的特定商品就是合同约定的组合产出，企业应首先获得为生产该组合产出所需要的投入的控制权，然后才能够将这些投入加工整合为合同约定的组合产出。

（2）企业向客户转让特定商品之前是否拥有该商品控制权的判断

企业在判断其是主要责任人还是代理人时，应当以该企业在特定商品转让给客户之前是否能够控制这些商品为原则。如果企业仅仅是在特定商品的法定所有权转移给客户之前，暂时性地获得该特定商品的法定所有权，这并不意味着企业一定控制了该商品。实务中，企业在判断其在向客户转让特定商品之前是否已经拥有对该商品的控制权时，不应仅局限于合同的法律形式，而应当综合考虑所有相关事实和情况进行判断，这些事实和情况包括：

① 企业承担向客户转让商品的主要责任。企业在判断其是否承担向客户转让商品的主要责任时，应当从客户的角度进行评估，即客户认为哪一方承担了主要责任，例如客户认为谁对商品的质量或性能负责、谁负责提供售后服务、谁负责解决客户投诉等。

② 企业在转让商品之前或之后承担了该商品的存货风险。其中，存货风险主要是指

存货可能发生减值、毁损或灭失等形成的损失。例如，如果企业在与客户订立合同之前已经购买或者承诺将自行购买特定商品，这可能表明企业在将该特定商品转让给客户之前，承担了该特定商品的存货风险，企业有能力主导特定商品的使用并从中取得几乎全部的经济利益；又如，在附有销售退回条款的销售中，企业将商品销售给客户之后，客户有权要求向该企业退货，这可能表明企业在转让商品之后仍然承担了该商品的主要风险。

③ 企业有权自主决定所交易商品的价格。企业有权决定客户为取得特定商品所需支付的价格，可能表明企业有能力主导有关商品的使用并从中获得几乎全部的经济利益。然而，在某些情况下，代理人可能在一定程度上也拥有定价权（例如，在主要责任人规定的某一价格范围内决定价格），以便其在代表主要责任人向客户提供商品时，能够吸引更多的客户，从而赚取更多的收入。此时，即使代理人有一定的定价能力，也并不表明在与最终客户的交易中其身份是主要责任人，代理人只是放弃了一部分自己应当赚取的佣金或手续费而已。

④ 其他相关事实和情况。

需要强调的是，上述相关事实和情况不能凌驾于控制权的判断之上，也不构成一项单独或额外的评估，而只是帮助企业在难以评估特定商品转让给客户之前是否能够控制这些商品的情况下进行相关判断。此外，这些事实和情况并无权重之分，也不能被孤立地用于支持某一结论。企业应当根据相关商品的性质、合同条款的约定以及其他具体情况，综合进行判断。

【例9-20】甲公司是一家旅行社，从航空公司购买了一定数量的折扣机票，并对外销售。甲公司向旅客销售机票时，可自行决定机票的价格，未售出的机票不能退还给航空公司。

本例中，甲公司向客户提供的特定商品为机票，该机票代表了客户可以乘坐某特定航班（即享受航空公司提供的飞行服务）的权利。甲公司在确定特定客户之前已经预先从航空公司购买了机票，因此，该权利在转让给客户之前已经存在。甲公司从航空公司购入机票之后，可以自行决定该机票的用途，即是否用于对外销售，以什么价格以及向哪些客户销售等，甲公司有能力主导该机票的使用并且能够获得其几乎全部的经济利益。因此，甲公司在将机票销售给客户之前能够控制该机票，甲公司在向旅客销售机票的交易中的身份是主要责任人。

【例9-21】甲公司经营某购物网站，在该网站购物的消费者可以明确获知在该网站上销售的商品均为其他零售商直接销售的商品，这些零售商负责发货以及售后服务等。甲公司与零售商签订的合同约定，该网站所售商品的采购、定价、发货以及售后服务等均由零售商自行负责，甲公司仅负责协助零售商和消费者结算货款，并按照每笔交易的实际销售额收取5%的佣金。

本例中，甲公司经营的购物网站是一个购物平台，零售商可以在该平台发布所销售商品信息，消费者可以从该平台购买零售商销售的商品。消费者在该网站购物时，向其提供的特定商品为零售商在网站上销售的商品，除此之外，甲公司并未提供任何其他的商品。这些特定商品在转移给消费者之前，甲公司没有能力主导这些商品的使用，例如，甲公司不能将这些商品提供给购买该商品的消费者之外的其他方，也不能阻止零售商向该消费者转移这些商品。因此，消费者在该网站购物时，在相关商品转移给消费者之前，甲公司并未控制这些商品，甲公司的履约义务是安排零售商向消费者提供相关商品，而并未自行提供这些商品，甲公司在该交易中的身份是代理人。

4. 附有客户额外购买选择权的销售

某些情况下，企业在销售商品的同时会向客户授予选择权，允许客户可以据此免费或者以折扣价格购买额外的商品。企业向客户授予的额外购买选择权的形式包括销售激励、客户奖励积分、未来购买商品的折扣券以及合同续约选择权等。

对于附有客户额外购买选择权的销售，企业应当评估该选择权是否向客户提供了一项重大权利。如果客户只有在订立了一项合同的前提下才取得了额外购买选择权，并且客户行使该选择权购买额外商品时，能够享受到超过该地区或该市场中其他同类客户所能够享有的折扣，则通常认为该选择权向客户提供了一项重大权利。该选择权向客户提供了重大权利的，应当作为单项履约义务。在这种情况下，客户在该合同下支付的价款实际上购买了两项单独的商品：一是客户在该合同下原本购买的商品；二是客户可以免费或者以折扣价格购买额外商品的权利。企业应当将交易价格在这两项商品之间进行分摊，其中，分摊至后者的交易价格与未来的商品相关，因此，企业应当在客户未来行使该选择权取得相关商品的控制权时，或者在该选择权失效时确认为收入。在考虑授予客户的该项权利是否重大时，应根据其金额和性质综合判断。

企业提供的额外购买选择权构成单项履约义务的，企业应当按照交易价格分摊的相关原则，将交易价格分摊至该履约义务。客户额外购买选择权的单独售价无法直接观察的，企业应当综合考虑客户行使和不行使该选择权所能获得的折扣的差异以及客户行使该选择权的可能性等全部相关信息后，予以合理估计。

需要注意的是，当企业向客户提供了额外购买选择权，但客户在行使该选择权购买商品的价格反映了该商品的单独售价时，即使客户只能通过与企业订立特定合同才能获得该选择权，该选择权也不应被视为企业向该客户提供了一项重大权利。为简化实务操作，当客户行使该权利购买的额外商品与原合同下购买的商品类似，且企业将按照原合同条款提供该额外的商品时，例如，企业向客户提供续约选择权，企业可以无须估计该选择权的单独售价，而是直接把其预计将提供的额外商品的数量以及预计将收取的相应对价金额纳入原合同，并进行相应的会计处理。

【例9-22】2×22年1月1日，甲公司开始推行一项奖励积分计划。根据该计划，客户在甲公司每消费10元可获得1个积分，每个积分从次月开始在购物时可以抵减1元。截至2×22年1月31日，客户共消费100 000元，可获得10 000个积分，根据历史经验，甲公司估计该积分的兑换率为95%。假定上述金额均不包含增值税等的影响。

本例中，甲公司认为其授予客户的积分为客户提供了一项重大权利，应当作为单项履约义务。客户购买商品的单独售价合计为100 000元，考虑积分的兑换率，甲公司估计积分的单独售价为9 500元（1×10 000×95%）。甲公司按照商品和积分单独售价的相对比例对交易价格进行分摊：

商品分摊的交易价格=［100 000÷（100 000+9 500）］×100 000=91 324（元）

积分分摊的交易价格=［9 500÷（100 000+9 500）］×100 000=8 676（元）

因此，甲公司应当在商品的控制权转移时确认收入91 324元，同时，确认合同负债8 676元。

借：银行存款　　100 000

　贷：主营业务收入　　91 324

　　　合同负债　　8 676

截至2×22年12月31日，客户共兑换了4 500个积分，甲公司对该积分的兑换率进行了重新估计，仍然预计客户将会兑换的积分总数为9 500个。因此，甲公司以客户兑换的积分数占预期将兑换的积分总数的比例为基础确认收入。

积分当年应当确认的收入为4 110元（4 500÷9 500×8 676）；剩余未兑换的积分为4 566元（8 676−4 110），仍然作为合同负债。

借：合同负债　　4 110

　贷：主营业务收入　　4 110

截至2×23年12月31日，客户累计兑换了8 500个积分。甲公司对该积分的兑换率进行了重新估计，预计客户将会兑换的积分总数为9 700个。

积分当年应当确认的收入为3 493元（8 500÷9 700×8 676−4 110）；剩余未兑换的积分为1 073元（8 676−4 110−3 493），仍然作为合同负债。

5. 委托代销安排

委托代销是指委托方与受托方签订代销合同或协议，委托受托方向终端客户销售商品的一种销售方式。具体分为视同买断方式和支付手续费方式两种，企业应分别不同情况进行会计处理。如前文所述，在委托代销方式下，委托方可以通过下列迹象判断一项合同安排是否在实质上属于委托代销安排：①在特定事件发生之前（例如，受托方向最终客户出售商品或指定期间到期之前），委托方拥有对商品的控制权；②委托方能够要求将委托代销的商品退回或者将其销售给其他方（如其他经销商）；③尽管受托方可能被要求向委托方支付一定金额的押金，但是受托方并没有承担对受托代销商品无条件付款的义务。受托方则应当根据在向客户转让商品前是否拥有对该商品的控制权，来判断其向客户转让商品时的身份是主要责任人还是代理人，从而确定其应当按照已收或应收客户对价总额确认收入，还是应当按照预期有权收取的代销手续费金额确认收入。

在委托销售方式下，委托方应当评估受托方在企业向其转让商品时是否已获得对该商品的控制权，如果没有，委托方不应在此时确认收入，通常应当在受托方售出商品时确认销售商品收入；受托方应当在商品销售后，按合同或协议约定的方法计算确定的手续费确认收入。

（1）视同买断方式

视同买断方式是指委托方和受托方签订合同或协议，委托方按合同或协议价收取所代销的货款，实际售价可由受托方自定，实际售价与合同或协议价之间的差额归受托方所有。根据视同买断方式的特点，一般可以认为委托方在向受托方交付代销商品时，商品的控制权已经转移给了受托方。从受托方来看，由于已经取得了对代销商品的控制权，因而在向客户转让商品时，其身份是主要责任人，应当按照已收或应收客户对价总额确认销售商品收入；从委托方来看，应当根据受托方是否承担了对受托代销商品无条件付款的义务等迹象，判断该项合同安排是否在实质上属于委托代销安排，并进行相应的会计处理。

如果委托方和受托方之间的协议明确标明，受托方在取得代销商品后无论是否能够卖出、是否获利，均与委托方无关，那么，委托方和受托方之间的交易与委托方直接销售商品给受托方没有实质区别，委托方应于受托方取得代销商品控制权时确认相关销售商品收入，受托方应将取得的代销商品作为购进商品处理。如果协议明确标明，将来受托方没有将商品售出时可以将商品退回委托方，或受托方因代销商品出现亏损时可以要求委托方补偿，那么，这种情况说明，受托方并没有承担对受托代销商品无条件付款的义务，因而该项合同安排不仅在形式上而且在实质上都属于委托代销安排。委托方在交付商品时不确认收入，发出的商品通过"发出商品"或单独设置"委托代销商品"科目核算。受托方也不作购进处理，受托方将商品销售后，按实际售价确认销售收入，并向委托方开具代销清单，委托方收到代销清单时，再根据代销清单所列示的已销商品确认本企业的销售收入。

【例9-23】甲企业委托乙企业销售商品500件，合同价为200元/件，该商品成本为100元/件。代销合同约定，乙企业在取得代销商品后，无论是否能够卖出、是否获利，均与甲企业无关。该批商品已经发出，货款尚未收到，甲企业开出的增值税专用发票上注明的增值税税额为13 000元。乙企业实际销售该批商品时开具的增值税发票上注明：售价150 000元，增值税税额19 500元，并给甲企业开来代销清单，结清协议价款。

根据上述资料，甲企业采用视同买断方式委托乙企业代销商品，甲企业（委托方）的会计处理如下：

甲企业将商品交付乙企业时：

借：应收账款——乙企业	113 000	
贷：主营业务收入		100 000
应交税费——应交增值税（销项税额）		13 000
借：主营业务成本	50 000	
贷：库存商品		50 000

甲企业收到乙企业开来的代销清单及汇来的货款时：

借：银行存款	113 000	
贷：应收账款——乙企业		113 000

乙企业（受托方）的会计处理如下：

收到受托代销商品时：

借：库存商品	100 000	
应交税费——应交增值税（进项税额）	13 000	
贷：应付账款——甲企业		113 000

售出代销商品时：

借：银行存款	169 500	
贷：主营业务收入		150 000
应交税费——应交增值税（销项税额）		19 500
借：主营业务成本	100 000	
贷：库存商品		100 000

按合同价将款项付给甲企业时：

借：应付账款——甲企业	113 000	

贷：银行存款 113 000

（2）支付手续费方式

支付手续费方式是指委托方和受托方签订合同，委托方根据代销商品的数量向受托方支付手续费的一种代销方式。这种代销方式与视同买断方式相比的主要特点是，受托方通常应按照委托方规定的价格销售，不得自行改变售价，在受托方向其客户出售商品之前，委托方拥有对商品的控制权。支付手续费方式是一种典型的委托代销安排，在这种方式下，委托方在发出商品时通常不确认销售收入，而应在收到受托方开出的代销清单时确认销售收入，因此，应将发出的代销商品转入“发出商品”或“委托代销商品”科目核算；从受托方来看，由于受托方在向客户转让商品前并不拥有对该商品的控制权，其向客户转让商品时的身份是代理人，因而对收到的代销商品不能作为商品购进处理，应设置“受托代销商品”科目单独核算，受托方在商品销售后按合同或协议约定的方法计算确定的手续费确认为一项代销服务收入，不确认销售商品收入；委托方应将应付的代销手续费计入当期销售费用。

【例9-24】承【例9-23】，假定代销合同规定，乙企业应按每件商品200元销售给顾客，甲企业按售价的10%支付乙企业手续费。乙企业实际销售时，即向买方开出一张增值税专用发票，发票上注明该商品售价100 000元，增值税税额13 000元。甲企业在收到乙企业交来的代销清单时，向乙企业开具一张相同金额的增值税专用发票。

甲企业（委托方）的会计处理如下：

将商品交付乙企业时：

借：委托代销商品（或发出商品，下同） 50 000

　贷：库存商品 50 000

收到代销清单时：

借：应收账款——乙企业 113 000

　贷：主营业务收入 100 000

　　应交税费——应交增值税（销项税额） 13 000

借：主营业务成本 50 000

　贷：委托代销商品 50 000

确认应付的代销手续费时：

代销手续费=100 000×10%=10 000（元）

增值税税额=10 000×6%=600（元）

借：销售费用——代销手续费 10 000

　应交税费——应交增值税（进项税额） 600

　贷：应收账款——乙企业 10 600

收到乙企业汇来的货款净额102 400元（113 000−10 600）：

借：银行存款 102 400

　贷：应收账款——乙企业 102 400

乙企业（受托方）的会计处理如下：

收到商品时：

借：受托代销商品 100 000

贷：受托代销商品款		100 000
实际销售时：		
借：银行存款	113 000	
贷：应付账款——甲企业		100 000
应交税费——应交增值税（销项税额）		13 000
收到增值税专用发票时：		
借：应交税费——应交增值税（进项税额）	13 000	
贷：应付账款——甲企业		13 000
借：受托代销商品款	100 000	
贷：受托代销商品		100 000
归还甲企业货款并计算代销手续费时：		
借：应付账款——甲企业	113 000	
贷：银行存款		102 400
其他业务收入——代销手续费		10 000
应交税费——应交增值税（销项税额）		600

6. 授予知识产权许可

授予知识产权许可是指企业授予客户对企业拥有的知识产权享有相应权利。常见的包括软件和技术、影视和音乐等的版权、特许经营权以及专利权、商标权和其他版权等。企业向客户授予知识产权许可的，应当按照本节要求评估该知识产权许可是否构成单项履约义务。对于不构成单项履约义务的，企业应当将该知识产权许可和其他商品一起作为一项履约义务进行会计处理。授予知识产权许可不构成单项履约义务的情形包括：一是该知识产权许可构成有形商品的组成部分并且对于该商品的正常使用不可或缺，例如，企业向客户销售设备和相关软件，该软件内嵌于设备之中，该设备必须安装了该软件之后才能正常使用；二是客户只有将该知识产权许可和相关服务一起使用才能够从中获益，例如，客户取得授权许可，但是只有通过企业提供的在线服务才能访问相关内容。

对于构成单项履约义务的，应当进一步确定其是在某一时段内履行还是在某一时点履行，同时满足下列条件时，应当作为在某一时段内履行的履约义务确认相关收入，否则，应当作为在某一时点履行的履约义务确认相关收入：

（1）合同要求或客户能够合理预期企业将从事对该项知识产权有重大影响的活动。企业从事的下列活动均会对该项知识产权有重大影响：一是这些活动预期将显著改变该项知识产权的形式或者功能（例如知识产权的设计、内容、功能性等）；二是客户从该项知识产权中获益的能力在很大程度上来源于或者取决于这些活动，即这些活动会改变该项知识产权的价值，例如，企业向客户授权使用其品牌，客户从该品牌获益的能力取决于该品牌价值，而企业所从事的活动为维护或提升其品牌价值提供了支持。如果该项知识产权具有重大的独立功能，且该项知识产权绝大部分的经济利益来源于该项功能，客户从该项知识产权中获益的能力则可能不会受到企业从事的相关活动的重大影响，除非这些活动显著改变了该项知识产权的形式或者功能。具有重大独立功能的知识产权主要包括软件、生物合成物或药物配方以及已完成的媒体内容（例如电影、电视节目以及音乐录音）版权等。

（2）该活动将对客户产生有利或不利影响。当企业从事的后续活动并不影响授予客户的知识产权许可时，企业的后续活动只是在改变其拥有的资产。

（3）该活动不会导致向客户转让商品。当企业从事的后续活动本身构成单项履约义务时，企业在评估授予知识产权许可是否属于在某一时段履行的履约义务时应当不予考虑。

企业向客户授予知识产权许可不能同时满足上述条件的，则属于在某一时点履行的履约义务，并在该时点确认收入。在客户能够使用某项知识产权许可并开始从中获益之前，企业不能对此类知识产权许可确认收入。

值得注意的是，在判断某项知识产权许可是属于在某一时段内履行的履约义务还是在某一时点履行的履约义务时，企业不应考虑下列因素：一是，该许可在时间、地域或使用方面的限制；二是，企业就其拥有的知识产权的有效性以及防止未经授权使用该知识产权许可所提供的保证。

【例9-25】甲公司是一家设计制作连环漫画的公司，乙公司是一家大型游轮的运营商。甲公司授权乙公司可在4年内使用其3部连环漫画中的角色形象和名称，乙公司可以以不同的方式（例如，展览或演出）使用这些漫画中的角色。甲公司的每部连环漫画都有相应的主要角色，并会定期创造新的角色，角色的形象也会随时改变。合同要求乙公司必须使用最新的角色形象。在授权期内，甲公司每年向乙公司收取1 000万元。

本例中，甲公司除了授予知识产权许可外不存在其他履约义务。也就是说，与知识产权许可相关的额外活动并未向客户提供其他商品，因为这些活动是企业授予知识产权许可承诺的一部分，且实际上改变了客户享有知识产权许可的内容。甲公司基于下列因素的考虑，认为该许可的相关收入应当在某一时段内确认：一是乙公司合理预期（根据甲公司以往的习惯做法），甲公司将实施对该知识产权许可产生重大影响的活动，包括创作角色及出版包含这些角色的连环漫画等；二是合同要求乙公司必须使用甲公司创作的最新角色，这些角色塑造得成功与否，会直接对乙公司产生有利或不利影响；三是尽管乙公司可以通过该知识产权许可从这些活动中获益，但在这些活动发生时并没有导致向乙公司转让任何商品。由于合同规定乙公司在一个固定期间内可无限制地使用其取得授权许可的角色，因此，甲公司按照时间进度确定履约进度。

企业向客户授予知识产权许可，并约定按客户实际销售或使用情况收取特许权使用费的，应当在下列两项孰晚的时点确认收入：一是客户后续销售或使用行为实际发生；二是企业履行相关履约义务。这是估计可变对价的例外规定，该例外规定只有在下列两种情形下才能使用：一是特许权使用费仅与知识产权许可相关；二是特许权使用费可能与合同中的知识产权许可和其他商品都相关，但是与知识产权许可相关的部分占有主导地位。企业使用该例外规定时，应当对特许权使用费整体采用该规定，而不应当将特许权使用费进行分拆。如果与授予知识产权许可相关的对价同时包含固定金额和按客户实际销售或使用情况收取的变动金额两部分，则只有后者能采用该例外规定，而前者应当在相关履约义务履行的时点或期间内确认收入。对于不适用该例外规定的特许权使用费，应当按照估计可变对价的一般原则进行处理。

【例9-26】甲公司是一家著名的足球俱乐部，授权乙公司在其设计生产的服装、帽子、水杯以及毛巾等产品上使用甲公司球队的名称和图标，授权期间为2年。合同约定，甲公司收取的合同对价由两部分组成：一是200万元固定金额的使用费；二是按照乙公司销售上述商品所取得销售额的5%计算的提成。乙公司预期甲公司会继续参加当地顶级联赛，并取得优异的成绩。

本例中，该合同仅包括一项履约义务，即授予使用权许可，甲公司继续参加比赛并取得优异成绩等活动是该许可的组成部分。由于乙公司能够合理预期甲公司将继续参加比赛，甲公司的成绩将会对其品牌（包括名称和图标等）的价值产生重大影响，而该品牌价值可能会进一步影响乙公司产品的销量，甲公司从事的上述活动并未向乙公司转让任何可明确区分的商品，因此，甲公司授予的该使用权许可，属于在2年内履行的履约义务。甲公司收取的200万元固定金额的使用费应当在2年内平均确认收入，按照乙公司销售相关商品所取得销售额的5%计算的提成应当在乙公司的销售发生时确认收入。

7. 售后回购

售后回购是指企业销售商品的同时承诺或有权选择日后再将该商品购回的销售方式。被购回的商品包括原销售给客户的商品、与该商品几乎相同的商品，或者以该商品作为组成部分的其他商品。一般来说，售后回购通常有三种形式：一是企业和客户约定企业有义务回购该商品，即存在远期安排。二是企业有权利回购该商品，即企业拥有回购选择权。三是当客户要求时，企业有义务回购该商品，即客户拥有回售选择权。对于不同类型的售后回购交易，企业应当区分下列两种情形分别进行会计处理：

（1）企业因存在与客户的远期安排而负有回购义务或企业享有回购权利的

企业因存在与客户的远期安排而负有回购义务或企业享有回购权利的，尽管客户可能已经持有了该商品的实物，但是，由于企业承诺回购或者有权回购该商品，导致客户主导该商品的使用并从中获取几乎全部经济利益的能力受到限制，因此，在销售时点，客户并没有取得该商品的控制权。在这种情况下，企业应根据下列情况分别进行相应的会计处理：一是回购价格低于原售价的，应当视为租赁交易，按照《企业会计准则第21号——租赁》的相关规定进行会计处理。二是回购价格不低于原售价的，应当视为融资交易，在收到客户款项时确认金融负债，而不是终止确认该资产，并将该款项和回购价格的差额在回购期间内确认为利息费用等。

【例9-27】2×22年4月1日，甲公司向乙公司销售一台设备，销售价格为200万元，同时双方约定两年之后，即2×24年4月1日，甲公司将以120万元的价格回购该设备。

本例中，根据合同的约定，甲公司负有在两年后回购该设备的义务，因此，乙公司并未取得该设备的控制权。假定不考虑货币时间价值，该交易的实质是乙公司支付了80万元（200-120）的对价取得了该设备两年的使用权。甲公司应当将该交易作为租赁交易进行会计处理。

又假定甲公司将在2×24年4月1日不是以120万元，而是以250万元的价格回购该设备。不考虑货币时间价值，该交易的实质是甲公司以该设备作为质押取得了200万元的借款，两年后归还本息合计250万元。甲公司应当将该交易视为融资交易，不应当终止确认该设备，而应当在收到客户款项时确认金融负债，并将该款项和回购价格的差额在回购期间内确认为利息费用等。

（2）企业应客户要求回购商品的

企业负有应客户要求回购商品义务的，应当在合同开始日评估客户是否具有行使该要求权的重大经济动因。客户具有行使该要求权的重大经济动因的，企业应当将回购价格与原售价进行比较，并按照上述第（1）种情形下的原则将该售后回购作为租赁交易或融资交易进行相应的会计处理。客户不具有行使该要求权的重大经济动因的，企业应当将该售后回购作为附有销售退回条款的销售交易进行相应的会计处理。

在判断客户是否具有行权的重大经济动因时，企业应当综合考虑各种相关因素，包括回购价格与预计回购时市场价格之间的比较以及权利的到期日等。当回购价格明显高于该资产回购时的市场价值时，通常表明客户有行权的重大经济动因。

【例9-28】甲公司向乙公司销售其生产的一台设备，销售价格为2 000万元，双方约定，乙公司在5年后有权要求甲公司以1 500万元的价格回购该设备。甲公司预计该设备在回购时的市场价值将远低于1 500万元。

本例中，假定不考虑时间价值的影响，甲公司的回购价格1 500万元低于原售价2 000万元，但远高于该设备在回购时的市场价值，甲公司判断乙公司有重大的经济动因行使其权利要求甲公司回购该设备。因此，甲公司应当将该交易作为租赁交易进行会计处理。

对于上述两种情形，企业在比较回购价格和原销售价格时，应当考虑货币的时间价值。在企业有权要求回购或者客户有权要求企业回购的情况下，企业或者客户到期未行使权利的，应在该权利到期时终止确认相关负债，同时确认收入。

8. 客户未行使的权利

企业因销售商品向客户收取的预收款，赋予了客户一项在未来从企业取得该商品的权利，并使企业承担了向客户转让该商品的义务，因此，企业应当将预收的款项确认为合同负债，待未来履行了相关履约义务，即向客户转让相关商品时，再将该负债转为收入。

某些情况下，企业收取的预收款无须退回，但是客户可能会放弃其全部或部分合同权利，例如，放弃储值卡的使用等。企业预期将有权获得与客户所放弃的合同权利相关的金额的，应当按照客户行使合同权利的模式按比例将上述金额确认为收入；否则，企业只有在客户要求其履行剩余履约义务的可能性极低时，才能将相关负债余额转为收入。企业在确定其是否预期将有权获得与客户所放弃的合同权利相关的金额时，应当考虑将估计的可变对价计入交易价格的限制要求。

如果有相关法律规定，企业所收取的、与客户未行使权利相关的款项须转交给其他方的（例如，法律规定无人认领的财产须上交政府），企业不应将其确认为收入。

【例9-29】甲公司经营连锁面包店。2×23年，甲公司向客户销售了5 000张储值卡，每张卡的面值为200元，总额为1 000 000元。客户可在甲公司经营的任何一家门店使用该储值卡进行消费。根据历史经验，甲公司预期客户购买的储值卡中将有大约相当于储值卡面值金额5%（即50 000元）的部分不会被消费。截至2×23年12月31日，客户使用该储值卡消费的金额为400 000元。甲公司为增值税一般纳税人，税率为13%，在客户使用该储值卡消费时发生增值税纳税义务。

本例中，甲公司预期将有权获得与客户未行使的合同权利相关的金额为50 000元，该金额应当根据客户行使合同权利的模式按比例确认为收入。

因此，甲公司在2×23年销售的储值卡应当确认的收入金额为：

（400 000+50 000×400 000÷1 000 000）÷（1+13%）=371 681（元）

甲公司的账务处理为：

（1）销售储值卡：

借：库存现金	1 000 000	
贷：合同负债		884 956
应交税费——待转销项税额		115 044

（2）根据储值卡的消费金额确认收入，同时将对应的待转销项税额确认为销项税额：

借：合同负债	371 681	
应交税费——待转销项税额	48 319	
贷：主营业务收入		371 681
应交税费——应交增值税（销项税额）		48 319

9. 无须退回的初始费

企业在合同开始（或接近合同开始）日向客户收取的无须退回的初始费（如入会费、接驳费、初装费等）应当计入交易价格。企业应当评估该初始费是否与向客户转让已承诺的商品相关。该初始费与向客户转让已承诺的商品相关，并且该商品构成单项履约义务的，企业应当在转让该商品时，按照分摊至该商品的交易价格确认收入；该初始费与向客户转让已承诺的商品相关，但该商品不构成单项履约义务的，企业应当在包含该商品的单项履约义务履行时，按照分摊至该单项履约义务的交易价格确认收入；该初始费与向客户转让已承诺的商品不相关的，该初始费应当作为未来将转让商品的预收款，在未来转让该商品时确认为收入。

企业收取了无须退回的初始费且为履行合同应开展初始活动，但这些活动本身并没有向客户转让已承诺的商品的，例如，企业为履行会员健身合同开展了一些行政管理性质的准备工作，该初始费与未来将转让的已承诺商品相关，应当在未来转让该商品时确认为收入，企业在确定履约进度时不应考虑这些初始活动；企业为该初始活动发生的支出应当按照本节合同成本部分的要求确认为一项资产或计入当期损益。

【例9-30】甲公司经营一家会员制健身俱乐部。甲公司与客户签订了为期2年的合同，客户入会之后可以随时在该俱乐部健身。除俱乐部的年费2 000元之外，甲公司还向客户收取了50元的入会费，用于补偿俱乐部为客户进行注册登记、准备会籍资料以及制作会员卡等初始活动所花费的成本。甲公司收取的入会费和年费均无须返还。

本例中，甲公司承诺的服务是向客户提供健身服务（即可随时使用的健身场地），而甲公司为会员入会所进行的初始活动并未向客户提供其所承诺的服务，而只是一些内部行政管理性质的工作。因此，甲公司虽然为补偿这些初始活动向客户收取了入会费，但是该入会费实质上是客户为健身服务所支付的对价的一部分，故应当作为健身服务的预收款，与收取的年费一起在2年内分摊确认为收入。

第二节　费　用

一、费用的含义和分类

1. 费用的含义

费用（expense）同收入一样，都是企业收益的构成项目。概言之，费用是企业从事生产经营活动所发生的各种耗费。费用的发生会引起企业资产的减少或负债的增加或两者兼而有之，进而直接影响企业收益的大小。

对于费用的概念有不同的理解，主要有广义和狭义之分。美国财务会计准则委员会（FASB）将费用定义为：费用是某一个体在其持续的、主要或核心业务中，因交付或生产了商品、提供了劳务或进行了其他活动而付出的或耗用的资产，或因而承担的负债（或两者兼而有之）。这是一个狭义的定义，即费用是进行主要经营活动而发生的耗费。FASB同时认为，损失同样导致企业资产的减少，但其是源于偶然事件，不是企业所能够控制的；损失并不产生营业收入，因而在性质上不同于费用。国际会计准则理事会（IASB）原概念框架中将费用定义为：费用是指会计期间经济利益的减少，其形式表现为由资产流出、资产消耗或是发生负债而引起业主权益的减少，但不包括与对权益参与者分配有关的权益减少；2018年3月发布的新修订的概念框架对费用的定义做了修改，费用是指除了那些与权益索取权持有者分配有关的之外的，会引起权益减少的资产的减少或者负债的增加。这是一个广义的定义，既包括企业日常经营活动中发生的费用，也包括损失。

从上述定义中可以看出，广义的费用是企业的全部耗费，既包括产生营业收入的耗费（狭义的费用），也包括不产生营业收入的耗费（即损失）；狭义的费用则仅指企业在生产经营过程中发生的耗费，是从营业收入中扣除的已耗用成本。我国现行企业会计准则将费用定义为：企业在日常活动中发生的、会导致所有者权益减少的、与向所有者分配利润无关的经济利益的总流出。可见，我国采用的是狭义的费用定义。本教材所指费用，如不加说明，均指狭义概念上的费用。

2. 费用的分类

由于费用与营业收入相关联，因此，通常以它与收入的关系对其进行分类。费用按其与营业收入的相关程度，可分为三类：

（1）直接配比费用，是指直接为取得营业收入所发生的费用。此类费用与各期的营业收入有明显的、直接的因果关系，销售成本或提供劳务的直接成本便是这类费用的典型例子。

（2）间接配比费用，是指与特定收入没有直接联系但有助于特定收入实现而发生的费用。这类费用在发生时通常先归集在某一特定账户中，然后按特定的方法予以分配，以便与特定的收入相配比。制造费用便是这类费用的典型例子。

（3）期间配比费用，是指那些仅仅有助于当期营业收入的实现，或者为数细微、不值得在各期间分摊的费用。此类费用在发生时即作为当期的费用，包括销售费用、管理费用和财务费用。

费用也可以按照功能和性质进行分类。费用按照在企业中发挥的功能进行分类，可以分为营业成本（包括主营业务成本、其他业务成本）、税金及附加、管理费用、销售费用、财务费用等。在财务报表列报中，对于费用通常按照功能法列报。费用按照性质进行分类，可以分为耗用的原材料、职工薪酬费用（工资、奖金、津贴、补贴、职工福利费、社会保险费、住房公积金、工会经费和职工教育经费、非货币性福利、辞退福利、股份支付等）、折旧费、摊销费等。在财务报表附注中，通常按照费用性质分类进行补充披露。

二、费用的确认

费用的性质揭示了费用与收入的内在联系以及由此产生的直接结果，即费用与收入的配比原则。费用与收入的配比原则亦称为费用的确认规则。

根据费用的定义，费用是为了取得收入或收益而发生的各种类型的支出。最终看来，这些支出都应作为费用加以处理，会计程序上的差别在于支出何时记作费用。按照权责发生制的要求，当支出的效用已实际发挥时，就应将其记作费用，以便与相关的收入相配合。由此可见，费用的确认与收入的确认密切相关，确认费用不能离开收入而单独进行。因此，费用的确认亦称费用的配比。

费用与收入的配比要求在二者之间找到一个恰当的关系。形成费用的支出有的直接产生收入，有的间接产生收入，有的不产生收入；有的产生本期收入，有的产生其他各期收入。如前所述，根据费用与收入的相互关系，可将费用分为直接配比费用、间接配比费用和期间配比费用三项。与此相对应，费用配比原则也包括以下三项确认规则：（1）结合因果关系确认费用；（2）系统地、合理地分配费用；（3）支出发生时立即确认费用。其中第（1）项规则是基于会计理论的，最有利于确认费用，第（2）、（3）项规则是不可能采用第（1）项规则时的变通办法。

三、营业成本与税金及附加

（一）营业成本

营业成本是指企业经营主要业务和其他业务所发生的成本总额。营业成本应当与企业经营主要业务和其他业务取得的收入进行配比。

1. 主营业务成本

主营业务成本是指企业销售商品、提供劳务等经常性活动所发生的成本。企业一般在确认销售商品、提供劳务等主营业务收入时，应将已销售商品、已提供劳务的成本结转入主营业务成本。

企业的主营业务成本通过“主营业务成本”科目核算。期（月）末，企业应根据本期（月）销售各种商品、提供各种劳务等的实际成本，计算应结转的主营业务成本。采用计划成本或售价核算库存商品的，平时的营业成本按计划成本或售价结转，月末，还应结转本月销售商品应分摊的产品成本差异或商品进销差价。期末，“主营业务成本”科目结转入“本年利润”科目后无余额。

2. 其他业务成本

其他业务成本是指除主营业务活动以外的其他经营活动所发生的支出，包括销售材料的成本、出租固定资产的折旧额、出租无形资产的摊销额、出租包装物的成本或摊销额等。

企业发生的其他业务成本通过“其他业务成本”科目核算，期末，该科目结转入“本年利润”科目后无余额。

（二）税金及附加

税金及附加是指企业经营活动应负担的相关税费，包括消费税、城市维护建设税、资源税、教育费附加、土地增值税、房产税、环境保护税、城镇土地使用税、车船税、印花税等。

企业通过“税金及附加”科目核算按规定计算确定的与经营活动相关的税费，期末该科目结转入“本年利润”科目后没有余额。

四、期间费用

期间费用是企业当期发生的费用中的重要组成部分，是指企业日常活动发生的不能计入特定核算对象的成本，而应计入发生当期损益的费用，包括管理费用、销售费用和财务费用。期间费用是企业日常活动中发生的经济利益的流出，通常不计入特定的成本核算对象，是因为期间费用是企业为组织和管理整个经营活动所发生的费用，与可以确定特定成本核算对象的材料采购、产成品生产等没有直接关系，因而于发生时直接计入当期损益。

1. 管理费用

管理费用是指企业为组织和管理企业生产经营所发生的管理费用，包括企业在筹建期间内发生的开办费、董事会和行政管理部门在企业的经营管理中发生的或者应由企业统一负担的公司经费（包括行政管理部门职工薪酬、物料消耗、低值易耗品摊销、办公费和差旅费等）、工会经费、董事会费（包括董事会成员津贴、会议费和差旅费等）、聘请中介机构费、咨询费（含顾问费）、诉讼费、业务招待费、技术转让费、研究费用等。企业行政管理部门发生的固定资产修理费用等后续支出，也作为管理费用核算。

企业发生的管理费用，在“管理费用”科目核算，并在“管理费用”科目中按费用项目设置明细账，进行明细核算。期末，“管理费用”科目的余额结转入“本年利润”科目后无余额。

2. 销售费用

销售费用是指企业在销售商品和材料、提供劳务的过程中发生的各种费用，包括企业在销售商品过程中发生的保险费、包装费、展览费和广告费、商品维修费、预计产品质量保证损失、运输费、装卸费等，以及为销售本企业商品而专设的销售机构（含销售网点、售后服务网点等）的职工薪酬、业务费、折旧费等经营费用。企业发生的与专设销售机构相关的固定资产修理费用等后续支出也属于销售费用。销售费用是与企业销售商品活动有关的费用，但不包括销售商品本身的成本，该成本属于主营业务成本。

企业发生的销售费用，在“销售费用”科目核算，并在“销售费用”科目中按费用项目设置明细账，进行明细核算。期末，“销售费用”科目的余额结转入“本年利润”科目后无余额。

3. 财务费用

财务费用是指企业为筹集生产经营所需资金等而发生的筹资费用，包括利息支出（减利息收入）、汇兑损益以及相关的手续费等。

企业发生的财务费用，在“财务费用”科目核算，并在“财务费用”科目中按费用项目设置明细账，进行明细核算。期末，“财务费用”科目的余额结转入“本年利润”科目后无余额。

第三节　利润及利润分配

一、利润的形成和会计处理

1. 利润的含义和分类

利润（profit）是众所周知的一个概念，更准确地应该称为收益。利润是企业在一定会计期间的经营成果。正如本章第一节所述，会计利润的确定目前普遍采用的是利润表法，即通过配比的方式，将当期的全部收入（广义的收入）与当期的全部成本费用损失（广义的费用）等进行配比，以形成当期的财务成果。企业经营成果的形成和确定是投资者最为关注的，企业盈利的大小在很大程度上反映了企业生产经营的经济效益和经营能力。

利润既包括从生产经营活动和投资活动中取得的净收益，又包括企业所处的客观经济环境因素变化的影响。利润会导致企业所有者权益的增加（亏损则相反），但经营期间内所有者权益的增加并非都是利润。企业所有者在经营期间内的增资或减资，以及向所有者分配利润而流出的资产与利润或亏损无关。

利润按其与企业经营活动的关系，可分为正常利润和非正常利润两类。正常利润是由企业生产经营活动所产生、实现、期望实现的利润，它包括企业从事生产、销售、投资等活动所实现的利润。营业利润和投资所得均属正常利润。非正常利润是与企业生产经营活动无关或虽与企业生产经营活动有关，但属于偶发性、边缘性事项所引起的盈亏，即前述利得和损失的净额。前期损益调整项目不属于本期利润总额，而是留存利润的调整项目，在利润分配表中予以反映。产生正常利润的经营活动，可由企业管理部门控制，而非正常利润则是不可控的。因此，将利润划分为正常利润和非正常利润有助于衡量管理部门的经营管理效率。

2. 利润的构成

在我国企业会计准则中，利润包括收入减去费用后的净额、直接计入当期利润的利得和损失等。直接计入当期利润的利得和损失，是指应当计入当期损益、会导致所有者权益发生增减变动的、与所有者投入资本或者向所有者分配利润无关的利得或者损失。利润分为营业利润、利润总额和净利润，相关的计算公式如下：

（1）营业利润

$$\text{营业利润}=\text{营业收入}-\text{营业成本}-\text{税金及附加}-\text{销售费用}-\text{管理费用}-\text{研发费用}-\text{财务费用}+\text{其他收益}+\begin{matrix}\text{投资收益}\\ (-\text{投资损失})\end{matrix}+\begin{matrix}\text{净敞口套期收益}\\ (-\text{净敞口套期损失})\end{matrix}+$$
$$\begin{matrix}\text{公允价值}\\ \text{变动收益}\end{matrix}\left(-\begin{matrix}\text{公允价值}\\ \text{变动损失}\end{matrix}\right)-\text{信用减值损失}-\text{资产减值损失}+\begin{matrix}\text{资产处置收益}\\ (-\text{资产处置损失})\end{matrix}$$

其中，营业收入是指企业经营业务所实现的收入总额，包括主营业务收入和其他业务收入。营业成本是指企业经营业务所发生的实际成本总额，包括主营业务成本和其他业务成本。研发费用是指企业进行研究与开发过程中发生的费用化支出，以及计入管理费用的自行开发无形资产的摊销。其他收益是指与企业日常活动相关，除冲减相关成本费用以外的政府补助，以及其他应计入其他收益的内容。投资收益（或损失）是指企业以各种方式对外投资所取得的收益（或发生的损失）。公允价值变动收益（或损失）是指企业交易性金融资产等公允价值变动形成的应计入当期损益的利得（或损失）。信用减值损失是指企业计提各项金融资产信用减值准备所确认的信用损失。资产减值损失是指企业计提各项资产减值准备所形成的损失。资产处置收益（或损失）是指企业出售划分为持有待售的非流动资产（金融工具、长期股权投资和投资性房地产除外）或处置组（子公司和业务除外）时确认的处置利得或损失，以及处置未划分为持有待售的固定资产、在建工程、生产性生物资产及无形资产而产生的处置利得或损失，还包括非货币性资产交换中换出非流动资产产生的利得或损失。

（2）利润总额

利润总额=营业利润+营业外收入–营业外支出

营业外收入（或支出）是指企业发生的与日常活动无直接关系的各项利得（或损失）。营业外收支虽然与企业生产经营活动没有多大关系，但从企业主体来考虑，同样带来收入或形成企业的支出，也是增加或减少利润的因素，对企业的利润总额及净利润产生较大影响。其中，营业外收入是指反映企业发生的除营业利润以外的收益，主要包括与企业日常活动无关的政府补助、盘盈利得、捐赠利得（企业接受股东或股东的子公司直接或间接的捐赠，经济实质属于股东对企业的资本性投入的除外）等；营业外支出是指反映企业发生的除营业利润以外的支出，主要包括公益性捐赠支出、非常损失、盘亏损失、非流动资产毁损报废损失（通常包括因自然灾害发生毁损、已丧失使用功能等原因而报废清理产生的损失）等。

（3）净利润

净利润=利润总额–所得税费用

式中，所得税费用是指企业确认的应从当期利润总额中扣除的所得税费用。

值得注意的是，由于所得税法和企业会计准则是基于不同目的、遵循不同原则分别制定的，二者在资产与负债的计量标准、收入与费用的确认原则等诸多方面都存在着一定的分歧，导致企业一定期间按税法规定计算的当期所得税往往不等于按企业会计准则的要求确认的所得税费用。企业的所得税费用包括当期所得税和递延所得税两部分，其中，当期所得税是指当期应交所得税。递延所得税包括递延所得税资产和递延所得税负债。递延所得税资产是指以未来期间很可能取得用来抵扣可抵扣暂时性差异的应纳税所得额为限确认的一项资产；递延所得税负债是指根据应纳税暂时性差异计算的未来期间应付所得税的金额。根据企业会计准则的规定，企业计算确定的当期所得税和递延所得税之和，即为应从当期利润总额中扣除的所得税费用，即：

所得税费用 = 当期所得税 + 递延所得税

3. 营业外收支的会计处理

（1）营业外收入的会计处理

营业外收入并不是由企业经营资金耗费所产生的，不需要企业付出代价，实际上是一种纯收入，不可能也不需要与有关费用进行配比。因此，在会计核算上应严格区分营业外收入和营业外支出的界限。

企业应当设置“营业外收入”科目，核算营业外收入的取得和结转情况。该科目可按营业外收入项目进行明细核算。期末，应将该科目余额转入“本年利润”科目，结转后该科目无余额。

（2）营业外支出的会计处理

企业应当设置“营业外支出”科目，核算营业外支出的发生及结转情况。该科目可按营业外支出项目进行明细核算。期末，应将该科目余额转入“本年利润”科目，结转后该科目无余额。

营业外收入和营业外支出所包括的收支项目互不相关，不存在配比关系，因此，通常不能以营业外支出直接冲减营业外收入，也不得以营业外收入抵补营业外支出，二者的发生金额应当分别核算。

4. 本年利润的会计处理

企业应设置“本年利润”科目，核算企业当期实现的净利润（或发生的净亏损）。

企业期（月）末结转利润时，应将各损益类科目的金额转入本科目，结平各损益类科目。结转时，应将收入类科目贷方余额转入本科目的贷方，借记“主营业务收入”“其他业务收入”“营业外收入”等科目，贷记“本年利润”科目；将支出类科目借方余额转入本科目的借方，借记“本年利润”科目，贷记“主营业务成本”“税金及附加”“其他业务成本”“销售费用”“管理费用”“财务费用”“资产减值损失”“营业外支出”“所得税费用”等科目。“公允价值变动损益”“投资收益”科目如为净收益，应借记“公允价值变动损益”“投资收益”科目，贷记“本年利润”科目；如为净损失，应借记“本年利润”科目，贷记“公允价值变动损益”“投资收益”科目。

结转后“本年利润”科目的贷方余额为当期实现的净利润，借方余额为当期发生的净亏损。

年度终了，应将本年收入和支出相抵后结出的本年实现的净利润，转入“利润分配”科目，借记本科目，贷记“利润分配——未分配利润”科目；如为净亏损作相反的会计分录。结转后本科目应无余额。

二、利润的分配

企业当期实现的净利润，加上年初未分配利润（或减去年初未弥补亏损）后的余额，为可供分配的利润。可供分配的利润，一般按下列顺序分配：

（1）提取法定盈余公积，是指企业根据有关法律的规定，按照净利润的10%提取的盈余公积。法定盈余公积累计额达到企业注册资本的50%以上时，可以不再提取。

（2）提取任意盈余公积，是指企业按股东会决议提取的任意盈余公积。

（3）应付现金股利或利润，是指企业按照利润分配方案分配给股东的现金股利，也包括非股份有限公司分配给投资者的利润。

（4）转作股本的股利，是指企业按照利润分配方案以分派股票股利的形式转作股本的股利，也包括非股份有限公司以利润转增的资本。

企业应当设置“利润分配”科目，核算利润的分配（或亏损的弥补）情况，以及历年积存的未分配利润（或未弥补亏损）。该科目还应当分别“提取法定盈余公积”、“提取任意盈余公积”、“应付现金股利或利润”、“转作股本的股利”、“盈余公积补亏”和“未分配利润”等进行明细核算。具体账务处理参见本教材第八章相关内容。

年度终了，企业应将“利润分配”科目所属其他明细科目余额转入“未分配利润”明细科目。结转后，除“未分配利润”明细科目外，其他明细科目应无余额。

【例9-31】某股份有限公司2×23年度实现净利润1 000万元，按净利润的10%提取法定盈余公积，按净利润的15%提取任意盈余公积，向股东分派现金股利400万元，同时分派每股面值1元的股票股利300万股。

（1）提取盈余公积：

借：利润分配——提取法定盈余公积　　1 000 000

　　　　　　——提取任意盈余公积　　1 500 000

　　贷：盈余公积——法定盈余公积　　1 000 000

　　　　　　　——任意盈余公积　　1 500 000

（2）分派现金股利：

借：利润分配——应付现金股利　　4 000 000

　　贷：应付股利　　4 000 000

（3）分派股票股利，已办妥增资手续：

借：利润分配——转作股本的股利　　3 000 000

　　贷：股本　　3 000 000

（4）结转“利润分配”其他明细科目余额：

借：利润分配——未分配利润　　9 500 000

　　贷：利润分配——提取法定盈余公积　　1 000 000

　　　　　　　——提取任意盈余公积　　1 500 000

　　　　　　　——应付现金股利　　4 000 000

　　　　　　　——转作股本的股利　　3 000 000

三、每股收益

每股收益（earnings per share，EPS）是衡量企业盈利能力的一个重要财务指标。由于企业的规模不同，因此不同规模企业的利润总额不具可比性，但与各自流通在外的普通股的股数相比之后，每股的收益额应该是可比的；而且股票的市场价格与普通股每股收益的比率（市盈率）成为股票市场是否对企业投资的重要指标，一家企业的市盈率越高，表明投资者对该企业的前景越乐观。

严格地说，利润表应该到每股收益为止，而在西方国家的财务报表中，要求公司在利润表下端列示普通股每股收益的有关资料，我国企业会计准则也在利润表的净利润项目下增加了每股收益项目。

在计算每股净收益时，通常要区分简单资本结构和复杂资本结构。简单资本结构是指公司没有发行可能稀释普通股每股收益的任何证券，如可转换的优先股、可转换的公司债券和认股权证等。如果公司发行了这类可能冲淡普通股每股净收益的证券，就属复杂资本结构。不同的资本结构，要求提供的普通股每股净收益不同，通常包括基本每股收益和稀释每股收益。

1. 基本每股收益

企业应当按照属于普通股股东的当期净利润，除以发行在外普通股的加权平均数计算基本每股收益。应归属于普通股的净利润，是从当期净利润中扣除不属于普通股股东的优先股股利后的净利润。计算公式如下：

每股收益=（净收益-优先股应享股利）÷发行在外普通股的加权平均数

由于股数是时点数，在报告期不同的时点上存在变化，因此计算当期发行在外普通股股数的加权平均数要取得一个平均值，通常以天数为计算权重。其计算公式为：

$$\text{发行在外普通股加权平均数}=\text{期初发行在外普通股股数}+\text{当期新发行普通股股数}\times\text{已发行时间}\div\text{报告期时间}-\text{当期回购普通股股数}\times\text{已回购时间}\div\text{报告期时间}$$

为了简化计算，在影响很小的情况下，可以用月数为权重计算，但要注意上述报告期期间要与净利润的期间相配比。

2. 稀释每股收益

稀释后的每股收益是公司股票业绩的另一个衡量指标。当公司具有复杂资本结构时，那些可转换为普通股的证券及可履行认购普通股的证券一旦转换或履行认购，通常会冲淡（稀释）普通股每股净收益。为此，一些国家规定，若稀释影响超过一定限度，公司应对普通股每股收益作双重表述。例如美国，稀释若对每股收益的影响超过3%时，则要求公司对每股收益作双重表述：一是基本的每股净收益；二是稀释的每股净收益。其中，稀释的每股净收益是指，假设公司所发行的可转换为普通股的证券及可履行认购普通股的证券，在当年年初时全部转换及全部履行后的普通股每股净收益。我国企业会计准则也规定：企业存在稀释性潜在普通股的，应当分别调整归属于普通股股东的当期净利润和发行在外普通股的加权平均数，并据以计算稀释每股收益。稀释性潜在普通股，是指假设当期转换为普通股会减少每股收益的潜在普通股。

具有稀释作用的普通股包括股票期权、认股权证和可转换证券（如可转换优先股和可转换债券）。当上述的协议执行或转换成普通股时，就会对每股收益产生稀释作用。计算稀释每股收益的目的是让普通股股东了解他们将享有的每股净收益的最低限额。一般来说，投资者应使用稀释后的每股收益来判断公司股票业绩和评价公司股票的价值。

【课程思政9-1】

坚守职业道德——道德、欺诈与公司治理：康美药业财务造假案例的启示

2020年5月13日，中国证监会在其官网发布《行政处罚决定书》（〔2020〕24号），依法对康美药业股份有限公司（600518，以下简称康美药业）违法违规案做出行政处罚及市场禁入决定。决定对康美药业责令改正，给予警告，并处以60万元人民币罚款，对21名责任人员（涉及董事长兼总经理、副董事长兼副总经理、董事会秘书、财务总监、副总经理、总经理助理、董事、独立董事、监事会主席、监事等公司的董事、监事和高级管理人员）处以90万元至10万元不等的罚款，对6名主要责任人采取10年至终身证券市场禁入措施。

2021年2月18日，中国证监会发布《行政处罚决定书》（〔2021〕11号）又对广东正中珠江会计师事务所（特殊普通合伙；系康美药业2016—2018年年度财务报表审计机构）等做出处罚。决定书显示，依据2005年《证券法》第二百二十三条，证监会决定对广东正中珠江会计师事务所责令改正，罚没5 700万元；对3名康美药业财务报表的签字注册会计师和1名康美药业2016年和2017年年度审计的项目经理给予警告并分别处以10万元和3万元罚款。

作为中国A股曾经的“明星药企”，康美药业此前披露公司2018年年报，并更正2018年之前的部分财务数据，其中2017年年末财报虚增了近300亿元货币资金，引起外界质疑。证监会最终认定，2016年至2018年期间，康美药业虚增巨额营业收入，通过伪造、变造大额定期存单等方式虚增货币资金，将不满足会计确认和计量条件的工程项目纳入报表，虚增固定资产等。同时，康美药业存在控股股东及其关联方非经营性占用资金情况。上述行为致使康美药业披露的相关年度报告存在虚假记载和重大遗漏。

康美药业有预谋、有组织，长期、系统地实施财务欺诈行为，践踏法治，对市场和投资者毫无敬畏之心，严重地破坏资本市场健康生态环境。中国证监会发现该案涉及违法行为后，立即集中力量查办，并在坚持法治原则下从严从重从快惩处。

财务舞弊通常是高层管理人员所为。舞弊是非法行为，意味着舞弊者严重缺乏道德意识和道德敏感度。许多财务舞弊公司的另一个特征是，公司治理环境比较薄弱。公司治理包括公司组织结构和监督公司事务的程序，其中包括董事会监督高层管理人员的行动，以确保公司的经营是以全体股东利益最大化为目标。当我们选择会计作为一生相伴的职业时，就要时刻铭记：道德和职业道德是我们做好会计工作的前提，是我们一生的立身之本；当工作中遇到两难选择时，一要牢记法律法规，二要牢记职业道德。

本章小结

收入与费用、利得与损失是确定企业收益的重要内容。收入可以按不同的标准进行划分，具有显著的特点。收入的会计核算主要就是解决收入确认的条件、确认的时间以及如何计量的问题。我国现行《企业会计准则第14号——收入》明确提出了收入确认与计量的核心原则是：企业确认收入的方式应当反映其向客户转让商品或提供服务的模式，收入的金额应当反映企业因转让这些商品或服务而预期有权收取的对价金额，具体可称作五步法模型。费用是企业在日常活动中发生的、会导致所有者权益减少的、与向所有者分配利润无关的经济利益的总流出。营业成本是指企业经营主要业务和其他业务所发生的成本总额。期间费用是企业当期发生的费用中的重要组成部分，是指本期发生的、不能直接或间接归入某种产品成本的、直接计入损益的各项费用，包括管理费用、销售费用和财务费用。

我国企业会计准则中的利润包括收入减去费用后的净额、直接计入当期利润的利得和损失等。直接计入当期利润的利得和损失，是指应当计入当期损益、会导致所有者权益发生增减变动的、与所有者投入资本或者向所有者分配利润无关的利得或者损失。利润分为营业利润、利润总额和净利润。利润需要按照一定的程序进行分配，每股收益是衡量企业盈利能力的一个重要财务指标。

主要概念和术语

收益　利润　收入　销售商品收入　提供劳务收入　主营业务收入　其他业务收入　五步法模型　履约义务　可变对价　合同成本　时间段履行的履约义务　时点履行的履约义务　费用　营业成本　主营业务成本　其他业务成本　税金及附加　期间费用　管理费用　销售费用　财务费用　利得　损失　利润总额　净利润　营业外收入　营业外支出　利润分配　每股收益

复习思考题

1.我国企业会计准则是如何定义收入的？收入可以按照哪些标准来做出分类？收入有什么特点？

2.收入确认与计量的五步法模型是怎样的？五个步骤的关系如何？

3.如何对利润进行分类？分类的依据和原因何在？

4.利润由哪几部分构成？营业利润、利润总额如何计算？

5.什么是营业外收入和营业外支出？分别包括哪些内容？

6.我国企业利润分配的程序如何？

练习题

第九章练习题

第十章

财务报告

学习目标

通过本章的学习，应当了解财务报告的含义、编制要求以及财务报表分析的含义、目的、步骤与方法，掌握资产负债表、利润表、现金流量表、所有者权益变动表及财务报表附注的基本概念；能够熟练地编制资产负债表和利润表。

【课程思政10-1】

学史崇德，不做假账

党的二十大报告明确指出，坚持理论武装同常态化长效化开展党史学习教育相结合，引导党员、干部不断学史明理、学史增信、学史崇德、学史力行，传承红色基因，赓续红色血脉。

学史崇德就是要通过党史的学习，重大德、崇公德、严私德。崇德是向上向善的保障，重大德就要忠于党。习近平总书记指出，对党忠诚是共产党人首要的政治品质，崇公德是要崇为民造福之德，我党从来不缺为民请命之人，革命路上毛主席一家六口献身革命，发展路上黄大发“水过不去，拿命来铺”，我们应当赓续共产党人的精神血脉践行公德。严私德就是要严格约束自己的操守和行为，百年党史我们能从严于律己的典范中去学习、从违法乱纪的典型中去反省，从而修正言行、坚守私德。

经济越发展，管理越重要，会计越重要。会计信息越来越为广大投资者、债权人、企业管理层等会计信息使用者所重视，成为政府部门进行宏观决策的重要依据。而会计造假、会计信息失真严重干扰了正常的社会经济秩序，损害了国家和社会公众利益。

朱镕基曾于2002年11月20日在中国香港地区举办的第十六届世界会计师大会上的演讲中指出，近几年来，一些国家发生的大公司财务欺诈案，使会计行业面临着“诚信危机”的挑战。朱镕基在演讲中说，中国政府特别重视会计职业道德建设，要求所有会计人员必须做到“诚信为本，操守为重，坚持准则，不做假账”，不屈从和迎合任何压力与不合理要求，不以职务之便谋取一己私利，不提供虚假会计信息。

会计报表的编制必须严格遵守相关企业会计准则与会计职业道德规范的要求，保证会计信息真实完整，自觉抵制会计造假行为，维护国家财经纪律和经济秩序。

第一节 财务报告概述

一、财务报告的含义

财务报告是指企业对外提供的反映企业某一特定日期财务状况和某一会计期间经营成果、现金流量等会计信息的书面文件，包括财务会计报表、会计报表附注和其他应当在财务会计报告中披露的相关信息和资料。财务报告的编制是会计核算工作的总结，也是会计核算的一种基本方法。

正常的会计核算过程中，首先是填制和审核会计凭证，然后将会计凭证所记录的经济业务在各种账簿中加以连续、分类地反映。通过账簿记录的会计信息，虽然比会计凭证要集中、系统得多，但就某一会计期间的经营活动整体而言，不能系统、概括、全面地反映该会计期间的经营活动和财务收支信息。因此，必须对日常核算的资料进行进一步加工、分类、计算和汇总，按照一定的指标体系和文件形式，编制成相应的会计报表，为财务报告的使用者提供总括性的会计信息。

二、财务报表的种类、构成及编制列报要求

（一）财务报表的种类

为了便于编制和运用会计报表，有必要对财务报表进行适当的分类，以了解其不同的功能。财务报表的分类一般有以下几种：

（1）按反映的经济内容划分，可以分为反映财务状况的会计报表（主要有资产负债表及其附表）与反映经营成果的会计报表（主要有利润表及利润表的附表）。

（2）按编制的时间划分，可以分为中期会计报表（包括月报、季报和半年报）和年度会计报表。

（3）按编制的单位划分，可以分为单位会计报表和汇总会计报表。

（4）按会计报表反映的范围划分，可以分为个别会计报表和合并会计报表。

（5）按反映的资金运动状态划分，可以分为静态会计报表（如资产负债表等）与动态会计报表（如利润表、现金流量表等）。

（二）财务报表的构成

财务报表是对企业财务状况、经营成果和现金流量的结构性表述，按《企业会计准则——基本准则》的规定，主要会计报表的构成见表10-1。

表10-1 **会计报表的构成**

编号	会计报表名称	编报期
会企01表	资产负债表	中期报告，年度报告
会企02表	利润表	中期报告，年度报告
会企03表	现金流量表	中期报告，年度报告
会企04表	所有者权益（或股东权益）变动表	年度报告

（三）财务报表的编制列报要求

为了充分发挥财务报告的作用，让会计信息的使用者全面地了解企业的财务状况、经

营成果和现金流量，进行可靠的经济判断和决策，并尽可能准确地预测企业未来发展趋势，财务报表应当根据登记完整、核对无误的账簿记录和其他资料编制，做到数字真实、内容完整、计算准确、编报及时。《企业会计准则第30号——财务报表列报》及其应用指南规定，企业财务报表列报应当符合以下基本要求：

1. 遵循各项会计准则进行确认与计量

企业应当根据实际发生的交易和事项，遵循《企业会计准则——基本准则》和各项具体会计准则的规定进行确认和计量，并在此基础上编制财务报表。企业还应当在附注中对遵循企业会计准则编制财务报表做出声明；如果按照各项会计准则规定披露的信息不足以让报表使用者了解特定交易或事项对企业财务状况和经营成果的影响时，企业还应当披露其他的必要信息。

2. 以持续经营为基础

持续经营是会计的基础前提，是会计确认、计量及编制财务报表的基础。企业会计准则规范的是持续经营条件下企业对所发生交易和事项确认、计量及报表列报；相反，如果企业出现了非持续经营，致使以持续经营为基础编制的财务报表不再合理时，企业应当采用其他基础编制财务报表。例如破产企业的资产采用可变现净值计量，负债按照其预计的结算金额计量等。由于企业在持续经营和非持续经营环境下采用的会计计量基础不同，产生的经营成果和财务状况不同，因此在附注中披露非持续经营信息对报表使用者而言非常重要。在非持续经营情况下，企业应当在附注中声明财务报表未以持续经营为基础列报，披露未以持续经营为基础列报的原因以及财务报表的编制基础。

3. 附注披露不能代替在财务报表中的确认和计量

企业应当根据实际发生的交易或者事项，遵循各项具体准则的规定进行确认和计量，并在此基础上编制财务报表。企业不应当以在附注中披露来代替对交易和事项的确认和计量。如果企业采用了不恰当的会计政策，不得通过在附注中披露等其他形式予以更正。

4. 权责发生制

除现金流量表按收付实现制编制外，企业应当按照权责发生制编制其他财务报表。

5. 列报的一致性

可比性是一项重要的会计信息质量要求。其目的是使同一企业不同期间或者同一期间不同企业的财务报表相互可比。为此，财务报表项目的列报应当在各个会计期间保持一致，不得随意变更。这一要求不仅只针对财务报表中的项目名称，还包括财务报表项目的分类、排序等方面。当会计准则要求改变，或企业经营业务的性质发生重大变化后，变更财务报表项目的列报能够提供更可靠、更相关的会计信息时，财务报表项目的列报是可以改变的，但应在附注中予以披露。

6. 重要性

性质或功能不同的项目，应当在财务报表中单独列报，但不具有重要性的项目除外。性质或功能类似的项目，其所属类别具有重要性的，应当按其类别在财务报表中单独列报。重要性是指如果财务报表某项目的省略或错误会影响使用者据此做出经济决策的，该项目具有重要性。重要性应当根据企业所处环境，从项目的性质和金额大小两方面予以判断。判断项目性质的重要性，应当考虑项目的性质是否属于企业日常活动等因素；判断项目金额大小的重要性，应当通过单项金额占资产、负债、所有者权益、营业收入、营业成本、净利润总额等直接相关项目金额的比重加以确定。

7. 资产和负债、收入和费用不能相互抵销

财务报表中的资产和负债项目的金额，收入和费用项目的金额不得相互抵销，但会计准则另有规定的除外。这里需要说明的是，资产项目按扣除减值准备后的净额列示，非日常活动产生的损益以收入扣减费用后的净额列示，不属于抵销。

8. 比较信息的列报

企业在列报当期财务报表时，至少应当提供所有列报项目上一可比会计期间的比较数据，以及与理解当期财务报表相关的说明，目的是向报表使用者提供可比数据，提高信息在会计期间的可比性，以反映企业财务状况、经营成果和现金流量的发展趋势，提高报表使用者的判断与决策能力。

9. 报告期间

企业至少应当按年编制财务报表。年度财务报表涵盖的期间短于一年的，应当披露年度财务报表的涵盖期间，以及短于一年的原因。对于提供中期财务报告的，还应遵循《企业会计准则第32号——中期财务报告》的规定。

10. 在财务报表的显著位置至少应披露的项目

企业应当在财务报表的显著位置至少披露的项目有：编报企业的名称、资产负债表日或财务报表涵盖的会计期间、金额单位。财务报表是合并报表的，应予以标明。

11. 单独列报项目的规定

《企业会计准则第30号——财务报表列报》规定，在财务报表中单独列报的项目，应当单独列报。其他会计准则规定单独列报的项目，应当单独列报。

第二节　资产负债表

一、资产负债表概述

（一）资产负债表的概念

资产负债表（balance sheet）是反映企业在某一特定日期（月末、季末、半年末、年末）财务状况的报表，它属于静态报表。财务状况是指一家企业的资产、负债、所有者权益及其相互关系。因此，资产负债表列示了企业在特定日期的资产、负债、所有者权益及其相互关系的信息，是企业按月编制的一张主要会计报表。

（二）资产负债表的作用

资产负债表主要提供有关企业财务状况方面的信息，反映某一特定日期关于企业资产、负债和所有者权益的具体内容及其关系。资产负债表的主要作用有：

1. 通过资产负债表，可以提供某一日期资产的总额及其结构，表明企业拥有或控制的资源及其分布情况，使用者可以一目了然地从资产负债表上了解企业在某一特定日期所拥有的资产总量及其结构；

2. 可以提供某一日期的负债总额及其结构，表明企业未来需要用多少资产或劳务清偿债务以及清偿时间；

3. 可以反映所有者所拥有的权益，据以判断资本保值、增值的情况以及对负债的保障程度；

4. 资产负债表还可以提供进行财务分析的基本资料，如将流动资产与流动负债进行比较，计算出流动比率；

5. 将速动资产与流动负债进行比较，计算出速动比率等，可以表明企业的变现能力、偿债能力和资金周转能力，从而有助于报表使用者做出经济决策。

（三）资产负债表的格式

资产负债表的格式主要有账户平衡式和报告式两种。在我国，规定使用账户平衡式格式，即左方为资产，按其流动性分别反映流动资产和非流动资产的年初余额和期末余额；右方为负债和所有者权益，分别反映流动负债、非流动负债和所有者权益的年初余额和期末余额。并根据会计恒等式“资产=负债+所有者权益”的原理，左方资产总计等于右方权益总计。其基本格式见表10-2。

表10-2　　**资产负债表**　　会企01表

编制单位：×××　　年　月　日　　单位：元

资产	期末余额（略）	上年年末余额（略）	负债和所有者权益（或股东权益）	期末余额（略）	上年年末余额（略）
流动资产：			流动负债：		
货币资金			短期借款		
交易性金融资产			交易性金融负债		
衍生金融资产			衍生金融负债		
应收票据			应付票据		
应收账款			应付账款		
应收款项融资			预收款项		
预付款项			合同负债		
其他应收款			应付职工薪酬		
存货			应交税费		
合同资产			其他应付款		
持有待售资产			持有待售负债		
一年内到期的非流动资产			一年内到期的非流动负债		
其他流动资产			其他流动负债		
流动资产合计			流动负债合计		
非流动资产：			非流动负债：		
债权投资			长期借款		

续表

资产	期末余额（略）	上年年末余额（略）	负债和所有者权益（或股东权益）	期末余额（略）	上年年末余额（略）
其他债权投资			应付债券		
长期应收款			其中：优先股		
长期股权投资			永续债		
其他权益工具投资			租赁负债		
其他非流动金融资产			长期应付款		
投资性房地产			预计负债		
固定资产			递延收益		
在建工程			递延所得税负债		
生产性生物资产			其他非流动负债		
油气资产			非流动负债合计		
使用权资产			负债合计		
无形资产			所有者权益（或股东权益）：		
开发支出			实收资本（或股本）		
长期待摊费用			其他权益工具		
递延所得税资产			其中：优先股		
其他非流动资产			永续债		
非流动资产合计			资本公积		
			减：库存股		
			其他综合收益		
			专项储备		
			盈余公积		
			未分配利润		
			所有者权益（或股东权益）合计		
资产总计			负债和所有者权益（或股东权益）合计		

二、资产负债表列示的总体要求与填列方法

（一）资产负债表列示的总体要求

1.分类别列示

资产负债表列示的根本目的在于如实反映企业在资产负债表日拥有的资源、负担的债务及所有者拥有的权益，因此，资产负债表应当按照资产、负债和所有者权益三大类分类列示。

2.资产和负债按流动性列示

资产负债表中的资产反映由过去的交易或事项形成并由企业在某一特定日期拥有或控制的、预期会给企业带来经济利益的资源。

资产应当按照流动资产和非流动资产两大类在资产负债表中列示，再进一步按性质分项列示。资产负债表中的负债反映企业在某一特定日期应承担的、预期会导致经济利益流出企业的现时义务。负债应当按照流动负债和非流动负债在资产负债表中列示，再进一步按其性质分项列示。

3.所有者权益按组成项目列示

资产负债表中的所有者权益是企业资产扣除负债后的剩余权益总额，反映企业在某一特定日期所有者（股东）拥有的净资产的总额。资产负债表中的所有者权益类一般按照净资产的不同来源和特定用途进行分类，应当按照实收资本（或股本）、资本公积、盈余公积和未分配利润等项目分别列示。

（二）资产负债表的填列方法

财务报表的编制，主要是通过对日常会计核算记录的数据加以归集、整理，使之成为有用的会计信息。由于资产负债表是反映财务状况的静态会计报表，所以在期末编制前，首先应编制科目余额试算平衡表，然后依据资产、负债和所有者权益各科目的总账余额和明细账余额的相关记录，按照制度的要求，填列资产负债表各项目的年初余额和期末余额。

1.资产负债表“上年年末余额”栏的填列方法

资产负债表中的“上年年末余额”栏通常根据上年年末有关项目的期末余额填列，且与上年年末资产负债表“期末余额”栏相一致。如果企业发生了会计政策变更、前期差错更正，应当对“上年年末余额”栏中的有关项目进行相应调整。如果企业上年度资产负债表规定的项目名称和内容与本年度不一致，应当对上年年末资产负债表相关项目的名称和金额按照本年度的规定进行调整，填入“上年年末余额”栏。

2.资产负债表“期末余额”栏的填列方法

资产负债表中的“期末余额”栏一般应根据资产、负债和所有者权益类科目的期末余额填列。其具体填列方法如下：

（1）根据总账科目的余额填列。

“其他权益工具投资”“递延所得税资产”“长期待摊费用”“短期借款”“持有待售负债”“递延收益”“递延所得税负债”“实收资本（或股本）”“其他权益工具”“库存股”“资本公积”“其他综合收益”“盈余公积”等项目，应根据有关总账科目的余额填列。

相关项目填写方法：

①“货币资金”项目。它反映企业库存现金、银行存款、外埠存款、银行汇票存款、银行本票存款、信用证保证金存款等的合计数。本项目应根据“库存现金”“银行存款”“其他货币资金”账户的期末余额合计填列。

②“衍生金融资产”项目，反映资产负债表日企业持有的衍生金融资产的期末账面价值。本项目应根据“衍生金融资产”账户的期末余额填列。

③“其他流动资产”项目，反映资产负债表日企业除货币资金、交易性金融资产、应收票据、应收账款、存货等流动资产以外的其他流动资产。本项目应根据有关账户的期末余额分析计算填列。

④“应收款项融资”项目，反映资产负债表日以公允价值计量且其变动计入其他综合收益的应收票据和应收账款等。

⑤“其他权益工具投资”项目，反映资产负债表日企业指定为以公允价值计量且其变动计入其他综合收益的非交易性权益工具投资的期末账面价值。本项目应根据“其他权益工具投资”账户的期末余额填列。

⑥“长期待摊费用”项目，反映资产负债表日企业已经支付但应由本期和以后各期共同负担的分摊期限在一年以上的各项费用。长期待摊费用中在一年内（含一年）摊销的部分，在资产负债表“一年内到期的非流动资产”项目填列。本项目应根据“长期待摊费用”账户的期末余额减去将于一年内（含一年）摊销的数额后的金额填列。

⑦“递延所得税资产”项目，反映资产负债表日企业确认的可抵扣暂时性差异产生的递延所得税资产的期末账面价值。本项目应根据“递延所得税资产”账户的期末余额填列。

⑧“其他非流动资产”项目，反映企业除长期股权投资、固定资产、在建工程、无形资产等资产以外的其他非流动资产。本项目应根据有关账户的期末余额分析计算填列。

⑨“短期借款”项目，反映资产负债表日企业向银行或其他金融机构等借入的期限在一年以下（含一年）的各种借款。本项目应根据“短期借款”账户的期末余额填列。

⑩“衍生金融负债”项目，反映资产负债表日企业承担的衍生金融负债的期末账面价值。本项目应根据“衍生金融负债”账户的期末余额填列。

⑪“应交税费”项目。它反映企业期末未缴、多缴或未抵扣的各种税金和其他费用。本项目应根据“应交税费”账户期末贷方余额填列。如果“应交税费”账户期末为借方余额，则以“-”号填列。

⑫“应付票据”项目，反映资产负债表日以摊余成本计量的企业因购买材料、商品和接受服务等开出、承兑的商业汇票，包括银行承兑汇票和商业承兑汇票。该项目应根据“应付票据”科目的期末余额填列。

⑬“其他应付款”项目，反映资产负债表日企业除应付票据、应付账款、预收款项、应付职工薪酬、应交税费等经营活动以外的其他各项应付、暂收的款项。本项目应根据“应付利息”、“应付股利”和“其他应付款”科目的期末余额合计数填列。

⑭“持有待售负债”项目，反映资产负债表日处置组中与划分为持有待售类别的资产直接相关的负债的期末账面价值。本项目应根据“持有待售负债”账户的期末余额填列。

⑮“应付债券”项目，反映资产负债表日企业为筹集长期资金而发行的债券本金和利息。本项目应根据“应付债券”账户的期末余额，减去将于一年内偿还的应付债券后的金额填列。

⑯“长期应付款”项目，反映资产负债表日企业除长期借款和应付债券以外的其他各种长期应付款项的期末账面价值。该项目应根据“长期应付款”科目的期末余额，减去相关的“未确认融资费用”科目的期末余额后的金额，以及“专项应付款”科目的期末余额填列。

⑰“预计负债”项目，反映企业预计负债的期末余额。本项目应根据“预计负债”账户的期末余额填列。

⑱“递延收益”项目，反映资产负债表日企业已收客户对价而应向客户转让商品的义务及总额法下取得的与资产相关的政府补助的期末账面价值。本项目应根据“递延收益”账户的期末余额直接填列。

⑲“递延所得税负债”项目，反映资产负债表日企业确认的应纳税暂时性差异产生的所得税负债的期末账面价值。本项目应根据“递延所得税负债”账户的期末余额填列。

⑳“租赁负债”项目，反映资产负债表日承租人企业尚未支付的租赁付款额的期末账面价值。该项目应根据“租赁负债”科目的期末余额填列。自资产负债表日起一年内到期应予以清偿的租赁负债的期末账面价值，在“一年内到期的非流动负债”项目反映。

㉑“其他非流动负债”项目，反映资产负债表日企业除长期借款、应付债券等负债以外的其他非流动负债。本项目应根据有关账户的期末余额减去将于一年内（含一年）到期偿还数后的余额填列。非流动负债各项目中将于一年内（含一年）到期的非流动负债，应在“一年内到期的非流动负债”项目内单独反映。

㉒“实收资本（或股本）”项目，反映企业各投资者实际投入的资本（或股本）总额。本项目应根据“实收资本（或股本）”账户的期末余额填列。

㉓“其他权益工具”项目，反映资产负债表日企业发行的优先股、永续债等划分为权益工具的金融工具。本项目应根据“其他权益工具”账户的期末余额填列。

㉔“资本公积”项目，反映企业资本公积的期末余额。本项目应根据“资本公积”账户的期末余额填列。

㉕“专项储备”项目，反映高危行业企业按国家规定提取的安全生产费的期末账面价值。该项目应根据“专项储备”科目的期末余额填列。

㉖“库存股”项目，反映资产负债表日企业持有尚未转让或注销的本公司股份金额。本项目应根据“库存股”账户的期末余额填列。

㉗“盈余公积”项目，反映企业盈余公积的期末余额。本项目应根据“盈余公积”账户的期末余额填列。

㉘“未分配利润”项目，反映企业尚未分配的利润。本项目应根据“本年利润”账户和“利润分配”账户的余额计算填列。未弥补的亏损，在本项目内以“-”号填列。

（2）根据明细账科目的余额分析计算填列。

①“交易性金融资产”项目，反映资产负债表日企业分类为以公允价值计量且其变动计入当期损益的金融资产，以及企业持有的直接指定为以公允价值计量且其变动计入当期损益的金融资产的期末账面价值。本项目应根据“交易性金融资产”账户的相关明细账

户期末余额分析填列。

②“一年内到期的非流动资产”项目，反映资产负债表日企业将于一年内到期的非流动资产项目金额。本项目应根据“长期应收款”等有关账户的明细账户期末余额分析计算填列。

③“其他债权投资”项目，反映资产负债表日企业分类为以公允价值计量且其变动计入其他综合收益的长期债权投资的期末账面价值。本项目应根据“其他债权投资”账户的相关明细账户期末余额分析填列。

④“开发支出”项目，反映资产负债表日企业开发无形资产过程中能够资本化但尚未形成无形资产成本的支出部分。本项目应根据“研发支出”账户中所属的“资本化支出”明细账户期末余额填列。

⑤“交易性金融负债”项目，反映资产负债表日企业承担的交易性金融负债，以及企业持有的直接指定为以公允价值计量且其变动计入当期损益的金融负债的期末账面价值。本项目应根据“交易性金融负债”账户的相关明细账户期末余额填列。

⑥“应付账款”项目，反映资产负债表日以摊余成本计量的、企业因购买材料、商品和接受服务等经营活动应支付的款项。该项目应根据“应付账款”和“预付账款”科目所属的相关明细科目的期末贷方余额合计数填列。

⑦“预收款项”项目，反映资产负债表日企业按照购货合同规定预收的客户的款项。本项目应根据“预收账款”和“应收账款”账户所属各明细账户的期末贷方余额合计数填列。

⑧“应付职工薪酬”项目，反映企业应付未付的职工薪酬。应付职工薪酬包括应付职工的工资、奖金、津贴和补贴、职工福利费和医疗保险费、养老保险费等各种保险费以及住房公积金等。本项目应根据“应付职工薪酬”账户所属明细账户的期末贷方余额分析填列。

⑨“一年内到期的非流动负债”项目，反映资产负债表日企业非流动负债中将于资产负债表日后一年内到期部分的金额，如将于一年内偿还的长期借款。本项目应根据“长期借款”“应付债券”等有关账户所属明细账户的期末余额分析计算填列。

（3）根据总账科目和明细账科目的余额分析计算填列。

①“长期应收款”项目，反映资产负债表日企业融资租赁产生的应收款项和采用递延方式具有融资性质的销售商品和提供劳务等产生的长期应收款项等的期末账面价值。本项目应根据“长期应收款”账户的期末余额，减去相应的“未实现融资收益”账户和“坏账准备”账户中有关长期应收款计提的坏账准备期末余额后的金额填列。如“长期应收款”账户余额中包含一年内到期的金额，则应按扣除该部分金额后的金额填列。

②“其他非流动金融资产”项目，反映自资产负债表日起超过一年到期且预期持有超过一年的以公允价值计量且其变动计入当期损益的非流动金融资产的期末账面价值。本项目应根据“交易性金融资产”账户的相关明细账户期末余额分析填列。

③“其他流动负债”项目，反映资产负债表日企业除短期借款、交易性金融负债、应付票据、应付账款、应付职工薪酬、应交税费等流动负债以外的其他流动负债。本项目应根据有关总账账户及有关账户所属明细账户的期末余额分析计算填列。

④“长期借款”项目，反映资产负债表日企业向银行或其他金融机构借入的期限在一年以上（不含一年）的各项借款。本项目应根据“长期借款”账户的期末余额，减去“长期借款”所属明细账户中将在资产负债表日起一年内到期、且企业不能自主地将清偿义务展期的长期借款后的金额计算填列。

（4）根据有关科目余额减去其备抵科目余额后的净额填列。

①“持有待售资产”项目，反映资产负债表日划分为持有待售类别的非流动资产及划分为持有待售类别的处置组中的流动资产和非流动资产的期末账面价值。该项目应根据“持有待售资产”科目的期末余额，减去“持有待售资产减值准备”科目的期末余额后的金额填列。

②“债权投资”项目，反映资产负债表日企业以摊余成本计量的长期债权投资的期末账面价值。本项目应根据“债权投资”账户的相关明细账户期末余额，减去“债权投资减值准备”账户中相关减值准备的期末余额后的金额分析填列。

③“长期股权投资”项目，反映资产负债表日企业持有的对子公司、联营企业和合营企业的长期股权投资的期末账面价值。本项目应根据“长期股权投资”账户的期末余额，减去“长期股权投资减值准备”账户期末余额后的金额填列。

④“投资性房地产”项目，反映资产负债表日企业持有的投资性房地产的期末账面价值。企业采用成本模式计量投资性房地产的，本项目应根据“投资性房地产”账户的期末余额，减去“投资性房地产累计折旧（摊销）”和“投资性房地产减值准备”账户期末余额后的金额填列；企业采用公允价值模式计量投资性房地产的，本项目应根据“投资性房地产”账户的期末余额直接填列。

⑤“使用权资产”项目，反映资产负债表日承租人企业持有的使用权资产的期末账面价值。该项目应根据“使用权资产”科目的期末余额，减去“使用权资产累计折旧”和“使用权资产减值准备”科目的期末余额后的金额填列。

⑥“固定资产”项目，反映资产负债表日企业固定资产的期末账面价值和企业尚未清理完毕的固定资产清理净损益。该项目应根据“固定资产”科目的期末余额，减去“累计折旧”和“固定资产减值准备”科目的期末余额后的金额，以及“固定资产清理”科目的期末余额填列。

⑦“在建工程”项目，反映资产负债表日企业尚未达到预定可使用状态的在建工程的期末账面价值和企业为在建工程准备的各种物资的期末账面价值。该项目应根据“在建工程”科目的期末余额，减去“在建工程减值准备”科目的期末余额后的金额，以及“工程物资”科目的期末余额，减去“工程物资减值准备”科目的期末余额后的金额填列。

⑧“生产性生物资产”项目，反映资产负债表日企业持有的生产性生物资产的期末账面价值。本项目应根据“生产性生物资产”账户的期末余额，减去“生产性生物资产累计折旧”和“生产性生物资产减值准备”账户期末余额后的金额填列。

⑨“油气资产”项目，反映资产负债表日企业持有的矿区权益和油气井及相关设施的原价减去累计折耗和累计减值准备后的净额。本项目应根据“油气资产”账户的期末余额，减去“累计折耗”账户期末余额和相应减值准备后的金额填列。

⑩“无形资产”项目，反映资产负债表日企业持有的无形资产，包括专利权、非专利

技术、商标权、著作权、土地使用权等的期末账面价值。本项目应根据“无形资产”账户的期末余额，减去“累计摊销”和“无形资产减值准备”账户期末余额后的金额填列。

（5）综合运用上述填列方法分析填列。

①“应收票据”项目，反映资产负债表日以摊余成本计量的企业因销售商品、提供服务等收到的商业汇票，包括银行承兑汇票和商业承兑汇票。该项目应根据“应收票据”科目的期末余额，减去“坏账准备”科目中相关坏账准备期末余额后的金额分析填列。

②“应收账款”项目，反映资产负债表日以摊余成本计量的企业因销售商品、提供服务等经营活动应收取的款项。该项目应根据“应收账款”科目的期末余额，减去“坏账准备”科目中相关坏账准备期末余额后的金额分析填列。

③“预付款项”项目，反映资产负债表日企业按照购货合同规定预付给供应单位的款项等。本项目应根据“预付账款”和“应付账款”账户所属各明细账户的期末借方余额的合计数，减去“坏账准备”账户中有关预付款项计提的坏账准备期末余额后的金额填列。如“预付账款”账户所属各明细账户期末有贷方余额的，应在资产负债表“应付账款”项目内填列。

④“其他应收款”项目，反映资产负债表日企业除应收票据、应收账款、预付账款等经营活动以外的其他各种应收、暂付的款项。本项目应根据“应收利息”、“应收股利”和“其他应收款”账户的期末余额合计数，减去“坏账准备”账户中相关坏账准备期末余额后的金额填列。

⑤“存货”项目，反映资产负债表日企业在库、在途和在加工中的各种存货的可变现净值。本项目应根据“材料采购”“原材料”“库存商品”“发出商品”“周转材料”“委托加工物资”“生产成本”“受托代销商品”等账户的期末余额及“合同履约成本”账户所属明细账户中初始确认时摊销期限不超过一年或一个正常营业周期的期末余额合计，减去“受托代销商品款”“存货跌价准备”账户期末余额及“合同履约成本减值准备”账户中相应的期末余额后的金额填列。如原材料采用计划成本核算，以及库存商品采用计划成本核算或售价金额核算的企业，还应按加或减“材料成本差异”“商品进销差价”账户期末余额后的金额填列。

⑥“合同资产”项目，反映资产负债表日企业已向客户转让商品而有权收取对价的权利，且该权利取决于时间流逝之外的其他因素。本项目应根据“合同资产”明细账户的期末余额分析计算填列，同一合同下的合同资产和合同负债应当以净额列示。

⑦“合同负债”项目，反映资产负债表日企业已收或应收客户对价而应向客户转让商品的义务。本项目应根据“合同负债”明细账户的期末余额分析计算填列，同一合同下的合同资产和合同负债应当以净额列示。

三、资产负债表的编制举例

【例10-1】假设黎明公司2×23年3月31日根据有关会计账簿的记录，编制的科目余额试算平衡表见表10-3。

表10-3 **科目余额试算平衡表**

2×23年3月31日 单位：元

科目名称	总账余额	所属明细账	科目名称	总账余额	所属明细账
库存现金	20 000		短期借款	1 320 000	
银行存款	400 000		应付账款	200 000	
交易性金融资产	800 000		其中：贷方余额合计		300 000
应收账款	1 460 000		借方余额合计		100 000
其中：借方余额合计		1 500 000	预收账款	20 000	
贷方余额合计		40 000	其中：贷方余额合计		80 000
应收票据	1 000 000		借方余额合计		60 000
预付账款	94 000		其他应付款	160 000	
其中：借方余额合计		100 000	应付职工薪酬	650 000	
贷方余额合计		6 000	应交税费	1 200 000	
其他应收款	140 000		应付股利	460 000	
原材料	740 000		长期借款	1 240 000	
生产成本	300 000		实收资本	8 000 000	
库存商品	600 000		盈余公积	1 500 000	
长期股权投资	4 500 000		利润分配——未分配利润	7 784 000	
固定资产	12 000 000				
累计折旧	1 200 000（贷方）				
无形资产	1 600 000				
长期待摊费用	80 000				
总计	22 534 000		总计	22 534 000	

根据表10-3中各科目本期末余额的资料，计算资产负债表各项目期末数，填列结果

见表10-4。

表10-4　　资产负债表　　会企01表

编制单位：黎明公司　　2×23年3月31　　单位：元

资产	期末余额	上年年末余额（略）	负债和所有者权益（或股东权益）	期末余额	上年年末余额（略）
流动资产：			流动负债：		
货币资金	420 000		短期借款	1 320 000	
交易性金融资产	800 000		交易性金融负债		
衍生金融资产			衍生金融负债		
应收票据	1 000 000		应付票据		
应收账款	1 560 000		应付账款	306 000	
应收款项融资			预收款项	120 000	
预付款项	200 000		合同负债		
其他应收款	140 000		应付职工薪酬	650 000	
存货	1 640 000		应交税费	1 200 000	
合同资产			其他应付款	620 000	
持有待售资产			持有待售负债		
一年内到期的非流动资产			一年内到期的非流动负债		
其他流动资产			其他流动负债		
流动资产合计	5 760 000		流动负债合计	4 216 000	
非流动资产：			非流动负债：		
债权投资			长期借款	1 240 000	
其他债权投资			应付债券		
长期应收款			其中：优先股		
长期股权投资	4 500 000		永续债		
其他权益工具投资			租赁负债		
其他非流动金融资产			长期应付款		
投资性房地产			预计负债		
固定资产	10 800 000		递延收益		
在建工程			递延所得税负债		

续表

资产	期末余额	上年年末余额（略）	负债和所有者权益（或股东权益）	期末余额	上年年末余额（略）
生产性生物资产			其他非流动负债		
油气资产			非流动负债合计	1 240 000	
使用权资产			负债合计	5 456 000	
无形资产	1 600 000		所有者权益（或股东权益）：		
开发支出			实收资本（或股本）	8 000 000	
长期待摊费用	80 000		其他权益工具		
递延所得税资产			其中：优先股		
其他非流动资产			永续债		
非流动资产合计	16 980 000		资本公积		
			减：库存股		
			其他综合收益		
			专项储备		
			盈余公积	1 500 000	
			未分配利润	7 784 000	
			所有者权益（或股东权益）合计	17 284 000	
资产总计	22 740 000		负债和所有者权益（或股东权益）总计	22 740 000	

第三节　利润表

一、利润表概述

（一）利润表的概念

利润表又称收益表或损益表，是反映企业在一定会计期间经营成果的会计报表。利润表的列报必须充分反映企业经营业绩的主要来源和构成，这样有助于报表使用者判断净利润的质量及风险，有助于报表使用者预测净利润的持续性，从而做出正确的决策。

（二）利润表的作用

1. 通过利润表，可以反映企业一定会计期间的收入实现情况，如实现的营业收入、实现的投资收益、实现的营业外收入各有多少；

2. 通过利润表，可以反映企业一定会计期间的费用耗费情况，如耗费的营业成本、税金及附加、销售费用、管理费用、财务费用、营业外支出各有多少；

3. 通过利润表，可以反映企业生产经营活动的成果，即净利润的实现情况，据以判断资本保值、增值情况等；

4. 将利润表中的信息与资产负债表中的信息相结合，可以提供进行财务分析的基本资料，如将销货成本与存货平均余额进行比较，计算出存货周转率；

5. 将净利润与资产总额进行比较，计算出资产收益率等；

6. 可以表现企业资金周转情况以及企业的盈利能力和水平，便于报表使用者判断企业未来的发展趋势，做出经济决策。

二、利润表的基本内容和列示格式

（一）利润表的基本内容

利润表主要反映以下几方面的内容：

（1）营业收入，由主营业务收入和其他业务收入组成；

（2）营业利润，营业收入减去营业成本（主营业务成本、其他业务成本）、税金及附加、销售费用、管理费用、财务费用、资产减值损失，加上公允价值变动收益、投资收益、资产处置收益、其他收益，即为营业利润；

（3）利润总额，营业利润加上营业外收入，减去营业外支出，即为利润总额；

（4）净利润，利润总额减去所得税费用，即为净利润，按照经营可持续性具体分为“持续经营净利润”和“终止经营净利润”两项；

（5）其他综合收益，具体分为“以后会计期间不能重分类进损益的其他综合收益项目”和“以后会计期间在满足规定条件时将重分类进损益的其他综合收益项目”两类，并以扣除相关所得税影响后的净额列报；

（6）综合收益总额，净利润加上其他综合收益税后净额，即为综合收益总额；

（7）每股收益，包括基本每股收益和稀释每股收益两项指标。

需要说明的是：其他综合收益，是指企业根据其他会计准则规定未在当期损益中确认的各项利得和损失。其他综合收益项目分为下列两类：

① 以后会计期间不能重分类进损益的其他综合收益项目，主要包括：重新计量设定受益计划净负债或净资产导致的变动、按照权益法核算的在被投资单位不能重分类进损益的其他综合收益变动中所享有的份额等。

② 以后会计期间在满足规定条件时将重分类进损益的其他综合收益项目，主要包括：按照权益法核算的在被投资单位可重分类进损益的其他综合收益变动中所享有的份额、其他权益工具公允价值变动形成的利得或损失、金融资产重分类形成的利得或损失、现金流量套期工具产生的利得或损失中属于有效套期的部分、外币财务报表折算差额、自用房地产或作为存货的房地产转换为以公允价值模式计量的投资性房地产在转换日公允价值大于账面价值的部分等。

（二）利润表的列示格式

常见的利润表结构主要有单步式和多步式两种。在我国，企业利润表采用的基本上是多步式结构，即通过对当期的收入、费用、支出项目按性质加以归类，按利润形成的主要环节列示一些中间性利润指标，分步计算当期净损益，便于使用者理解企业经营成果的不同来源。利润表的格式见表10–5。

表10–5 **利润表** 会企02表

编制单位：××× 20××年度 单位：元

项目	本期金额	上期金额
一、营业收入		
减：营业成本		
税金及附加		
销售费用		
管理费用		
研发费用		
财务费用		
其中：利息费用		
利息收入		
加：其他收益		
投资收益（损失以“–”号填列）		
其中：对联营企业和合营企业的投资收益		
以摊余成本计量的金融资产终止确认收益（损失以“–”号填列）		
净敞口套期收益（损失以“–”号填列）		
公允价值变动收益（损失以“–”号填列）		
信用减值损失（损失以“–”号填列）		
资产减值损失（损失以“–”号填列）		
资产处置收益（损失以“–”号填列）		
二、营业利润（亏损以“–”号填列）		
加：营业外收入		
减：营业外支出		
三、利润总额（亏损总额以“–”号填列）		
减：所得税费用		
四、净利润（净亏损以“–”号填列）		
（一）持续经营净利润（净亏损以“–”号填列）		

续表

项　目	本期金额	上期金额
（二）终止经营净利润（净亏损以“-”号填列）		
五、其他综合收益的税后净额		
（一）不能重分类进损益的其他综合收益		
1.重新计量设定受益计划变动额		
2.权益法下不能转损益的其他综合收益		
3.其他权益工具投资公允价值变动		
4.企业自身信用风险公允价值变动		
⋮		
（二）将重分类进损益的其他综合收益		
1.权益法下可转损益的其他综合收益		
2.其他债权投资公允价值变动		
3.金融资产重分类计入其他综合收益的金额		
4.其他债权投资信用减值准备		
5.现金流量套期储备		
6.外币财务报表折算差额		
⋮		
六、综合收益总额		
七、每股收益：		
（一）基本每股收益		
（二）稀释每股收益		

三、利润表的编制方法

（一）利润表中的“本期金额”栏和“上期金额”栏

“本期金额”栏根据“营业收入”“营业成本”“税金及附加”“销售费用”“管理费用”“财务费用”“资产减值损失”“公允价值变动损益”“营业外收入”“营业外支出”“所得税费用”等损益类科目的本期发生额分析填列。其中，“营业利润”“利润总额”“净利润”项目根据本表中相关项目计算填列。

利润表中的“上期金额”栏应根据上年该期利润表“本期金额”栏内所列数字填列。如果上年该期利润表规定的各个项目的名称和内容同本期不一致，应对上年该期利润表各项目的名称和数字按本期的规定进行调整，填入“上期金额”栏。

（二）利润表中主要项目的填列方法

利润表中各项目的金额，一般是根据有关账户的本期发生额来填列的。“本期金额”栏内各项数字，根据以下方法填列：

1. “营业收入”项目，反映企业经营业务所取得的收入总额。本项目应根据“主营业务收入”和“其他业务收入”账户的发生额合计填列。

2. “营业成本”项目，反映企业经营业务发生的实际成本。本项目应根据“主营业务成本”和“其他业务成本”账户的发生额合计填列。

3. “税金及附加”项目，反映企业经营业务应负担的消费税、城市维护建设税、资源税、土地增值税和教育费附加等。本项目应根据“税金及附加”账户的发生额分析填列。

4. “销售费用”项目，反映企业在销售商品和商品流通企业在购入商品等过程中发生的费用。本项目应根据“销售费用”账户的发生额分析填列。

5. “管理费用”项目，反映企业发生的管理费用总额。本项目应根据“管理费用”账户的发生额分析填列。

6. “研发费用”项目，反映企业进行研究与开发过程中发生的费用化支出，以及计入管理费用的自行开发无形资产的摊销。该项目应根据“管理费用”科目下的“研究费用”明细科目的发生额，以及“管理费用”科目下的“无形资产摊销”明细科目的发生额分析填列。

7. “财务费用”项目下的“利息费用”项目，反映企业为筹集生产经营所需资金等而发生的应予费用化的利息支出。该项目应根据“财务费用”科目的相关明细科目的发生额分析填列。该项目作为“财务费用”项目的其中项，以正数填列。

8. “财务费用”项目下的“利息收入”项目，反映企业按照相关会计准则确认的应冲减财务费用的利息收入。该项目应根据“财务费用”科目的相关明细科目的发生额分析填列。该项目作为“财务费用”项目的其中项，以正数填列。

9. “投资收益”项目，反映企业以各种方式对外投资所取得的收益。本项目应根据“投资收益”账户的发生额分析填列。如为投资损失，本项目以“-”号填列。

10. “公允价值变动收益”项目，反映企业应当计入当期损益的资产或负债公允价值变动收益。本项目应根据“公允价值变动损益”账户的发生额分析填列，如为净损失，本项目以“-”号填列。

11. “所得税费用”项目，反映企业应从当期利润总额中扣除的所得税费用。本项目应根据“所得税费用”账户的发生额分析填列。

12. “营业利润”“利润总额”“净利润”“综合收益总额”项目，应根据本表中相关项目计算填列。

13. “其他收益”项目，反映计入其他收益的政府补助，以及其他与日常活动相关且计入其他收益的项目。该项目应根据“其他收益”科目的发生额分析填列。企业作为个人所得税的扣缴义务人，根据《中华人民共和国个人所得税法》收到的扣缴税款手续费，应作为其他与日常活动相关的收益在该项目中填列。

14. “以摊余成本计量的金融资产终止确认收益”项目，反映企业因转让等情形导致终止确认以摊余成本计量的金融资产而产生的利得或损失。该项目应根据“投资收益”科目的相关明细科目的发生额分析填列；如为损失，以“-”号填列。

15. “净敞口套期收益”项目，反映净敞口套期下被套期项目累计公允价值变动转入当期损益的金额或现金流量套期储备转入当期损益的金额。该项目应根据“净敞口套期损益”科目的发生额分析填列；如为套期损失，以“-”号填列。

16. “信用减值损失”项目，反映企业按照《企业会计准则第22号——金融工具确认和计量》（财会〔2017〕7号）的要求计提的各项金融工具信用减值准备所确认的信用损失。该项目应根据“信用减值损失”科目的发生额分析填列。

17. “资产处置收益”项目，反映企业出售划分为持有待售的非流动资产（金融工具、长期股权投资和投资性房地产除外）或处置组（子公司和业务除外）时确认的处置利得或损失，以及处置未划分为持有待售的固定资产、在建工程、生产性生物资产及无形资产而产生的处置利得或损失。债务重组中因处置非流动资产（金融工具、长期股权投资和投资性房地产除外）产生的利得或损失和非货币性资产交换中换出非流动资产（金融工具、长期股权投资和投资性房地产除外）产生的利得或损失也包括在本项目内。该项目应根据“资产处置损益”科目的发生额分析填列；如为处置损失，以“-”号填列。

18. “营业外收入”项目，反映企业发生的除营业利润以外的收益，主要包括与企业日常活动无关的政府补助、盘盈利得、捐赠利得（企业接受股东或股东的子公司直接或间接的捐赠，经济实质属于股东对企业的资本性投入的除外）等。该项目应根据“营业外收入”科目的发生额分析填列。

19. “营业外支出”项目，反映企业发生的除营业利润以外的支出，主要包括公益性捐赠支出、非常损失、盘亏损失、非流动资产毁损报废损失等。该项目应根据“营业外支出”科目的发生额分析填列。“非流动资产毁损报废损失”通常包括因自然灾害发生毁损、已丧失使用功能等原因而报废清理产生的损失。企业在不同交易中形成的非流动资产毁损报废利得和损失不得相互抵销，应分别在“营业外收入”项目和“营业外支出”项目进行填列。

20. “其他综合收益的税后净额”项目及其各组成部分，应根据“其他综合收益”科目及其所属明细科目的本期发生额分析填列。

21. “（一）持续经营净利润”和“（二）终止经营净利润”项目，分别反映净利润中与持续经营相关的净利润和与终止经营相关的净利润；如为净亏损，以“-”号填列。两个项目应按照《企业会计准则第42号——持有待售的非流动资产、处置组和终止经营》的相关规定分别列报。

22. “其他权益工具投资公允价值变动”项目，反映企业指定为以公允价值计量且其变动计入其他综合收益的非交易性权益工具投资发生的公允价值变动。该项目应根据“其他综合收益”科目的相关明细科目的发生额分析填列。

23. “企业自身信用风险公允价值变动”项目，反映企业指定为以公允价值计量且其变动计入当期损益的金融负债，由企业自身信用风险变动引起的公允价值变动而计入其他综合收益的金额。该项目应根据“其他综合收益”科目的相关明细科目的发生额分析填列。

24. “其他债权投资公允价值变动”项目，反映企业分类为以公允价值计量且其变动计入其他综合收益的债权投资发生的公允价值变动。企业将一项以公允价值计量且其变动计入其他综合收益的金融资产重分类为以摊余成本计量的金融资产，或重分类为以公允价值计量且其变动计入当期损益的金融资产时，之前计入其他综合收益的累计利得或损失从其他综合收益中转出的金额作为该项目的减项。该项目应根据“其他综合收益”科目下的相关明细科目的发生额分析填列

25. “金融资产重分类计入其他综合收益的金额”项目，反映企业将一项以摊余成本计量的金融资产重分类为以公允价值计量且其变动计入其他综合收益的金融资产时，计入其他综合收益的原账面价值与公允价值之间的差额。该项目应根据“其他综合收益”科目下的相关明细科目的发生额分析填列。

26. “其他债权投资信用减值准备”项目，反映企业按照《企业会计准则第22号——金融工具确认和计量》第十八条分类为以公允价值计量且其变动计入其他综合收益的金融资产的损失准备。该项目应根据“其他综合收益”科目下的“信用减值准备”明细科目的发生额分析填列。

27. “现金流量套期储备”项目，反映企业套期工具产生的利得或损失中属于套期有效的部分。该项目应根据“其他综合收益”科目下的“套期储备”明细科目的发生额分析填列。

28. “综合收益总额”项目，反映企业净利润与其他综合收益的合计金额。

29. “基本每股收益”项目，按照归属于普通股股东的当期净利润除以当期实际发行在外普通股的加权平均数计算确定。

30. “稀释每股收益”项目，以基本每股收益为基础，假定企业所有发行在外的稀释性潜在普通股均已转换为普通股，从而分别调整归属于普通股股东的当期净利润以及发行在外的普通股加权平均数计算确定。

【例10-2】黎明公司2×23年3月份有关收入、费用类账户的发生额资料见表10-6。

表10-6 **黎明公司收入、费用类账户的发生额资料**

2×23年3月 单位：元

科目	金额	科目	金额
主营业务收入	2 000 000	主营业务成本	1 200 000
投资收益（贷方）	160 000	税金及附加	80 000
营业外收入	50 000	销售费用	100 000
其他业务收入	200 000	管理费用	150 000
		财务费用	120 000
		其中：利息费用	120 000
		其他业务成本	140 000
		营业外支出	20 000
		所得税费用	150 000

根据上述有关资料，编制2×23年3月的利润表，见表10-7。

表10-7　**利润表**　会企02表

编制单位：黎明公司　2×23年3月　单位：元

项　目	本期金额	上期金额
一、营业收入	2 200 000	
减：营业成本	1 340 000	
税金及附加	80 000	
销售费用	100 000	
管理费用	150 000	
研发费用		
财务费用	120 000	
其中：利息费用	120 000	
利息收入		
加：其他收益		
投资收益（损失以“-”号填列）	160 000	
其中：对联营企业和合营企业的投资收益		
以摊余成本计量的金融资产终止确认收益（损失以“-”号填列）		
净敞口套期收益（损失以“-”号填列）		
公允价值变动收益（损失以“-”号填列）		
信用减值损失（损失以“-”号填列）		
资产减值损失（损失以“-”号填列）		
资产处置收益（损失以“-”号填列）		
二、营业利润（亏损以“-”号填列）	570 000	
加：营业外收入	50 000	
减：营业外支出	20 000	
三、利润总额（亏损总额以“-”号填列）	600 000	
减：所得税费用	150 000	
四、净利润（净亏损以“-”号填列）	450 000	
（一）持续经营净利润（净亏损以“-”号填列）		
（二）终止经营净利润（净亏损以“-”号填列）		

续表

项　目	本期金额	上期金额
五、其他综合收益的税后净额		
（一）不能重分类进损益的其他综合收益		
1.重新计量设定受益计划变动额		
2.权益法下不能转损益的其他综合收益		
3.其他权益工具投资公允价值变动		
4.企业自身信用风险公允价值变动		
⋮		
（二）将重分类进损益的其他综合收益		
1.权益法下可转损益的其他综合收益		
2.其他债权投资公允价值变动		
3.金融资产重分类计入其他综合收益的金额		
4.其他债权投资信用减值准备		
5.现金流量套期储备		
6.外币财务报表折算差额		
⋮		
六、综合收益总额		
七、每股收益：		
（一）基本每股收益		
（二）稀释每股收益		

第四节　现金流量表

一、现金流量表概述

（一）现金流量表的含义

现金流量表（cash flow statement）是以现金及现金等价物为基础编制的财务状况变动表。它反映企业一定期间内现金流入和流出的信息，表明企业获得现金和现金等价物（除特殊说明外，以下所称现金均包括现金等价物）的能力，可以对企业的支付能力和偿债能力做出较为可靠的判断，并在了解企业当前的财务状况基础上，预测企业未来的现金流量趋势及发展情况。

（二）现金流量表的编制基础

现金流量表是以现金及现金等价物为编制基础的。这里的现金是指库存现金和可以随时用于支付的存款等，其具体内容包括以下几项：

（1）库存现金，与会计核算中“库存现金”科目核算的内容一致。

（2）银行存款，与会计核算中“银行存款”科目所包括的内容基本一致，所不同的是，如果存在金融企业的款项中有不能随时用于支付的存款，则该存款不能作为现金流量表中的现金。

（3）其他货币资金。

（4）现金等价物，是指企业持有的期限短、流动性强、易于转换为已知金额现金、价值变动风险很小的投资。

一项投资属于现金等价物，必须同时具备以下四个条件：①期限短；②流动性强；③易于转换成已知金额的现金；④价值变动的风险较小。

其中，期限短一般是指从购买之日起3个月内到期；流动性强所强调的是现金等价物的变现能力；易于转换成已知金额的现金、价值变动风险小则强调了现金等价物的支付能力的强弱。

二、现金流量的分类

现金流量表按照企业经营业务发生的性质，将企业一定期间内产生的现金流量划分为以下三类：

（一）经营活动产生的现金流量

经营活动是指企业投资活动和筹资活动以外的所有交易和事项，即除投资活动和筹资活动以外的所有交易和事项都属于经营活动，包括销售商品或提供劳务、经营性租赁、购买货物、接受劳务、制造产品、广告宣传、缴纳税款等。

通常情况下，经营活动产生的现金流入项目主要有：销售商品、提供劳务收到的现金；收到的税费返还；收到其他与经营活动有关的现金。经营活动产生的现金流出项目主要有：购买商品、接受劳务支付的现金；支付给职工以及为职工支付的现金；支付的各项税费；支付其他与经营活动有关的现金。

（二）投资活动产生的现金流量

投资活动是指企业长期资产的购建和不包括在现金等价物范围内的投资及其处置活动。

通常情况下，投资活动产生的现金流入项目主要有：收回投资收到的现金；取得投资收益收到的现金；处置固定资产、无形资产和其他长期资产收回的现金净额；收到其他与投资活动有关的现金。投资活动产生的现金流出项目主要有：购建固定资产、无形资产和其他长期资产支付的现金；投资支付的现金；支付其他与投资活动有关的现金。

（三）筹资活动产生的现金流量

筹资活动是指导致企业资本及债务规模和构成发生变化的活动。

通常情况下，筹资活动产生的现金流入项目主要有：吸收投资收到的现金；取得借款收到的现金；收到其他与筹资活动有关的现金。筹资活动产生的现金流出项目主要有：偿还债务支付的现金；分配股利、利润或偿还利息支付的现金；支付其他与筹资活动有关的现金。

需要注意的是，对于企业日常活动之外特殊的、不经常发生的特殊项目，如自然灾害损失、保险赔款、捐赠等，企业应当将其归并到相关类别中单独反映。

三、现金流量表的格式

在现金流量表中，现金及现金等价物被视为一个整体，企业现金形式的转换不会产生现金的流入和流出。例如，企业从银行提取现金，是企业现金存放形式的转换，并未流出企业，不构成现金流量。同样，现金与现金等价物之间的转换也不产生现金流量，例如，企业用现金购买3个月到期的国库券。根据企业业务活动的性质和现金流量的来源，现金流量表在结构上将企业一定期间产生的现金流量分为三类：经营活动产生的现金流量、投资活动产生的现金流量和筹资活动产生的现金流量。现金流量表的具体格式见表10-8。

表10-8 **现金流量表** 会企03表

编制单位：黎明公司 2×23年3月 单位：元

项目	本期金额（略）	上期金额（略）
一、经营活动产生的现金流量：		
销售商品、提供劳务收到的现金		
收到的税费返还		
收到其他与经营活动有关的现金		
经营活动现金流入小计		
购买商品、接受劳务支付的现金		
支付给职工以及为职工支付的现金		
支付的各项税费		
支付其他与经营活动有关的现金		
经营活动现金流出小计		
经营活动产生的现金流量净额		
二、投资活动产生的现金流量：		
收回投资收到的现金		
取得投资收益收到的现金		
处置固定资产、无形资产和其他长期资产收回的现金净额		
处置子公司及其他营业单位收到的现金净额		
收到其他与投资活动有关的现金		
投资活动现金流入小计		
购建固定资产、无形资产和其他长期资产支付的现金		
投资支付的现金		
取得子公司及其他营业单位支付的现金净额		

续表

项目	本期金额（略）	上期金额（略）
支付其他与投资活动有关的现金		
投资活动现金流出小计		
投资活动产生的现金流量净额		
三、筹资活动产生的现金流量：		
吸收投资收到的现金		
取得借款收到的现金		
收到其他与筹资活动有关的现金		
筹资活动现金流入小计		
偿还债务支付的现金		
分配股利、利润或偿付利息支付的现金		
支付其他与筹资活动有关的现金		
筹资活动现金流出小计		
筹资活动产生的现金流量净额		
四、汇率变动对现金及现金等价物的影响		
五、现金及现金等价物净增加额		
加：期初现金及现金等价物余额		
六、期末现金及现金等价物余额		

四、经营活动产生的现金流量的列报方法

经营活动产生的现金流量的列报方法主要有两种，即直接法和间接法。我国现金流量表准则要求企业采用直接法编制现金流量表，同时要求在附注中披露将净利润调节为经营活动现金流量的信息。因此，我国企业编制现金流量表，既要使用直接法，又要使用间接法。

（一）直接法

直接法，是指通过现金收入和现金支出的主要类别列示经营活动产生的现金流量。如销售商品、提供劳务收到的现金；购买商品、接受劳务支付的现金等就是按现金收入和现金支出的来源直接反映的。在直接法下，一般是以利润表中的营业收入为起算点，调整与经营活动有关的项目的增减变动，然后计算出经营活动产生的现金流量。

（二）间接法

间接法，是指以净利润为起算点，调整不涉及现金的收入、费用、营业外收支等有关项目，据此计算出经营活动产生的现金流量。

利润表中反映的净利润是按权责发生制确定的，其中有些收入、费用项目并没有实际发生现金流入和现金流出，因此，要调整不影响现金流量的收入和支出。通过这些项目的

调整，可以将净利润调整为经营活动的现金流量。

五、现金流量表的编制方法

在具体编制现金流量表时，可以采用工作底稿法或T形账户法编制。企业在实际工作中，可以采用多栏式库存现金日记账的方式，并设置为编制现金流量表的辅助相关账簿记录，采用直接法汇总编制现金流量表则更为实用。

六、现金流量表各项目的填列

（一）经营活动产生的现金流量各项目的填列

对于现金流量表中的经营活动产生的现金流量的各项目，其填列的基本要求如下：

(1)“销售商品、提供劳务收到的现金”项目，反映企业销售商品、提供劳务实际收到的现金（含销售收入和应向购买者收取的销项税额），包括本期销售商品提供劳务收到的现金，以及前期销售和前期提供劳务本期收到的现金和本期预收的账款，减去本期退回本期销售的商品和前期销售本期退回的商品支付的现金。企业销售材料和代购代销业务收取的现金，也在本项目反映。本项目可以根据“库存现金”“银行存款”“应收账款”“应收票据”“预收账款”“主营业务收入”“其他业务收入”等科目的记录分析填列。

(2)“收到的税费返还”项目，反映企业收到的返还的各种税费，如收到的增值税、消费税、企业所得税、教育费附加返还等。本项目可以根据“库存现金”“银行存款”“税金及附加”“营业外收入”“其他应收款”等科目的记录分析填列。

(3)“收到其他与经营活动有关的现金”项目，反映企业除了上述项目外，收到的其他与经营活动有关的现金流入，如罚款收入、流动资产损失中由个人赔偿的现金收入等。其他现金流入，如价值较大的，应单列项目反映。本项目可以根据“库存现金”“银行存款”“营业外收入”等科目的记录分析填列。

(4)“购买商品、接受劳务支付的现金”项目，反映企业购买材料、商品、接受劳务实际支付的现金，包括本期购入材料、商品、接受劳务支付的现金（包括增值税进项税额），以及本期支付前期购入商品、接受劳务的未付款项和本期预付款项。本期发生的购货退回收到的现金应从本项目减去。本项目可以根据“库存现金”“银行存款”“应付账款”“应付票据”“主营业务成本”“其他业务成本”等科目的记录分析填列。

(5)“支付给职工以及为职工支付的现金”项目，反映企业实际支付给职工，以及为职工支付的现金，包括本期实际支付给职工的工资、奖金、各种津贴和补贴、养老和失业等社会保险基金、补充养老保险、住房公积金、职工困难补助、其他福利费用等，但不包括企业支付给离退休人员的各项费用和在建工程人员的上述各项费用。支付给离退休人员的各项费用在“支付其他与经营活动有关的现金”项目中反映，支付给在建工程人员的上述各项费用在“购建固定资产、无形资产和其他长期资产支付的现金”项目中反映。本项目可以根据“应付职工薪酬”“库存现金”“银行存款”等科目的记录分析填列。

(6)“支付的各项税费”项目，反映企业按规定支付的各种税费，包括本期发生并支付的税费，以及本期支付以前各期发生的税费和预缴的税费，包括所得税、增值税、消费税、教育费附加、矿产资源补偿费、印花税、房产税、土地增值税、车船税等，但不包括计入固定资产价值、实际支付的耕地占用税等，也不包括本期退回的增值税、企业所得税，本期退回的增值税、所得税在“收到的税费返还”项目反映。本项目可以根据“应交税费”“库存现金”“银行存款”等科目的记录分析填列。

（7）“支付其他与经营活动有关的现金”项目，反映企业除上述各项目外，支付的其他与经营活动有关的现金流出，如罚款支出、支付的差旅费、业务招待费、广告费、展览费、保险费等现金支出。其他现金流出，如价值较大的，应单列项目反映。本项目可以根据“库存现金”“银行存款”“管理费用”“营业外支出”等科目的记录分析填列。

（二）投资活动产生的现金流量各项目的填列

（1）“收回投资收到的现金”项目，反映企业出售、转让或到期收回除现金等价物以外的对其他企业的权益工具、债务工具和合营企业中的权益等投资收回的现金。收回债务工具实现的投资收益、处置子公司及其他营业单位收到的现金净额不包括在本项目内。本项目可以根据 “债权投资”“其他债权投资”“其他权益工具投资”“长期股权投资”“银行存款”“库存现金”等科目的记录分析填列。

（2）“取得投资收益收到的现金”项目，反映企业因股权性投资和债权性投资而收到的现金股利、利息，以及从子公司、联营企业和合营企业分回利润收到的现金，但不包括股票股利。本项目可以根据“库存现金”“银行存款”“投资收益”等科目的记录分析填列。

（3）“处置固定资产、无形资产和其他长期资产收回的现金净额”项目，反映企业处置固定资产、无形资产和其他长期资产所收到的现金，减去为处置这些资产而支付的有关费用后的净额。由于自然灾害所造成的固定资产等长期资产损失而收到的保险赔款收入，也在本项目反映。本项目可以根据“固定资产清理”“库存现金”“银行存款”等科目的记录分析填列。

（4）“处置子公司及其他营业单位收到的现金净额”项目，反映企业处置子公司及其他营业单位所取得的现金，减去相关处置费用以及子公司及其他营业单位持有的现金和现金等价物后的净额。本项目可以根据“长期股权投资”“银行存款”“库存现金”等科目的记录分析填列。

（5）“收到其他与投资活动有关的现金”项目，反映企业除了上述各项以外，收到的其他与投资活动有关的现金流入。其他现金流入，如价值较大的，应单列项目反映。本项目可以根据“应收股利”“应收利息”“银行存款”“库存现金”等科目的记录分析填列。

（6）“购建固定资产、无形资产和其他长期资产支付的现金”项目，反映企业购买、建造固定资产，取得无形资产和其他长期资产所支付的现金，不包括为购建固定资产而发生的借款利息资本化的部分，以及融资租入固定资产支付的租赁费。借款利息和融资租入固定资产支付的租赁费，在筹资活动产生的现金流量中反映。本项目可以根据“固定资产”“在建工程”“无形资产”“库存现金”“银行存款”等科目的记录分析填列。

（7）“投资支付的现金”项目，反映企业除现金等价物以外的对其他企业的权益工具、债务工具和合营企业的权益投资所支付的现金，以及支付的佣金、手续费等交易费用，但取得子公司及其他营业单位支付的现金净额除外。本项目可以根据“债权投资”“其他债权投资”“其他权益工具投资”“长期股权投资”“库存现金”“银行存款”等科目的记录分析填列。

（8）“取得子公司及其他营业单位支付的现金净额”项目，反映企业购买子公司及其他营业单位持有的现金和现金等价物的净额。本项目可以根据“长期股权投资”“库存现金”“银行存款”等科目的记录分析填列。

（9）“支付其他与投资活动有关的现金”项目，反映企业除了上述各项外，支付的其他与投资活动有关的现金流出，如企业购买股票时实际支付价款中包含的已宣告而尚未领取的现金股利，购买债券时支付的价款中包含的已到期尚未领取的债券利息等。若支付某项其他与投资活动有关的现金流出金额较大，应单列项目反映。本项目可以根据“应收股利”“应收利息”“库存现金”“银行存款”等科目的记录分析填列。

（三）筹资活动产生的现金流量各项目的填列

（1）“吸收投资收到的现金”项目，反映企业以发行股票、债券等方式筹集资金实际收到的款项，减去直接支付的佣金、手续费等相关发行费用后的净额。本项目可以根据“实收资本（或股本）”“库存现金”“银行存款”等科目的记录分析填列。

（2）“取得借款收到的现金”项目，反映企业举借各种短期、长期借款所收到的现金。本项目可以根据“短期借款”“长期借款”“库存现金”“银行存款”等科目的记录分析填列。

（3）“收到其他与筹资活动有关的现金”项目，反映企业除上述各项目外，收到的其他与筹资活动有关的现金流入，如接受现金捐赠等。若某项其他与筹资活动有关的现金流入金额较大，应单列项目反映。本项目可以根据“银行存款”“库存现金”“营业外收入”等科目的记录分析填列。

（4）“偿还债务支付的现金”项目，反映企业以现金偿还债务的本金，包括偿还金融企业的借款本金、偿还债券本金等。企业偿还的借款利息、债券利息，在“分配股利、利润或偿付利息支付的现金”项目反映，不包括在本项目内。本项目可以根据“短期借款”“长期借款”“应付债券”“库存现金”“银行存款”等科目的记录分析填列。

（5）“分配股利、利润或偿付利息支付的现金”项目，反映企业实际支付的现金股利，支付给其他投资单位的利润以及支付的借款利息、债券利息等。本项目可以根据“应付股利”“应付利息”“财务费用”“库存现金”“银行存款”等科目的记录分析填列。

（6）“支付其他与筹资活动有关的现金”项目，反映企业除了上述项目外，支付的其他与筹资活动有关的现金流出，如捐赠现金支出、融资租入固定资产支付的租赁费等。若某项其他与筹资活动有关的现金流出金额较大，应单列项目反映。本项目可以根据“营业外支出”“长期应付款”“银行存款”“库存现金”等科目的记录分析填列。

（四）现金流量表补充资料项目的内容及填列

现金流量表补充资料按照间接法编制，其格式见表10-9。

表10-9　　**现金流量表补充资料**　　单位：元

补充资料	本期金额（略）	上期金额（略）
1.将净利润调节为经营活动现金流量：		
净利润		
加：资产减值准备		
信用减值准备		
固定资产折旧、油气资产折耗、生产性生物资产折旧		
无形资产摊销		
长期待摊费用摊销		
处置固定资产、无形资产和其他长期资产的损失（收益以“-”号填列）		
固定资产报废损失（收益以“-”号填列）		
公允价值变动损失（收益以“-”号填列）		
财务费用（收益以“-”号填列）		
投资损失（收益以“-”号填列）		
递延所得税资产减少（增加以“-”号填列）		
递延所得税负债增加（减少以“-”号填列）		
存货的减少（增加以“-”号填列）		
经营性应收项目的减少（增加以“-”号填列）		
经营性应付项目的增加（减少以“-”号填列）		
其他		
经营活动产生的现金流量净额		
2.不涉及现金收支的重大投资和筹资活动：		
债务转为资本		
一年内到期的可转换公司债券		
融资租入固定资产		
3.现金及现金等价物净变动情况：		
现金的期末余额		
减：现金的期初余额		
加：现金等价物的期末余额		
减：现金等价物的期初余额		
现金及现金等价物净增加额		

（1）“将净利润调节为经营活动现金流量”，实际上是采用间接法编制的经营活动产生的现金流量。该方法以权责发生制的本期净利润为起算点，通过对有关项目以收付实现制的调整计算得出其结果。调整的方法大致可分为以下几类：以净利润为起算点，加上本期不属于经营活动而发生的支出或费用，减去本期不属于经营活动而产生的收益，加上本期经营活动费用中未支付现金的费用，减去本期经营收入中未收到现金而实现的收入，加上未计入本期经营收入而实际收到的现金，减去未计入经营费用而本期实际支付的现金后调整计算得出经营活动产生的现金流量。各项目的填列方法如下：

①“资产减值准备”项目，反映企业本期实际计提的各项资产减值准备。本项目根据“资产减值损失”科目的记录分析填列。

②“固定资产折旧、油气资产折耗、生产性生物资产折旧”项目，反映企业本期累计提取的折旧、折耗等。本项目根据“累计折旧”“油气资产累计折耗”“生产性生物资产累计折旧”科目的贷方发生额分析填列。

③“无形资产摊销”和“长期待摊费用摊销”两个项目，分别反映企业本期累计摊入成本费用的无形资产的价值及长期待摊费用。这两个项目根据“累计摊销”“长期待摊费用”科目的贷方发生额分析填列。

④“处置固定资产、无形资产和其他长期资产的损失”项目，反映企业本期由于处置固定资产、无形资产和其他长期资产而发生的净损失。本项目可以根据“营业外收入”“营业外支出”等科目所属有关明细科目的记录分析填列。如为净收益，以“-”号填列。

⑤“固定资产报废损失”项目，反映企业本期固定资产盘亏（盘盈）后的净损失。本项目可以根据“营业外支出”“营业外收入”科目所属明细科目的记录分析填列。

⑥“公允价值变动损失”项目，反映企业持有的交易性金融资产、交易性金融负债、采用公允价值模式计量的投资性房地产等公允价值变动形成的净损失。如为净收益，以“-”号填列。本项目可以根据“公允价值变动损益”科目所属有关明细科目的记录分析填列。

⑦“财务费用”项目，反映企业本期实际发生的应属于投资活动和筹资活动的财务费用。本项目可以根据“财务费用”科目的本期借方发生额分析填列。如为收益，以“-”号填列。

⑧“投资损失”项目，反映企业本期投资所发生的损失收益后的净损失。本项目可以根据利润表“投资收益”项目的数字填列。如为投资收益，以“-”号填列。

⑨“递延所得税资产减少”项目，反映企业资产负债表“递延所得税资产”项目的年初余额与期末余额的差额。本项目可以根据“递延所得税资产”科目的发生额分析填列。

⑩“递延所得税负债增加”项目，反映企业资产负债表“递延所得税负债”项目的年初余额与期末余额的差额。本项目可以根据“递延所得税负债”科目的发生额分析填列。

⑪“存货的减少”项目，反映企业资产负债表“存货”项目的年初余额与期末余额的差额。期末余额大于年初余额的差额，以“-”号填列。

⑫“经营性应收项目的减少”项目，反映企业本期经营性应收项目（包括应收账款、应收票据、预付账款、长期应收款和其他应收款等经营性应收项目中与经营活动有关的部分及应收的增值税销项税额等）的年初余额与期末余额的差额。期末余额大于年初余额的差额，以“-”号填列。

⑬“经营性应付项目的增加”项目，反映企业本期经营性应付项目（包括应付账款、应付票据、应付职工薪酬、应交税费和其他应付款等经营性应付项目中与经营活动有关的部分以及应付的增值税进项税额等）的年初余额与期末余额的差额。期末余额小于期初余额的差额，以“-”号填列。

通过上述调整计算的现金流量表补充资料中“经营活动产生的现金流量净额”（间接法）与现金流量表正表中“经营活动产生的现金流量净额”（直接法）应完全一致。

（2）“不涉及现金收支的重大投资和筹资活动”项目，反映企业一定期间内影响资产或负债但不形成该期现金收支的所有重大投资和筹资活动，对以后各期现金流量会产生影响，因此，应单独在补充资料中反映。其主要包括债务转为资本、一年内到期的可转换公司债券、融资租入固定资产等项目。

（3）“现金及现金等价物净变动情况”，是反映企业在一定会计期间现金及现金等价物的期末余额减去期初余额后的净增加额（或净减少额），是对现金流量表正表中“现金及现金等价物净增加额”项目的补充说明，两者应核对相符。

第五节　所有者权益（或股东权益）变动表

一、所有者权益（或股东权益）变动表概述

所有者权益（或股东权益，下同）变动表是反映企业在一定期间内所有者权益（或股东权益）增减变动情况的报表。

通过该报表，可以了解企业某一会计年度所有者权益（或股东权益）的各项目，例如，实收资本（或股本）、资本公积、盈余公积和未分配利润等的增加、减少及其余额的情况，分析其变动原因及预测未来的变动趋势。

二、所有者权益变动表格式

为了清楚地表明构成所有者权益的各组成部分当期的增减变动情况，所有者权益变动表应当以矩阵的形式列示：一方面列示导致所有者权益变动的交易或事项，从所有者权益变动的来源对一定时期所有者权益变动情况进行全面反映；另一方面按照所有者权益各组成部分（实收资本、资本公积、库存股、盈余公积、未分配利润）及其总额列示交易或者事项对所有者权益的影响。此外，所有者权益变动表还应就各项目再分为“本年金额”和“上年金额”两栏填列，形成比较数据，以判断所有者权益各组成部分的发展趋势。所有者权益变动表的基本格式见表10-10。

表10-10

所有者权益变动表

编制单位：×××　　　　年度　　　　会企04表　单位：元

项目	本年金额												上年金额											
	实收资本（或股本）	其他权益工具			资本公积	减：库存股	其他综合收益	专项储备	盈余公积	未分配利润	所有者权益合计		实收资本（或股本）	其他权益工具			资本公积	减：库存股	其他综合收益	专项储备	盈余公积	未分配利润	所有者权益合计	
		优先股	永续债	其他										优先股	永续债	其他								
一、上年年末余额																								
加：会计政策变更																								
前期差错更正																								
其他																								
二、本年年初余额																								
三、本年增减变动金额（减少以“-”号填列）																								
（一）综合收益总额																								
（二）所有者投入和减少资本																								
1.所有者投入的普通股																								
2.其他权益工具持有者投入资本																								
3.股份支付计入所有者权益的金额																								

续表

项目	本年金额											上年金额										
	实收资本（或股本）	其他权益工具			资本公积	减：库存股	其他综合收益	专项储备	盈余公积	未分配利润	所有者权益合计	实收资本（或股本）	其他权益工具			资本公积	减：库存股	其他综合收益	专项储备	盈余公积	未分配利润	所有者权益合计
		优先股	永续债	其他									优先股	永续债	其他							
4.其他																						
(三）利润分配																						
1.提取盈余公积																						
2.对所有者（或股东）的分配																						
3.其他																						
(四）所有者权益内部结转																						
1.资本公积转增资本(或股本)																						
2.盈余公积转增资本(或股本)																						
3.盈余公积弥补亏损																						
4.设定受益计划变动额结转留存收益																						
5.其他综合收益结转留存收益																						
6.其他																						
四、本年年末余额																						

三、所有者权益变动表的填列方法

（一）上年金额栏的填列方法

所有者权益变动表“上年金额”栏内各项数字，应根据上年度所有者权益变动表“本年金额”栏内所列数字填列。如果上年度所有者权益变动表规定的项目的名称和内容与本年度不一致，应对上年度所有者权益变动表各项目的名称和金额按照本年度的规定进行调整，填入所有者权益变动表“上年金额”栏内。

（二）本年金额栏的填列方法

所有者权益变动表“本年金额”栏内各项数字一般应根据“实收资本（或股本）”“其他权益工具”“资本公积”“盈余公积”“其他综合收益”“利润分配”“库存股”“以前年度损益调整”等科目及其明细科目的发生额分析填列。

（三）“其他权益工具持有者投入资本”项目的填列方法

“其他权益工具持有者投入资本”项目，反映企业发行的除普通股以外分类为权益工具的金融工具的持有者投入资本的金额。该项目应根据金融工具类科目的相关明细科目的发生额分析填列。

（四）“其他综合收益结转留存收益”项目的填列方法

“其他综合收益结转留存收益”项目，主要反映：（1）企业指定为以公允价值计量且其变动计入其他综合收益的非交易性权益工具投资终止确认时，之前计入其他综合收益的累计利得或损失从其他综合收益中转入留存收益的金额；（2）企业指定为以公允价值计量且其变动计入当期损益的金融负债终止确认时，之前由企业自身信用风险变动引起而计入其他综合收益的累计利得或损失从其他综合收益中转入留存收益的金额等。该项目应根据“其他综合收益”科目的相关明细科目的发生额分析填列。

第六节　财务报表附注及财务报告信息披露要求

一、财务报表附注的概念

财务报表附注是指对在资产负债表、利润表、现金流量表和所有者权益变动表等报表中列示项目提供的文字描述或明细资料，以及对未能在这些报表中列示项目的说明等，它是企业财务报告不可缺少的组成部分。

二、财务报表附注的主要作用

企业日常发生的经济业务千变万化、复杂繁多，每家企业都已经按一定程序和方法定期编制成资产负债表、利润表、现金流量表和所有者权益变动表等报表。为了便于报表使用者理解，一些在报表中被高度浓缩的项目需要进一步分解、解释或补充，这样增加报表附注内容就显得格外重要。

财务报表附注的作用主要体现在以下几个方面：有利于报表使用者抓住报表的重要信息；有助于增强报表信息的可比性；有助于提高报表信息的可理解性。

三、财务报表附注的形式

在会计实务中，财务报表附注可以采用旁注、附表和底注等形式。

（一）旁注

旁注是指在会计报表的有关项目旁直接用括号加注说明。旁注是最简单的报表注释方法，如果报表上有关项目的名称或金额受到限制或需简要补充时，可以直接用括号加注说明。为了保持报表项目的简明扼要、清晰明了，旁注只适用于个别只需简单补充的信息项目。

（二）附表

附表是指为了保持会计报表的简明易懂而另行编制一些反映其构成项目及年度内的增减来源与数额的表格。附表反映的内容，有些已直接包括在脚注之内，有些则附在报表和脚注之后，作为财务报告的一个单独组成部分。

（三）底注

底注也称脚注，是指在会计报表后面用一定文字和数字所做的补充说明。一般而言，每一种报表都可以有一定的底注，其篇幅大小随各种报表的复杂程度而定。底注的主要作用是揭示那些不便于列入报表正文的有关信息。但是，底注作为财务会计报告的组成部分，仅是对报表正文的补充，它不能取代或更正报表正文的正常分类、计价和描述。

四、附注披露的基本要求

附注披露的基本要求有：

（1）附注披露的信息应是定量、定性信息的结合，从而能从量和质两个角度对企业经济事项完整地进行反映，从而满足信息使用者的决策需求。

（2）附注应当按照一定的结构进行系统合理的分类，从而有顺序地披露信息。由于附注的内容繁多，因此附注应按逻辑顺序排列，分类披露，以达到条理清晰，具有一定的组织结构，以便于信息使用者理解和掌握的目的，也可以更好地实现财务报表的可比性。

（3）附注相关信息应当与资产负债表、利润表、现金流量表和所有者权益变动表等报表中列示的项目相互参照，以有助于信息使用者联系相关联的信息，并由此从整体上更好地理解财务报表。

五、会计报表附注的披露内容

按照企业会计准则的规定，在附注中至少要披露以下内容：

1. 企业的基本情况

（1）企业注册地、组织形式和总部地址。

（2）企业的业务性质和主要经营活动。

（3）母公司以及集团最终母公司的名称。

（4）财务报告的批准报出者和财务报告批准报出日，或者以签字人及其签字日期为准。

（5）营业期限有限的企业，还应当披露有关其营业期限的信息。

2. 财务报表的编制基础

说明企业的持续经营情况。

3. 遵循企业会计准则的声明

企业应当明确说明编制的财务报表符合企业会计准则体系的要求，真实、公允地反映了企业的财务状况、经营成果和现金流量。

4. 重要会计政策和会计估计

企业应当披露重要的会计政策和会计估计，不具有重要性的会计政策和会计估计可以不披露。判断会计政策和会计估计是否重要，应当考虑与会计政策或会计估计相关项目的性质和金额。

5. 会计政策和会计估计变更以及差错更正的说明

企业应当按照《企业会计准则第28号——会计政策、会计估计变更和差错更正》及其应用指南的规定，披露会计政策和会计估计变更以及差错更正的有关情况。

6. 报表重要项目的说明

企业应当尽可能以列表形式披露重要报表项目的构成或当期增减变动情况。对重要报表项目的明细说明，应当按照资产负债表、利润表、现金流量表、所有者权益变动表的顺序以及报表项目列示的顺序进行披露，应当以文字和数字描述相结合进行披露，并与报表项目相互参照。资产减值准备明细表、分部报表、现金流量表补充资料应当在附注中单独披露，不作为报表附表。

7. 其他需要说明的重要事项

其他需要说明的重要事项主要有或有事项；资产负债表日后非调整事项；关联方关系及其交易等需要说明的事项等。

8. 有助于财务报表使用者评价企业管理资本的目标、政策及程序的信息

公司的财务报告除了上述“四表一注”外，还包括中期财务报告和分部报告等，本章不再赘述。

六、财务报告信息披露要求

（一）财务报告信息披露的概念

财务报告信息披露，又称会计信息披露，是指企业对外发布有关其财务状况、经营成果、现金流量等财务信息的过程。

（二）财务报告信息披露的基本要求

财务报告信息披露基本要求，又称财务报告信息披露的基本质量。主要有真实、准确、完整、及时和公平五个方面。

1. 真实性

财务报告信息披露的真实性是上市公司对会计信息披露的最基本的要求，也是资本市场持续稳定发展的关键，只有以客观事实为依据，准确无误地反映公司的经营与财务状况，才能发挥信息披露的作用。如果信息失真，会伤害投资者、债权人、社会、国家以及公司自身的利益，就会对资本市场产生恶劣影响。

2. 准确性

财务报告信息披露的准确性是指上市公司披露会计信息时应当清晰明了，便于投资者等财务报告使用者理解和使用。准确性不是强调已公开会计信息与会计信息所反映的客观事实之间的一致性，而是强调会计信息发布者与财务信息接受者之间以及各个信息接受者之间对同一信息在理解上的一致性。

3. 完整性

财务报告信息披露的完整性是指为达到公正，反映上市公司经济事项及其影响所必要的信息都应充分提供，并使财务报告使用者易于理解与决策。完整性披露一要全面，二要适当，三要有效。

4. 及时性

财务报告信息披露的及时性是指上市公司必须遵守法律对会计信息披露的时间性要求，不得提前或延后，要及时将财务信息传递给使用者，便于其及时使用和决策。

5.公平性

财务报告信息披露的公平性是指上市公司及其他信息披露义务人应当同时向所有投资者公开披露会计信息，以使所有投资者平等获悉同一信息，不得私下提前向特定对象单独披露、透露或泄露。

【课程思政10-2】

透过现象看本质，舞弊者必究之

——中国证监会行政处罚决定书（宏达新材及相关责任人员）〔2023〕24号

一、宏达新材及相关当事人在2019—2020年期间的违法行为

据中国证监会2023年4月4日发布的〔2023〕24号中国证监会行政处罚决定书（宏达新材及相关责任人员）显示上海宏达新材料股份有限公司（以下简称宏达新材）及其相关当事人在2019—2020年期间存在以下违法行为：

1.未按照规定披露实际控制人

2019年1月5日，宏达新材发布公告称：宏达新材原控股股东江苏伟伦投资管理有限公司持有的宏达新材股份122 100 000股（占总股本的28.2328%）已过户至上海鸿孜企业发展有限公司（以下简称上海鸿孜）名下，宏达新材的实际控制人变更为杨鑫。宏达新材《2019年年度报告》和《2020年年度报告》披露的实际控制人均为杨鑫。

隋田力与上海鸿孜的法定代表人杨鑫约定，由上海鸿孜代隋田力持有上述宏达新材股权，隋田力为宏达新材的实际控制人。宏达新材未按照规定真实披露实际控制人，导致《2019年年度报告》和《2020年年度报告》构成虚假记载。

2.2019年至2020年年度报告虚增收入、利润

隋田力通过成为宏达新材的实际控制人，将自循环专网通信业务引入宏达新材。该业务由隋田力主导，通过产品拆解、组装，必要时通过贴片补充损耗，最终进入新一轮循环，产品实际未最终销售，无终端运用。上海星地通通信科技有限公司、江苏星地通通信科技有限公司为自循环专网通信业务核心公司，执行资金池及产品拆解功能。新一代专网通信技术有限公司、江苏迈库通信科技有限公司和深圳天通信息科技有限公司为业务通道公司，以资金过账和合同单据流转的方式参与自循环贸易，并收取1.5%~2%的通道费。上述公司均受隋田力控制，为宏达新材的关联方。

2019年度，宏达新材通过专网通信业务合计虚增收入24 654.98万元、成本21 683.1万元，虚增利润总额2 971.88万元，占宏达新材当期年报披露利润总额绝对值的38.93%；2020年度，宏达新材通过专网通信业务合计虚增收入48 900.38万元、成本38 555.63万元，虚增利润总额10 344.75万元，占宏达新材当期年报披露利润总额的146.09%（占更正后利润总额的151.08%）。

3.2020年年度报告未计提商誉减值，虚增利润

2019年10月，宏达新材收购上海观峰信息科技有限公司（以下简称上海观峰）时，管理层对未来的盈利预测仅基于上海观峰的贴片业务。从2020年开始，为掩盖商誉存在明显减值并完成对赌业绩，杨鑫提议并由隋田力决定，在上海观峰开展大规模的组装业务。宏达新材2020年末在进行商誉减值测试时，相关资产组未来现金流除贴片业务外，还包含大量引入的组装业务，认定的资产组与商誉初始确认时认定的资产组（仅包含贴片业务）不一致，违反了《企业会计准则第8号——资产减值》第十八条的规定，导致公司

未计提商誉减值，虚增利润7 580万元，占当期披露利润总额的107.05%（占更正后利润总额的110.70%）。

二、相关责任人的职责及其违法行为

杨鑫对宏达新材《2019年年度报告》和《2020年年度报告》签署书面确认意见，保证报告内容的真实、准确、完整。乐美彧对宏达新材《2020年年度报告》签署书面确认意见，保证报告内容的真实、准确、完整。

对宏达新材未按规定披露实际控制人、2019年至2020年年度报告虚增收入、利润的违法行为，宏达新材时任董事长、法定代表人杨鑫是直接负责的主管人员。对宏达新材2020年年度报告未计提商誉减值，虚增利润的违法行为，宏达新材时任董事长、法定代表人杨鑫、时任财务总监乐美彧是直接负责的主管人员。

隋田力作为实际控制人，组织、指使宏达新材未按规定披露实际控制人、2019年至2020年年度报告虚增收入、利润，并隐瞒相关事实导致发生上述情形，构成《证券法》第一百九十七条第二款所述“发行人的控股股东、实际控制人组织、指使从事上述违法行为，或者隐瞒相关事项导致发生上述情形的”行为。

三、违法处罚

根据当事人违法行为的事实、性质、情节与社会危害程度，依据《证券法》第一百九十七条第二款的规定，证监会决定：

1. 责令上海宏达新材料股份有限公司改正，给予警告，并处以300万元罚款；

2. 对隋田力给予警告，并处以1 000万元罚款；

3. 对杨鑫给予警告，并处以200万元罚款；

4. 对乐美彧给予警告，并处以50万元罚款。

四、警示与启示

党的二十大报告明确指出，全面加强党的纪律建设，督促领导干部特别是高级干部严于律己、严负其责、严管所辖，对违反党纪的问题，发现一起坚决查处一起；坚持党性党风党纪一起抓，从思想上固本培元，提高党性觉悟，增强拒腐防变能力，涵养富贵不能淫、贫贱不能移、威武不能屈的浩然正气。我们要善于通过历史看现实、透过现象看本质。舞弊者必究之，任何违法乱纪的行为都将受到其应有的惩罚。

当前，我国正在推进资本市场全面深化改革，市场配置资源的决定性作用显著增强，特别是股票发行注册制改革坚持以信息披露为核心，以财务会计报告为载体的会计信息是信息披露的重要内容。上市公司必须依据企业会计准则进行确认、计量，并生成财务会计报告，投资者据此进行价值判断与做出投资决策。

我们必须牢固树立诚信理念，以诚立身、以信立业，严于律己、心存敬畏。学法知法守法，公私分明、克己奉公，树立良好职业形象，维护会计行业声誉；始终秉持专业精神，勤于学习、锐意进取，持续提升会计专业能力。不断适应新形势新要求，与时俱进、开拓创新，努力推动会计事业高质量发展。

本章小结

财务报告是指企业对外提供的反映企业某一特定日期财务状况和某一会计期间经营成果、现金流量等会计信息的书面文件，包括财务报表、财务报表附注和其他应当在财务会计报告中披露的相关信息和资料。财务报告的编制是对会计核算工作的总结，也是会计核算的一种基本方法。财务会计报表是对企业财务状况、经营成果和现金流量的结构性表述，至少包括资产负债表、利润表、现金流量表、所有者权益变动表、附注等。

主要概念和术语

财务报告　财务报表　资产负债表　利润表　现金流量表　所有者权益变动表　会计报表附注

复习思考题

1.什么是资产负债表？其结构和内容如何？如何编制资产负债表？

2.什么是利润表？其揭示的内容是什么？我国的利润表结构如何？如何编制利润表？

3.什么是现金流量表？为什么要编制现金流量表？如何编制？编制时应注意什么问题？

4.简述现金流量表的编制基础。

5.财务报表附注有什么作用？

6.财务报告信息披露的要求有哪些？

练习题

第十章练习题

第三篇

成本与管理会计基础

第三编

[illegible]

第十一章

成本会计基础

学习目标

通过本章的学习，应掌握财务会计与管理会计的差异以及成本会计与财务会计、管理会计的关系，了解成本会计的产生和发展背景及现状；掌握成本的内涵、成本会计的职能，理解成本会计信息的特征和目标，了解成本会计师的职业道德要求；掌握成本核算的基本原理以及成本计算的基本方法。

第一节　社会经济环境变迁与成本会计的产生与发展

成本会计（cost accounting）作为管理会计（management accounting）的前身，是工业化的产物。但是成本会计的发展历史却源远流长，如果把人类的成本思想与成本行为作为成本会计的研究起点，那么可以说，它至少有两千多年的历史。当早期的商品货币经济出现时，人类早期的成本思想与简单成本计算行为也就随之萌芽了。

当我们回顾梳理成本会计的发展历程时会发现，与成本会计的发展伴随着的是社会经济环境的变迁以及管理思想的演进，也就是说，成本会计的形成和发展是社会经济环境变迁和管理方法及思想共同作用的结果。成本会计的发展历程大致可以划分为萌芽阶段、形成阶段、发展和繁荣阶段以及反思和创新阶段四个时期。

一、成本会计的萌芽阶段（1885年以前）

早期的成本思想与简单成本计算行为是在自然经济的束缚之下形成和发展的，是处于低级阶段的成本会计，基本上只是一种将本求利的思想。对于产品成本核算环节和产品销售环节并未作严格区分，对于核算产品成本的各个要素也未进行比较科学的分类。这一时期的生产方式是：19世纪以前，虽然全新的工业生产方式已经开始渐渐影响西方人的思想和生活方式，但欧洲的工业革命尚处于萌芽阶段；直至19世纪中叶，欧洲的工业还不发达，工厂的规模还极其有限，企业的组织仍然是业主制和合伙制形式，所以，在1885年前的一段很长的时间，会计账簿的记录中几乎没有成本概念，会计记录既不区分资本性支出和收益性支出，也不考虑成本计量单位的一致性，甚至都不划分会计期间；工业会计出现以后，业主开始关注生产过程的成本信息，但1885年以前的成本计量仍主要借助统计方法来实现，成本记录大都是在会计账户体系之外进行的。当时，并没有设置必要的成本费用总分类账户，以及反映制造成本从一个账户转到另一个账户的过程和账户间的钩稽关系，成本记录与会计账户体系是相分离的。

二、成本会计的形成阶段（1885—1920年）

这一时期的社会经济背景是：19世纪的英国工业革命促使企业生产规模迅速扩大，合伙经营、股份公司等企业组织形式相继出现，企业的所有者逐渐将企业经营权委托给专门的管理阶层。为了适应所有权与经营权的分离，满足各有关方面（如股东、债权人、经营者等）对公司财务状况和经营成果的需要，需要编制会计报表，于是从填制和审核凭证、登记账簿到编制会计报表的近代会计形成了。随着英国工业革命完成，用机器代替了手工劳动，用工厂代替了手工工场；大型重机械大量引入，企业生产规模扩大，生产率大大提高，管理人员和设备费用增加，出现了竞争，生产成本得到普遍重视，要求建立严格的管理和控制体系，先前的成本记录与会计账户体系相分离的模式已无法满足科学化管理的需要，由此产生了工业成本会计。

1885年，美国陆军军械军官亨利·梅特卡夫（Henry Metcalfe）的《制造成本》（The Cost of Manufacture，1885）一书，全面讨论了成本会计问题，第一次提出成本管理的“卡片制度”，开创了成本控制之先河。1887年，英国电气工程师埃米尔·茄克（Emile Garcke）和会计师约翰·费尔斯（J.M.Fells）合作出版了被誉为“19世纪最著名最有影响的成本会计著作”——《工厂会计》（Factory Account）一书，初步建立了财务账簿与成本账簿相结合的成本会计，对应计入成本或直接在利润或亏损中注销的间接费用作了区分，初步阐明了固定成本与变动成本的关系。

可见，成本会计产生的直接动因是产业革命，以及随之而来的社会化大生产方式和工厂制度。但这一阶段成本会计的内容仅限于对生产过程中的生产消耗进行系统的汇集和计算，主要采用分步法或分批法的成本会计方法来计算产品成本，计算产品成本的目的是用于确定产品成本和销售成本，而成本控制的目的也仅仅是根据会计方法来计算企业盈亏和评估资产价值。因此，也可以将这一阶段称为成本核算阶段或成本会计的早期阶段。

三、成本会计的发展和繁荣阶段（1920—1987年）

20世纪初，随着社会化大生产程度的提高，生产规模日益扩大，竞争开始激烈起来，所有者和经营者都意识到，企业的生存和发展并不仅仅取决于产量的增长，更重要的是取决于成本的高低。通过降低成本来扩大利润成为企业新的盈利增长点。企业成本管理的目标也就从单纯的计算盈亏转为通过成本控制降低成本水平。1920年以后，在泰罗的科学管理推动下，成本计量由“先干后算”的成本核算模式发展为“先算后干”的成本控制和核算模式，由此产生了标准成本制度和预算控制制度。由此，成本会计从财务会计中分离出来形成了一门崭新的学科——管理会计，促使现代会计分化为财务会计和管理会计。管理会计的产生和发展，将最初的成本计算演化为后来的成本计算与控制相结合，极大地发展了成本会计的内涵，在这期间里管理会计也由萌芽走向成熟。

成本会计的发展在标准成本会计时期虽然实现了事中控制和事后控制相结合，为企业成本会计服务于管理开创了一条新路径，但是，它只是协助解决执行中如何提高生产效率和生产经济效果的问题，而未参与企业的战略、方向等重大问题的决策。在20世纪中叶，资本主义世界开始进入所谓的战后期。战后期的资本主义经济有许多新的特点，主要表现在：一方面，现代科学技术突飞猛进的发展和大规模应用于生产，使生产力获得十分迅速的发展；另一方面，资本主义企业进一步集中，企业的规模越来越大，生产经营日趋复杂，企业外部的市场瞬息万变，竞争更加激烈。在这种新的情况下，大量实践证明，企业的兴衰、成败、生存、发展，首先取决于企业采取的方针，这使得成本管理重点从“执行型”工作转到“决策型”工作，企业管理从重视效率转到重视经济效益上来，管理的时间范围也从事后扩大到事前和事中。这样，成本管理的目的也转到通过事前、事中和事后的全面成本管理来提高企业经济效益上来了。与此同时，运筹学、系统工程、决策论等各种科学理论在成本管理中的应用，使得成本会计发展到了一个新的阶段：从事后计算成本和控制成本发展到包含事前预测规划成本、事中事后计算控制成本的全面成本管理，逐步形成了预测、决策、预算、控制、考核、评价的成本管理体系。

20世纪50年代，管理会计在西方国家的发展已基本成熟，管理会计的出现，使得成本会计在内涵和外延上都得到了扩展。成本计量由过去只重视满足外部财务报表使用者的需要，转为开始重视内部管理决策和控制的需要；由只对实际成本的计量，扩展为对实际成本和未来预期成本的计量；由只建立单一成本计量模式，扩展为建立多元成本计量模式，满足多用户和多目标的需要。但是，这一时期的成本计量仍然受制于会计账户体系，许多结构性的矛盾在成本记录与账户一体化模式下是无法从根本上解决的，成本信息的相关性问题受到来自各方面越来越多的批评，成本计量模式的改革迫在眉睫。

四、成本会计的反思和创新阶段（1987年以来）

进入20世纪80年代以来，社会经济环境又发生了新的巨大变化。其总体特征表现为：第一，生产顾客化。消费者需求向多样化、个性化发展，这种需求的变化，反映到生产组织上，就是能对顾客多样化、个性化需求迅速做出反应的“顾客化生产”，它将不可避免地替代传统的大批量生产，以确保在最短的时间内生产出能满足顾客多样化需求的新产品。第二，竞争国际化。随着经济的发展、新技术革命的推动，企业之间的竞争更趋激烈，而且更具国际化特征。原材料、资金、产品、人力资本等生产要素呈现出全球流动的特征，竞争已远远超出原有的国界而日趋国际化。第三，变化常态化。竞争的加剧，使企业经营的不稳定因素越来越多，无论是市场的增长、顾客的需求、产品生命周期、技术更新速度，还是竞争的性质，没有一个是不变的，而且难以预计，变化已经成为常态。企业面对的是一个变化迅速且无法预测的买方市场，传统的生产与经营模式对市场剧变的反应越来越迟缓和被动；市场的快速变化、低成本竞争对手的出现以及消费者需求多元化和个性化等竞争因素使许多企业面临着较大的成本和竞争压力。

由于企业经营环境的巨变，新的管理方法和计算机技术在企业管理中被广泛应用，这主要包括计算机网络、CAD（计算机辅助设计）、CAM（计算机辅助制造系统）、CAPP（计算机辅助工艺）、FMS（柔性制造系统）、CIMS（计算机集成制造）等技术的应用。20世纪80年代以后还相继出现了全面质量管理（TQM）、敏捷制造（AM）、适时制（JIT）、企业资源计划（ERP）和供应链管理（SCM）等新的管理技术，这些新的技术和管理方法已不同于20世纪60年代以前批量生产标准产品的相对稳定的管理方式，通过技术与管理思想和方法的集成，企业已出现了量变到质变的突破。

在新的环境下，许多企业发现传统的成本会计方法有碍于新管理技术的应用，从而对作为管理重要工具的成本会计提出了新的挑战。人们开始对原有管理会计的技术与方法进行反思，逐步认识到原有的管理会计技术方法已难于继续适应新的生产组织和环境及其所产生的管理上的新观念、新理论和新方法，必须作相应的变革，才能使生产技术和生产管理的新成就所形成的效益顺利地实现。人们开始研究生产技术、生产组织的重大变革对管理会计的影响。1987年，哈佛大学商学院教授罗伯特·卡普兰和托马斯·约翰逊在合著的《相关性已消失：管理会计的兴衰》中向人们揭示了原有的成本会计系统提供的成本信息已失去了决策相关性，管理会计落后于管理的需要，并提出应重构管理会计体系。这在会计界引起了巨大反响，并由此拉开了管理会计改革的序幕，标志着传统经典管理会计理论和方法将要结束，新的管理会计理论和方法正在新的管理思想和信息技术的推动下出现，成本会计发展又进入了一个相对繁荣阶段——反思和创新阶段。许多新型的成本会计方法相继出现，应用于企业实践并已见成效，如20世纪80年代以来，美国、日本的企业相继出现了作业成本会计（activity-based costing）、目标成本法（target costing）、产品生命周期成本会计（life-cycle costing）、质量成本会计（quality costing）、资本成本会计（capital costing）和战略成本会计（strategic management costing）等新型的成本会计方法，这些新型的成本会计方法在实际应用中已显成效，并为今后构建新的成本会计理论提供了实践基础。

第二节　现代会计系统的分支及其关系

一、现代会计系统的分支

会计经常被称为商业语言，能够提供许多信息，会计语言主要有两种：财务会计和管理会计，这就是现代会计系统的两大分支。

会计信息通常强调三种不同功能：（1）向外部利益集团（股东、债权人等）提供信息，帮助他们进行投资和贷款决策；（2）计量企业、组织提供产品或服务的成本；（3）向企业、组织内部的管理层提供有用的信息，帮助他们进行计划、控制、决策和业绩评价。财务会计为外部信息使用者提供服务，必须遵循公认会计原则（GAAP）；管理会计则立足于满足内部信息使用者的要求，同时为外部财务报告提供产品成本方面的信息。表11-1比较了财务会计和管理会计的基本差异。

表11-1　**财务会计和管理会计的比较**

项目	财务会计	管理会计
主要使用者	外部利益相关者	内部利益相关者
关注重点	整体（总括的）	分部（部门的）
信息特征	必须满足：历史性原则；可计量性原则；货币性原则；可核性原则	必须满足：时效性或预测性；定性的/定量的；货币的/非货币的；及时的/合理的估计
遵循原则	公认会计原则；一致性；可核性	相关性（有用性）；成本效益原则；灵活性
记录	正式的	正式的与非正式的

财务会计必须遵循由专门的会计准则制定机构制定的会计准则。[①]财务会计提供的信息通常是历史的、可计量的、货币性的、可核实的，对于遵循一贯性和统一性会计原则的财务会计报告来说，这些特征是不可或缺的。财务会计信息通常总括地反映了一家企业、组织的状况，此外，财务会计信息还有助于企业申请贷款、退税以及说明组织的经营业绩。相比较而言，管理会计为内部信息使用者提供信息。通常，管理者关注组织内部某些部门或分支的有关信息，而非整个组织的信息，那么管理会计就必须满足这一“个体”需求，而不像财务会计那样提供整个组织“全貌”的信息。由于是为内部的信息使用者服务，管理会计信息不必遵循公认会计原则。换言之，为了更好地服务于管理层，管理会计信息必须具备一定的灵活性，但仍需遵循一定的原则：信息产生的效益必须大于信息生成的成本。这就是人们熟知的成本效益分析，同时要遵循财务会计可检验、统一、一贯的原则，因此所有的会计文件和信息（不论是内部的或外部的）都必须是真实的，而不能是虚假的。

尽管财务会计与管理会计在目标和属性上都不一致，但所有的会计信息都来源于同一数据系统和会计账簿，即企业只有一个基本的会计信息系统，在这统一的会计信息系统中，这两大分支是同源而分流的。

二、成本会计与财务会计和管理会计的关系

尽管管理会计与财务会计的主要信息使用者不同，所发挥的职能不同，但归根到底，管理会计要尽可能利用财务会计提供的信息，以财务信息为基础，对其进行适当的加工、改制和延展，使之能更有效地为企业管理层服务，即财务会计与管理会计两者都必须依赖于成本会计系统所提供的信息。

成本会计是会计信息系统的一个子系统，它记录、计量和报告有关成本的各项信息，向管理层说明成本的构成。成本会计所产生的成本信息主要用于决策制定和业绩评价，具体地说，它既为管理会计，也为财务会计提供信息。财务会计要依据成本会计所提供的有关资料，进行资产计价和收益确定，而成本的形成、积累和结转的整个程序则也要纳入以复式簿记为基础的财务会计总框架中。同样，成本会计所提供的成本数据，往往被作为决策制定的依据或用于对企业内部经理人员的业绩评价。成本会计、管理会计和财务会计之间的关系如图 11-1 所示。

可见，成本会计是连接财务会计与管理会计之间的桥梁和纽带。成本会计与财务会计是一个整体，因为它提供财务报表中有关产品成本的信息；成本会计与管理会计也是一个整体，因为管理者日常管理需要定量的信息和成本方面的信息。图 11-1 描述了成本会计在财务会计和管理会计的大系统中的作用。成本会计作为管理会计与财务会计之间的桥梁，将两者紧密地联系在一起，形成了一个信息网络。正因为管理会计系统与财务会计系统是紧密相关的，所以会计人员必须理解成本会计是如何为财务会计提供成本信息，又如何满足管理信息的需求的。不从事制造业的企业或许不需要精细的成本会计系统，然而，即使是从事服务业的企业也需要了解它们的服务成本，只有这样才能够知道在经营活动中是否贯彻了成本效益原则。

---

① 在美国，会计准则的制定机构是财务会计准则委员会（FASB）；我国的企业会计准则制定机构是财政部；国际财务报告准则（IFRS）则由国际会计准则理事会（IASB）制定并对外发布。值得一提的是，FASB 和 IASB 都是民间准则制定机构。

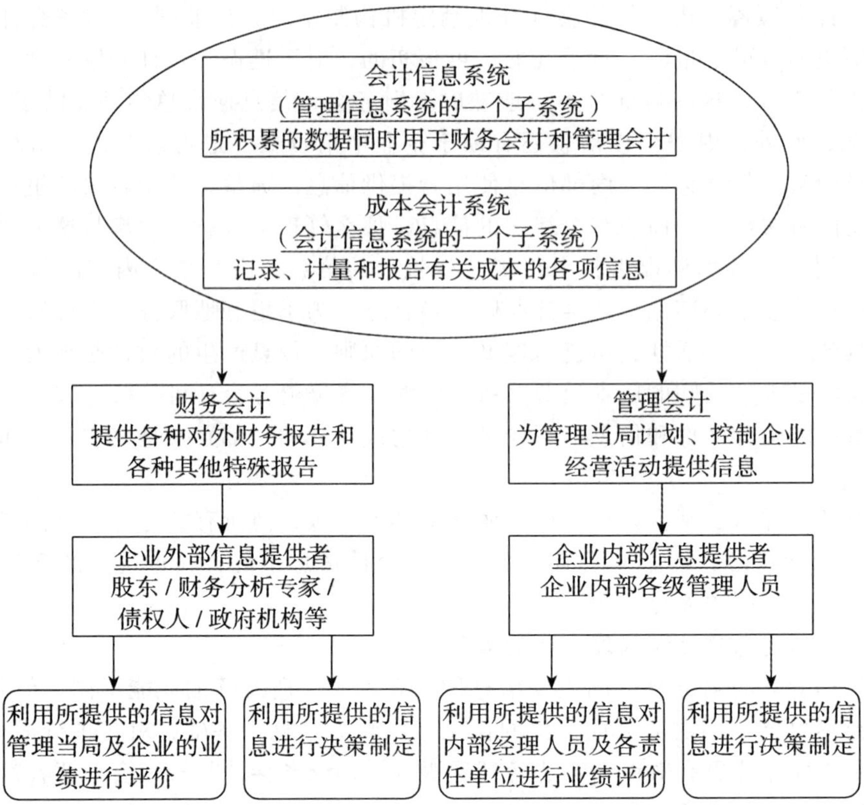

图11-1　成本会计、管理会计和财务会计之间的关系

从成本会计的产生、发展历程来看，成本会计开始属于财务会计体系，主要从财务会计理论来研究成本计算，并纳入会计账簿体系。随着成本会计的发展，成本会计具备了完整的理论和方法，形成了独立的学科并不再专注于确定存货成本，而被要求用新的控制方法来对质量、生产率和环境加以控制，成本会计正扮演新的角色，包含更广泛的含义，正在发展成为成本管理。因此，成本会计和财务会计、管理会计都不应被看作独立的会计类型，随着技术的进步、信息需求的与日俱增以及理论研究的发展，它们之间的界限可能将不会被清晰地划分。

第三节　成本会计的相关基本概念

一、成本的内涵

（一）成本的经济实质

马克思指出，按照资本主义生产方式生产的每一个商品W的价值，用公式来表示就是W=c+v+m。如果从这个产品价值中减去剩余价值m，那么，在商品中剩下的只是一个在生产要素上耗费的资本价值c+v的等价物或补偿价值，只是补偿商品是资本家自身耗费的东西，所以，对于资本家来说，这就是商品的成本价格。马克思在这里称为商品的“成本价格”的那部分商品价值，指的就是商品成本。马克思关于商品成本的论述是对成本经济实质的高度理论概括，即成本的经济实质是：生产经营过程中所耗费的生产资料价值和劳动者为自己劳动所创造的价值的货币表现，也就是企业在生产经营中所耗费的资金总和。

马克思的成本定义深刻地揭示了成本概念本质的经济内涵。它使我们认识到，成本是耗费和补偿的统一体，我们应以资本耗费的价值部分作为成本会计研究的理论依据，同时应以成本价值的补偿尺度作为成本会计研究的实际出发点。但是，社会经济现象是纷繁复杂的，企业在成本核算和成本管理中需要考虑的因素也是多种多样的。因此，理论成本与实际工作中所应用到的成本概念是有一定差别的，主要表现在：（1）在实际工作中，成本的开支范围是由国家通过有关法规、制度来加以界定的；（2）上述的"成本"概念是就企业生产经营过程中所发生的全部劳动耗费而言的，是一个"全部成本"概念，但在实际工作中，是将其全部对象化计入产品的全部成本，还是将其按照一定的标准分类，部分计入产品成本，部分计入期间费用，则取决于成本核算制度；（3）上述理论成本的概念主要是针对商品产品成本而言的，在实际工作中为了加强企业的成本管理，正确地进行决策，涉及和应用的成本概念是多种多样的，其内涵有的已超出商品产品成本的范围，如可控成本、不可控成本、机会成本等多元成本概念。

（二）经济学、管理学和会计学中的成本概念

经济学、管理学和会计学定义的成本概念是不同的，主要是由于各自学科的研究目的不同。经济学研究的是稀缺资源条件下经济运行规律，因此更强调揭示成本的经济内涵。西方经济学中的成本包括"正常利润"，把厂商生产某种产品的生产成本与生产该种产品的机会成本作为两个同义词来理解，按机会成本定义的生产成本包括显性成本（explicit cost）和隐性成本（implicit cost）两个方面。相对于经济学而言，管理学研究的是如何对组织所拥有的资源进行有效的计划、组织、领导和控制，以提高组织的管理效益，实现组织目标。因此，管理学更重视描述成本的形成动因和过程。成本在管理学中被理解为一种企业生产、技术、经营活动的综合指标，是指成本-效益或消耗-效益，就是在一定的耗费下获得的效益最大，或在既定的效益下消耗最小。

会计学的核心问题是计量，因此会计学更注重从计量方面来界定成本概念。会计学的成本概念有狭义和广义之分。狭义的成本是指财务会计范畴内的费用概念，即已耗成本（expired cost），已耗的历史成本为费用，而未耗的历史成本则为资产。人们一般会把费用（已耗成本）理解为成本，即狭义成本的概念，在区分成本与费用时，把成本称为按成本对象归集了的费用。费用（狭义成本）是企业为了获得营业收入而发生的耗费，凡是不产生营业收入的资产耗费或减少，例如，由于自然灾害所造成的资产毁损，从性质来看，并不是费用（狭义成本），而是损失（losses）。正确地区分费用与损失，有利于会计报告使用者获得更有用的会计信息。

广义的成本概念要比狭义的成本概念宽泛得多，20世纪20年代管理会计出现以来，成本的范畴得到急速扩展，产品成本、项目成本、责任成本、质量成本、资本成本、机会成本、沉没成本、变动成本、固定成本等概念层出不穷，人们已感到很难给成本下一个明确的定义，成本概念是管理会计理论与方法中发展最快的概念之一。美国会计学会（AAA）在《成本概念与标准》报告（1955）中将成本定义为："成本是为了实现一定目的而付出（或可能要付出）的，用货币测定的价值牺牲。"从上述定义可以看出，这个成本概念十分宽泛，也十分抽象，它已不十分强调与具体的成本计量对象相联系，而是目标

导向。不过，在这个定义中有两个突出特点：一是强调“用货币测定的价值牺牲”，表明了会计货币计量的本质特征；二是强调“为了实现一定的目的而付出（或可能付出）的”，为了体现财务会计的收入与成本配比原则，提出了可能付出的成本概念，试图将财务会计和管理会计对成本概念的理解统一起来。

（三）多元成本概念

成本是一个发展的概念，随着社会经济的发展和企业管理要求的提高，成本的概念和内涵都在不断地发展、变化。我国著名的会计学家杨纪琬教授在广义成本概念基础上提出了财务成本和管理成本的概念，财务成本就是前面已论述过的狭义成本概念，管理成本则是“企业内部为了提高经营管理水平的需要，由企业自行计算的”。①管理会计系统对成本计量的目的就是要满足不同信息使用者的决策需求，奉行“不同目的，不同成本”原则，从而构建起一个多元成本的概念体系。这些成本概念主要有：变动成本和固定成本、直接成本和间接成本、产品成本和期间成本、差别成本和边际成本、沉没成本和机会成本、重置成本和付现成本、可控成本和不可控成本、可避免成本和不可避免成本、可延缓成本和不可延缓成本、相关成本和不相关成本等。此外，从成本管理和管理会计研究的最新领域看，还包括责任成本、作业成本、目标成本、战略成本、质量成本、产品生命周期成本、环境成本、资本成本、人力资本成本等概念，不一而足。

二、成本会计的职能

成本会计的职能，是指成本会计作为一种管理经济的活动，在生产经营过程中所能发挥的作用。由于现代成本会计与管理紧密结合，因此，它实际上包括了成本管理的各个环节。现代成本会计的主要职能有：成本预测、成本决策、成本计划、成本控制、成本核算、成本分析和成本考核。

1. 成本预测

成本预测是指根据与成本有关的各种数据及各种技术经济因素的依存关系，采用一定的程序、方法和模型，对未来的成本水平及其变化趋势做出科学的推测。

2. 成本决策

成本决策是指在成本预测的基础上，按照既定或要求的目标，运用专门的方法，在若干与生产经营和成本有关的方案中，选择最优方案，据以制定目标成本。

3. 成本计划

成本计划是指根据成本决策所制定的目标成本，具体规定在计划期内为完成生产任务所需支出的成本、费用，确定各种产品的成本水平，并提出为达到目标成本水平所应采取的各种措施。

4. 成本控制

成本控制是指在生产经营过程中，根据成本计划具体制定原材料、燃料、动力和工时等消耗定额和各项费用定额，对各项实际发生的成本、费用进行审核、控制，并及时反馈实际费用与标准之间的差异及产生原因，进而采取措施，以保证成本计划的执行。

5. 成本核算

成本核算是指对企业生产经营过程中发生的一切耗费，运用专门的会计方法进行计

① 杨纪琬. 改革财务成本，发展管理成本［J］. 会计研究，1986（6）.

量、记录、归集、分配、汇总，计算出各成本对象的总成本和单位成本。它是成本会计最初、最基本的职能。通俗地讲，这项职能就是进行实际成本的计算，把生产经营过程的实际消耗如实地反映出来，达到积累成本的目的，并用积累的成本资料反映企业的实际生产耗费和补偿价值的情况，从而判断企业经营效果的好坏。

6. 成本分析

成本分析是指根据成本核算所提供的成本数据和其他有关资料，通过与本期计划成本、上年同期实际成本、本企业历史先进成本水平，以及国内外先进企业的成本等进行比较，分析成本水平与构成的变动情况，研究成本变动的因素和原因，挖掘降低成本的潜力。

7. 成本考核

成本考核是指企业将计划成本指标或目标成本指标进行分解，制定企业内部的成本考核指标，分别下达给各内部责任单位，明确它们在完成成本指标时的经济责任，并定期对成本计划的执行结果进行评定和考核。

在成本会计的各项职能中，成本核算是最基本的职能，它提供企业管理所需的成本信息资料。没有成本核算，成本的预测、决策、计划、控制、分析和考核，都无法进行，同时成本核算也是对成本计划预期目标是否实现的最后检验。因而，没有成本核算就没有成本会计。成本会计的其他职能正是建立在成本核算的基础上，随着企业经营管理要求的提高和管理科学的发展，随着成本会计与管理科学相结合，逐步发展形成的。成本预测是成本会计的第一个环节，是成本决策的前提；成本决策既是成本预测的结果，又是制订成本计划的依据，在成本会计中居于中心地位；成本计划是成本决策的具体化；成本控制是对成本计划的实施进行监督，是实现成本决策既定目标的保证；成本分析和成本考核是实现成本决策和成本计划目标的有效手段。

三、成本会计信息的目标和质量特征

本部分内容是从更广泛的意义上，即从成本会计的管理功能层面来分析成本会计信息的目标和质量特征的。

（一）成本会计信息的目标

大多数企业都设置了专门的成本会计系统，所提供的信息可能服务于截然不同的多种目标。

1. 计量目标

成本会计系统重点关注完全成本的计量，完全成本是指对完成某项经济活动所耗费的资源的计量。生产产品和提供劳务的完全成本是直接成本和间接成本的总和。而完全成本会计不仅仅计量生产产品或提供劳务的直接成本与间接成本，而且计量那些从管理角度而言，能带来潜在利益的企业活动所耗费的直接成本与间接成本。

2. 控制目标

成本会计系统设置各责任中心，以便通过它们来计量成本。责任中心是指以管理人员为首的，并且管理人员对其经济活动的业绩和成果负责的组织单位。由于这样的组织结构使控制只通过人就可以实现，所以它有存在的必要性。未来责任成本的估计用于规划阶段，特别是被称为预算的年度计划阶段。责任中心产生的实际成本的历史记录则可用来报告和分析其经营业绩。这些报告的用处在于它们与负责经营业绩的管理人员挂钩。由于只能采取有针对性的纠正行为，所以，假如业绩不令人满意，那么在纠正行为采取之前必须明确责任人。

3. 决策目标

很多决策分析都涉及每个备选方案未来可能发生的估计成本（即实现的收入和/或取得的资产）之间的比较。由于不同方案所对应的成本各异，所以成本会计系统无法直接提供这些信息。这些成本都是指未来成本的预测值。有时它们根据历史的成本记录来进行预测。由于预测值揭示了不同备选方案之间的成本差异，所以它们之间的差额被称为差量成本。很多决策只是涉及企业的一个特定部分的短期经营问题，对此只需预测相关的直接成本。需要特别说明的是：在实现第三个目标的过程中，所使用的信息不能直接来源于成本会计系统，因为不同的备选方案所对应的会计信息各有所异。这种多样化的信息处理不可能完全由规范的会计系统提供。

（二）成本会计信息的质量特征

成本会计师作为企业经营活动的观察者和报告者，在执行其报告职能过程中，成本会计报告对管理层的有用性取决于其所提供的信息的质量特征。成本会计信息质量特征是成本会计报告目标的具体化，而成本会计的目标则是决定成本会计信息质量特征的基础。成本会计所提供的信息必须具备以下质量特征：

1. 相关性

相关性是指成本会计所提供的信息与管理层的决策相联系、有助于提高使用者决策能力的特性。无论是进行短期投资决策还是进行长期投资决策，都需在备选方案中寻找最佳方案并做出判断和决策。会计人员首先必须确定管理层决策对信息的需要情况，然后对各种可取得的数据进行加工、分析，并从中选择对管理层决策有用的信息。但必须注意的是，相关性是就特定目的而言的，对某一决策目的是相关的信息，对另一决策目的就不一定相关了。

2. 及时性

及时性是指成本会计必须为管理层的决策提供最为及时的、迅速的信息。只有及时的信息，才有助于管理层做出正确的决策；反之，过时的信息将会导致决策的失误。强调信息的及时性，必须明确及时性与精确性的关系。在需要信息时，速度往往高于精确，经理人员往往宁愿牺牲部分精确性以换取信息的立即可用。因此，在成本会计上，估计值或近似值可能比精确的信息更为有用。及时性本身不能增加相关性，但不及时的相关信息将完全失去价值相关性。

3. 准确性

准确性是指成本会计所提供的信息在有效使用范围之内必须是正确的。不正确的信息会导致管理层的决策失误。例如，如果将一份不准确的有关客户过去的付款情况的报告提交给管理层，就将使管理层做出给客户提供信用的不明智决策。

强调信息的准确性，必须明确信息的正确性和精确性两个不同的概念。要求提供正确的信息，并不意味着要求提供的信息越精确越好，在许多情况下，采用近似的方法，以线性关系代替非线性关系，以基于不确定性的分析方法代替基于确定性的分析方法，反而可以取得较好的实践效果。例如，在制订生产计划时，有关未来销售的预测（估计）数据，比来自过去销售的精确数据更为有用。

4. 简明性

会计信息的价值在于对决策有用。而简明性是指成本会计所提供的信息，不论在内容还是在形式上，都应简单明确，易于理解，使信息使用者理解它的含义和用途，并懂得如何加以使用。明确而易于理解的信息，有助于管理人员将注意力集中于计划与控制活动中的重大因素上。例如，在为管理层提供有关成本控制的信息时，揭示成本差异的信息将有助于管理层重视差异，并采取有效措施，消除不利差异，保持有利差异。信息的简明性又是相对的，它取决于企业内部各个组织对信息的具体要求。企业内部处于不同阶层的组织，在信息的综合程度方面具有不同的要求，越接近基层的单位，越要求提供较为直接、具体而明确的信息；而越接近高阶层的单位，则越要求提供较为综合的信息，这样才能较好地分别适应其管理上的需要。

5. 成本-效益平衡性

上述四项成本会计信息的质量特征可以看作为适应管理层的各种需要提供信息的通用指南，但取得这些信息要花费一定的代价。因此，必须将形成、使用一种信息所花费的代价与其在决策和控制上所取得的效果进行具体对比分析，借以确定在信息的形成、使用上怎样以较小的代价取得较大的效果。不论信息有多重要，只要其成本超过其所得，就不应形成、使用这一信息。因此，信息的成本-效益平衡性，可以看作成本会计信息的一个约束条件。

四、成本会计师的职业道德

（一）成本会计师的职业道德准则

会计人员作为会计信息处理的专业人员，对其道德品质应有很高的要求。这是因为，会计信息是社会经济活动的综合反映，同时是各方面利益关系人关注的焦点，容易成为一些人谋求不正当利益的突破口。这在一定意义上，也可以说会计人员是处于许多矛盾和争斗的焦点之中的。历史和现实都充分说明：要使会计信息对社会经济的发展起到积极作用，在对会计人员业务能力和道德品质的要求上，必须把道德品质放在第一位。

尽管人们对道德行为的理解存在着分歧，但是，研究结果表明，对于作为道德基础的那些普遍的、永恒的价值判断标准，人们的看法极为一致。比如诚实、正直、守信、忠诚、公平、关心他人、尊重他人、对社会负责、尽职等。致力于长期经营的公司发现，诚实、忠诚地对待所有的成员是会得到回报的，具有强烈道德感的公司，其顾客和员工的忠诚度也很高。

以下介绍的美国管理会计师协会（IMA）制定的《管理会计师道德行为准则》（Standards of Ethical Conduct for Management Accountants）供参考和借鉴。成本会计师（管理会计师）职业道德行为准则包括：

1. 胜任能力（competence）

成本会计师有责任：

（1）不断提高自身的知识和技能，保持能得心应手、运用自如地胜任所承担工作的专业技术水平。

（2）遵守相关法律、规章和技术标准，一丝不苟地履行专业责任。

（3）适当分析相关及可靠资料之后，编制完整而清晰的报告和建议。

2. 保密（confidentiality）

成本会计师有责任：

（1）除法律规定外，未经核准，不得泄露工作中获得的机密。

（2）向下属适当说明工作中获得数据的机密程度，监督下属行为，恪守机密。

（3）禁止将工作中获得的机密，经由个人或第三者用于谋取不正当的利益。

3. 公正（integrity）

成本会计师有责任：

（1）避免介入不应发生的利害冲突并向任何可能的利害冲突者提出忠告。

（2）不得从事道德上有害于履行职责的活动。

（3）拒绝收受影响或将影响其行动的任何馈赠、好处或招待。

（4）严禁主动或被动地破坏组织传统和道德目标的实现。

（5）了解并沟通不利于做出职业判断或顺利完成职责的某些专业性限制或其他约束条件。

（6）沟通不利及有利的信息以及职业判断或意见。

（7）禁止从事或支持任何有害于职业团体的活动。

4. 客观性（objectivity）

成本会计师有责任：

（1）公允而客观地沟通信息。

（2）充分表达信息，以帮助使用者对各项报告、评论和建议获得正确的理解。

（二）职业道德冲突的解决方法

成本会计师在工作中，会遇到很多道德冲突。在应用职业道德行为规范时，成本会计师可能会遇到很多问题，例如，如何确定不道德的行为，如何解决道德冲突。当遇到关键性的道德问题时，成本会计师必须遵守权威机构制定的规则。如果这些规则不能解决问题，成本会计师可以考虑下列方法：（1）与直接上级讨论这些问题（如果他没有卷入冲突），否则上报到更高的领导处。可以接受的检查机构包括同级的审计委员会、董事会、行政管理委员会、信托委员会或大股东。（2）与一位客观的建议人秘密讨论，以澄清相关利益方面的问题。（3）如果经过各种尝试，道德冲突依旧存在，且道德冲突发生在很关键的事项中，成本会计师只能提出辞职，并给合适的领导提交一份详细的备忘录。（4）除非法律规定，与无关的上级机关或未被组织雇佣或联系的个人讨论上述道德冲突是不合适的。

第四节　成本核算的基本原理

一、费用的分类

工业企业生产经营过程中的耗费是多种多样的，为了科学地进行成本管理，正确计算产品成本和期间费用，需要对种类繁多的费用进行合理分类。费用可以按不同的标准分类，其中最基本的是按费用的经济内容和经济用途的分类。

1. 费用按经济内容的分类

企业的生产经营过程，也是物化劳动（劳动对象和劳动手段）和活劳动的耗费过程，因而生产经营过程中发生的费用，按其经济内容分类，可划归为劳动对象方面的费用、劳动手段方面的费用和活劳动方面的费用三大类。为了具体反映各种费用的构成和水平，还应在此基础上，将其进一步划分为以下八个费用要素。费用要素，就是费用按经济内容的分类。

（1）外购材料，指企业为进行生产经营而耗用的一切从外单位购进的原料及主要材料、半成品、辅助材料、包装物、修理用备件和低值易耗品等。

（2）外购燃料，指企业为进行生产经营而耗用的一切从外单位购进的各种固体、液体和气体燃料。

（3）外购动力，指企业为进行生产经营而耗用的从外单位购进的各种动力。

（4）职工薪酬，指企业为进行生产经营而发生的各种职工薪酬。

（5）折旧费，指企业按照规定的固定资产折旧方法，对用于生产经营的固定资产所计算提取的折旧费用。

（6）利息支出，指企业应计入财务费用的借入款项的利息支出减利息收入后的净额。

（7）税金，指应计入企业税金及附加的各种税金，如房产税、车船税、城镇土地使用税、印花税等。

（8）其他支出，指不属于以上各要素但应计入产品成本或期间费用的费用支出，如差旅费、租赁费、外部加工费以及保险费等。

按照以上费用要素反映的费用，称为要素费用。将费用划分为若干要素分类核算的作用，一是这种分类可以反映企业一定时期内在生产经营过程中发生了哪些费用，数额各是多少，据以分析企业各个时期各种费用的构成和水平；二是这种分类可以反映企业生产经营过程中外购材料和燃料的费用支出以及职工薪酬的实际支出，因而可以为企业核定储备资金定额、考核储备资金的周转速度，以及编制材料采购资金计划和劳动工资计划提供资料。但是，这种分类不能说明各项费用的用途，因而不便于分析各种费用的支出是否节约、合理。

2. 费用按经济用途的分类

工业企业在生产经营过程中发生的费用，首先可以分为计入产品成本的生产费用和直接计入当期损益的期间费用两类。下面主要阐述生产费用按照经济用途的分类。

计入产品成本的生产费用在产品生产过程中的用途也不尽相同，有的直接用于产品生产，有的间接用于产品生产。因此，为具体反映计入产品成本的生产费用的各种用途，提供产品成本构成情况的资料，还应将其进一步划分为若干项目，即产品生产成本项目。产品生产成本项目，简称产品成本项目或成本项目，就是生产费用按其经济用途分类核算的项目。工业企业一般应设置以下几个成本项目：

（1）直接材料，指直接用于产品生产、构成产品实体的原料、主要材料以及有助于产品形成的辅助材料费用。

（2）直接燃料和动力，指直接用于产品生产的各种直接燃料和动力费用。

（3）直接人工，指直接参加产品生产的工人的薪酬费用。

（4）制造费用，指间接用于产品生产的各项费用，以及虽直接用于产品生产，但不便于直接计入产品成本，因而没有专设成本项目的费用（如机器设备的折旧费用）。制造费用包括企业内部生产单位（分厂、车间）的管理人员薪酬、固定资产折旧费、租赁费（不包括融资租赁费）、机物料消耗、低值易耗品摊销、取暖费、水电费、办公费、运输费、保险费、设计制图费、试验检验费、劳动保护费、季节性或修理期间的停工损失等。需要注意的是，现行会计准则规定车间固定资产的修理费不再计入制造费用，而是计入管理费用。

企业可根据生产特点和管理要求对上述成本项目做适当调整。对于管理上需要单独反映、控制和考核的费用，以及产品成本中比重较大的费用，应专设成本项目；否则，为了简化核算，不必专设成本项目。

3. 生产费用的其他分类

（1）生产费用按与生产工艺的关系分类。计入产品成本的各项生产费用，按与生产工艺的关系，可以分为直接生产费用和间接生产费用。直接生产费用是指由生产工艺本身引起的、直接用于产品生产的各项费用，如原料费用、主要材料费用、生产工人工资费用和机器设备折旧费等。间接生产费用是指与生产工艺没有联系，间接用于产品生产的各项费用，如机物料消耗费用、辅助工人工资费用和车间厂房折旧费等。

（2）生产费用按计入产品成本的方法分类。计入产品成本的各项生产费用，按计入产品成本的方法，可以分为直接计入费用（一般称为直接费用）和间接计入（或称分配计入）费用（一般称为间接费用）。直接计入费用是指可以分清哪种产品耗用、可以直接计入某种产品成本的费用。间接计入费用是指不能分清哪种产品耗用、不能直接计入某种产品成本，而必须按照一定标准分配计入有关的各种产品成本的费用。

二、成本核算的原则

成本核算就是按照国家有关的法律、法规、制度和企业经营管理的要求，对生产经营过程中实际发生的各种劳动耗费进行计算，并进行相应的账务处理，提供真实、有用的成本信息。成本核算不仅是成本会计的基本职能，也是企业经营管理的重要组成部分。为了正确地进行成本核算，准确地计算产品成本和期间费用，必须正确划分以下五个方面的费用界限。

1. 正确划分产品成本与期间费用的界限

工业企业的经济活动是多方面的，其支出的用途也不尽相同。而不同用途的支出，其列支的项目也应该不同。例如，企业购建固定资产的支出，应计入固定资产的造价；固定资产盘亏损失、固定资产报废清理净损失等应计入营业外支出。用于产品生产和销售、用于组织和管理生产经营活动，以及为筹集生产经营资金所发生的各种支出，即企业日常生产经营管理活动中的各种耗费，则应计入产品成本或期间费用。企业应按照国家有关成本开支范围的规定，正确地核算产品成本和期间费用。凡不属于企业日常生产经营方面的支出，均不得计入产品成本或期间费用，不得乱挤成本；凡属于企业日常生产经营方面的支出，均应全部计入产品成本或期间费用，不得遗漏成本，否则会虚增企业利润和国家财政收入；少计成本会虚增利润，使企业成本得不到应有的补偿，从而影响企业生产经营活动的顺利进行。而且无论乱挤还是少计成本，都会造成成本不实，从而不利于企业的成本管理。因此，企业必须正确划分产品成本与期间费用的界限，防止乱挤成本和少计成本的错误做法。

2. 正确划分生产费用与期间费用的界限

工业企业日常生产经营中所发生的各项耗费，其用途和计入损益的时间是有所不同的。用于产品生产的费用形成产品成本，并在产品销售后作为产品销售成本计入企业损益；由于当月投产的产品不一定当月完工，当月完工的产品也不一定当月销售，因而当月的生产费用往往不是计入当月产品销售成本，而本月发生的销售费用、管理费用和财务费用，则是作为期间费用，直接计入当月损益。因此，为了正确计算产品成本和期间费用，正确计算企业各月份的损益，必须正确地划分产品生产费用与各项期间费用的界限。应当防止混淆产品生产费用与期间费用的界限，借以调节各月产品成本和各月损益的错误做法。

3. 正确划分各月份的费用界限

为了按月分析和考核成本计划的执行情况和结果，正确计算各月损益，还必须正确划分各月份的费用界限。应贯彻权责发生制原则，正确地核算当期费用，本月发生的费用，都应在本月全部入账，不能将一部分延至下月入账。为了避免人为调节利润和成本，企业会计准则规定，除了长期待摊费用以外，应将本期支付的费用和支出全部计入当期的成本或费用。例如，企业的短期借款利息采用预提方式核算的，所形成的利息债务，应在“应付利息”科目中核算。正确划分各月份的费用界限，是保证成本核算正确的重要环节，应当防止人为地调节各月成本和损益的错误做法。

4. 正确划分各种产品的费用界限

如果企业生产的产品不止一种，那么，为了正确计算各种产品的成本，正确分析和考核各种产品成本计划或定额成本的执行情况，必须将应计入本月产品成本的生产费用在各种产品之间正确地进行划分。凡属于某种产品单独发生，能够直接计入该种产品的费用，均应直接计入该种产品成本；凡属于几种产品共同发生，不能直接计入某种产品的费用，则应采用适当的分配方法，分配计入这几种产品的成本。应该防止在盈利产品与亏损产品之间、可比产品与不可比产品之间任意转移生产费用，借以掩盖成本超支或以盈补亏的错误做法。

5. 正确划分完工产品与在产品的费用界限

月末计算产品成本时，如果某种产品已全部完工，那么，这种产品的各项生产费用之和就是这种产品的完工产品成本；如果某种产品均未完工，那么，这种产品的各项生产费用之和，就是这种产品的月末在产品成本；如果某种产品既有完工产品，又有在产品，则应将这种产品的各项生产费用，采用适当的分配方法在完工产品与月末在产品之间进行分配，分别计算完工产品成本和月末在产品成本。应该防止任意提高或降低月末在产品成本，人为地调节完工产品成本的错误做法。

上述五个方面费用界限的划分过程，也就是产品成本的计算和各项期间费用的归集过程。在这一过程中，应贯彻受益原则，即何者受益何者负担费用，何时受益何时负担费用，负担费用的多少应与受益程度的大小成正比。

三、成本核算的基本程序

（一）成本核算的账户设置

为了进行成本核算，企业一般应设置“基本生产成本”“辅助生产成本”“制造费用”“销售费用”“管理费用”“财务费用”“长期待摊费用”等科目。如果需要单独核算废品损失和停工损失，还应设置“废品损失”“停工损失”科目。

下面仅介绍几个典型的成本核算账户：

1. “基本生产成本”账户

基本生产是指为完成企业主要生产目的而进行的商品产品生产。为了归集基本生产所发生的各种生产费用，计算基本生产产品成本，企业应设置“基本生产成本”账户。该账户借方登记企业为进行基本生产而发生的各种费用；贷方登记转出的完工入库的产品成本；余额在借方，表示基本生产的在产品成本，即基本生产在产品占用的资金。

“基本生产成本”账户应按产品品种或产品批别、生产步骤等成本计算对象设置产品成本明细分类账（或称基本生产成本明细账、产品成本计算单），账内按产品成本项目分设专栏或专行。其格式详见表11-2和表11-3。

表11-2　　**产品成本明细分类账**

车间：第一车间　　产品：甲产品　　金额单位：元

2023年		摘要	产量（件）	成本项目			成本合计
月	日			直接材料	直接人工	制造费用	
6	30	本月生产费用		60 000	12 000	18 000	90 000
6	30	本月完工产品成本	1 000	60 000	12 000	18 000	90 000
6	30	完工产品单位成本		60	12	18	90

表11-3　　**产品成本明细分类账**

车间：第一车间　　产品：乙产品　　金额单位：元

2023年		摘要	产量（件）	成本项目			成本合计
月	日			直接材料	直接人工	制造费用	
5	31	在产品费用		8 000	2 000	3 000	13 000
6	30	本月生产费用		50 000	24 000	36 000	110 000
6	30	本月完工产品成本	600	48 000	24 000	30 000	102 000
6	30	完工产品单位成本		80	40	50	170
6	30	期末在产品成本		10 000	2 000	9 000	21 000

2. “辅助生产成本”账户

辅助生产是指为基本生产服务而进行的产品生产和劳务供应。辅助生产所提供的产品和劳务，有时也对外销售，但这不是它的主要目的。为了归集辅助生产所发生的各种生产费用，计算辅助生产所提供的产品和劳务的成本，企业应设置“辅助生产成本”账户。该账户的借方登记为进行辅助生产而发生的各种费用；贷方登记完工入库产品的成本或分配转出的劳务成本；余额在借方，表示辅助生产在产品的成本，即辅助生产在产品占用的资金。

“辅助生产成本”账户应按辅助生产车间和生产的产品、劳务分设明细分类账，账内按辅助生产的成本项目或费用项目分设专栏或专行进行明细登记。

3.“制造费用”账户

为了核算企业为生产产品和提供劳务而发生的各项制造费用，企业应设置“制造费用”账户。该账户的借方登记实际发生的制造费用；贷方登记分配转出的制造费用；除季节性生产企业外，该账户月末应无余额。

“制造费用”账户，应按车间、部门设置明细分类账，账内按费用项目设立专栏进行明细登记。其格式详见表11-4。

表11-4 制造费用明细分类账

车间名称： 单位：元

年		摘要	工资及福利费	办公费	劳动保护费	折旧费	修理费	…	合计	转出
月	日									

4.“废品损失”账户

需要单独核算废品损失的企业，应设置“废品损失”账户。该账户的借方登记不可修复废品的生产成本和可修复废品的修复费用；贷方登记废品残料回收的价值、应收的赔款以及转出的废品净损失；该账户月末应无余额。

“废品损失”账户应按车间设置明细分类账，账内按产品品种分设专户，并按成本项目设置专栏或专行进行明细登记。

新企业会计准则取消了“待摊费用”和“预提费用”会计科目。

（二）成本核算的基本程序

1. 归集和分配要素费用

要素费用的归集是依据有关原始凭证和其他资料，对外购材料、外购燃料、外购动力、职工薪酬、折旧费、利息费用、税金以及其他费用等费用分别进行汇总；而要素费用的分配是将其中可以直接计入产品成本的费用直接计入产品成本，将不可以直接计入产品成本的费用作为间接费用，先计入其他有关综合费用项目，然后参加综合费用的分配。还有些要素费用与产品制造无关，则计入相应的期间费用或其他账户。

2. 分摊长期待摊费用

企业应编制长期待摊费用分配表，以权责发生制为基础，正确判断费用归属期，正确划分各个会计期间的费用界限，妥善处理跨期费用。

3. 归集和分配辅助生产费用

企业在归集辅助生产费用时，对于直接用于辅助生产，并专设成本项目的费用，应直接记入“辅助生产成本”账户及其明细账的借方；而对于直接用于辅助生产但没有专设成本项目的费用（例如，辅助生产车间机器设备的折旧费等），以及间接用于辅助生产的费用（例如，辅助生产车间管理人员的工资及福利费、机物料消耗、修理费和运输费等），可采取两种归集方式：一是先记入“制造费用——辅助生产车间”账户及其明细账的借方进行汇总，然后从其贷方直接转入或分配转入“辅助生产成本”账户及其明细账的借方；二是不通过“制造费用——辅助生产车间”账户核算，直接记入“辅助生产成本”账户及其明细账的借方。

“辅助生产成本”及其明细账的借方所归集的费用，应按其服务的对象和劳务数量分配记入“基本生产成本”“制造费用”“管理费用”等账户。

4. 归集和分配制造费用

企业发生的各项制造费用，是按其用途和发生地点，通过“制造费用”科目进行归集和分配的。制造费用归集应根据有关的付款凭证、转账凭证和各种费用分配表记入“制造费用”账户及其所属明细账的借方；而分配时，在车间只生产一种产品的情况下，制造费用可直接转入该种产品成本；在生产多种产品的情况下，制造费用应采用适当的方法分配计入各种产品成本。

5. 生产费用的归集及在完工产品与在产品之间的分配

月末，当产品成本明细账中按照成本项目归集了该种产品的本月应负担的费用以后，如果产品已经全部完工，产品成本明细账中归集的月初在产品成本与本月发生的费用之和，就是完工产品的成本。如果产品全部没有完工，产品成本明细账中归集的月初在产品成本和本月发生的费用之和，就是在产品的成本。如果既有完工产品又有在产品，产品成本明细账中归集的月初在产品成本与本月发生的费用之和，则应在完工产品与月末在产品之间采用适当的分配方法进行分配，以计算完工产品与月末在产品成本。

6. 结转完工产品生产成本

企业完工产品经产成品仓库验收入库后，其成本应从“基本生产成本”科目和所属明细账的贷方转出，转入“产成品”科目的借方。“基本生产成本”科目的月末借方余额，就是基本生产在产品的成本，也就是占用在基本生产过程中的生产资金，应与所属各种产品成本明细账中月末在产品成本之和核对相符。

成本核算的一般程序，如图11-2所示。

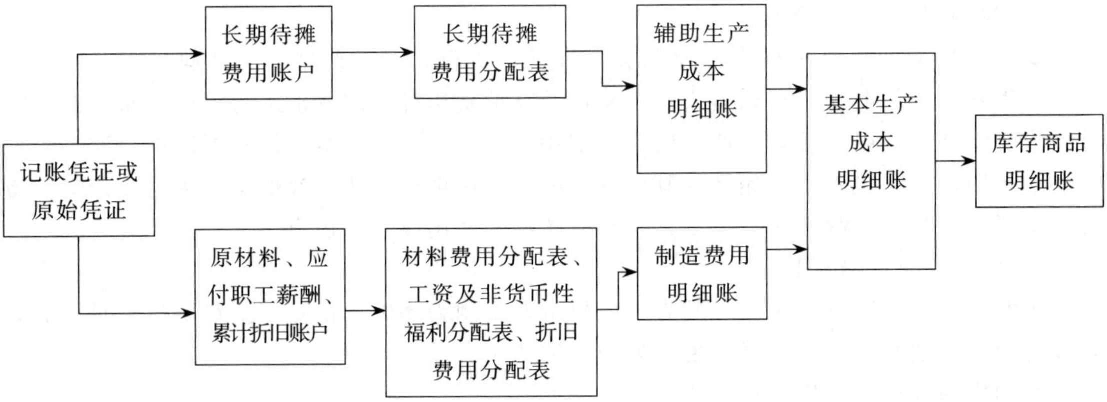

图11-2 成本核算的一般程序

第五节 产品成本计算的基本方法

成本计算就是企业对某一时间生产的某种产品，运用一定的程序和方法，汇集其所发生的费用总额与产量，从而计算出生产该产品的总成本和单位成本的过程。但应该指出的是，在工业企业中，确定不同的成本计算对象，采用不同的成本计算方法，主要是为了适应企业的生产特点和管理要求，正确提供成本核算资料以加强成本管理。因为，产品成本是在生产过程中形成的，因此生产的特点在很大程度上影响着成本计算方法的选择；另外，成本计算又是为成本管理提供资料的，因此采用什么方法，提供哪些资料，必须考虑成本管理的要求。当然，成本管理的要求也脱离不开生产的特点。以上两个方面的关系说明，企业在确定产品成本计算方法时，必须从具体情况出发，同时考虑企业的生产特点和进行成本管理的要求。

一、生产特点和管理要求对成本计算的影响

（一）工业企业的生产分类

不同部门、行业的生产特点千差万别，但按照工业生产的一般特点，可做如下分类。

1. 生产按工艺过程特点分类

工业企业的生产，按其生产工艺过程的特点，可以分为单步骤生产和多步骤生产两种类型。

（1）单步骤生产，亦称简单生产，是指生产工艺过程不能间断，不可能或不需要划分为几个生产步骤的生产，如发电、采掘等工业生产。这类生产由于技术上的不可间断（如发电），或由于工作地点上的限制（如采煤），通常只能由一家企业整体进行，而不能由几家企业协作进行。

（2）多步骤生产，亦称复杂生产，是指生产工艺过程由若干可以间断的、分散在不同地点、分别在不同时间进行的生产步骤所组成的生产，如纺织、钢铁、机械、造纸、服装等工业生产。多步骤生产按其产品的加工方式，又可分为连续式生产和装配式生产。连续式生产是指原材料投入生产后，要依次经过若干生产步骤的连续加工才能成为产品的生产，如纺织、钢铁等工业生产。装配式生产是指先将原材料分别在各个加工车间平行加工为零件、部件，然后将零件、部件装配为产品的生产，如机械、车辆、仪表制造等工业生产。

2. 生产按生产组织特点分类

工业企业的生产，按其生产组织的特点，可以分为大量生产、成批生产和单件生产三种类型。

（1）大量生产，是指不断地重复生产相同产品的生产。在进行这种生产的企业或车间中，产品的品种较少，而且比较稳定，如纺织品、面粉、化肥的生产。

（2）成批生产，是指按照事先规定的产品批别和数量进行的生产。在进行这种生产的企业或车间中，产品品种较多，而且具有一定的重复性，如服装、机械的生产。成批生产按照产品批量的大小，又可以分为大批生产和小批生产。大批生产，由于产品批量大，往往在几个月内不断地重复生产一种或几种产品，因而其性质近似于大量生产；小批生产，由于生产产品的批量小，一批产品一般可以同时完工，因而其性质近似于单件生产。

（3）单件生产，类似于小批生产，是指根据订货单位的要求，进行个别的、特殊产品的生产，如重型机器制造和船舶制造等。在进行这种生产的企业或车间中，产品的品种

多，而且很少重复。

单步骤生产和连续加工式的多步骤生产的生产组织多为大量生产；装配式的多步骤生产的生产组织，则有大量生产、成批生产和单件生产的区别。

（二）生产特点和管理要求对成本计算的具体影响

生产特点不同，对成本进行管理的要求也不一样。而生产特点和管理要求又必然对产品成本计算产生影响。这种影响主要表现在以下几个方面。

1. 对成本计算对象的影响

成本计算对象就是生产费用归集的对象，通俗地讲，就是计算什么的成本。生产的特点和管理的要求对成本计算的影响集中地表现在对成本计算对象确定上的影响。

从产品生产工艺过程看，单步骤生产的工艺过程不能间断，因而不可能也不需要按照生产步骤计算产品成本，只能按照产品的品种计算成本。而在多步骤生产中，为了加强各个生产步骤的成本管理，往往不仅要求按照产品的品种或批别计算成本，而且要求按照产品生产的步骤计算成本。但是，如果企业的规模较小，管理上不要求按照生产步骤考核生产费用、计算产品成本，也可以不按照生产步骤计算成本，而只按照产品品种或批别计算成本。

从产品生产组织特点看，在大量生产的情况下，企业连续不断地重复生产一种或若干种产品，因而管理上只要求（而且也只能）按照产品的品种计算成本。在大批生产的情况下，由于产品的批量大，往往在几个月内不断重复生产一种或若干种产品，因而往往也同大量生产一样，只要求按照产品品种计算成本。

因此，在产品成本计算工作中有着三种不同的成本计算对象：

（1）以产品品种为成本计算对象；

（2）以产品批别为成本计算对象；

（3）以产品生产步骤为成本计算对象。

成本计算对象的确定，是设置产品成本明细账、归集生产费用、计算产品成本的前提，是构成成本计算方法的主要标志，因而也是区别各种成本计算方法的主要标志。

2. 对产品成本计算期的影响

成本计算期，是指每间隔多长时间计算一次成本。产品成本计算期的确定，主要决定于生产组织的特点。在大量、大批生产中，由于生产活动连续不断地进行着，月末一般都有完工产品和未完工的在产品，因而产品成本计算都是定期于每月月末进行的，与产品的生产周期不一致。但在小批、单件生产中，每月不一定都有产品完工，完工产品成本有可能在某批或某件产品完工以后计算，因而完工产品成本的计算是不定期的，与产品的生产周期一致。在这类企业中，有的采用更简化的方法，即只在有产品完工的月份才对完工产品进行成本计算，而对未完工的在产品，只以总数反映在基本生产成本二级账中，而不按产品计算在产品成本。

3. 对完工产品与在产品之间费用分配的影响

生产的特点，还影响到月末进行成本计算时有没有在产品，是否需要在完工产品与在产品之间分配费用的问题。在单步骤生产中，生产过程不能间断，生产周期也短，一般没有在产品，或者在产品数量很少，因而计算产品成本时，生产费用不必在完工产品与在产品之间进行分配。在多步骤生产中，是否需要在完工产品与在产品之间分配费用，在很大程度上取决于生产组织的特点。在大量、大批生产中，由于生产连续不断地进行，而且经常存在在产品，因而在计算成本时，就需要采用适当的方法，将生产费用在完工产品与在产品之间进行分配。在小批、单件生产中，在每批、每件产品完工前，产品成本明细账中所记录的生产费用就是在产品的成本；完工后，其所记费用就是完工产品的成本，因而一般也不存在在完工产品与在产品之间分配费用的问题。

二、成本计算的基本方法

（一）概述

为了适应不同类型生产特点和成本管理的要求，在产品成本计算工作中有三种不同的成本计算对象：产品品种、产品批别和产品的生产步骤，因而以成本计算对象为主要标志（或以其命名）的产品成本计算的基本方法也有三种。①

1. 品种法

以产品品种为成本计算对象的产品成本计算方法，称为品种法。适用于单步骤的大量生产，如发电厂、采掘厂等；也可用于不需要分步骤计算成本的多步骤的大量、大批生产，如小型造纸厂、水泥厂等。

2. 分批法

以产品批别为成本计算对象的产品成本计算方法，称为分批法。适用于单件、小批的单步骤生产或管理上不要求分步骤计算成本的多步骤生产，如修理作业、专用工具模具制造、重型机器制造、船舶制造等。

3. 分步法

以产品生产步骤为成本计算对象的产品成本计算方法，称为分步法。适用于大量、大批的多步骤生产，如纺织、冶金、机械制造等。

这三种方法，之所以被称为产品成本计算的基本方法，是因为这三种方法与不同生产类型的特点有着直接联系，而且涉及对成本计算对象的确定，因而是计算产品实际成本必不可少的方法。概括所有工业企业，不论哪一种生产类型，进行成本计算所采用的基本方法，不外乎这三种。

以下对这三种基本的成本计算方法逐一介绍。

（二）产品成本计算的品种法

品种法又称简单法或单步法，在大量、大批、单步骤或虽是多步骤生产但不要求按生产步骤核算的生产企业中，只能以某月份全厂生产的某种产成品作为成本计算对象，设置成本计算单（即基本生产成本明细账），登记其生产费用和产量，一步计算出产品的总成本和单位成本。如果企业生产的产品只有一种，期初、期末都没有在产品，则全月的生产费用除以当月的产品数量，就是当月产品的单位成本。

以某一热电厂的电力生产为例，假设某月份供电 82 000 000 千瓦小时，发生的各项生产费用总额为 18 110 000 元，该企业使用的成本项目包括主要材料、燃料、职工薪酬、折旧费、提取的大修理费和其他费用等六项，则该月份每 1 000 千瓦小时电的单位成本计算见表 11-5。

① 在西方的成本会计或管理会计的教材中，一般认为成本计算的基本方法只有两种：分步法（process costing）和分批法（job order costing），均不涉及品种法。

表11-5　　××热电厂成本计算单

2023年×月　　单位：元

成本项目	生产费用总额	产量（1 000千瓦小时）	单位成本
主要材料	1 060 000	82 000	12.93
燃料	8 650 000	82 000	105.49
职工薪酬	4 600 000	82 000	56.10
折旧费	2 100 000	82 000	25.60
提取的大修理费	900 000	82 000	10.98
其他费用	800 000	82 000	9.75
合计	18 110 000	82 000	220.85

（三）产品成本计算的分步法

在大量、大批、多步骤生产并要求按步骤核算的企业中，要以"各步骤某月份生产的半成品或产成品"作为成本计算对象，按步骤分产品设置成本计算单、汇集费用，分别按各自的产量计算半成品或产成品的总成本和单位成本，这就形成了"分步法"。在多步骤生产的情况下，上一步骤完工的半成品要转入下一步骤继续加工或装配，相应地，半成品成本也要随同结转。如仅从各个步骤孤立地看，其成本计算又类似于一个个的简单法。以连续式和装配式多步骤生产为例，其成本计算的基本程序如图11-3和图11-4所示。

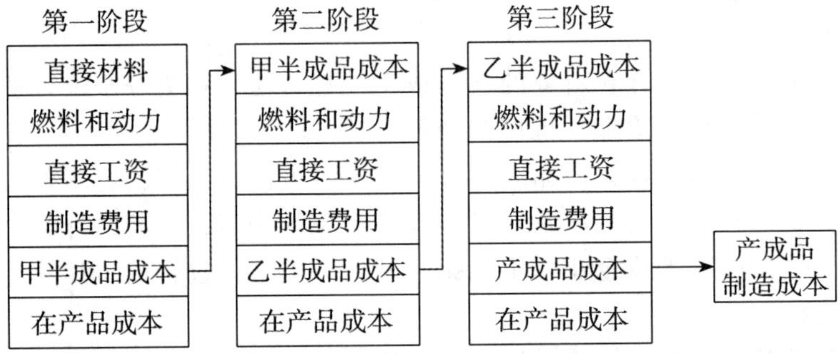

图11-3　分步法成本计算程序（逐步结转分步法）

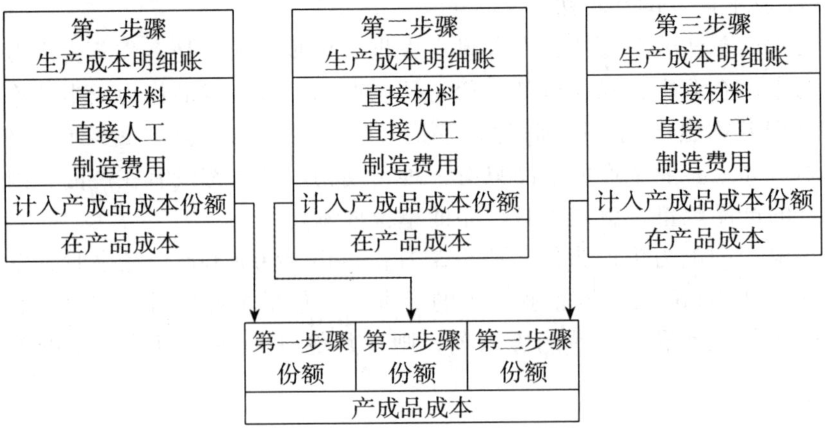

图11-4　分步法成本计算程序（平行结转分步法）

（四）产品成本计算的分批法

在单件、小批生产的企业，用户对订货（或企业主要产品以外的新产品试制、自制设备、来料加工、修理作业等）都有不同的数量、规格和质量以及不同的交货日期要求，为此，企业必须按批来组织生产，所以，要以全厂（或某一封闭车间）生产的某一批产成品作为成本计算对象，设置成本计算单，登记其费用和产量，以计算该批产成品的总成本和单位成本。例如，某模具厂投产一批某种产品10件，5月14日开工，7月26日完工，该批产品成本计算简示见表11-6。

表11-6 **分批法成本计算单** 产量：10件

生产车间： 单位：元

项目	直接材料	燃料和动力	直接工资	制造费用	合计
5月14日至31日生产费用	40 000	2 500	15 000	6 000	63 500
6月份生产费用	10 000	2 200	16 000	6 800	35 000
7月1日至26日生产费用		1 200	9 800	3 900	14 900
生产费用合计	50 000	5 900	40 800	16 700	113 400
单位产品成本	5 000	590	4 080	1 670	11 340

（五）三种成本计算基本方法的比较

结合生产组织特点、成本管理要求、成本计算对象、成本计算期以及生产费用在完工产品和在产品之间的分配方式等方面的内容，我们将三种基本的成本计算方法做一比较，见表11-7。

表11-7 **三种基本的成本计算方法比较**

<table>
<tr><th colspan="2">生产类型</th><th rowspan="2">成本管理要求</th><th rowspan="2">成本计算对象</th><th rowspan="2">成本计算期</th><th rowspan="2">生产费用在完工产品和在产品之间的分配方式</th><th rowspan="2">成本计算基本方法</th></tr>
<tr><th>生产组织特点</th><th>生产工艺过程</th></tr>
<tr><td rowspan="2">大量、大批生产</td><td>单步骤生产</td><td></td><td rowspan="2">产品品种</td><td rowspan="2">按月份</td><td>不需分配</td><td rowspan="2">品种法</td></tr>
<tr><td>多步骤生产</td><td>不要求分步计算成本</td><td>需要分配</td></tr>
<tr><td rowspan="2">单件、小批生产</td><td>单步骤生产</td><td></td><td rowspan="2">产品批别</td><td rowspan="2">不定期（按批、生产周期）</td><td rowspan="2">不需分配</td><td rowspan="2">分批法</td></tr>
<tr><td>多步骤生产</td><td>不要求分步计算成本</td></tr>
<tr><td>大量、大批生产</td><td>多步骤生产</td><td>要求分步计算半成品成本</td><td>生产步骤</td><td>按月份</td><td>需要分配</td><td>分步法</td></tr>
</table>

本章小结

本章重点阐述了成本会计的产生和发展历程；成本会计与财务会计和管理会计的关系；成本会计的若干基本概念；成本核算的基本原理以及成本计算的基本方法等内容。作为教材中从财务会计向管理会计的过渡章节，理解成本会计的产生发展背景、发展现状以及成本会计与财务会计和管理会计的关系非常重要。成本会计大致经历了萌芽阶段、形成阶段、发展和繁荣阶段以及反思和创新阶段四个时期，每个阶段都有其独特的社会经济背景及研究内容。财务会计和管理会计是现代会计的两大分支，而成本会计是连接财务会计和管理会计的桥梁和纽带，它不仅为财务会计而且为管理会计提供成本信息，以满足各方面决策之需。成本会计的基本概念主要包括成本的内涵、成本会计的职能等内容。成本的概念可以从经济学、管理学和会计学的角度去理解，会计学的成本概念是个多元成本概念，主要包括财务成本和管理成本等。为了正确计算成本，必须做好费用的分类、划清费用的界限，并把握好成本核算的基本程序。成本计算的基本方法是在成本核算基本程序的基础上结合企业生产特点和管理要求所做出的选择，成本计算的基本方法有品种法、分步法和分批法三种。

主要概念和术语

成本会计　管理会计　财务会计　机会成本　直接成本　间接成本　产品成本　期间成本　变动成本　固定成本　相关成本　不相关成本　成本归集　成本分配　品种法　分批法　分步法

复习思考题

1.成本会计的发展历程大致可以划分为哪几个阶段？各阶段的特点和内容如何？

2.财务会计和管理会计有何区别？成本会计与财务会计、管理会计的关系如何？

3.谈谈你对成本内涵的理解。

4.成本会计的基本职能包括哪些方面？

5.成本会计师的职业道德包括哪些方面？如何解决职业道德冲突？

6.成本按经济内容和经济用途各是如何分类的？

7.为了正确计算产品成本，应该如何划分费用的界限？

8.成本核算的基本程序包括哪些方面？

9.生产特点和管理要求是如何影响成本计算方法的？

10.试从成本计算对象、成本计算期、生产费用在完工产品和在产品之间的分配等三个方面分析三种基本的成本计算方法的异同。

练习题

第十一章练习题

第十二章

管理会计基础

学习目标

通过本章的学习，应了解管理会计的指引体系，管理会计要素及其主要内容；掌握决策性管理会计的相关工具方法；理解变动成本与固定成本，变动成本法与完全成本法，相关成本与非相关成本的含义；掌握短期决策的分析方法和长期投资决策的评价方法。掌握执行性管理会计的工具方法；了解全面预算的作用和编制方法；了解标准成本系统的含义及作用，掌握标准成本的制定和各种差异的分析方法；了解责任会计的含义与作用，理解责任中心的类型及绩效评价方法；了解内部转移价格的意义以及管理者业绩报告的基本内容。

管理会计是会计的重要分支，主要服务于单位内部管理需要，是通过利用相关信息，有机融合财务与业务活动，在单位规划、决策、控制和评价等方面发挥重要作用的管理活动。管理会计的目标是通过运用管理会计工具方法，参与单位规划、决策、控制、评价活动并为之提供有用信息，推动单位实现战略规划。本章主要阐述管理会计指引体系、管理会计要素以及决策性管理会计和执行性管理会计的相关工具方法。

第一节　管理会计指引与要素

一、管理会计指引

管理会计指引是个体系，它是在管理会计理论研究成果的基础上形成的具有可操作性的系列标准。管理会计指引体系包括基本指引、应用指引和案例库。

（一）管理会计基本指引

管理会计基本指引在管理会计指引体系中起统领作用，是制定应用指引和建设案例库的基础。基本指引是将管理会计普遍规律上升到标准，是对管理会计基本概念、基本原则、基本方法、基本目标等内容的总结、提炼。但是，不同于企业会计准则基本准则，管理会计基本指引只是对管理会计普遍规律和基本认识的总结升华，并不对应用指引中未做出描述的新问题提供处理依据。

（二）管理会计应用指引

在管理会计指引体系中，应用指引居于主体地位，是对单位管理会计工作的具体指导。为切实提高科学性和可操作性，管理会计应用指引既要遵循基本指引，也要体现实践特点；既要形成一批普遍适用、具有广泛指导意义的基本工具方法，如经济增加值（EVA）、本量利分析、平衡计分卡、作业成本法等，也要针对一些在管理会计方面可能存在独特要求的行业和部门，研究制定特殊行业的应用指引；在企业层面，还要兼顾不同行业、不同规模、不同发展阶段等特征，坚持广泛的代表性和适用性；既考虑企业的情况，也考虑行政事业单位的情况。

（三）管理会计案例库

案例库是对国内外管理会计经验的总结提炼，是对如何运用管理会计应用指引的实例示范。建立管理会计案例库，为单位提供直观的参考借鉴，是管理会计指引体系指导实践的重要内容和有效途径，也是管理会计体系建设区别于企业会计准则体系建设的一大特色。

二、管理会计要素和具体内容

单位应用管理会计应包括应用环境、管理会计活动、工具方法、信息与报告四项管理会计要素，这四项要素构成了管理会计应用的有机体系。单位应在分析管理会计应用环境的基础上，合理运用管理会计工具方法，全面开展管理会计活动，并提供有用信息，生成管理会计报告，支持单位决策，推动单位实现战略规划。

（一）应用环境

管理会计应用环境是单位应用管理会计的基础。单位应用管理会计，首先应充分了解和分析其应用环境，包括外部环境和内部环境。外部环境主要包括国内外经济、市场、法律、行业等因素，内部环境主要包括与管理会计建设和实施相关的价值创造模式、组织架构、管理模式、资源、信息系统等因素。

（1）价值创造模式。单位应准确分析和把握价值创造模式，推动财务与业务等的有机融合。

（2）组织架构。单位应根据组织架构特点，建立健全能够满足管理会计活动所需的由财务、业务等相关人员组成的管理会计组织体系。有条件的单位可以设置管理会计机构，组织开展管理会计工作。

（3）管理模式。单位应根据管理模式确定责任主体，明确各层级以及各层级内的部门、岗位之间的管理会计责任权限，制订管理会计实施方案，以落实管理会计责任。

（4）资源。单位应从人力、财力、物力等方面做好资源保障工作，加强资源整合，提高资源利用效率效果，确保管理会计工作顺利开展。单位应注重管理会计理念、知识培训，加强管理会计人才培养。

（5）信息系统。单位应将管理会计信息化需求纳入信息系统规划，通过信息系统整合、改造或新建等途径，及时、高效地提供和管理相关信息，推进管理会计实施。

（二）管理会计活动

管理会计活动是单位管理会计工作的具体开展，是单位利用管理会计信息，运用管理会计工具方法，在规划、决策、控制、评价等方面服务于单位管理需要的相关活动。在了解和分析其应用环境的基础上，单位应将管理会计活动嵌入规划、决策、控制、评价等环节，形成完整的管理会计闭环。

在规划环节，单位应用管理会计应做好相关信息支持，参与战略规划拟订，从支持其定位、目标设定、实施方案选择等方面为单位合理制定战略规划提供支撑。

在决策环节，单位应用管理会计应融合财务和业务等活动，及时充分提供和利用相关信息，支持单位各层级根据战略规划做出决策。

在控制环节，单位应用管理会计应设定定量或定性标准，强化分析、沟通、协调、反馈等控制机制，支持和引导单位持续高质高效地实施单位战略规划。

在评价环节，单位应用管理会计应合理设计评价体系，基于管理会计信息等评价单位战略规划实施情况，并以此为基础进行考核，完善激励机制；同时，对管理会计活动进行评估和完善，以持续改进管理会计应用。

（三）工具方法

管理会计工具方法是实现管理会计目标的具体手段，是单位应用管理会计时所采用的战略地图、滚动预算管理、作业成本管理、本-量-利分析、平衡计分卡等模型、技术、流程的统称。管理会计工具方法具有开放性，随着实践发展不断丰富完善。单位应用管理会计应结合自身实际情况，根据管理特点和实践需要选择适用的管理会计工具方法，并加强管理会计工具方法的系统化、集成化应用。

管理会计工具方法主要应用于以下领域：战略管理、预算管理、成本管理、营运管理、投融资管理、绩效管理、风险管理等。

1. 战略管理领域应用的工具方法

战略管理是指对企业全局的、长远的发展方向、目标、任务和政策，以及资源配置做出决策和管理的过程。战略管理领域应用的管理会计工具方法一般包括战略地图、价值链管理等。

战略地图是指为描述企业各维度战略目标之间因果关系而绘制的可视化的战略因果关系图。战略地图通常以财务、客户、内部业务流程、学习与成长四个维度为主要内容，通过分析各维度的相互关系，绘制战略因果关系图。企业可根据自身情况对各维度的名称、内容等进行修改和调整。

2. 预算管理领域应用的工具方法

预算管理是指企业以战略目标为导向，通过对未来一定期间内的经营活动和相应的财务结果进行全面预测和筹划，科学、合理配置企业各项财务资源和非财务资源，并对执行过程进行监督和分析，对执行结果进行评价和反馈，指导经营活动的改善和调整，进而推动实现企业战略规划的管理活动。预算管理领域应用的管理会计工具方法一般包括滚动预算、零基预算、弹性预算、作业预算等。

3. 成本管理领域应用的工具方法

成本管理是指企业在营运过程中实施成本预测、成本决策、成本计划、成本核算、成本分析和成本考核等一系列管理活动的总称。成本管理领域应用的管理会计工具方法一般包括目标成本法、标准成本法、变动成本法、作业成本法等。

4. 营运管理领域应用的工具方法

营运管理是指为了实现企业战略和营运目标，各级管理者通过计划、组织、指挥、协调、控制、激励等活动，实现对企业生产经营过程中的物料供应、产品生产和销售等环节的价值增值管理。营运管理领域应用的管理会计工具方法一般包括本量利分析、敏感性分析、边际分析和标杆管理等。

5. 投融资管理领域应用的工具方法

投融资管理包括投资管理和融资管理。投资管理是指企业根据自身战略发展规划，以企业价值最大化为目标，将资金投入营运过程中的管理活动；融资管理是指企业为实现既定的战略目标，在风险匹配的原则下，对通过一定的融资方式和渠道筹集资金的管理活动。投融资管理领域应用的管理会计工具方法一般包括贴现现金流法、项目管理、情景分析、约束资源优化等。

6. 绩效管理领域应用的工具方法

绩效管理是指企业与下级单位（部门）、员工之间就业绩目标及如何实现业绩目标达成共识，并帮助和激励员工取得优异业绩，从而实现企业目标的管理过程。绩效管理的核心是业绩评价和激励管理。绩效管理领域应用的管理会计工具方法一般包括关键绩效指标法、经济增加值法、平衡计分卡、绩效棱柱模型等。

7. 风险管理领域应用的工具方法

风险管理是指企业为实现风险管理目标，对企业风险进行有效识别、评估、预警和应对等管理活动的过程。风险管理领域应用的管理会计工具方法一般包括风险矩阵、风险清单等。企业可结合自身的风险管理目标和实际情况，单独或综合应用不同风险管理工具方法。

（四）信息与报告

管理会计信息包括管理会计应用过程中所使用和生成的财务信息和非财务信息，是管理会计报告的基本元素。单位应充分利用内外部各种渠道，通过采集、转换等多种方式获得相关、可靠的管理会计基础信息。单位应有效利用现代信息技术对管理会计基础信息进行加工、整理、分析和传递，以满足管理会计应用需要。单位生成的管理会计信息应相关、可靠、及时、可理解。

管理会计报告是管理会计活动成果的重要表现形式，旨在为报告使用者提供满足管理需要的信息，是管理会计活动开展情况和效果的具体呈现。管理会计报告按报告期间可以分为定期报告和不定期报告，按内容可以分为综合性报告和专项报告等类别。单位可以根据管理需要和管理会计活动性质设定报告期间。一般应以公历期间作为报告期间，也可以根据特定需要设定报告期间。

以上阐述了管理会计的指引体系和管理会计要素，需要注意的是，单位在应用管理会计时应当遵循以下原则：（1）战略导向原则。管理会计的应用应以战略规划为导向，以持续创造价值为核心，促进单位可持续发展。（2）融合性原则。管理会计应嵌入单位相关领域、层次、环节，以业务流程为基础，利用管理会计工具方法将财务和业务等有机融合。（3）适应性原则。管理会计的应用应与单位应用环境和自身特征相适应。单位自身特征包括单位性质、规模、发展阶段、管理模式、治理水平等。（4）成本效益原则。管理会计的应用应权衡实施成本和预期效益，合理、有效地推进管理会计应用。管理会计应用主体视管理决策主体确定，可以是单位整体，也可以是单位内部的责任中心。

第二节　决策性管理会计

一、成本性态分析和变动成本计算法

成本是衡量一家企业经营管理水平和经济效益的一项综合性指标。对成本的研究，是管理会计的一个极其重要的内容。管理会计中把成本（cost）定义为企业在生产经营过程中对象化的，以货币表现的，为达到一定目的而应当或可能发生的各种经济资源的价值牺牲或代价。

在管理会计中，由于需要从事预测、决策、计划、控制、业绩评价等多方面的工作，这些工作对成本各有不同的要求，因而需要按不同的标准对其进行分类。常用的分类有：成本按其经济用途分类可分为生产成本和非生产成本；成本按其实际发生的时态分类可分为历史成本和未来成本；成本按其是否与特定决策方案相关分类可分为相关成本和无关成本；成本按其可控性分类可分为可控成本和不可控成本等。而将成本按其性态分类是管理会计中最基本、最重要的一种分类方式。

（一）成本性态分析

1. 成本性态的含义

成本性态（cost behavior），是指成本总额与业务量之间的依存关系，即成本如何随着业务量的变动而产生不同的变动。

这里的业务量（以下用x表示）是指企业在一定的生产经营期内投入或完成的经营工作量的统称，可用多种计量单位来表示，包括绝对量和相对量两类。其中，绝对量又可细分为实物量（如投产量）、价值量（如销售收入）和时间量（如人工小时）三种形式；相对量可以用百分比和比率（如开工率或作业率）等形式来反映。业务量的不同计量单位在一定条件下可以换算，具体使用什么计量单位应视管理要求和现实可能而定，通常选用生产量或销售量。

这里的成本总额是指企业为取得营业收入而发生的营业成本费用，包括全部生产成本和销售费用、管理费用及财务费用等期间成本。

2. 成本按其性态分类的结果

全部成本按其性态分类可分为变动成本（variable cost）、固定成本（fixed cost）和混合成本（mixed cost）三大类。

（1）变动成本

变动成本，是指在一定范围内，其总额随业务量变动发生相应的正比例变动，而单位成本保持不变的成本，如直接材料、直接人工，销售费用中与销售量呈正比例变动的费用项目（如销售佣金、装运费和包装费）等。其主要特点是：

① 变动成本总额（用bx表示）的正比例变动性，即变动成本总额随业务量的增加而增加，反之则减少。将其反映在平面直角坐标图上，变动成本是一条以单位变动成本为斜率的直线。单位变动成本越大，即斜率越大，直线坡度越大。其总成本模型为：y=bx，如图12-1（a）所示。

② 单位变动成本（用常数b表示）的不变性，即单位变动成本不受业务量变动的影响而保持不变。在平面直角坐标图上，单位变动成本是一条平行于x轴的直线，模型为：y=

b，如图12-1（b）所示。

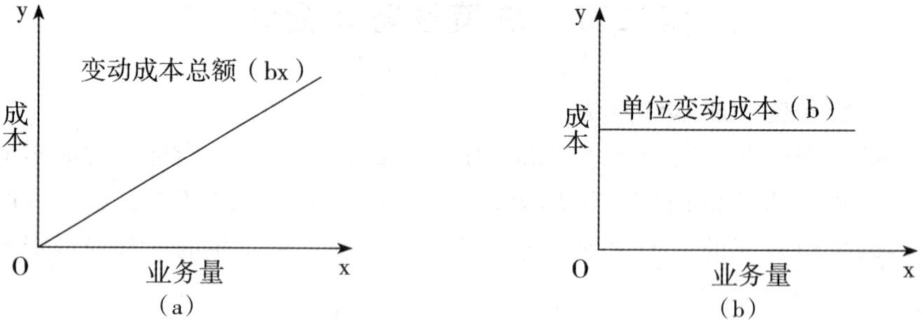

图12-1　变动成本模型

例如，某企业生产甲产品，单位产品直接材料费用为10元，当产量为1 000件、2 000件、3 000件时，直接材料费用总成本分别为10 000元、20 000元、30 000元，与产量成正比例变动，而单位变动成本保持10元不变。

（2）固定成本

固定成本，是指在一定范围内，其总额不随业务量变动而增减变动，但单位成本随业务量增加而相对减少的成本，如按直线法计提的固定资产的折旧、管理人员的工资等。其主要特点是：

① 固定成本总额（用常数a表示）的不变性，即在一定时期的相关业务量范围内，固定成本总额保持不变。在平面直角坐标图上，固定成本线就是一条平行于x轴的直线，其总成本性态模型为：y=a，如图12-2（a）所示。

② 单位固定成本（用a/x表示）的反比例变动性，即每单位的固定成本随业务量的增加而减少，反之则增加。其单位成本性态模型为：y=a/x，反映在平面直角坐标图上是一条反比例曲线，如图12-2（b）所示。

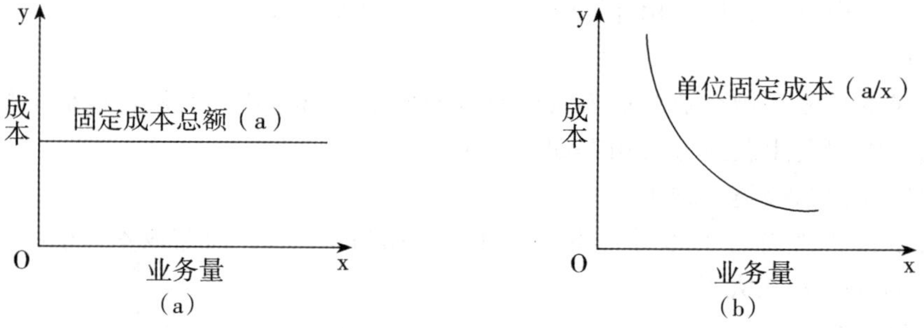

图12-2　固定成本模型

例如，某企业租用甲设备来进行生产，租金每月10 000元，该设备每月最大生产能力为1 000件。若该企业每月的产量在1 000件以内时，其租金总成本不随产量的变动而变动，固定为10 000元。但当企业每月的产量分别为200件、500件、1 000件时，其单位固定成本将随产量的增加而呈反比例下降，分别为50元、20元和10元。

（3）混合成本

混合成本，顾名思义是指“混合”了固定成本和变动成本两种不同性态的成本，其总额随业务量变动，但不成正比例变动。根据成本总额随业务量变化的性质及具体情况的不同，混合成本主要又可以分为以下两种类型。

① 半变动成本（semi-variable cost）

半变动成本，又称标准式混合成本，是指在一定初始基数的基础上成本总额随业务量变动而呈正比例变动的成本。这类成本的特点是：它通常有一个初始量（基数），这一初始量一般不变，类似于固定成本a。但在这个基础上，随着业务量的变化成本也会呈正比例变化，这部分成本类似于变动成本bx。例如电话费，就是在收取基本月租（相当于固定成本）后，再收取每一次使用电话的费用（相当于变动成本）。其他公用事业费如水、电、煤气等费用、机器设备的维修保养费等也大多属于这类成本。半变动成本的成本性态模型为：y=a+bx，其与业务量的关系如图12-3所示。

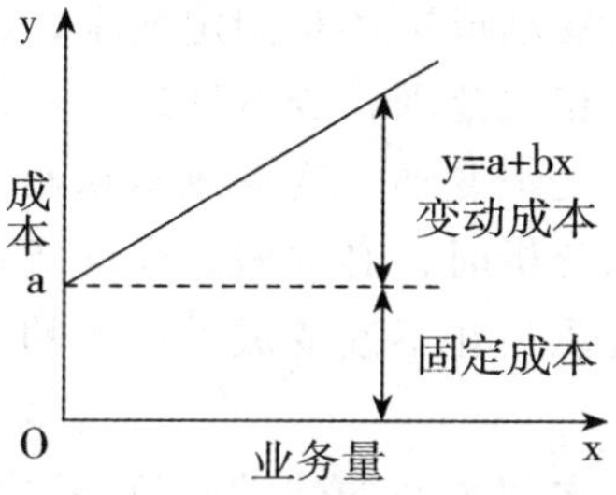

图12-3 半变动成本模型

② 半固定成本（semi-fixed cost）

半固定成本，又称阶梯式混合成本，是指其成本总额随业务量变动呈阶梯式变动的成本。这类成本的特点是：在一定业务量范围内其成本不随业务量的变动而变动，具有固定成本的特征；但当业务量超过一定范围，则成本就会跳跃上升，并在新的业务量变动范围内固定不变，直到出现另一个新的跳跃为止。将此变化反映在平面直角坐标图上，其成本随业务量的增长呈现出阶梯状增长趋势，如图12-4所示。一般认为，检验员、化验员工资，机器设备修理费用的开支，即属于此类成本。例如，产量在500件以内时，需要检验员1人，每人工资600元，工资成本为600元；当产量增加到500~1 000件时，就需要再增加1人，工资成本为1 200元；以此类推。

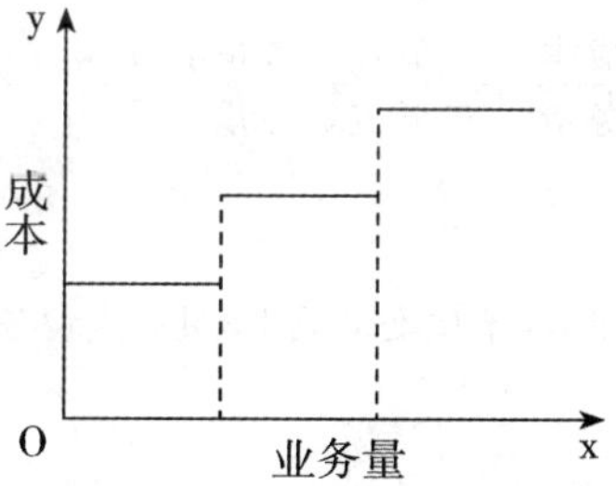

图12-4 半固定成本模型

3. 成本性态分析方法

成本性态分析（analysis of cost behavior）是指企业基于成本与业务量之间的关系，运用技术方法，将业务量范围内发生的成本分解为固定成本和变动成本的过程。最终建立相应成本函数模型y=a+bx，其中：y为成本总额，a为固定成本总额，b为单位变动成本，x为业务量。

成本性态分析是管理会计的一项最基本的工作。通过成本性态分析，可以从定性和定量两方面把握成本的各个组成部分与业务量之间的依存关系和变动规律，从而为应用变动成本法，开展本-量-利分析，进行预测分析、决策分析、全面预算奠定基础。也可以说，成本性态分析就是将混合成本采用适当的方法进行分解，将其转化为固定成本和变动成本两部分，并建立起成本函数模型。混合成本的分解方法主要包括：高低点法、回归分析法、账户分析法（也称会计分析法）、技术测定法（也称工业工程法）、合同确认法。前两种方法需要借助数学方法进行分解，后三种方法可通过直接分析认定。

（1）成本性态分析的基本假设

进行成本性态分析是以以下基本假设为前提条件的：

① 相关范围假设

如前相关定义所述，无论是变动成本还是固定成本，都只在一定时期的相关业务量范围内保持其成本性态；一旦超过相关范围，成本性态就会发生变化。具体表现为当业务量超过相关范围时，固定成本也会发生变动，变动成本总额与业务量的关系则可能表现为非线性关系。因此在进行成本性态分析时，必须假定变动成本和固定成本总是处于相关范围之中，即假定时间和业务量因素总是在不改变成本性态的范围内变动。

② 一元线性假设

如何建立反映成本与业务量之间关系的数学函数是进行成本性态分析的关键。在企业实际业务中，成本可能受到多个业务量的影响，如果按实际情况分析，要花费很多的时间和精力，从成本-效益分析的角度看不合算，也会因模型过分复杂失去其实用价值。因此，为了简化分析，假定总成本可以近似地用一元线性方程 $y=a+bx$ 来描述，其中 a 代表固定成本总额，即真正意义上的固定成本与混合成本中的固定部分之和；bx 代表变动成本总额，即真正意义上的变动成本与混合成本中的变动部分之和。

（2）成本性态分析的具体方法

① 高低点法

高低点法（high-low method）又叫两点法，是指企业以过去某一会计期间的总成本和业务量资料为依据，从中选取业务量最高点和业务量最低点，将总成本进行分解，得出成本模型的一种成本性态分析方法。计算公式如下：

$$\text{单位变动成本}=\frac{\text{最高点业务量的成本}-\text{最低点业务量的成本}}{\text{最高点业务量}-\text{最低点业务量}}$$

$$b=\frac{y_{高}-y_{低}}{x_{高}-x_{低}}$$

固定成本总额=最高点业务量的成本-单位变动成本×最高点业务量

$$a=y_{高}-bx_{高}$$

或：

固定成本总额=最低点业务量的成本-单位变动成本×最低点业务量

$$a=y_{低}-bx_{低}$$

【例12-1】某企业1—6月份的机器维修费的有关资料见表12-1。

表12-1　　1—6月份机器维修费资料表

月份	业务量（机器小时）	维修费（元）
1月	4 000	540
2月	3 800	510

续表

月份	业务量（机器小时）	维修费（元）
3月	5 300	660
4月	4 300	570
5月	4 500	565
6月	4 800	578

要求：采用高低点法进行混合成本分解，并建立相应的机器维修费用性态模型。

解：根据表12-1可知，该企业最高业务量为3月份5 300机器小时，660元维修费；最低业务量为2月份3 800机器小时，510元维修费，则：

$$b=\frac{660-510}{5\,300-3\,800}=0.1\text{（元/机器小时）}$$

$$a=510-0.1\times3\,800=130\text{（元）}$$

据此建立的机器维修费用性态模型为：

$$y=130+0.1x$$

其中，固定部分为130元，单位变动部分为0.1元/机器小时。

高低点法简便易行，便于理解，但由于它只利用诸多数据中的两组数据作为计算依据来确定成本性态，误差会较大，很可能会使得建立起来的成本模型不具有代表性，因此这种方法只适用于各期成本变动趋势较稳定的企业。

② 回归分析法

回归分析法（regression analysis method），是企业根据过去一定期间的业务量和混合成本的历史资料，应用最小二乘法原理，计算最能代表业务量与混合成本关系的回归直线，借以确定混合成本中固定成本和变动成本的方法。其原理是从散布图中找到一条与全部观测值误差的平方和最小的直线，这条直线在数学上称为回归直线或回归方程：y=a+bx，并按回归分析计算出回归系数a和b的值。故此方法又称最小平方法（最小二乘法）。具体计算程序如下：

$$y=a+bx \qquad ①$$

对①两边求和：

$$\sum y=na+b\sum x \qquad ②$$

②两边同乘x：

$$\sum xy=a\sum x+b\sum x^2 \qquad ③$$

解方程组②③，得：

$$a=\frac{\sum y-b\sum x}{n} \qquad ④$$

$$b=\frac{n\sum xy-\sum x\sum y}{n\sum x^2-(\sum x)^2} \qquad ⑤$$

与高低点法相比，回归分析法由于利用了微分极值原理，其计算结果更为准确，但工作量较大，计算较麻烦，可利用电子计算机辅助完成。

③ 账户分析法

账户分析法（account analysis method），是企业根据有关成本账户及其明细账的内容，结合其与产量的依存关系，判断其比较接近的成本类别，将其视为该类成本。账户分析法较为简便易行，但比较粗糙且带有主观判断。

④ 技术测定法

技术测定法是指企业根据生产过程中各种材料和人工成本消耗量的技术测定来划分固定成本和变动成本的一种成本性态分析方法。技术测定法仅适用于投入成本和产出数量之间有规律性联系的成本分解。

⑤ 合同确认法

合同确认法是指企业根据订立的经济合同或协议中关于支付费用的规定，来确认并估算哪些项目属于变动成本，哪些项目属于固定成本的一种成本性态分析方法。合同确认法一般要配合账户分析法使用。

（二）变动成本法

1. 变动成本法的概念

变动成本法（variable costing）是指企业以成本性态分析为前提条件，仅将生产过程中消耗的变动生产成本作为产品成本的构成内容，而将固定生产成本和非生产成本作为期间成本，直接由当期收益予以补偿的一种成本管理方法。

变动成本法产生以后，人们就把财务会计中传统的成本计算方法称为“完全成本法”（full costing）或称“吸收成本法”（absorption costing）。在完全成本法下，产品成本的组成应包括直接材料、直接人工和制造费用（包括变动制造费用和固定制造费用）。

2. 变动成本法与完全成本法的区别

由于变动成本法与完全成本法对固定制造费用的处理方法不同，因而上述两种方法存在着一系列的差异，主要表现在以下几个方面：

① 产品成本和期间成本的构成内容不同

变动成本法按照成本性态划分，可分为变动成本和固定成本两大部分。产品成本只包括变动生产成本，固定生产成本和非生产成本则全部作为期间成本处理。完全成本法按经济职能划分，可分为生产成本和非生产成本两大部分。产品成本则包括全部生产成本，只有非生产成本作为期间成本处理。上述区别可通过表12-2来反映。

表12-2　**两种成本法在成本构成内容方面的区别**

项目	变动成本法	完全成本法
产品成本	变动生产成本： 直接材料；直接人工；变动制造费用	生产成本： 直接材料；直接人工；制造费用
期间成本	变动非生产成本： 变动销售费用；变动管理费用；变动财务费用 固定成本： 固定制造费用；固定销售费用；固定管理费用；固定财务费用	非生产成本： 销售费用；管理费用；财务费用

② 产品成本计价内容不同

如表12-2所示，两种成本法下产品成本的构成内容不同，因此它们在产品成本计价上必然不同。进一步考虑，两种成本法对存货的计价也是不同的。

③ 损益确定程序不同

在变动成本法下：

营业收入-变动成本=边际贡献

边际贡献-固定成本=营业利润

其中：

变动成本=变动生产成本+变动非生产成本

=单位变动生产成本×销售量+单位变动非生产成本×销售量

固定成本=固定生产成本+固定非生产成本

=固定制造费用+固定销售费用+固定管理费用+固定财务费用

在完全成本法下：

营业收入-营业成本=营业毛利

营业毛利-营业费用=营业利润

其中：

营业成本=期初存货成本+本期发生的生产成本-期末存货成本

营业费用=非生产成本=销售费用+管理费用+财务费用

④ 所提供信息的用途不同

这是变动成本法与完全成本法之间最本质的区别。完全成本法是传统的成本计算方法，由于它提供的成本信息可以揭示外界公认的成本与产品在质的方面的归属关系，有助于促进企业扩大生产，能刺激增产的积极性，因而广泛地被外界所接受，主要适用于财务会计系统，用来编制对外财务报表。而变动成本法是为适应企业加强内部经营管理的需要，满足面向未来决策的要求而产生的，故变动成本法主要适用于管理会计系统，用来编制企业的内部管理报表，为内部管理提供有用的信息。

二、本-量-利分析

（一）本-量-利分析概述

1. 本-量-利分析的基本含义

本-量-利分析（cost-volume-profit analysis，CVP分析）是指以成本性态分析和变动成本法为基础，运用数学模型和图示，对成本、利润、业务量与单价等因素之间的依存关系进行分析，发现变动的规律性，为企业进行预测、决策、计划和控制等活动提供支持的一种方法。其中，“本”是指成本，包括固定成本和变动成本；“量”是指业务量，一般指销售量；“利”一般指营业利润。

目前，本-量-利分析方法的应用已非常广泛。它与经营风险分析相结合，可以促使企业努力降低风险，重视经营杠杆作用；与测绘技术相结合，企业可以进行保本预测，确定保本销售水平，确保目标利润的实现；与决策相结合，企业可以据此进行生产经营决策、定价决策和投资不确定性分析；此外，企业还可以将其应用于全面预测、成本控制和责任会计等多个方面。

2. 本-量-利分析的基本假设

为了便于理解和简化分析过程，本-量-利分析所建立和使用的有关数学模型和图形，是以下列基本假定为前提条件的。

（1）成本性态分析的假定

假定成本性态分析工作已经完成，相关的成本性态模型已经建立起来，所有的成本均被划分为固定成本和变动成本两部分。

（2）变动成本法的假定

假定产品成本是按变动成本法计算的，即产品成本中只包括变动生产成本，而所有的固定成本包括固定制造费用，均作为期间成本处理直接计入当期损益。

（3）相关范围及线性假定

假定固定成本总额和单位变动成本在计算期内均处于相关范围之内，即假定这两个数额不变，成本函数表现为线性方程；同时，在相关范围内，单价也不因销售量的变化而变化，使得销售收入也表现为线性方程。换言之，在相关范围内，收入和成本的性态是与业务量相关的直线，即分别保持线性关系。

（4）产销平衡和品种结构稳定的假定

假定企业在只生产一种产品的条件下，生产出来的产品总是可以全部被卖出，实现产销平衡；假定企业在生产多种产品的条件下，当销售总量发生变化时，产品品种结构比重总是保持稳定，不发生变化。这种假定可使人们更关注价格、成本以及业务量对营业利润的影响。

（5）目标利润的假定

在本书的本-量-利分析中，除特别说明外，都假定利润因素总是指营业利润，而当投资净收益和营业外收支净额为零时，营业利润等于利润总额。为了简化分析过程，假设有关利润指标为事先预测的目标利润。

3. 本-量-利分析的基本公式

本-量-利分析所考虑的相关因素主要包括固定成本 a、单位变动成本 b、产量或销售量 x、销售单价 p、销售收入 px 以及营业利润 P 等。在上述一系列假定条件下，把成本、业务量、利润三者之间的依存关系用方程式来描述，就是本-量-利分析的基本公式。

营业利润=销售收入-总成本

=销售收入-变动成本-固定成本

=销售单价×销售量-单位变动成本×销售量-固定成本

=（销售单价-单位变动成本）×销售量-固定成本

即 $P=(p-b)x-a$

4. 本-量-利分析的相关指标

边际贡献（contribution margin）又称贡献边际、贡献毛益、边际利润或创利额，是本-量-利分析中一个重要的概念，是指产品的销售收入与相应变动成本之间的差额，记作 Tcm。单位边际贡献（记作 cm），是指产品销售单价减去单位变动成本后的差额。

（1）在单一产品的产销情况下的公式

边际贡献=销售收入-变动成本

=（销售单价-单位变动成本）×销售量

=单位边际贡献×销售量

即　$Tcm=px-bx=(p-b)x=cm\cdot x$

其中：

单位边际贡献 = 销售单价−单位变动成本

即　$cm=p-b=Tcm/x$

（2）在多种产品的产销情况下的公式

全部产品边际贡献$=\sum$某种产品边际贡献

$=\sum$(某种产品销售收入−某种产品变动成本)

即　$\sum Tcm=\sum(px-bx)$

（3）边际贡献率

边际贡献率（记作cmR）是指边际贡献总额占销售收入总额的百分比，又等于单位边际贡献占销售单价的百分比，表示每1元销售收入中边际贡献所占的比重。

$$边际贡献率=\frac{边际贡献}{销售收入}\times100\%=\frac{单位边际贡献}{销售单价}\times100\%$$

即　$cmR=\frac{Tcm}{px}\times100\%=\frac{cm}{p}\times100\%$

（4）其他公式

根据本−量−利基本公式，边际贡献、固定成本及营业利润三者之间的关系可用下式表示：

营业利润=边际贡献−固定成本

即　$P=Tcm-a$

与边际贡献率密切相关的指标是变动成本率（记作bR），是指变动成本占销售收入的百分比，或指单位变动成本占单价的百分比。

$$变动成本率=\frac{变动成本}{销售收入}\times100\%=\frac{单位变动成本}{销售单价}\times100\%$$

即　$bR=\frac{bx}{px}\times100\%=\frac{b}{p}\times100\%$

将边际贡献率与变动成本率两项指标联系起来考虑，可以得出以下关系式：

$$边际贡献率+变动成本率=\frac{单位边际贡献}{销售单价}+\frac{单位变动成本}{销售单价}$$

$$=\frac{销售单价-单位变动成本}{销售单价}+\frac{单位变动成本}{销售单价}=1$$

即　$cmR+bR=1$

可见，边际贡献率和变动成本率具有互补性质，变动成本率高的企业，边际贡献率就低，创利能力就弱；反之，变动成本率低的企业，边际贡献率就高，创利能力就强。在实际工作中，以上指标的相关计算公式十分重要，需要熟练掌握，能够灵活运用。

【例12-2】已知某企业只生产一种产品，销售单价为10元，单位变动成本为6元，固定成本总额为40 000元。2023年生产能力为12 500件，则：

单位边际贡献（cm）=p−b=10−6=4（元/件）

边际贡献（Tcm）$=cm\cdot x=4\times12\ 500=50\ 000$（元）

边际贡献率（cmR）$=cm/p\times100\%=4/10\times100\%=40\%$

变动成本率（bR）=b/p×100%=6/10×100%=60%

边际贡献率+变动成本率=cmR+bR=40%+60%=1

营业利润（P）=Tcm-a=50 000-40 000=10 000（元）

（二）保本分析

保本点（breakeven point），又称盈亏平衡点、损益两平点等，是指企业在该业务量水平上，销售收入与变动成本之差刚好与固定成本持平，即企业的边际贡献总额恰好补偿固定成本总额，企业利润为零，处于不盈不亏的状态。保本点对于企业合理规划和有效控制经营过程极为有用。当销售量（额）超过保本点时，企业就会获利；低于保本点时，企业就会发生亏损。同时，保本点还可以用于估计销售量、销售单价、成本等因素的变动对营业利润的影响，从而为企业的经营决策提供有用的信息。

保本点一般有两种表现形式：一是用实物量表示的保本点销售量（简称保本量），二是用货币量表示的保本点销售额（简称保本额）。它们都是标志企业达到收支平衡实现保本的销售业务量指标。

1. 单一品种的保本分析

由上文已知，本-量-利关系的基本公式为：

营业利润=（销售单价-单位变动成本）×销售量-固定成本

即 $P=(p-b)\cdot x-a$

根据保本点定义，当利润等于0时，达到保本状态，则上式可写成：

0=（销售单价-单位变动成本）×保本量-固定成本

即 $0=(p-b)\cdot x_0-a$

整理得到：

保本量=固定成本/（销售单价-单位变动成本）=固定成本/单位边际贡献

即 $x_0=\frac{a}{p-b}=\frac{a}{cm}$

保本额=保本量×销售单价

=固定成本/（销售单价-单位变动成本）×销售单价

=固定成本/单位边际贡献×销售单价

=固定成本/（单位边际贡献/销售单价）

=固定成本/边际贡献率

即 $y_0=x_0\cdot p=\frac{a}{p-b}\times p=\frac{a}{cm}\times p=\frac{a}{cm/p}=\frac{a}{cmR}$

由此可见，只要知道销售单价p、固定成本a和单位变动成本b，便可以求出保本点。也可以根据边际贡献与业务量、利润之间的关系直接计算保本量和保本额。

【例12-3】仍按【例12-2】资料，计算该企业的保本点指标。

解：保本销售量（x_0）$=\frac{a}{p-b}=\frac{40\ 000}{10-6}=10\ 000$（件）

保本销售额（y_0）$=x_0\cdot p=10\ 000\times10=100\ 000$（元）

或：

保本销售量（x_0）$=\frac{a}{cm}=\frac{40\ 000}{4}=10\ 000$（件）

保本销售额（y_0）$=\frac{a}{cmR}=\frac{40\ 000}{40\%}=100\ 000$（元）

以上计算表明，该公司必须售出10 000件产品，实现100 000元销售额，才能收支平衡，达到保本状态。

2. 多品种保本分析的综合边际贡献法

以上讨论的保本分析，是假定在单一品种条件下进行的。但是在实际生产经营中，绝大多数企业都不只生产经营一种产品。因为不同品种的销售量不能直接相加，所以保本分析不能用实物量表现，而只能用货币量表现，要根据多品种产品销售额来进行保本分析。在多品种条件下，可以运用的本-量-利分析方法有多种形式，本书主要介绍综合边际贡献率法。

综合边际贡献率主要反映企业多种产品的创利能力，是以各品种的边际贡献率为基础，按各项产品销售额占全部收入的比重进行加权平均，据此来计算的。

$$综合边际贡献率=\sum(某种产品边际贡献率\times该种产品销售额比重)$$

$$某种产品销售额比重=\frac{该种产品的销售额}{全部产品销售额}\times100\%$$

【例12-4】某公司组织三种产品的生产经营，预计发生固定成本16 000元，各种产品的预计销量、单价、单位变动成本等的计划资料见表12-3。

表12-3　**有关产品计划资料**　金额单位：元

项目 品种	销量（件） x_i ①	单价 p_i ②	单位变动成本 b_i ③	销售收入 px_i ④=①×②	边际贡献 Tcm_i ⑤=①×（②-③）	边际贡献率 cmR_i ⑥=⑤÷④×100%
A	1 000	20	15	20 000	5 000	25%
B	5 000	10	7	50 000	15 000	30%
C	2 000	15	9	30 000	12 000	40%

解：全部产品销售额=20 000+50 000+30 000=100 000（元）

$$A产品销售额比重=\frac{20\ 000}{100\ 000}\times100\%=20\%$$

$$B产品销售额比重=\frac{50\ 000}{100\ 000}\times100\%=50\%$$

$$C产品销售额比重=\frac{30\ 000}{100\ 000}\times100\%=30\%$$

（1）综合边际贡献率=25%×20%+30×50%+40%×30%=32%

（2）$综合保本销售额=\frac{16\ 000}{32\%}=50\ 000$（元）

（3）A产品：

保本额=50 000×20%=10 000（元）

保本量=10 000÷20=500（件）

B产品：

保本额=50 000×50%=25 000（元）

保本量=25 000÷10=2 500（件）

C产品：

保本额=50 000×30%=15 000（元）

保本量=15 000÷15=1 000（件）

鉴于销售额比重会影响到综合边际贡献率水平，在其他条件不变的前提下，企业应积极采取措施，努力提高边际贡献率水平较高的产品的销售比重，降低边际贡献率较低的产品的销售比重，从而提高企业的综合边际贡献率水平，达到降低全厂保本额、提高利润的目的。

【课程思政12-1】

通过前文的学习，我们已经了解到保本点是指总销售收入和总成本相等，既无盈利，也不亏损，正好保本的销售量（额）。其实，保本点不仅仅可以应用在企业的生产经营管理中，它还可以和学生的学习生涯联系在一起，帮助同学们明确在校学习期间，如何才能保本，为将来步入社会做准备。我们不妨一起来思考如下的问题：大学生涯中，假如获取的知识和经验是收入，投入的金钱与时间是成本，我们要怎样做才能保本甚至获利呢？

（三）利润的敏感性分析

企业目标确定之后，还要根据本企业的生产能力及市场预测情况，进行利润的敏感性分析。敏感性分析，是指对影响目标实现的因素变化进行量化分析，以确定各因素变化对实现目标的影响及其敏感程度。由于利润是直接由销售价格、单位变动成本、销售量和固定成本所确定的，因此当这些因素发生变化时，利润也必然随之发生相应的变化。分析这种变化，有利于企业管理者准确预测未来，合理规划目标，有效控制生产经营活动，了解经营风险，避免亏损。

1. 价格变动所产生的影响

销售价格是对保本点影响最敏感的因素，在其他因素不变的情况下，单位产品价格提高将使产品边际贡献增加，从而降低保本点，减少目标销售量，增加盈利；反之，单位产品价格下降将使产品边际贡献减少，从而提高保本点，增加目标销售量，减少利润。

【例12-5】按【例12-2】资料，该企业原先生产产品的基本信息。

保本销售量（x_0）$=\frac{a}{p-b}=\frac{40\,000}{10-6}=10\,000$（件）

保本销售额（y_0）$=x_0\cdot p=10\,000\times10=100\,000$（元）

在其他因素不变的情况下，销售单价提高至11元，则：

保本销售量（x'_0）$=\frac{a}{p-b}=\frac{40\,000}{11-6}=8\,000$（件）

保本销售额（y'_0）$=x'_0\cdot p=8\,000\times11=88\,000$（元）

当企业目标利润为20 000元时，则：

保本销售量（x'_1）$=\frac{a+P}{p-b}=\frac{40\,000+20\,000}{11-6}=12\,000$（件）

保本销售额（y'_1）$=x'_1\cdot p=12\,000\times11=132\,000$（元）

2. 固定成本变动所产生的影响

在其他因素不变的情况下，由于企业取得的边际贡献必须首先补偿固定成本，因此固定成本总额增加会使利润减少，保本点提高，削弱企业的盈利能力；反之，减少固定成本总额会使利润增加，保本点降低，从而提高企业的盈利能力。但是固定成本总额的变化不会改变边际贡献率。

【例12-6】按【例12-2】资料，若其他因素不变，而固定成本总额上升10%，则：

保本销售量（x'_0）$=\frac{a}{p-b}=\frac{40\,000\times(1+10\%)}{10-6}=11\,000$（件）

保本销售额（y'_0）$=x'_0\cdot p=11\,000\times10=110\,000$（元）

当企业目标利润为20 000元时：

保本销售量（x'_1）$=\frac{a+P}{p-b}=\frac{40\,000\times(1+10\%)+20\,000}{10-6}=16\,000$（件）

保本销售额（y'_1）$=x'_1\cdot p=16\,000\times10=160\,000$（元）

3. 单位变动成本变动所产生的影响

在其他因素不变的情况下，单位变动成本降低，单位边际贡献或边际贡献率会提高，保本点下降，从而提高企业的盈利能力；反之，单位变动成本增加，保本点会上升，从而削弱企业的盈利能力，即单位变动成本的变动会使单位边际贡献和边际贡献率向相反的方向变化。

【例12-7】按【例12-2】资料，若其他因素不变，而单位变动成本上升为8元，则：

保本销售量（x'_0）$=\frac{a}{p-b}=\frac{40\,000}{10-8}=20\,000$（件）

保本销售额（y'_0）$=x'_0\cdot p=20\,000\times10=200\,000$（元）

当企业目标利润为20 000元时：

保本销售量（x'_1）$=\frac{a+P}{p-b}=\frac{40\,000+20\,000}{10-8}=30\,000$（件）

保本销售额（y'_1）$=x'_1\cdot p=30\,000\times10=300\,000$（元）

4. 品种结构变动所产生的影响

若企业同时生产经营多种产品，则品种结构的变化必然会引起综合边际贡献率的变动，进而改变整个企业实现盈亏平衡所需的业务量。若在固定成本总额不变的情况下，品种结构发生变动，提高了综合边际贡献率，那么企业的保本点会下降，从而提高盈利能力。

【例12-8】按【例12-4】资料，若其他条件不变，A、B、C三种产品的销售额比重调整为30%、55%、15%时：

综合边际贡献率$=25\%\times30\%+30\%\times55\%+40\%\times15\%=30\%$

综合保本销售额$=\frac{16\,000}{30\%}=53\,333$（元）

三、短期经营决策方案的分析和评价

（一）短期经营决策的相关概念

1. 短期经营决策的定义

短期经营决策，简称短期决策（short-term decision），是指决策结果只会影响或决定企业近期（一年或一个经营周期）经营的方向、方法和策略，侧重于从资金、成本、利润等方面对如何充分利用企业现有资源和经营环境，以取得尽可能大的经济效益为目标而实施的决策。

短期经营决策的主要特点就是其决策目标可以在较短的时间内得以实现，一般不超过一年。该特点决定了其目标是经济效益的最大化。在其他条件不变的情况下，判定某决策方案优劣的主要标志就是看该方案能否使企业在一年内获得更多的利润。

2. 短期经营决策的内容

短期经营决策的具体内容较多，概括地说，主要包括生产决策和定价决策两大类。

生产决策是指短期（如一年）内，在生产领域，围绕是否生产、生产什么、怎样生产以及生产多少等方面问题而展开的决策。如新产品开发的品种决策、亏损产品的决策、多品种产品生产数量决策、生产工艺技术方案的决策、不确定条件下的生产决策等。

定价决策是指短期（如一年）内，在流通领域，围绕如何确定销售产品价格水平的问题而展开的决策。这种决策经常采用的方法有以成本为导向的定价方法、以需求为导向的定价方法、以特殊要求为导向的定价方法等。

3. 短期经营决策必须考虑的重要因素

短期经营决策既不需要考虑货币的时间价值，也不需要考虑投资的风险价值，影响短期经营决策的重要因素是相关收入和相关成本。

（1）相关收入

相关收入（relevant revenue）是指与特定决策方案相联系的、能对决策产生重大影响的、在经营决策中必须予以充分考虑的收入。如果某项收入只属于某个经营决策方案，即若这个方案存在，就会发生这项收入，若该方案不存在，就不会发生这项收入，那么，这项收入就是相关收入。相关收入的计算，要以特定决策方案的单价和相关销售量为依据。

与相关收入相对的概念是无关收入。如果无论是否存在某项决策方案，均会发生某项收入，那么就可以断定该项收入是上述决策方案的无关收入。显然，在短期经营决策中，不能考虑无关收入，否则就有可能导致决策失误。

（2）相关成本

相关成本（relevant cost）是指与特定决策方案相联系的、能对决策方案产生重大影响的、在经营决策中必须予以充分考虑的成本。相关成本一般包括：

①增量成本。增量成本（incremental cost）又称狭义的差量成本（differential cost），是指单一决策方案由于生产能力利用程度不同而引起的不同产量水平下成本的差额。在一定条件下，某一决策方案的增量成本就是相关变动成本。如在亏损产品的决策、是否转产或增产某种产品的决策和是否接受特殊价格追加订货的决策中，最基本的相关成本就是增量成本。

②边际成本。边际成本（marginal cost），是指产量无限小的变化所引起的成本的变化数。由于现实生活中产量无限小的变化最小只能小到一个单位，小于一个单位就没有实际意义了，因此，边际成本实际上是业务量变化一个单位相应的成本的变化数。在相关范围内，增加或减少一个单位产品产量的增量成本、单位变动成本、边际成本三者应取得一致。

③机会成本。机会成本（opportunity cost）以经济资源的稀缺性和多种选择机会的存在为前提，是指在经济决策中应由中选的最优方案负担的、按所放弃的次优方案潜在收益计算的那部分资源损失，又叫机会损失。机会成本应当作为管理会计决策的相关成本来考虑。但由于机会成本并没有构成企业的实际成本支出，所以在财务会计实务中并不核算机会成本。

在是否接受特殊价格追加订货的决策中，对于接受追加订货的方案来说，因为加工能力不足而挪用正常订货所放弃的有关收入就属于机会成本。

④重置成本。重置成本（replacement cost）是指目前从市场上重新取得某项现有的资产所需支付的成本。在短期经营决策的定价决策以及长期投资决策中的更新改造设备决策中，需要将重置成本作为相关成本考虑。

⑤付现成本。付现成本（out-of-pocket cost）是指在实施某项决策时，需要立即动用现金支付的成本。企业在经营决策中，如遇到本身货币资金紧张，而市场上筹措资金又比较困难时，特别要把付现成本作为考虑的重点。这使决策者宁愿选择总成本较高但付现成本较低的方案。

⑥专属成本。专属成本（specific cost）是指那些能够明确归属于特定决策方案的固定成本或混合成本。它往往是为了弥补生产能力的不足而增加的有关设备、工具等长期资产所发生的。在决策分析时，决策者常将其与相关收入进行对比。

⑦可分成本。可分成本（divisible cost）是指在联产品或半成品生产决策中必须考虑的、对已经分离的联产品或半成品进行深加工而追加发生的变动成本。它的计算通常要考虑单位可分成本与相关的联产品深加工业务量两大因素。

⑧可延缓成本。可延缓成本（postponable cost）是指在短期经营决策中对其暂缓开支不会对企业未来的生产经营产生重大不利影响的那部分成本。由于可延缓成本具有一定弹性，在决策中应当充分予以考虑。

⑨可避免成本。可避免成本（avoidable cost）是指决策者的决策行为可以避免其发生或改变其数额的成本。它与可延缓成本的不同之处在于，是否发生可避免成本，完全取决于决策者；而可延缓成本只是在发生的时间上可以推迟，但将来注定要发生。

与相关成本相对立的概念是无关成本。无关成本是指与决策不相关联，在进行决策分析时无须考虑的成本。它们不会因决策的产生而产生，也不因决策的改变而改变，如沉没成本（sunk cost）、共同成本（common cost）、联合成本（joint cost）、不可避免成本（unavoidable cost）。

（二）生产决策

生产决策是企业经营决策的重要内容之一，这类决策通常解决以下三方面的问题：生产什么产品或提供什么劳务；生产多少数量的产品；如何组织和安排生产或提供劳务。

1. 生产什么产品或提供什么劳务的决策

（1）新产品开发决策

这里所讲的新产品开发决策，主要是利用企业现有剩余生产能力或减少老产品生产用生产能力以腾出生产能力开发新产品，生产何种新产品的决策分析问题。至于通过固定资产投资扩大生产能力，开发新产品，则属于长期投资决策问题。

①不需追加专属成本，不影响原有产品正常生产时的决策分析。

若企业利用现有的剩余生产能力开发新产品时，不需追加专属成本，亦不必减少老产品生产，在这种情况下，可以用边际贡献分析法进行新产品开发的品种决策，边际贡献较大的方案为最优方案。

【例12-9】某企业生产A产品，现准备开发新产品B或C，但由于剩余生产能力有限，只允许投产其中一种，有关资料见表12-4。

要求：分析投产哪种新产品更为有利。

表12-4 有关产品资料

项目	产品A	产品B	产品C
产销量（件）	400	200	1 000
单价（元/件）	10	20	6
单位变动成本（元/件）	4	10.8	4
固定成本（元）	2 000		

解：由于固定成本2 000元是沉没成本，即使不开发新产品B或C，固定成本都将发生，所以它与决策无关。

产品B边际贡献=（20-10.8）×200=1 840（元）

产品C边际贡献=（6-4）×1 000=2 000（元）

可见，产品C边际贡献比产品B多160元，故企业应选择开发生产产品C。

②需要追加专属成本，并且要减少原有产品的生产时的决策分析。

若企业利用现有剩余生产能力开发新产品时，既需追加专属成本，又需减少原有老产品生产，此时可以考虑使用差量损益分析法进行新产品品种选择的决策。

【例12-10】如果在【例12-9】中，开发生产产品B将会使产品A减产5件，同时支付专属成本100元；开发产品C需购置专用模具一套，价值350元。

要求：做出开发何种产品的决策。

解：依题意可编制差量损益分析表，见表12-5。

表12-5 差量损益分析表 单位：元

项目	产品B	产品C	差量
相关收入	4 000	6 000	-2 000
相关成本	2 290	4 350	-2 060
其中：变动成本	2 160	4 000	-1 840
专属成本	100	350	-250
机会成本	30=（10-4）×5	0	30
差量利润	1 710	1 650	60

从【例12-9】看，开发生产产品C比开发生产产品B利润高，但考虑追加的专属成本和减少原有产品生产造成的损失后，如表12-5的分析，会发现开发生产产品B比开发生产产品C多获利润60元，企业应选择开发产品B。

（2）亏损产品是否停产的决策

亏损产品是指其销售收入不能补偿其全部成本支出的产品。对于亏损产品，绝不能简单地予以停产，而必须综合考虑多种影响因素。一般来讲，如果亏损产品销售收入低于变动成本，不能提供边际贡献额，一般不应继续生产；而如果亏损产品销售收入高于变动成本，即能够为企业提供一定的边际贡献额，弥补一部分固定成本，对于这一类亏损产品，应区分不同情况进行决策。

①停产后闲置生产能力不能转移条件下的决策。

生产能力不能转移是指企业出现亏损产品，若将亏损产品停产后闲置的生产能力无法用于转产其他产品或对外出租等。在这种情况下，只要亏损产品的销售收入高于变动成本，能够提供真正的边际贡献，就应继续生产。

【例12-11】某公司产销甲、乙、丙三种产品，其中甲产品是亏损产品，有关资料见表12-6。要求分析是否应停止甲产品的生产（假定停产后，甲产品的生产能力无法转移）。

表12-6　**甲产品停产前利润表**　单位：元

项目	甲产品	乙产品	丙产品	合计
销售收入	2 500	2 000	3 000	7 500
减：变动成本	2 000	1 000	2 100	5 100
边际贡献	500	1 000	900	2 400
减：固定成本	600	480	720	1 800
利润	-100	520	180	600

解：从表12-6中可以看出，甲产品虽没有获利，但能提供500元的边际贡献，可以补偿部分固定成本。因此，应继续生产甲产品，否则会使利润减少500元。相反，如果停止生产甲产品，固定成本依然存在，不会因亏损产品的停产而改变，只能转由其他产品负担，在这种情况下，利润总额不仅不会增加，反而还会减少；其他的未停产产品可能还会出现亏损。

②停产后闲置生产能力可以转移条件下的决策。

生产能力可以转移，是指亏损产品停产后其闲置的生产能力可用于生产其他产品获利或对外出租获取租金收入。若亏损产品不停产，将会丧失这部分潜在利益，因此，它应作为不停产亏损产品的机会成本。在这种情况下，决策分析应考虑机会成本，即分析亏损产品提供的边际贡献总额是否大于机会成本。

【例12-12】仍用【例12-11】资料，如果甲产品停产后，闲置的生产能力可用于对外出租，预计可获得租金800元。问是否停止生产甲产品？

解：因为甲产品提供的边际贡献为500元，小于生产能力机会成本800元，所以甲产品应停产并对外出租生产能力，这样可为公司增加利润300元。

也可以使用差量损益分析法进行分析决策，会得到相同的决策结果，具体过程见表12-7。

表12-7　　**差量损益分析表**　　单位：元

项目	不停产	停产
相关收入	2 500	0
相关成本	2 800	0
其中：变动成本	2 000	0
机会成本	800	0
差量损益	−300	0

（3）是否接受追加订货的决策

有些时候，客户追加订货时所出的价格可能等于或低于产品的正常单位成本，这种追加订货是否应接受，原则上应遵循以下原则：如果客户所开出的销售单价大于追加订货的单位变动成本，并能补偿其可能发生的专属固定成本和机会成本，即可接受；反之，则不接受。

【例12-13】某企业生产甲产品80 000件，企业设计生产能力为110 000件，正常的单位售价为10元，单位变动成本为5元，单位固定成本为3元。对于以下各不相关的情况，分别做出是否应该接受追加订货的决策分析。

①现有一客户增加订货20 000件，出价7.5元/件，剩余生产能力无法转移，追加订货不需要追加专属成本。

解：企业现有剩余生产能力30 000件（110 000−80 000），追加订货量只有20 000件，小于剩余生产能力，且剩余生产能力无法转移，追加订货不需要追加专属成本，在这种情况下，客户出价7.5元大于单位变动成本5元，所以可以接受此追加订货。

②现有一客户追加订货30 000件，出价7元/件，企业接受该追加订货需要追加一台专用设备，增加专属固定成本30 000元。

解：在此情况下，可以采用差量损益分析法分析接受订货和拒绝追加订货两个方案，具体过程见表12-8。

表12-8　　**差量损益分析表**　　单位：元

项目	接受追加订货	拒绝追加订货	差异额
相关收入	30 000×7=210 000	0	210 000
相关成本	180 000	0	180 000
其中：增量成本	30 000×5=150 000	0	
专属成本	30 000	0	
差量损益	30 000	0	30 000

可见，差量损益大于零，接受追加订货会比拒绝追加订货多获利30 000元，因此应接受追加订货。

③现有一客户追加订货35 000件，出价8元/件，剩余生产能力无法转移。

解：追加订货35 000件，超出企业剩余生产能力30 000件，如果接受订货将减少正常销售量5 000件，该5 000件的正常销售收入应作为接受订货的机会成本。具体计算分析过程见表12-9。

表12-9　**差量损益分析表**　单位：元

项目	接受追加订货	拒绝追加订货	差异额
相关收入	35 000×8=280 000	0	280 000
相关成本	200 000	0	200 000
其中：增量成本	30 000×5=150 000	0	
机会成本	5 000×10=50 000	0	
差量损益	80 000	0	80 000

可见，差量损益大于零，接受追加订货会比拒绝追加订货多获利80 000元，因此应接受追加订货。

④现有一客户追加订货40 000件，出价8元/件，企业若不接受订货可将设备出租，可获租金50 000元。

解：追加订货40 000件，超出企业剩余生产能力30 000件，如果接受订货将减少正常销售量10 000件，此10 000件的正常销售收入应作为接受订货的机会成本。设备出租的租金也应作为接受订货方案的机会成本。具体计算分析过程见表12-10。

表12-10　**差量损益分析表**　单位：元

项目	接受追加订货	拒绝追加订货	差异额
相关收入	40 000×8=320 000	0	320 000
相关成本	300 000	0	300 000
其中：增量成本	30 000×5=150 000	0	
机会成本	10 000×10+50 000=150 000	0	
差量损益	20 000	0	20 000

可见，差量损益大于零，接受追加订货会比拒绝追加订货多获利20 000元，因此应接受追加订货。

（4）产品是否继续加工的决策

产品立即出售还是继续加工，是多步骤生产企业经常遇到的问题。比如有些半成品、联产品，既可以立即出售，也可以继续加工后再出售。究竟是出售合算还是继续加工合算？为了解决此类问题，可采用差量损益分析法进行分析。

产品继续加工前所发生的成本为沉没成本，决策分析时不必考虑，只需考虑继续加工后预期增加的收入是否超过继续加工时所追加的成本（包括机会成本和专属成本等）。

【例12-14】某炼油厂从原油中提炼出的煤油，既可以直接出售，也可以进一步通过裂化加工为汽油和柴油后再出售。煤油经过裂化加工的获得率是：汽油80%、柴油15%、自然损耗5%。每吨煤油进一步加工的可分费用为800元。该厂现生产了400吨煤油，每吨生产费用为500元，进一步加工需增加固定成本15 000元。每吨煤油售价1 700元，每吨汽油售价3 200元，每吨柴油售价2 200元。问：该炼油厂应直接出售煤油还是进一步加工？

解：如果进一步加工，400吨煤油可产出汽油320吨（400×80%），柴油60吨（400×15%）。计算过程见表12-11。

表12-11 差量损益分析表 单位：元

项目	进一步加工	直接出售	差异额
相关收入	320×3 200+60×2 200=1 156 000	400×1 700=680 000	476 000
相关成本	335 000	0	335 000
其中：可分成本	800×400=320 000	0	
专属成本	15 000	0	
差量损益	821 000	680 000	141 000

可见，差量损益大于零，进一步加工会比直接出售多获利141 000元，因此应进一步加工。

2. 生产多少的决策

应当生产多少产品，除了要考虑市场的需求，还要根据企业本身的产品生产的具体情况，本着节约资源、降低消耗、提高效益的原则加以具体落实。企业在这方面面临的主要问题有最优生产批量决策、最优产品组合决策以及风险型和不确定型的产量决策。下面主要介绍最优生产批量决策。

产品生产并不是批量越大越好。在全年产量已定的情况下，生产批量与生产批次成反比，生产批量越大，则生产批次越少；生产批量越小，则生产批次越多。生产批量和生产批次与生产准备成本、储存成本相关，最优的生产批量应该是生产准备成本与储存成本总和最低时的生产批量。

生产准备成本是指每批产品生产前进行准备工作而发生的成本，如调整机器、准备工卡模具、布置生产线、清理现场、领取原材料等发生的工资费用、材料费用等。储存成本是指为储存零部件及产品而发生的仓库及其设备的折旧费、保险费、保管人员工资、维修费、损失等费用的总和。根据两者的特点，我们可以知道若要降低年准备成本，就应减少生产批次，但减少批次必然要增加批量，从而提高与批量成正比的年储存成本；若要降低年储存成本，就应减少生产批量，但减少生产批量必然要增加批次，从而提高与批次成正比的年准备成本。因此，如何确定生产批量和生产批次，才能使年准备成本与年储存成本之和最低，就成为最优生产批量决策需要解决的问题。

3. 产品生产安排的决策

（1）零部件是自制还是外购的决策

当企业既可自制又可外购零部件时，就会涉及零部件取得方式的决策问题。而自制和外购零部件组成产品后所获得的预期收入是相同的，在决策分析时不涉及相关收入，只需考虑相关成本因素，择其最低者为最优方案。

①需用量确定，自制或外购的决策分析。

在需用量确定的情况下，一般采用相关成本分析法。

【例12-15】某企业每年需要甲零件10 000个，可以自制也可以外购。外购单价为20元，每件运费1元，外购一次的差旅费为2 000元，每年采购2次。自制单位产品的成本为22元，其中直接材料费8元，直接人工费6元，变动制造费用3元，固定制造费用5元。自制每月需要增加专属固定成本3 000元。如果外购，生产甲零件的设备可以出租，每年可获租金10 000元。问甲零件是自制还是外购？

解：在自制方案中，直接材料、直接人工、变动制造费用属于相关成本，而分摊的固定制造费用为无关成本，每月增加的专属成本是相关成本，出租设备可获租金是自制方案的机会成本。在外购方案中，购价、运输费是变动成本，差旅费是固定成本，此三项费用均是与决策相关的成本。具体计算分析过程见表12-12。

表12-12　**相关成本分析表**　单位：元

项目	自制	外购
变动成本	10 000×（8+6+3）=170 000	10 000×（20+1）=210 000
专属成本	3 000×12=36 000	2 000×2=4 000
机会成本	10 000	
相关成本合计	216 000	214 000

外购方案成本比自制方案成本低，故选择外购。

②需用量不确定，自制或外购的决策分析。

当零部件需用量不确定时，可以采用成本无差别点法。

【例12-16】某企业生产所需的甲零件，过去一直外购，每件外购单价为24元。现该企业尚有部分剩余生产能力可以生产甲零件。据相关部门预测，每件甲零件的直接材料、直接人工及变动制造费用为18元，但每年需增加专属固定成本18 000元。问甲零件是自制还是外购？

解：设当每年需要x件甲零件时自制和外购方案的成本相等，即“成本无差别点”，则：

外购方案的预期成本：$y_1=a_1+b_1x=0+24x=24x$

自制方案的预期成本：$y_2=a_2+b_2x=18\,000+18x$

由$y_1=y_2$，得：$24x=18\,000+18x$

解得：x=3 000

由此得出结论：若甲零件的需要量小于3 000件，应选择外购方案；若甲零件的需要量等于3 000件，两个方案均可行；若甲零件的需要量大于3 000件，则应选择自制方案。

（2）产品采用何种生产工艺加工的决策

生产工艺是加工制造产品或零件所使用的机器、设备及加工方法的总称。同一种产品或零件往往可以按不同的生产工艺进行加工，如手工操作，采用半机械化、机械化或自动化生产方式。

一般来讲，生产工艺越先进，其固定成本越高，单位变动成本越低；而生产工艺越落后，其固定成本越低，但单位变动成本越高。对于先进的生产工艺，除非产销量较大，可以降低单位产品中的固定成本，否则不宜采用。因此，采用何种生产工艺进行加工，产量成为最佳的判断标准。这时，只要确定不同生产工艺的成本平衡点（不同生产工艺总成本相等时的产量点），就可以根据产量确定选择何种生产工艺最为有利。

四、长期投资决策方案的分析和评价

（一）长期投资决策概述

1. 长期投资的概念和特点

长期投资（long-term investment）是指企业需要投入大量资金，以增加生产经营能力并期望在未来获取收益的经济活动，它既包括投资于厂房、机器设备等方面的固定资产投资，也包括无形资产投资和长期有价证券投资。由于长期投资大多要经过一定时间才能回收，期间所形成的各项支出通常不能直接转化为本期费用，因此与长期投资有关的资金支出在财务会计中又被称为“资本性支出”。

而不论哪类长期投资，其共同的特点都是：投入资金的数额多、对企业影响的持续时间长、资金回收的速度慢、蒙受风险的可能性大。

2. 长期投资决策的概念及意义

顾名思义，长期投资决策就是指企业为了进行长期投资而做出的决定，简称长期决策。由于长期投资决策方案涉及资本支出，故又叫资本支出决策；又因长期投资决策一经确定，就需要纳入资本支出预算，也有人称之为资本预算决策。

由于长期投资涉及大量的资金投入，并在较长时期内影响企业的财务状况和经营成果，因此在对投资方案进行选择时，不但要考虑技术上的先进性，还要着重从成本-效益的关系上进行深入细致的分析，正确评价投资方案在经济上的合理性，通过分析对比确定最优方案。

长期投资与企业未来的经济利益相关，不正确的长期投资决策会给企业乃至整个国民经济带来不良影响，然而长期投资决策的影响在短期内却无法显现。这些都说明在进行投资决策分析时，企业必须尽量考虑周全，按照科学的决策程序，从企业、国民经济和社会的角度进行研究论证，分析经济、技术和财务的可行性，搞好投资的可行性研究和项目评估。

（二）现金流量

长期投资决策主要在于规划企业未来的发展方向与规模，它在较长时期内对企业经营产生持续的影响。为了对待选方案进行分析、对比，正确地评价方案的经济效益，必须考虑影响长期投资决策的重要因素，主要涉及货币时间价值、现金流量、资本成本等。本书着重介绍其中的现金流量这个因素。

1. 现金流量的概念及内容

现金流量（cash flow）是指在长期投资决策中，投资项目引起的企业在未来一定期间发生现金支出和现金收入变动的数量。这里的“现金”是指广义上的现金，它不仅包括各种货币现金，还包括项目开始时投入企业的非货币资金的变现价值、固定资产的残值变现收入，以及在流动资产上收回投资的变现价值。

现金流量的主要内容包括现金流入量、现金流出量和净现金流量。现金流入量是由于投资项目实施而引起的现金收入的增加或现金支出的减少，主要表现为货币资金增加。现金流出量是指由于投资项目实施而引起的现金支出的增加或现金收入的减少，主要表现为货币资金减少。净现金流量（NCF）是指现金流入量与现金流出量之差。

2. 现金流量的分类

根据投资项目所处时期不同，现金流量可分为以下三种类型。

（1）初始投资现金流量

它是指投资项目开始实施到固定资产投入使用之前这段时间所发生的现金流量。这类现金流量的特点通常表现为只有现金流出量而无现金流入量。因此，这个时期的净现金流量通常为负值。

初始投资现金流量主要由以下几项内容构成：

① 固定资产购置或建造费用，它是初始投资现金流量的最主要的构成部分。

② 相应流动资金投入，当固定资产投入使用后，企业需要相应增加流动资金，用于物品储备和应收账款周转等，包括对材料、在产品、产成品和现金等流动资产的投资。

③ 更新固定资产净残值收入，只有固定资产更新项目才有该项现金流量。

当企业准备更新现有房屋时，需要对现有房屋进行清理，所得变现净收入应作为现金流入量，列入初始投资现金流量中。

（2）营业现金流量

它是指从项目建成并投入使用起，至固定资产停止使用转入清理止，这期间所产生的现金流量。在这段时间内，企业固定资产投入流通或提供服务，为企业创造收益，因此这类现金流量的净值通常为正值。

营业现金净流量=年营业收入-年付现成本-年所得税

=（年营业收入-年付现成本）×（1-所得税税率）+年折旧×所得税税率

=（年营业收入-年付现成本-年折旧）×（1-所得税税率）+年折旧

=年税后利润+年折旧

（3）终结现金流量

它是指投资项目寿命完结时发生的现金流量，主要包括以下几个方面：

① 固定资产的残值收入或变价收入。

② 原有垫支在流动资产上资金的回收。

③ 停止使用土地的变价收入等。

3. 现金流量的计算

【例 12-17】某固定资产投资项目在建设起点需要一次性投入购置费等1 100 000元，另外需要投入200 000元流动资金，建设期为1年。该固定资产可使用10年，按直线法折旧，期末有净残值100 000元。投入使用后，可使营业期每年增加现金收入803 900元，增加经营成本370 000元。该企业所得税税率为25%。试确定该投资项目各年净现金流量。

解：依题意，该项目建设期为1年，资产可使用10年，即整个项目期间为11年。

（1）初始投资现金流量发生在建设期期初，且均为现金流出量，即：

NCF_0=-1 100 000+（-200 000）=-1 300 000（元）

建设期期末即项目投产日，没有发生现金流量，即：

NCF_1=0

（2）项目投入使用后，经营期每年的税后利润为：

经营期每年的税后利润=（803 900-370 000-100 000）×（1-25%）=250 425（元）

其中：

每年计提的折旧费用=$\frac{1100000-100000}{10}$=100 000（元）

NCF_{2-11}=250 425+100 000=350 425（元）

（3）终结净现金流量为：

NCF_{11}=200 000+100 000=300 000（元）

（三）长期投资决策的基本方法

长期投资决策的基本方法一般可以分为两类：一类是静态分析法，也称非贴现的现金流量分析法；一类是动态分析法，也称贴现的现金流量分析法。

1. 静态分析法

静态分析法不考虑货币的时间价值因素，它是在投资项目评价时，为达到分析企业的盈利能力和清偿能力目标而采取的一种简化分析方法。一般包括静态投资回收期法和会计收益率法等。

（1）静态投资回收期法

静态投资回收期（statical payback period），简称投资回收期，是指以投资项目经营现金净流量抵偿原始投资所需要的时间，一般以年为单位。

若每年经营现金净流量相等，则计算公式为：

投资回收期=$\frac{原始投资额}{年现金净流量}$

若每年经营现金净流量不等，按累计现金流量达到投资总额的年份计，其中累计现金流量等于各年现金流量之和。当对两个投资方案进行比较时，通常选择投资回收期比较短的投资项目。

【例 12-18】根据有关资料（见表 12-13），分别计算甲、乙两个方案的投资回收期。

解：方案甲每年现金流量相等，则：

方案甲的投资回收期=$\frac{800\ 000}{270\ 000}$=2.96（年）

由于方案乙每年现金流量不等，由表 12-13可见，累计净现金流量在第四年第一次为正值。

方案乙的投资回收期=3+$\frac{260\ 000}{280\ 000}$=3.93（年）

表12-13　　**投资项目现金流量表**　　单位：元

年份	方案甲			方案乙			
	净利润	折旧	NCF	净利润	折旧	NCF	累计NCF
0			-800 000			-800 000	-800 000
1	110 000	160 000	270 000	0	160 000	160 000	-640 000
2	110 000	160 000	270 000	20 000	160 000	180 000	-460 000
3	110 000	160 000	270 000	40 000	160 000	200 000	-260 000
4	110 000	160 000	270 000	120 000	160 000	280 000	20 000
5	110 000	160 000	270 000	500 000	160 000	660 000	680 000
合计	550 000	800 000	550 000	680 000	800 000	680 000	—

投资回收期法能够直观地反映原始投资额的返本期限，概念容易理解，计算也比较简便。但这一指标的缺点是没有考虑货币的时间价值，忽略了投资回收期后的现金流量。因此，静态投资回收期法只能作为投资决策的辅助方法。

（2）总投资收益率法

总投资收益率（return on investment，记作ROI），又称投资报酬率，是指一个投资方案的年平均利润额与投资总额之比，用公式表示为：

$$ROI=\frac{年平均利润额}{投资总额}$$

投资报酬率是一个静态正指标，投资报酬率越高，说明方案的获利能力越强。它的优点是计算简便，缺点是虽然考虑了回收期后的收益，但仍然忽略了货币的时间价值，因此只能作为辅助投资决策方法。

【例12-19】根据【例12-18】的表12-13的资料，计算总投资收益率。

解：方案甲的总投资收益率$=\frac{110\ 000}{800\ 000}\times 100\%=13.75\%$

方案乙的总投资收益率$=\frac{680\ 000\div 5}{800\ 000}\times 100\%=17\%$

2. 动态分析法

动态分析法是考虑了货币时间价值因素的方法，主要有净现值法、现值指数法、内部收益率法等。

（1）净现值法

净现值（net present value，记作NPV）指在项目计算期内，按行业基准折现率或设定的折现率计算的各年现金净流量现值的代数和。净现值法就是以净现值指标评价投资项目或方案的方法。其计算公式为：

$$NPV=\sum_{t=0}^{n}\frac{NCF_t}{(1+i)^t}=\sum_{t=0}^{n}[NCF_t\cdot(P/F,i,t)]$$

式中，i为该项目的设定折现率或基准折现率；（P/F，i，t）为第t年，折现率为i的复利现值系数。

采用净现值法的决策标准是：对于单一方案，NPV≥0，项目可行，反之不可行；对多个互斥方案选择决策时，一般应选用NPV≥0中的最大者的方案。

【例12-20】根据【例12-18】的表12-13的资料，假设方案的设定折现率为10%，计算净现值。

解：方案甲的NCF相等，则：

方案甲的NPV=NCF×（P/A，10%，5）-800 000

=270 000×3.791-800 000

=223 570（元）

方案乙的NCF不相等，其净现值可列表计算，详见表12-14。

表12-14 **方案乙净现值计算表** 金额单位：元

年份	各年的NCF ①	现值系数 ②	现值 ③=①×②
1	160 000	0.909	145 440
2	180 000	0.826	148 680
3	200 000	0.751	150 200
4	280 000	0.683	191 240
5	660 000	0.621	409 860
未来报酬的总现值			1 045 420
减：初始投资			800 000
净现值（NPV）			245 420

从以上计算和表12-14可以看出，两个方案的净现值均大于零，故都是可行的。但方案乙的净现值大于方案甲，故应选用方案乙。

净现值法的优点是充分考虑了货币的时间价值和投资风险，且反映了整个投资方案的净收益。净现值法也有以下一些局限性，如不能揭示各个投资方案本身可达到的实际报酬率水平；净现值是一个绝对数指标，只能反映单个投资方案与收益的关系，如果各个方案的投资额不同，则其不具有可比性。

（2）现值指数法

现值指数（present value index，记作PI），又称获利指数，是指项目计算期内现金流入量的现值之和与现金流出量的现值之和的比值。它反映每1元原始投资额（成本）所带来的按资本成本折现后的净收益。现值指数法就是以现值指数为标准评价投资项目或方案的方法。其计算公式为：

$$PI=\frac{\text{各年现金流入量的现值合计}}{\text{各年现金流出量的现值合计}}$$

采用现值指数法的决策标准是：对于单个方案，现值指数大于或等于1时，方案可行，反之不可行；对于多个方案，一般应选择现值指数大的方案。

【例12-21】根据【例12-18】的表12-13的资料，计算现值指数。

解：甲方案的现值指数=1 023 570÷800 000=1.28

乙方案的现值指数=1 045 420÷800 000=1.31

甲、乙两个方案的现值指数都大于1，故两个方案都是可行的。但因乙方案的现值指数更大，故应采用乙方案。

（3）内部收益率法

内部收益率（internal rate of return，记作IRR），也称内部报酬率、内含报酬率，是指能使投资项目的净现值等于零的折现率，实际上反映了投资项目的真实报酬率。采用内部收益率对投资项目进行评价的方法就是内部收益率法，目前越来越多的企业开始使用这种方法。其计算公式为：

$$\sum_{t=1}^{n}\frac{NCF_t}{(1+IRR)^t}-CF_0=0$$

式中，CF_0为初始投资额的现值。

内部收益率的计算过程为：

①如果每年的NCF相等，则按下列步骤计算。

a.计算年金现值系数。

$$年金现值系数=\frac{初始投资额}{每年的NCF}$$

b.查年金现值系数表，在相同年数内，找出与上述年金现值系数相邻近的较大和较小的两个折现率。

c.根据上述两个邻近的折现率和已求得的年金现值系数，采用插值法计算出该投资方案的内部收益率。

②如果每年的NCF不相等，则需要按下列步骤计算。

a.预估一个折现率，并按此折现率计算净现值。若计算出的NPV为正数，说明预估的折现率小于该项目的实际内部收益率，应提高折现率，再进行测算；若计算出的NPV为负数，说明预估的折现率大于实际内部收益率，应降低折现率，再进行测算。经反复测算，找出使净现值由正到负并且接近零的两个折现率。

b.根据上述两个邻近的折现率，采用插值法，计算出该项目的实际内部收益率。

采用内部收益率法的决策标准是：对于单个方案，如果计算出的内部收益率大于或等于企业的资本成本或要求的收益率时就采纳，反之就拒绝；对于多个方案，可行方案中内部收益率大者为优。

【例12-22】仍根据【例12-18】的表12-13的资料，计算方案甲的内部收益率。

解：由于甲方案每年的NCF相等，因而可以采用以下方法计算内部收益率。

$$年金现值系数=\frac{初始投资额}{每年NCF}=\frac{800\,000}{270\,000}=2.96296$$

查5年的年金现值系数表，与之相邻的年金现值系数的折现率为20%和22%，则：

$$IRR_{甲}=20\%+\frac{2.99061-2.96296}{2.99061-2.86364}\times（22\%-20\%）=20.44\%$$

【课程思政12-2】

党的二十大报告明确指出，必须坚持系统观念。万事万物都是相互联系、相互依存的。只有用普遍联系的、全面系统的、发展变化的观点观察事物，才能把握事物发展规律。无论是做短期经营决策还是长期投资决策，我们在做决策时都要透过现象看本质，把握好全局和局部、当前和长远、宏观和微观、主要矛盾和次要矛盾、特殊和一般的关系，通过整合完整而多维度的信息和视角，尽可能提高各类决策的质量和效率。

第三节 执行性管理会计

一、预算控制

（一）预算的含义和作用

预算（budget）是用货币和数量单位反映企业未来某一特定时期经营活动、经营成果和财务状况的一整套财务计划。

预算规划了企业应达到的目标以及为实现目标应采取的行动。在编制预算之前，企业应先制订一套战略计划（strategic plan）来确定企业至少未来五年内的经营和业务活动，为了实施战略计划，需要将战略计划转化为长期目标和短期目标，这些目标构成了预算的基础。

预算的作用主要表现为：

1. 促使企业管理人员为企业的总体发展方向进行计划，预见发展中的问题，并制定未来的政策。在编制预算的过程中，管理者需要经常地思考和计划企业的未来，从而及时地根据需要调整企业的经营。

2. 提供了绩效评价的标准，这主要是通过定期地将实际结果与预算结果进行比较得以实现的。

3. 改善企业各部门间的沟通和协调。预算可以使企业的员工认识到他们在实现企业目标中所起的作用，并使企业的各部门从企业整体出发，密切配合，相互协调。

（二）总预算的内容和编制方法

1. 总预算的含义和内容

总预算（master budget）是针对整个企业的综合性的经营决策和财务计划。一般来说，总预算每年编制一次，与企业的财务年度保持同步。总预算可以分解为季度预算和月度预算。预算的时间跨度取决于预算的目的。使用较短的预算期间可以使管理者更经常地比较实际数据和预算数据，更能及时发现问题，解决问题。企业现在也越来越多地使用滚动预算，按一定周期及时更新，以保证未来预算期是个特定的期间。企业一般在一年中的最后四五个月内编制下一年的总预算。

总预算由一系列财务预算报告构成，可以分为经营预算和财务预算。经营预算（operating budget）反映一家企业创造收益的各项活动：销售、生产和产成品存货等。经营预算的最终结果是预计利润表。财务预算（financial budget）详细描述现金的流入和流出以及企业整体的财务状况。

总预算的具体内容如下：

（1）经营预算

① 销售预算；② 生产预算；③ 直接材料采购预算；④ 直接人工预算；⑤ 制造费用预算；⑥ 期末产成品存货预算；⑦ 产品销售成本预算；⑧ 销售及管理费用预算；⑨ 预计利润表。

（2）财务预算

① 现金预算；

② 预计资产负债表；

③ 资本支出预算（属于长期投资决策，不属于总预算，但涉及现金支出，故在此列出）。

以上各种预算构成了一个完整的总预算体系，各预算的相互关系可用图 12-5 表示。

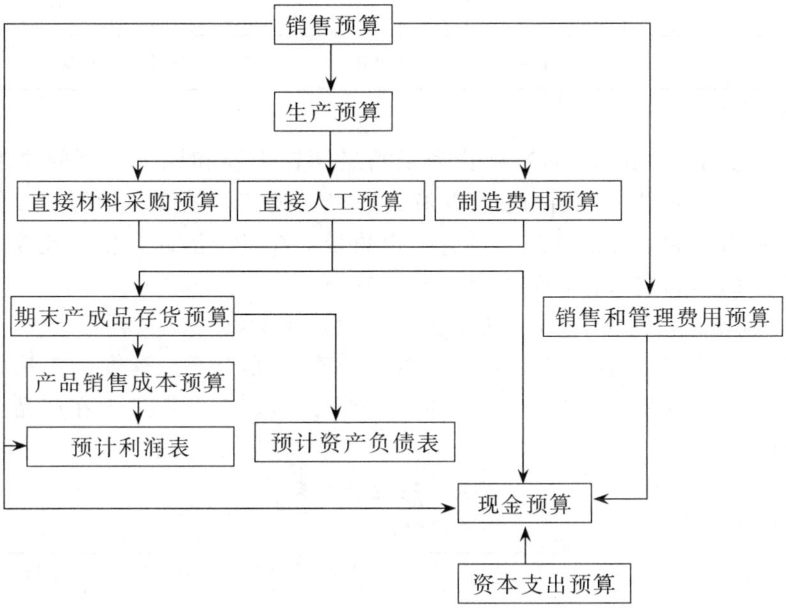

图12-5　总预算体系

2. 总预算的编制方法

（1）销售预算

销售预算（sales budget）是反映企业在预算期内预计销售量和销售价格的计划。销售预算是总预算的起点，是其他全部经营预算和大部分财务预算的基础。因为产品的产量、材料、人工、制造费用的支出以及销售及管理费用和存货水平都是由销售量决定的。销售预算的准确性对总预算的准确性有着极大的影响。

编制销售预算的第一步是进行销售预测。销售预测通常由市场营销部门负责。预测销售的方法很多，其中最常用的方法是自下而上法。该方法要求每个销售人员提交一份销售预测报告，将这些销售预测报告汇总就得出了总销售预测。许多因素影响着销售预测的准确性，这些因素包括近期销售量、宏观经济状况、行业状况、市场调研、产品价格政策、广告和促销、竞争状况，以及国家相关的政策法规等。通过总体考虑这些因素可以提高销售预测的准确性。销售预测仅仅是最初的估计，还需提交预算委员会审查。预算委员会将确定预测是否过于乐观或过于悲观，然后做出适当的调整。

销售预算确定了预算期的销售数量和销售价格后，就可以得出预计的销售收入，即：

预计销售收入=预计销售数量×预计销售单价

【例 12-23】某企业只生产一种产品——T恤衫，2×22 年各季度预计的销售量和销售单价见表 12-15。

表12-15

预算表1：销售预算

2×22年度

金额单位：元

摘要	第一季度	第二季度	第三季度	第四季度	全年合计
预计销售量（件）	1 000	1 200	1 500	2 000	5 700
预计销售单价（元/件）	10	10	10	10	10
预计销售额	10 000	12 000	15 000	20 000	57 000

（2）生产预算

生产预算（production budget）反映为了满足销售需要和期末存货的要求，企业要生产的产品数量。企业如果没有期初和期末存货，产品的产量就等于销售量。但大多数企业为了应付生产和需要的不确定性都会持有一定数量的存货。因此，生产预算除了考虑销售量外，还得考虑期初和期末存货的数量，其计算公式为：

预计生产量=预计销售量+预计期末存货数量-预计期初存货数量

【例12-24】上例中，假定企业各季度的期末存货等于下一季度销售量的20%，并且本年第一季度的期末存货是180件。为了简化计算，假定企业期末无在产品。企业的生产预算见表12-16。

表12-16

预算表2：生产预算

2×22年度

单位：件

摘要	第一季度	第二季度	第三季度	第四季度	全年合计
预计销售量（见预算表1）	1 000	1 200	1 500	2 000	5 700
加：预计期末存货	240	300	400	200*	200
总需求	1 240	1 500	1 900	2 200	5 900
减：预计期初存货	180	240	300	400	180
预计生产量	1 060	1 260	1 600	1 800	5 720

*假定2×23年第一季度估计销售量是1 000件。

表12-16中有两个方面需要加以注意：第一，每一季度的期初存货总是等于前一季度的期末存货；第二，全年合计数字并不等于四个季度数字的简单相加。

完成生产预算后，就可以编制直接材料采购预算、直接人工预算以及制造费用预算。

（3）直接材料采购预算

直接材料采购预算（direct materials purchases budget）表明每期所需购买原材料的数量和成本，该预算取决于生产中材料的预计用量和原材料存货的需求量。企业需要为使用的每一种原材料编制独立的直接材料采购预算。

直接材料的预计采购量的计算公式如下：

预计材料采购量=生产所需直接材料+预计期末直接材料存货-预计期初直接材料存货

【例12-25】承前例，假设该企业的T恤生产需要两种原材料：每件成本为3元的纯色T恤和每克0.20元的油墨。以单件计算，企业每生产一件成品T恤需要一件纯色T恤和5克油墨。各季度末原材料存货量是下个季度生产需求量的10%。另外，假定该企业2×22年1月初有58件纯色T恤和390克油墨的原材料存货。根据上述资料得出直接材料采购预算，见表12-17。

表12-17　**预算表3：直接材料采购预算**

2×22年度　金额单位：元

摘要	第一季度	第二季度	第三季度	第四季度	全年合计
纯色T恤					
预计生产量（见预算表2）（件）	1 060	1 260	1 600	1 800	5 720
乘：单位产品所需原材料	1	1	1	1	1
预计生产所需原材料（件）	1 060	1 260	1 600	1 800	5 720
加：预计期末原材料存货（件）	126	160	180	106*	106
总需求（件）	1 186	1 420	1 780	1 906	5 826
减：预计期初原材料存货（件）	58	126	160	180	58
预计原材料采购量（件）	1 128	1 294	1 620	1 726	5 768
乘：原材料单位成本（元/件）	3	3	3	3	3
原材料采购成本	3 384	3 882	4 860	5 178	17 304
油墨					
预计生产量（见预算表2）（件）	1 060	1 260	1 600	1 800	5 720
乘：单位产品所需原材料（克/件）	5	5	5	5	5
预计生产所需原材料（克）	5 300	6 300	8 000	9 000	28 600
加：预计期末原材料存货（克）	630	800	900	530*	530
总需求（克）	5 930	7 100	8 900	9 530	29 130
减：预计期初原材料存货（克）	390	630	800	900	390
预计原材料采购量（克）	5 540	6 470	8 100	8 630	28 740
乘：原材料单位成本（元/克）	0.2	0.2	0.2	0.2	0.2
原材料采购成本	1 108	1 294	1 620	1 726	5 748
直接材料采购总成本	4 492	5 176	6 480	6 904	23 052

*假定2×22年第四季度末原材料期末存货为：106件纯色T恤和530克油墨。

（4）直接人工预算

直接人工预算（direct labor budget）表示按照生产预算中的产量进行生产所需的直接人工工时及相关成本。该成本取决于工资率、生产方式等。其一般计算公式如下：

预计直接人工总成本=预计生产量×单位产品直接人工工时×单位工时工资率

【例12-26】承前例，假定该企业在预算期内单位产品工时定额为0.12小时，单位小时工资率为10元。根据上述资料得出直接人工预算，见表12-18。

表12-18　　**预算表4：直接人工预算**

2×22年度　　金额单位：元

摘要	第一季度	第二季度	第三季度	第四季度	全年合计
预计生产量（见预算表2）	1 060	1 260	1 600	1 800	5 720
乘：单位产品工时定额	0.12	0.12	0.12	0.12	0.12
预计产品工时定额	127.2	151.2	192	216	686.4
乘：单位小时工资率	10	10	10	10	10
预计直接人工总成本	1 272	1 512	1 920	2 160	6 864

（5）制造费用预算

制造费用预算（overhead budget）表明了所有制造费用的预算成本。为了简化预算的编制程序，我们按照成本性态把制造费用分为变动制造费用和固定制造费用。

变动制造费用通常包括动力、维修费、间接材料、间接制造工人工资等，其金额会随着业务量（人工工时、机器工时等）的变动成正比例变动。计算公式如下：

预计变动制造费用=预计业务量×预计变动制造费用分配率

固定制造费用包括厂房和机器设备的折旧、租金及车间的管理费用、财产税等，它们的支出形成企业总体的生产经营能力，一经形成，在短期内会保持不变。

预计制造费用=预计变动制造费用+预计固定制造费用

【例12-27】承前例，企业变动制造费用分配率是每直接人工工时5元；固定制造费用每季度为1 645元（包括每季度540元的折旧费用）。根据上述资料得出制造费用预算，见表12-19。

表12-19　　**预算表5：制造费用预算**

2×22年度　　金额单位：元

摘要	第一季度	第二季度	第三季度	第四季度	全年合计
预计直接人工工时（见预算表4）	127.2	151.2	192	216	686.4
变动制造费用分配率	5	5	5	5	5
预计变动制造费用	636	756	960	1 080	3 432
预计固定制造费用	1 645	1 645	1 645	1 645	6 580
预计制造费用合计	2 281	2 401	2 605	2 725	10 012

（6）期末产成品存货预算

期末产成品存货预算（ending finished goods inventory budget）为编制预计资产负债表提供所需信息，同时为编制产品销售成本预算提供信息。

【例12-28】根据前例中预算表3至预算表5中的相关数据编制期末产成品存货预算，

见表12-20。

表12-20　**预算表6：期末产成品存货预算**

2×22年度　金额单位：元

单位成本计算：		
直接材料（1×3+0.2×5）		4
直接人工（0.12×10）		1.2
变动制造费用（0.12×5）		0.6
固定制造费用（0.12×9.59*）		1.15
单位成本合计		6.95
数量	单位成本	期末产成品成本
200	6.95	1 390

注：*9.59=1 645×4÷686.4

（7）产品销售成本预算

产品销售成本预算（cost of goods sold budget）表明销售产品的预计成本。由于该预算表是为预算年度预计利润表提供数据，所以该预算表是按年度编制的，无须分季度编制。

【例12-29】承前例，假定企业期初产成品存货为1 251元，根据预算表3至预算表6编制产品销售成本预算，见表12-21。

表12-21　**预算表7：产品销售成本预算**

2×22年度　单位：元

摘要	金额
生产耗用的直接材料成本（见预算表3）	22 880（5 720×3+28 600×0.2）
生产耗用的直接人工成本（见预算表4）	6 864
生产耗用的制造费用（见预算表5）	10 012
预计制造成本	39 756
加：期初产成品	1 251
可供销售产成品	41 007
减：期末产成品（见预算表6）	1 390
预计产品销售成本	39 617

（8）销售和管理费用预算

销售和管理费用预算（selling and administrative expenses budget）表明非制造作业的计划支出。和制造费用预算一样，销售和管理费用预算也要划分为变动预算部分和固定预算部分。

【例12-30】承前例，企业2×22年度销售和管理费用预算见表12-22。

表12-22　　**预算表8：销售和管理费用预算**

2×22年度　　金额单位：元

摘要	第一季度	第二季度	第三季度	第四季度	全年合计
计划销售量（见预算表1）（件）	1 000	1 200	1 500	2 000	5 700
乘：每单位变动销售及管理费用	0.1	0.1	0.1	0.1	0.1
总变动销售和管理费用	100	120	150	200	570
固定销售和管理费用：					
工资	1 220	1 220	1 720	1 220	5 380
水电费	50	50	50	50	200
广告费	100	200	300	500	1 100
折旧费	150	150	150	150	600
保险费	200	200	200	200	800
总固定销售和管理费用	1 720	1 820	2 420	2 120	8 080
预计销售和管理费用	1 820	1 940	2 570	2 320	8 650

（9）预计利润表

编制完上述各预算表后，根据权责发生制原则，即可编制预计利润表。

【例12-31】根据前面各例的预算表编制预计利润表，见表12-23。

表12-23　　**预算表9：预计利润表**

2×22年度　　单位：元

项目	金额
销售收入（见预算表1）	57 000
减：产品销售成本（见预算表7）	39 617
销售毛利	17 383
减：销售和管理费用（见预算表8）	8 650
营业收益	8 733
减：利息费用（见预算表10）	60
税前利润	8 673
减：所得税（见预算表10）	2 550
净利润	6 123

（10）现金预算

现金预算（cash budget）表明企业在预算期内现金收支情况的预算。编制现金预算可以使企业管理者知道何时会出现现金不足或现金结余，这样就可以事先计划，在现金不足时借入现金，在现金盈余时偿还借款等。因为现金流是企业的生命之源，现金预算就成为总预算中最重要的预算。现金预算一般按照表12-24的格式来编制。

表12-24　**现金预算格式**

期初现金余额	
加：现金收入	
可供使用的现金	
减：现金支出	
减：最低现金余额	
现金盈余或不足	
加：借款	
减：还款	
加：最低现金余额	
期末现金余额	

现金收入的主要来源是销售。由于大多数销售都是采用赊销的方式，因此，在计算现金收入时就要确定应收账款的收回方式。现金支出包括预算期内各种计划的现金支出，如原材料采购支出、直接人工支出、制造费用的付现支出等。其中原材料采购如果采用的是赊购方式，还需考虑付款方式。所有未导致现金支出的开支都要排除在外，如折旧费用。短期借款的利息通常不包括在现金支出项目中，而是被归入贷款偿还部分。

最低现金余额是指企业可接受的最低现金持有量。企业持有最低现金余额一方面是为了应对企业未来对现金需求的不确定性，另一方面是出于开户银行的要求。

如果可供使用的现金少于现金支出和最低现金余额之和，就会出现现金不足，这时企业就需要借入短期借款；相反，如果出现现金盈余，企业就有能力偿还贷款，若还有多余，就可以用于购买作为短期投资的有价证券。

【例12-32】承前例。为了说明现金预算，假定企业2×22年度的资料如下：

（1）每季度末的最低现金余额是1 000元。企业按照1 000元的整数倍借款和还款，年利率是12%，利息采用单利计算。所有借款均发生在一个季度开始时，而所有还款均发生在一个季度结束时。

（2）销售额中有25%是现销。赊销的90%在销售当季收回，余下的10%在下一个季度收回。2×21年第四季度的销售额为18 000元。

（3）直接材料采购全部是赊购。80%的赊购款在采购当季支付，余下的20%在下一季度支付。2×21年第四季度的赊购货款为5 000元。

（4）制造费用中每季度折旧费用预算为540元（见预算表5），销售和管理费用中每季度折旧费用预算为150元（见预算表8）。

（5）2×22年的资本预算表明企业计划购买额外的丝网印刷设备。购置设备的现金支出为6 500元，发生在第一季度。购买设备的资金主要来源于经营所得现金，必要时可借入短期借款。

（6）企业所得税约为2 550元，将于第四季度末支付。

（7）期初现金余额等于5 200元。

本例中为了正确计算现金收入，可以编制预计现金收入明细表，见表12-25。

表12-25 **预计现金收入明细表**

2×22年度

单位：元

来源	第一季度	第二季度	第三季度	第四季度
现销（销售额×25%）	2 500	3 000	3 750	5 000
赊销收款情况：				
2×21年第四季度	1 350（18 000×75%×10%）			
2×22年第一季度	6 750（10 000×75%×90%）	750（10 000×75%×10%）		
2×22年第二季度		8 100（12 000×75%×90%）	900（12 000×75%×10%）	
2×22年第三季度			10 125（15 000×75%×90%）	1 125（15 000×75%×10%）
2×22年第四季度				13 500（20 000×75%×90%）
现金收入合计	10 600	11 850	14 775	19 625

本例中为了正确计算现金的支出，需要另行编制直接材料采购现金支出明细表（见表12-26）和资本支出预算（capital budget）（见表12-27），资本支出预算是长期投资决策的内容，不属于短期的总预算，但由于资本支出预算中涉及当期的现金支出，故在编制总预算的现金预算时需要考虑。

表12-26 **直接材料采购现金支出明细表（参见预算表3）**

2×22年度

单位：元

赊购付款情况	第一季度	第二季度	第三季度	第四季度
2×21年第四季度	1 000（5 000×20%）			
2×22年第一季度	3 594（4 492×80%）	898（4 492×20%）		
2×22年第二季度		4 141（5 176×80%）	1 035（5 176×20%）	
2×22年第三季度			5 184（6 480×80%）	1 296（6 480×20%）
2×22年第四季度				5 523（6 904×80%）
现金支出合计	4 594	5 039	6 219	6 819

表12-27 资本支出预算（2×22年度） 单位：元

项目	投资时间	投资金额
丝网印刷设备	第一季度	6 500

在上例各预算表的基础之上，便可以编制现金预算，见表12-28。

表12-28 **预算表10：现金预算**

2×22年度 单位：元

摘要	一季度	二季度	三季度	四季度	全年合计
期初现金余额	5 200	1 023	1 611	3 762	5 200
加：现金收入（见预算表1）	10 600	11 850	14 775	19 625	56 850
可供使用现金总额	15 800	12 873	16 386	23 387	62 050
减：现金支出					
直接材料（见预算表2）	4 594	5 039	6 219	6 819	22 671
直接人工（见预算表4）	1 272	1 512	1 920	2 160	6 864
制造费用（见预算表5）*	1 741	1 861	2 065	2 185	7 852
销售和管理费用（见预算表8）*	1 670	1 790	2 420	2 170	8 050
所得税	—	—	—	2 550	2 550
购置设备（见表12-27）	6 500	—	—	—	6 500
现金支出总额	15 777	10 202	12 624	15 884	54 487
最低现金余额	1 000	1 000	1 000	1 000	1 000
总现金需求量	16 777	11 202	13 624	16 884	55 487
现金盈余或不足	-977	1 671	2 762	6 503	6 563
融资：					
借款	1 000	—	—	—	1 000
还款	—	1 000	—	—	1 000
利息	—	60**	—	—	60
融资总额	1 000	1 060	—	—	60
期末现金余额***	1 023	1 611	3 762	7 503	7 503

*不包括折旧费用。

**60=1 000×12%×2/4。

***包括最低现金余额。

（11）预计资产负债表

预计资产负债表反映企业在预算期期末有关资产、权益及相互关系的预算，是根据预算期期初资产负债表和总预算中相关预算编制的。

【例12-33】承前例，为了说明预计资产负债表的编制，假定企业2×21年年末资产负债表见表12-29。

表12-29 **资产负债表**

2×21年12月31日 单位：元

资产	期末余额	负债及所有者权益	期末余额
流动资产：		流动负债：	
现金	5 200	应付账款	1 000
应收账款	1 350	流动负债合计	1 000
原材料存货	252	所有者权益合计	33 153
产成品存货	1 251		
流动资产合计	8 053		
非流动资产：			
固定资产	26 100*		
非流动资产合计	26 100		
资产总计	34 153	负债及所有者权益总计	34 153

*累计折旧=5 000元。

企业编制的2×22年年末预计资产负债表见表12-30。

表12-30 **预算表11：预计资产负债表**

2×22年12月31日 单位：元

资产	期末余额	负债及所有者权益	期末余额
流动资产：		流动负债：	
现金	7 503（见表12-28）	应付账款	1 381（6 904×20%）
应收账款	1 500（20 000×75%×10%）	流动负债合计	1 381
原材料存货	424（106×3+530×0.2）	所有者权益合计	39 276（33 153+6 123）
产成品存货	1 390（见表12-20）		
流动资产合计	10 817		
非流动资产：			
固定资产	29 840*		
非流动资产合计	29 840		
资产总计	40 657	负债及所有者权益总计	40 657

*累计折旧=5 000+540×4+150×4=7 760（元）。

（三）预算控制的几种方法

预算管理领域应用的管理会计预算管理方法有很多种，企业可以根据其战略目标、业务特点和管理需要，结合不同方法的特点及使用范围，选择适当的方法加以运用。

1. 固定预算和弹性预算

预算按其是否可按业务量调整，分为固定预算和弹性预算两种。其中固定预算（fixed budget）又称静态预算（static budget），是根据预算期内正常的可实现的某一业务量水平编制的预算。在前面介绍总预算的例子里，销售预算、生产预算、各种成本预算等都是以某一业务量水平为基础编制的，都可称为固定预算。对于这些固定预算，在预算期期末，将预算的实际执行结果与按预算期内计划规定的某一业务量水平所确定的预算数进行比较分析，并据此进行业绩评价和考核。从固定预算的含义可以看出，固定预算不考虑预算期内业务量水平可能发生的变动，只以某一确定的业务量水平为基础预计其相应的金额。但实际业务量水平通常不等于预算业务量水平，这时预算数和实际发生数就缺乏可比性，对业绩的评价会不合理。因此这种预算一般适用于业务量水平较为稳定的企业。

弹性预算（flexible budget）又称变动预算（variable budget），是指企业按照预算期内可预见的多种生产经营活动业务量水平分别确定相应的数据而编制的预算。其基本特征是：（1）它按预算期内某一相关范围内的可预见的多种业务活动水平确定不同的预算额，也可按照实际业务活动水平调整其预算额；（2）待实际业务量发生后，将实际数据和实际业务量相应的预算额进行比较，使预算执行情况的评价和考核建立在更加客观可比的基础上，从而更好地发挥预算的控制作用。弹性预算编制的关键是要将所有费用按照成本习性划分为变动成本和固定成本。在编制预算时，只需将变动成本按照不同的业务量水平做出相应的调整。这种预算方法一般适用于业务量水平经常发生变动的企业。

2. 增量预算和零基预算

预算按照其编制是否可以以基期水平为基础分为增量预算和零基预算。增量预算（incremental budget）是指在基期预算执行的基础上，结合预算期的实际情况加以调整来编制预算的方法，一般适用于比较稳定的老企业的预算。在这种预算方法下，预算编制单位的负责人常常会竭力用完全年的预算指标，以便在未来的预算期中可以要求增加预算，这种情况在政府机关尤其如此，这就势必导致浪费。零基预算可以克服这一缺陷。

零基预算（zero-base budget）是指在编制预算时，基期的预算水平不再视为理所当然，而是一切以零为基础，从根本上考虑各开支项目的必要性、合理性和实际需要量来编制的一种预算。零基预算是对传统预算编制方法的挑战，其优点是一切从零开始，可以排除前期预算的不良影响，节约费用支出，提高资金的使用效率。但在编制预算时，工作量比较大，因而一般每三到五年编制一次零基预算。

3. 定期预算和滚动预算

预算按预算期是否连续可分为定期预算和滚动预算。定期预算（regular budget）是指预算编制的期限和会计年度一致，通常固定为一年。其优点是与会计年度相配合，便于对预算的执行结果的考核和评价。其缺点是当实际情况发生较大变动时，无法及时调整预算，从而使原有预算失去应有的作用。

滚动预算（rolling budget）是指预算期为一年，每过去一个月（季）就在期末增加一个月（季）的预算，从而使预算期始终保持十二个月份。在编制滚动预算时，应随时根据市场情况、企业自身情况对预算进行调整，促使企业管理者对未来经营活动做出全面、长远的规划，从而保证企业经营管理工作有条不紊地进行。

4. 作业预算

作业预算（activity-based budget）是指基于“作业消耗资源、产出消耗作业”的原理，以作业管理为基础的预算方法。作业预算主要适用于具有作业类型较多且作业链较长、管理层对预算编制的准确性要求较高、生产过程多样化程度较高，以及间接或辅助资源费用所占比重较大等特点的企业。

【课程思政 12-3】

预算管理是现代企业不可或缺的重要管理模式，它通过业务、资金、信息的整合来实现企业的资源合理配置并为企业决策提供支持。实行预算管理可以有效提高企业对未来的预测和把握的能力，是企业管理控制系统的重要组成部分。同学们也要有“预则立、不预则废”的预算意识。我们可以参照预算管理的方法来规划自己的职业生涯。在规划时可以借鉴企业编制预算时遵循的目标性、系统性和长期性的原则，环环相扣，分阶段实现自己的目标。

二、标准成本系统

（一）标准成本系统概述

1. 标准成本系统的含义和特点

预算可以用来控制和评价管理者的业绩，但预算提供的是综合的数字，要加强对企业成本进行控制，还需引进标准成本系统。

标准成本系统（standard costing system）是指在生产过程中，将实际成本和企业预先制定的标准成本定期比较，揭示成本差异，并就重大差异事项及时采取纠正活动，以便控制成本的成本控制系统，一般适用于产品及生产条件相对稳定，或者生产流程与工艺标准化程度较高的企业。标准成本是指根据已达到的生产技术水平，在有效经营条件下应当发生的成本，是一种预定的目标成本。标准成本的设定通常分为三类：

（1）理想标准成本

理想标准成本是指以现有技术、设备和经营理念的最佳状态为基础制定的成本。这种标准成本是建立在排除机器故障、工作停顿等一切失误、浪费的基础上，只有技术最熟练、工作效率最高的工作人员在最佳状态下尽最大努力才能实现。

（2）正常标准成本

正常标准成本是指在过去一段时间内实际成本均值的基础上，剔除其生产经营过程的不正常因素，并考虑未来的变动趋势而制定的成本。

（3）现实标准成本

现实标准成本是指根据目前已达到的生产技术水平，以有效利用生产经营条件为基础所制定的成本。在制定这种标准成本时考虑了机器发生故障的时间以及工人所需要的停顿时间、正常消耗等一切不可避免的不利因素。要达到这种标准虽不容易，但也不是高不可攀，经过努力是可以达到的。

标准成本系统不单纯是一种成本计算方法，其包括标准成本的制定、差异分析、差异处理三个组成部分。该系统将成本的事先规划、成本的日常控制和产品的实际成本计算有机地结合起来，从而成为加强成本管理的重要工具。

标准成本制度和预算管理的共同之处是，二者都是企业的控制工具，都是通过将实际结果和标准或预算对比，计算出差异，并采取适当的方法纠正偏差来实现控制的。不同之处在于，标准成本反映的是单位成本，而预算反映的是计划总成本。另外，标准成本一般只适用于生产作业，是反复进行且产量可以计量的情况；而预算则适用于所有的职能部门，不管其产量是否可以计量。

2. 标准成本系统的作用

（1）作为计划工具

标准成本作为一种预计成本，有助于预算的建立，并可作为制定产品价格的依据，发生在企业实际出售产品（即可预知收入预算数和成本支出预算数）之前，同时为编制现金预算和产成品存货预算提供便利。

（2）作为成本控制工具

标准成本是评价和考核管理者工作质量和效果的重要依据。通过对差异的计算、分析和反馈，可以增强相关人员对成本的敏感性和责任心，只对重大差异采取纠正措施也有助于管理者推行例外管理制度，提高管理效率。另外，对差异的报告也有助于责任会计的实施。

（3）简化产品成本计算

在标准成本制度下，将标准成本和成本差异分别列示，材料、在产品、产成品和产品销售成本都可直接按照标准成本入账，大大简化了日常的账务处理和期末报表的编制工作。

（二）标准成本的制定

标准成本是会计部门会同采购部门、劳资部门、行政管理部门、技术部门及具体的生产经营部门等相关责任单位，在对企业生产经营的具体条件进行认真分析、研究的基础上共同制定的。在制定标准成本的过程中，应尽量吸收负责执行标准的职工参与各项标准的制定，经企业管理层批准后实施。

标准成本的制定通常只针对产品的制造成本，不针对期间费用。对期间费用一般采用编制预算的方法进行控制，不制定标准成本。由于产品的制造成本是由产品的直接材料、直接人工和制造费用组成的，所以制定标准成本时要针对不同的成本项目分别制定。标准成本的基本形式是用用量标准乘以价格标准得到有关项目的标准成本。之所以用这两个标准是因为用量差异和价格差异发生的时间和责任部门不同，这样便于通过差异的分析来明确责任。

产品标准成本通常由直接材料标准成本、直接人工标准成本和制造费用标准成本构成。

1. 直接材料标准成本的制定

（1）用量标准

用量标准是指在现有生产技术条件下生产单位产品所需要的材料数量，包括构成产品实体的材料、生产中必要的损耗以及废品所耗用的材料。直接材料的用量标准由管理人员会同负责产品设计的工程技术人员确定，按产品耗用的各种材料分别计算。

（2）价格标准

价格标准是指采购部门按供应单位提供的价格及其他因素预先确定的各种材料的单

价，包括买价和运杂费等。材料的价格受外部因素的影响大，一般很难受企业管理人员控制。直接材料的价格标准由管理人员征求采购部门的意见，在考虑市场价格变动和发展趋势，以及影响价格因素的订货批量和运输方式等因素的基础上制定。

根据用量标准和价格标准就可以确定直接材料的标准成本。其计算公式如下：

直接材料标准成本=材料的价格标准×单位产品的用量标准

材料按计划成本核算的企业，材料的标准单价可以采用材料的计划单价。

2. 直接人工标准成本的制定

在直接人工标准成本中，用量标准是指工时标准，价格标准是指工资率标准。

（1）工时标准

工时标准是指在现有生产技术条件下生产单位产品所需要的工作时间，包括对产品进行直接加工所耗用的工时、必要的间歇和停工时间以及在废品上耗用的工时。工时标准应以事先确定的工艺方案为基础确定，按产品加工步骤分别计算，然后按产品汇总，一般由生产部门负责。

（2）工资率标准

制定工资率标准，一般由人力资源部门负责，根据企业薪酬制度等制定。在计件工资制下，工资率标准就是单位产品应支付的计件工资；在计时工资制下，工资率标准是指每一标准工时应分配的工资，用公式表示如下：

单位工时的标准工资率=预计直接人工标准工资总额÷标准总工时

根据工时标准和工资率标准，可以确定直接人工标准成本。其计算公式如下：

直接人工标准成本=单位工时标准工资率×单位产品的工时标准

3. 制造费用标准成本的制定

在标准成本系统中，确定制造费用的标准成本，首先要按生产能力的利用程度编制生产费用预算，再除以直接人工工时或机器工时等表现生产能力利用程度的标准生产量来确定制造费用的标准分配率。由于制造费用按成本习性可分为变动制造费用和固定制造费用，因而制造费用标准成本也可分为变动制造费用标准成本和固定制造费用标准成本两部分。

（1）变动制造费用标准成本

变动制造费用的用量标准一般和直接人工标准成本制定中所确定的单位产品的工时标准相同，当然也可以以机器工时等其他标准用量作为变动制造费用的用量标准；变动制造费用的价格标准是指变动制造费用的标准分配率，是和变动制造费用预算相联系的，其计算公式如下：

变动制造费用标准分配率=变动制造费用预算总额÷标准总工时

因而，单位产品变动制造费用标准成本为：

单位产品变动制造费用标准成本=变动制造费用标准分配率×单位产品工时标准

（2）固定制造费用标准成本

制定固定费用标准，一般由财务部门负责。在吸收成本法下，固定制造费用标准成本的制定和变动制造费用标准成本的制定方法基本相同。用量标准为单位产品的直接人工工时标准或机器工时标准。价格标准是指固定制造费用的标准分配率，其计算公式如下：

固定制造费用标准分配率=固定制造费用预算总额÷标准总工时

因而，单位产品固定制造费用的标准成本为：

单位产品固定制造费用标准成本=固定制造费用标准分配率×单位产品工时标准

4. 单位产品标准成本的制定

确定了直接材料、直接人工和制造费用的标准成本后，就可以据以汇总确定产品完整的标准成本。通常，企业通过编制“标准成本卡”来反映企业产品的标准成本的具体构成。在吸收成本法下，产品标准成本计算公式如下：

$$产品标准成本=\frac{直接材料的}{标准成本}+\frac{直接人工的}{标准成本}+\frac{变动制造费用的}{标准成本}+\frac{固定制造费用的}{标准成本}$$

（三）成本差异的计算和分析

由于产品的标准成本是一种预计成本，生产过程中的实际成本可能因为各种原因而与标准成本不相符，因而就产生了成本差异（cost variance）。成本差异的计算与分析一般按照成本或费用项目进行，可以分为直接材料差异、直接人工差异和制造费用差异。通过对差异的计算和分析可以查明差异产生的原因和责任人，以便及时采取有效措施发展有利差异，消除不利差异。

1. 成本差异的一般计算

如前所说，成本差异是产品的实际成本与标准成本之间的差额，而实际成本可根据实际用量乘以实际价格计算，标准成本根据标准用量和标准价格计算。因而，成本总差异可用如下公式表示：

成本总差异=实际用量（AQ）×实际价格（AP）-标准用量（SQ）×标准价格（SP）

在标准成本系统下，总差异可分解为价格差异和用量差异。价格差异（price variance）由实际价格和标准价格之间的差异乘以实际用量得到；用量差异（usage variance）由实际用量和标准用量之间的差异乘以标准价格得到。具体计算公式如下：

总差异=价格差异+用量差异

=（AP-SP）×AQ+（AQ-SQ）×SP

上式中如果总差异为正数，表明实际成本大于标准成本，说明成本超支，为不利差异（unfavorable variances）；如果结果为负数，表明实际成本小于标准成本，说明成本节约，为有利差异（favorable variances）。与标准成本的制定一样，也需要按照不同成本项目计算各种差异。

2. 直接材料差异的计算和分析

直接材料差异（direct materials variance）是指一定产量的直接材料实际成本和标准成本之间的差额。

直接材料成本差异=直接材料实际成本-直接材料标准成本

=直接材料实际价格×直接材料实际用量-直接材料标准价格×直接材料标准用量

其中：

直接材料实际用量=直接材料单位产品实际耗用量×产品实际产量

直接材料标准用量=直接材料单位产品标准耗用量×产品实际产量

直接材料成本差异可以分解为直接材料价格差异和直接材料用量差异。

直接材料价格差异（direct materials price variance）是指对于实际采购的材料数量，按照实际价格计算的价格和按标准价格计算的价格之间的差额。用公式表示如下：

直接材料价格差异=实际数量×（材料实际价格-材料标准价格）

直接材料价格差异通常由采购部门负责。虽然，材料的价格在很大程度上超出采购人员的控制范围，但价格差异会受采购的批量、质量、数量折扣和供货方距离等因素的影响，而这些因素通常是采购人员可以控制的。在分析这个差异的时候，要考虑采购人员是否为了获得有利差异而购入质量不理想的低价材料或者为了获得数量折扣而采购过多的材料导致大量存货积压。

直接材料用量差异（direct materials usage variance）是指产品生产过程中直接材料实际耗用量偏离标准耗用量所形成的直接材料成本差异。用公式表示如下：

直接材料用量差异=标准价格×（实际用量-标准用量）

直接材料用量差异通常由生产部门负责。生产部门可以将废料、浪费和返工降到最低确保标准的实现。有时可能由于采购部门为了压低价格，购进了质量低劣的材料，造成生产过程中对于材料用量过多，由此而形成的直接材料用量差异则应由采购部门负责。在分析这个差异时，要注意生产部门管理者是否为了实现有利差异而允许有缺陷的产品转入产成品库，这样虽然可以避免材料的浪费，但可能会损害与客户的关系，给企业未来带来更大的损失。

【例12-34】某企业生产甲产品，4月份实际产量为7 000件，实际耗用A材料36 800千克，A材料的实际单价为1.90元/千克，A材料的单位产品标准耗用量为5千克/件，标准单价为2元/千克。

直接材料成本差异计算如下：

直接材料实际成本=36 800×1.90=69 920（元）

直接材料标准成本=7 000×5×2=70 000（元）

直接材料成本总差异=69 920-70 000 =-80（元）（有利差异）

其中：

直接材料价格差异=36 800×（1.90-2）=-3 680（元）（有利差异）

直接材料用量差异=2×（36 800-7 000×5）=3 600（元）（不利差异）

3. 直接人工差异的计算和分析

直接人工差异（direct labor variance）是指一定产量产品的直接人工实际成本与标准成本之间的差额。

直接人工成本差异=直接人工实际成本-直接人工标准成本

其中：

直接人工标准成本=标准工资率×标准工时

标准工时=单位产品工时耗用标准×实际产量

直接人工成本差异可分解为直接人工工资率差异和直接人工效率差异。

直接人工工资率差异（direct labor rate variance）是指按实际工资率计算的人工成本与按标准工资率计算的人工成本之间的差额。用公式表示如下：

直接人工工资率差异=实际工时×（实际工资率-标准工资率）

直接人工工资率差异通常由安排工作的人力资源部门负责。当然，一般来讲人工工资率在很大程度上是由劳动力市场和用工合同等外部因素决定的，所以实际工资率很少偏离标准工资率。如果出现人工工资率差异，通常是因为将平均工资率作为工资率标准，并且由具有技能更高的工人来完成技能要求较低的工作而造成的。预计之外的加班也可能导致人工工资率差异。

直接人工效率差异（direct labor efficiency variance）是指因生产过程中实际产量耗用的实际工时与按标准工时计算的应耗用的标准工时之间不同形成的差额。用公式表示如下：

直接人工效率差异=标准工资率×（实际工时-标准工时）

直接人工效率差异产生的原因很多，通常由生产部门负责。但如果是由于设备维修不到位使机器频繁发生故障，导致生产中断，则维修部门就应该对人工效率的不利差异负责；再比如，由于采购部门购入不合格的材料使生产出现问题而导致的人工效率不利差异就应该由采购部门负责。

【例12-35】承上例，该企业生产7 000件甲产品共耗用实际人工工时3 750小时，实际小时工资率为16.40元/小时，单位产品标准工时为0.50小时/件，标准小时工资率为16元/小时。

直接人工成本差异计算如下：

直接人工实际成本=3 750×16.40=61 500（元）

直接人工标准成本=7 000×0.50×16=56 000（元）

直接人工成本总差异=61 500-56 000=5 500（元）（不利差异）

其中：

直接人工工资率差异=3 750×（16.40-16）=1 500（元）（不利差异）

直接人工效率差异=16×（3 750-7 000×0.50）=4 000（元）（不利差异）

4. 变动制造费用差异的计算和分析

变动制造费用差异（variable overhead variance）是指一定产量的实际变动制造费用与标准变动制造费用之间的差额。

变动制造费用差异=实际变动制造费用-标准变动制造费用

其中：

实际变动制造费用=实际分配率×实际工时

标准变动制造费用=标准分配率×标准工时

标准工时=单位产品工时耗用标准×实际产量

变动制造费用差异可分解为变动制造费用耗费差异和变动制造费用效率差异。

变动制造费用耗费差异（variable overhead spending variance）是指生产单位产品实际的变动制造费用分配率和标准分配率之间的差异而形成的变动制造费用差额。用公式表示如下：

变动制造费用耗费差异=实际发生额-实际产量所耗实际工时×标准分配率

=实际工时×（实际分配率-标准分配率）

与材料的价格差异和人工的工资率差异不同，由于变动制造费用由很多项目构成，诸如材料费、人工费、电费、维修费用等，这些不同项目的耗费差异由不同的责任人负责。在实际分析差异时要区别对待，以便追溯到不同的责任中心。

变动制造费用效率差异（variable overhead efficiency variance）是指按生产耗用的实际工时计算的标准变动制造费用与按标准工时计算的标准变动制造费用之间的差额。用公式表示如下：

变动制造费用效率差异=标准分配率×（实际工时-标准工时）

与直接人工效率差异一样，变动制造费用效率差异通常也由生产部门负责。

【例12-36】承上例，该企业实际变动制造费用为4 700元，标准变动制造费用分配率为1.20元/小时。

变动制造费用差异计算如下：

变动制造费用实际成本=4 700元

变动制造费用实际分配率=4 700÷3 750=1.2533（元/小时）

变动制造费用标准成本=7 000×0.50×1.2=4 200（元）

变动制造费用总差异=4 700−4 200=500（元）（不利差异）

其中：

变动制造费用耗费差异=3 750×（1.2533−1.2）=200（元）（不利差异）

变动制造费用效率差异=1.2×（3 750−7 000×0.5）=300（元）（不利差异）

5. 固定制造费用差异的计算和分析

固定制造费用与变动制造费用不同，其主要是企业为了获得生产能力以及维持这种生产能力而发生的费用。在一定的业务量水平内，业务量水平发生变化，固定制造费用却保持不变，它是通过编制预算进行成本控制的。

固定制造费用差异（fixed overhead variance）是实际固定制造费用与实际产量标准固定制造费用之间的差额。用公式表示如下：

固定制造费用差异=固定制造费用实际成本−固定制造费用标准成本

其中：

固定制造费用实际成本=固定制造费用实际分配率×实际产量实际工时

固定制造费用标准成本=固定制造费用标准分配率×实际产量标准工时

固定制造费用实际分配率=固定制造费用实际数÷实际产量实际工时

固定制造费用标准分配率=固定制造费用预算数÷预计产量标准工时

固定制造费用成本差异的分析方法通常有“二因素分析法”和“三因素分析法”。

（1）二因素分析法

二因素分析是指将固定制造费用差异分解为固定制造费用耗费差异和数量差异。

固定制造费用耗费差异（fixed overhead spending variance）是指固定制造费用实际数与固定制造费用预算数之间的差额。用公式表示如下：

固定制造费用耗费差异=固定制造费用实际数−固定制造费用预算数

固定制造费用由很多项目构成，如工资、折旧、税金和保险费等。这些费用只受长期决策影响，而不受生产水平变动的影响，在短期内不太会发生大变动，所以固定制造费用耗费差异一般很小或没有。

固定制造费用数量差异（fixed overhead volume variance）是指固定制造费用预算数与固定制造费用标准成本之间的差额。用公式表示如下：

固定制造费用数量差异=固定制造费用预算数−固定制造费用标准成本

其中：

固定制造费用预算数=固定制造费用标准分配率×预计产量标准工时

固定制造费用标准成本=固定制造费用标准分配率×实际产量标准工时

固定制造费用标准分配率=固定制造费用预算数÷预计产量标准工时

上式又可表示为：

固定制造费用数量差异=固定制造费用标准分配率×单位产品标准工时×（预计产量-实际产量）

从公式可以看出，固定制造费用数量差异发生的主要原因是预计产量和实际产量不同，因而，这类差异一般应由生产部门负责。当然如前所述，如果这个差异是由于采购部门所采购的低质量的材料导致的，则还是应该由采购部门负责。

（2）三因素分析法

三因素分析法是指将二因素分析法中的固定制造费用数量差异进一步分解为效率差异和生产能力差异。其计算公式如下：

固定制造费用耗费差异=固定制造费用实际成本-固定制造费用预算成本

固定制造费用效率差异=固定制造费用标准分配率×（实际产量实际工时-实际产量标准工时）

固定制造费用生产能力差异=固定制造费用标准分配率×（预计产量标准工时-实际产量实际工时）

【例12-37】某企业5月份固定制造费用预算总额为50 000元。生产乙产品的每件标准机器工时为4小时，当月预计生产能力为2 500件，预计耗用机器工时10 000小时。本月实际产量为2 400件，实际耗用9 640小时的机器工时，实际发生的固定制造费用为49 500元。

（1）二因素分析法：

固定制造费用耗费差异=49 500-50 000=-500（元）（有利差异）

固定制造费用数量差异=（50 000÷10 000）×4×（2 500-2 400）=2 000（元）（不利差异）

固定制造费用总差异=-500+2 000=1 500（元）（不利差异）

（2）三因素分析法：

固定制造费用耗费差异=49 500-50 000=-500（元）（有利差异）

固定制造费用效率差异=（50 000÷10 000）×（9 640-2 400×4）=200（元）（不利差异）

固定制造费用生产能力差异=（50 000÷10 000）×（10 000-9 640）=1 800（元）（不利差异）

固定制造费用总差异=-500+200+1 800=1 500（元）（不利差异）

【课程思政12-4】

标准成本系统通过管算结合、责任分析而提高企业生产效率；通过成本差异计算与原因分析引导企业做优、做强。同学们也要深化标准意识、责任意识和担当意识，通过和先进人物、榜样对标，准确发现自身不足并加以积极改进，从而强化自己。

三、责任会计

（一）责任会计概述

1. 责任会计与分权制

随着企业经营的复杂化和多样化，企业的规模不断扩大，企业的高层管理者不可能了解企业全部的生产经营活动并为所有部门做出所有决策，这势必要求企业高层管理者将决策权及相应的责任授权给基层管理者。这便产生了分权制组织结构。

在分权制组织结构中，企业一定期间的总预算必须依靠各责任单位的努力才能实现。企业管理层把总预算进行分解，形成责任预算，并对责任预算的执行情况进行日常核算和控制，定期进行评价和考核。这种在企业内部以责任单位为主体进行的会计工作，就是管理会计的重要组成部分——责任会计。

责任会计系统（responsibility accounting system）是指在分权制企业中，以各个责任中心为主体，以责、权、利相统一的机制为基础，为了评价和控制企业经营活动的进程和效果的信息系统。其中责任中心是指企业具有一定权力并承担相应工作责任的各级组织和各个管理层次。责任中心一般按照部门管理者的权限划分为：成本中心、收入中心、利润中心和投资中心。

2. 责任会计的基本内容

责任会计的基本内容可分为责任会计制度的建立和实施。

（1）责任会计制度的建立

责任会计制度的建立是责任会计的基础，包括：

① 划分责任中心，明确职责范围。根据企业自身经营管理和组织形式的实际需要，确定企业内部各单位、各部门的经济责任归属层次，划分若干既相互区别又相互联系的责任中心，并明确其职责范围。责任会计的事前计划、事中核算和事后分析都是以责任中心为基础进行的。

② 确定业绩评价方法。为了正确反映和监控责任履行情况，实现经济责任的制度化和数量化，必须建立一套完整的日常记录、报告有关责任中心预算执行情况的信息系统。不同的责任中心业绩评价的方法和内容也不相同。

（2）责任会计制度的实施

责任会计制度的实施包括以下三个环节：

① 编制责任预算，确定考核标准；

② 核算责任中心的工作执行情况；

③ 分析、评价和报告业绩。

3. 责任会计制度的基本原则

（1）责、权、利相结合原则

责任会计制度持续良好的实施依赖于责任中心的责任与其权力和利益相结合。

（2）目标一致性原则

目标一致性原则就是要求各责任中心目标和企业总体目标保持一致。

（3）可控性原则

可控性原则是指各责任中心只能对其可控的因素负责，对于其权力不及的、控制不了的经济活动，不承担责任。

（4）反馈性原则

反馈性原则是指各责任中心对其生产经营活动提供及时、准确的信息，提供信息的主要形式是编制责任报告。

（5）重要性原则

重要性原则是指要求各责任中心对其生产经营活动过程中发生的重点差异进行重点分析、控制。该原则有利于提高责任会计的效率。

（二）责任中心及其控制

建立责任中心是责任会计的开始。责任中心（responsibility center）是指企业内部管理者承担规定的责任并具有相应权利的组织单位，可以是一个部门、一个车间、一项作业，也可以是一个经营单位，只要其在管理上可以划分、责任上可以辨认、业绩上可以单独考核都可以划分为责任中心。

责任中心的划分方式反映了实际情况及管理者可获得的信息类型。一般按照各部门管理者承担的责任划分为成本中心、收入中心、利润中心和投资中心。

1. 成本中心及其控制

成本中心（cost center）是指管理者只对其可控制的成本负责的责任中心。成本中心又可分为标准成本中心和费用中心。

标准成本中心是指所发生的投入可以对象化到具体的产品或劳务中，投入和产出的关系稳定且明确。典型的标准成本中心是制造业的分厂、车间、班组等。费用中心是指所发生的投入无法对象化到具体的产品和劳务中，投入和产出之间没有密切的关系。这类典型的成本中心是会计、人力资源、计划部门、研发部门等。

由于成本中心没有收入，只能对成本负责，因此对成本中心的评价和考核应以责任成本为重点。通过编制责任报告反映成本的执行情况及与预算数之间的差异，并分析产生差异的原因。根据可控性原则，这里的责任成本是指成本中心可控的成本（controllable cost），即成本中心真正能够控制和调节的，受其经营活动和业务工作直接影响的有关成本。

成本中心的责任报告一般包括该中心可控成本的各明细项目的预算数、实际数和差异数。对不可控成本可以列示，也可以不列示。责任报告中的成本差异是评价和考核成本中心业绩的重要标志。

2. 收入中心及其控制

收入中心（revenue center）是指管理者只对销售收入负责的责任中心。典型的收入中心是销售部门，其管理者不需要为销售的产品的成本负责，因为这些产品是从制造部门转来的。有时，该中心的管理者还必须为本中心直接发生的费用，如销售人员工资、佣金等负责，但其主要指标还是收入。收入中心和利润中心的最大不同在于，收入中心只为一小部分的销售费用负责，而利润中心则要为大部分的成本，包括制造和销售成本负责。

对于收入中心的评价、考核，需要编制收入中心责任报告来反映实际收入、预算收入和两者之间的差异。

3. 利润中心及其控制

利润中心（profit center）是指既能控制成本也能控制收入，并将成本和收入进行对比，继而控制利润的责任中心。利润中心通常具有生产经营权，例如，能独立生产并自行对外销售最终产品或中间产品的分公司、分厂等。与成本中心相比，利润中心的权力和责任相对大得多。

按照收入来源的性质不同，利润中心可以分为自然的利润中心和人为的利润中心。自然的利润中心是指能够直接对企业外部销售产品或提供劳务，并从企业外部取得独立的收入的利润中心。这类利润中心既有产品的销售权、定价权，又有材料采购权和生产决策权。一般来说，一家完整的、独立的企业才能被称为自然的利润中心。人为的利润中心是指其产品和劳务不直接进入企业外部市场，而是按照内部转移价格在本企业内部有关部门和单位之间销售。将一个责任单位变为利润中心，有利于各责任单位的业绩比较，从而促进管理者加强经营管理。

由于利润中心既对成本负责，又对收入及利润负责，因此对利润中心的评价和考核应以边际贡献与税前净利润为主。利润中心编制的责任报告也包括预算数、实际数和差异数。

4. 投资中心及其控制

投资中心（investment center）是指管理者既要对成本、收入和利润负责，还要对其资本利润率或资产利润率等投资报酬负责的责任中心。它是最高层次的预算责任单位，只有具备经营决策权和投资决策权的独立经营单位才能成为投资中心，如跨国、跨地区、跨行业的大型企业的事业部及分公司。对投资中心的评价和考核主要通过投资报酬率、剩余收益和经济增加值这三个指标的计算比较来进行。

（1）投资报酬率

投资报酬率（return on investment，ROI）是投资中心利润和投资额之间的比例。其计算公式为：

投资报酬率=经营利润÷经营资产×100%

其中：经营利润通常是指息税前利润，经营资产通常指期初和期末资产的平均值。

【例12-38】某事业部是一个投资中心，其2×22年在生产经营中掌握、使用的资产期初数为4 600 000元，期末数为5 000 000元。税前利润为850 000元，利息费用为50 000元。

息税前利润=850 000+50 000=900 000（元）

平均经营资产=（4 600 000+5 000 000）÷2=4 800 000（元）

投资报酬率（ROI）=900 000÷4 800 000×100%=18.75%

为了合理分析投资报酬率的影响因素，可以将投资报酬率指标进一步分解为：

投资报酬率=（经营利润/销售收入）×（销售收入/经营资产）

=销售利润率×资产周转率

由上述公式可见，提高投资报酬率的途径不仅在于降低成本、增加盈利、降低经营资产的平均占用，而且还在于提高资产的周转速度。

投资报酬率作为广泛使用的评价投资中心业绩的指标，其优缺点主要表现在以下几个方面。

优点：①作为一个财务比率，它可以用于比较投资规模不同的经营单位，也可以用于一家企业不同的投资中心之间，或者同一行业中不同企业之间。②通过对投资报酬率的分解可以把利润表上的主要项目都在该指标中加以反映，促使管理者关注销售收入、费用及投资之间的关系，关注成本效率，关注经营资产的使用效率。

缺点：①可能导致管理者不愿意增加投资，以免增加指标的分母，造成ROI比率的下降。这就可能使公司整体丧失有利的投资机会。另外，部门管理者可能通过变卖盈利能力低于部门平均水平的资产，来促使部门ROI增加，这样也可能损害公司整体的利益。②可能促使管理者关注短期利益而忽视长期利益。当部门管理者任期较短时，他们可能通过一些短期行为来操纵ROI指标，如推迟大修理、削减广告费、采购低价低质的材料、解聘高技能高报酬的员工等。这些行为，对公司的长期盈利能力可能产生很严重的影响。

（2）剩余收益

剩余收益（residual income，RI）是指投资中心所实现的利润与企业要求的最低投资报酬之间的差额。企业要求的最低投资报酬可以通过投资中心的经营资产和最低投资报酬率相乘进行计算。剩余收益的计算公式如下：

剩余收益=经营利润-经营资产×最低投资报酬率

上列公式中最低投资报酬率一般可选用企业的平均资本成本，经营利润和经营资产的含义和投资报酬率计算公式中的一样，因此，上列公式又可以表示为：

剩余收益=经营利润-经营资产×资本成本

=经营资产×（ROI-资本成本）

【例12-39】承上例，公司规定的最低投资报酬率为12%，则该部门剩余收益为：

剩余收益=900 000-（4 800 000×12%）=324 000（元）

剩余收益是绝对数指标，其优点是可以全面评价投资中心的经营成果，鼓励投资中心接受对企业有利的投资，使业绩评价与企业的总体目标保持一致。但缺点是不便于比较不同投资规模的投资中心之间的业绩，和ROI一样也会造成部门管理者的短期行为。

（3）经济增加值

经济增加值（economic value added，EVA）是指企业税后经营净利润与全部投入资本（借入资本和自由资本之和）成本的差额。这一差额如果是正数，说明公司创造了财富，如果是负数，那么公司就发生了价值损失。计算公式为：

经济增加值=税后净经营利润-资本成本×使用的全部资本

从公式的形式上看，可以认为经济增加值是一种特殊的剩余收益。它是以股东价值为中心的业绩计量指标中影响最大、应用最广泛的一项指标。它考虑了为企业带来利润的所有资本成本，其基本理念是资本获得的收益至少要能弥补投资者承担的风险，也就是说，股东必须赚取至少等于资本市场上类似风险投资回报的收益，即股东所定义的利润。

（三）内部转移价格

1. 内部转移价格的含义

企业内部的各个责任中心在生产经营活动中既相互联系，又彼此独立地开展活动。它们之间经常相互提供产品或劳务。为了正确地评价企业内部各责任中心的经营业绩，明确区分各自的经济责任，使各责任中心的业绩考核建立在客观而可比的基础上，必须根据企业和各责任中心的特点正确制定企业的内部转移价格。

内部转移价格（interdivisional transfer price）是指企业内部各责任中心之间相互提供产品或劳务并进行结算时所采用的一种内部价格标准。内部转移价格对于产品或劳务的提供方而言是收入，而对于接受方而言则是成本。转移价格如何制定，将影响各个责任中心的业绩，特别是利润中心和投资中心的业绩。合理的转移价格应该有助于划分各责任中心的经济责任，客观、公正地用于评价责任中心业绩，并且使责任中心和企业整体目标保持一致。

2. 内部转移价格的定价依据

（1）基于成本的内部转移价格

这里的成本是卖方部门为了生产产品或提供劳务而消耗的资源成本，可以是完全成本，也可以是变动成本。使用完全成本时，成本信息可以从企业账簿中找到，卖方与所提供产品或劳务有关的开发、设计、售后服务成本等都可以得到补偿，从而鼓励卖方转移产品或劳务。以变动成本为基础制定转移价格，一般发生在卖方部门存在剩余生产能力时，可以鼓励买方部门从内部采购产品或劳务，从而充分利用卖方部门的剩余生产能力，使公司利益最大化。当然，无论是完全成本还是变动成本，作为定价基础的成本都应当是标准成本而不是实际成本，否则卖方部门将不重视成本控制，因为可以将任何差异全部转嫁给买方，通过加大成本可以提高卖方的盈利。

基于成本的内部转移价格一般适用于转移的产品没有外部市场，或者尽管有外部市场，但市场不完全，或者外部需求有限的情况。

（2）基于市价的内部转移价格

当责任中心相互提供产品或劳务时，有客观的市场价格可以利用，则可以利用市场价格作为内部转移价格。如果在内部转移产品或劳务中有节省的费用（如销售费用在内部销售中一般不会发生），可以从市价中扣除。

以市价作为转移价格的定价基础，优点是客观公允。这种定价模式主要适用于高度分权的企业里，并且中间产品存在完全竞争的市场，部门间的相互依赖性低，利用外部市场不会比内部交易增加额外的成本。

（3）协商转移价格

协商转移价格是指通过买卖双方协商确定一个双方都可接受的价格。这种定价模式一般在中间产品的外部市场不完全的情况下适用。协商转移价格不仅要使买卖双方都乐于接受，而且不能损害企业的整体利益。

如果买方部门存在多个供应渠道，而卖方部门的销售渠道有限，则双方的讨价还价能力实际上是不均等的。所以协商的结果不一定实现最优，如果协商不能达成一致，高层管理者的适度干预是必需的。

（4）双重转移价格

因为基于成本的转移价格不利于卖方，而基于市价的转移价格又不利于买方，所以，为了满足买卖双方的需求，可以允许双方采用不同的价格作为转移价格，这就是双重转移价格，也即对于买方部门可以选择成本作为转移价格，而对于卖方部门可以选择市价作为转移价格。当然采用这种形式会有一部分利润对于整个公司而言重复记录了，在编制合并报表时应将其扣除。

（四）责任报告

责任会计以责任预算为基础，对责任预算的执行情况进行系统的记录和计量，以实际情况和预定目标相比较，计算出两者的差异，并分析原因，用于评价和考核各个责任中心的业绩。不同的责任中心具有不同的特点，管理者的责任也各不相同，因此不同的责任中心的责任报告内容存在一定的差异。表12-31、表12-32和表12-33分别是几个不同的责任中心的责任报告形式。

表12-31 **成本中心责任报告**

××责任中心 年 月 单位：

项目	预算数	实际数	差异数
可控成本：			
直接材料			
直接人工			
变动制造费用			
固定制造费用			

续表

项目	预算数	实际数	差异数
责任成本合计			
不可控成本			
成本合计			

表12-32　**利润中心责任报告**

××责任中心　　年　月　　单位：

项目	预算数	实际数	差异数
销售收入			
减：变动生产成本			
变动销售及管理费用			
贡献毛利			
减：可控固定成本			
责任中心可控利润			
减：不可控固定成本			
营业利润			

表12-33　**投资中心责任报告**

××责任中心　　年　月　　单位：

项目	预算数	实际数	差异数
销售收入			
减：变动生产成本			
变动销售及管理费用			
贡献毛利			
减：可控固定成本			
责任中心可控利润			
减：不可控固定成本			
分部营业利润			
资产平均占用额			
资产周转率			
销售利润率			
投资收益率			

在不同的管理层次上，责任报告的侧重点也有所不同。最低层次的责任中心的业绩报告最详细，随着责任层次的提高，其责任报告上的数据是其下级各部门业绩的合计数，也就是说责任报告的数据是自下而上流动的。

本章小结

管理会计指引体系包括基本指引、应用指引和案例库。单位应用管理会计应包括应用环境、管理会计活动、工具方法、信息与报告四项管理会计要素，这四项要素构成了管理会计应用的有机体系。单位在应用管理会计时应当遵循相应的原则，并且可以是单位整体应用，也可以在单位内部的责任中心进行应用。

成本可以按照其性态分为固定成本、变动成本和混合成本。通过线性化处理，混合成本可以分解为固定成本和变动成本两部分。变动成本法与完全成本法的区别主要体现在对产品成本的界定上，具体表现为：产品成本和期间成本的构成内容不同、产品成本的计价内容不同、损益的确定程序不同、所提供信息的用途不同。本-量-利分析作为一种定量分析方法，研究的是成本、业务量、利润三者之间的联系。短期经营决策主要包括生产决策和定价决策，其中生产决策的主要方法包括差量损益分析法、边际贡献法、相关成本法等。长期投资决策的基本方法一般分为两大类：静态分析法，主要包括静态投资回收期法和会计收益率法等；动态分析法，主要包括净现值法、现值指数法、内部收益率法等。

总预算由一系列财务预算报告构成，可以分为经营预算和财务预算。在总预算中，销售预算是编制总预算的起点和关键；现金预算是重点，是以各项业务预算和资本预算为基础的。总预算编制的方法有固定预算和弹性预算、增量预算和零基预算、定期预算和滚动预算等，这些方法各有其优缺点和适用范围。一方面，企业在预算执行过程中为了对成本进行日常控制，根据成本形成和积累的特点，建立了标准成本系统，通过计算成本差异对成本进行控制，并为部门业绩评价提供依据。另一方面，按照企业内部各个责任中心进行分解、落实和具体化，形成各个“责任中心”的责任预算，并以此为基础，建立企业内部的责任会计体系。为了使各责任中心的业绩具有可比性，在责任中心相互提供产品或劳务时，制定了内部转移价格。内部转移价格的制定方法有以成本为基础的转移价格、以市价为基础的转移价格、协商转移价格、双重转移价格等。

主要概念和术语

管理会计　决策性管理会计　执行性管理会计　管理会计指引体系　管理会计要素　成本性态　变动成本　固定成本　混合成本　变动成本法　完全成本法　本-量-利分析　边际贡献　保本点　相关成本　机会成本　现金流量　静态投资回收期　总投资收益率　净现值　现值指数　内部收益率　预算　总预算　经营预算　财务预算　现金预算　固定预算　弹性预算　增量预算　零基预算　滚动预算　标准成本系统　成本差异　责任会计系统　责任中心　投资报酬率　剩余收益　经济增加值　内部转移价格

复习思考题

1. 管理会计体系包括哪些方面？应用指引包括哪些具体内容？

2. 管理会计要素包括哪些具体内容？

3. 什么是成本性态？成本按其性态分类，可分为哪几类？

4. 什么是本-量-利分析？其基本假设是什么？其基本公式是什么？

5. 什么是预算？什么是总预算？

6. 企业的总预算由哪些预算构成？如何编制总预算？

7. 什么是标准成本系统？标准成本系统的特点和作用是什么？

8. 标准成本如何制定？标准成本的差异如何分析？

9. 什么是责任中心？责任中心的分类标准和作用是什么？

10. 责任会计的主要内容有哪些？

11. 内部转移价格如何制定？

练习题

第十二章练习题

参考文献

［1］财政部会计司编写组．《企业会计准则第14号——收入》应用指南（2018）［M］．北京：中国财政经济出版社，2018.

［2］财政部会计司编写组．《企业会计准则第22号——金融工具确认与计量》应用指南（2018）［M］．北京：中国财政经济出版社，2018.

［3］财政部会计司编写组．《企业会计准则第37号——金融工具列报》应用指南（2018）［M］．北京：中国财政经济出版社，2018.

［4］中国注册会计师协会．会计（2023年注册会计师全国统一考试辅导教材）［M］．北京：中国财政经济出版社，2023.

［5］财政部会计资格评价中心．中级会计实务（2023）［M］．北京：经济科学出版社，2023.

［6］财政部会计资格评价中心．初级会计实务（2023）［M］．北京：经济科学出版社，2023.

［7］徐经长，孙蔓莉，周华．会计学［M］．5版．北京：中国人民大学出版社，2019.

［8］刘永泽，陈立军．中级财务会计［M］．7版．大连：东北财经大学出版社，2021.

［9］顾远，向崇学．财务会计学（一般业务）［M］．4版．大连：东北财经大学出版社，2023.

［10］顾远，王明虎．基础会计学［M］．大连：东北财经大学出版社，2022.

参考文献